W0062407

Kohlhammer

Regina Vollmeyer
Joachim Brunstein (Hrsg.)

unter Mitarbeit von Bettina Frenz, Stefan Engeser, Brigitte Lund

Motivationspsychologie und ihre Anwendung

Verlag W. Kohlhammer

Dieses Werk einschließlich aller seiner Teile ist urheberrechtlich geschützt. Jede Verwendung außerhalb der engen Grenzen des Urheberrechts ist ohne Zustimmung des Verlags unzulässig und strafbar. Das gilt insbesondere für Vervielfältigungen, Übersetzungen, Mikroverfilmungen und für die Einspeicherung und Verarbeitung in elektronischen Systemen.

1. Auflage 2005

Alle Rechte vorbehalten
© 2005 W. Kohlhammer GmbH Stuttgart
Umschlag: Gestaltungskonzept Peter Horlacher
Gesamtherstellung:
W. Kohlhammer Druckerei GmbH + Co. KG, Stuttgart
Printed in Germany

ISBN 3-17-018701-5

Nicht die Jahre in unserem Leben zählen,
sondern das Leben in unseren Jahren zählt.
Adlai E. Stevenson

Falko Rheinberg, der durch seine umfangreichen Forschungen zu den Grundlagen und Anwendungen der Motivationspsychologie und mit seiner unverwechselbaren und für uns alle inspirierenden Art, komplexe Probleme, die sich in Theorie und Praxis stellen, geistig zu durchdringen, um sie auf den Punkt zu bringen und anschaulich darzustellen, das Fach über mehr als drei Jahrzehnte bereichert, nach vorne gebracht und zudem einer breiten Öffentlichkeit zugänglich gemacht hat, widmen wir, die Herausgeber und Autoren, diesen Band.

Inhalt

Teil C: Motivation im Schulkontext

1 Einführung: Ein Ordnungsschema zur Integration verschiedener Motivationskomponenten

Regina Vollmeyer

1   Definition von Motivation

Motivation ist ein Begriff, der im Alltagsleben häufig als Erklärung beim Versagen in Leistungssituationen herangezogen wird. Wenn eine starke Fußballmannschaft ein Spiel gegen eine schwächere verliert, so wird als Ursache oft eine fehlende Motivation angenommen. Wenn Schüler[1] die Schule schwänzen, unterstellen Lehrer ihnen häufig mangelnde Motivation. Und auch, wenn in Betrieben Angestellte ihr Soll nicht erfüllen, diskutieren Vorgesetzte, wie sie die Motivation ihrer Mitarbeiter steigern können. Dies sind alles Beispiele für angeblich fehlende Motivation. Im Gegensatz dazu steht das motivierte Handeln, so wie es bei einem Schüler auffällt, der von sich aus ein Referat übernimmt und sich intensiv und mit hohem Zeitaufwand darauf vorbereitet. Oder man denke an einen Angestellten, der freiwillig und ohne Gehaltsausgleich Überstunden macht, um ein Projekt fertig zu stellen. Abstrakt gesprochen scheint Motivation etwas Homogenes zu sein, von dem wir je nach Situation mehr oder weniger haben. Diesem Alltagsverständnis entspricht jedoch nicht der Gebrauch des Begriffs Motivation in der Wissenschaft.

In der Motivationspsychologie wird Motivation als ein *hypothetisches Konstrukt* gesehen, das heißt, als etwas gedanklich Konstruiertes, mit dem die Zielgerichtetheit des menschlichen Handelns erklärt werden soll. Außerdem wird Motivation nicht als etwas Homogenes betrachtet, sondern in viele Komponenten

---

[1] Aus Gründen der besseren Lesbarkeit wird in dem vorliegenden Buch nur die männliche Form benutzt, wenn beide Geschlechter gemeint sind.

aufgegliedert, aus denen dieses heterogene Konstrukt besteht. Bevor ich näher auf die verschiedenen Komponenten von Motivation eingehe, möchte ich eine Definition voranstellen.

Rheinberg (2004a, S. 15) definiert Motivation als »eine aktivierende Ausrichtung des momentanen Lebensvollzugs auf einen positiv bewerteten Zielzustand«. Zugleich wird auch eine aktivierende Ausrichtung, weg von einem negativ bewerteten Zielzustand, mit eingeschlossen. Diese Definition lässt sich wie folgt illustrieren: Wenn ein Schüler ein gutes Abitur machen möchte (das entspricht einem positiv bewerteten Zielzustand), so ist er hoch motiviert, für das Abitur zu lernen. Ist ein Schüler hingegen versetzungsgefährdet (das entspricht einem negativ bewerteten Zielzustand), wird er alles daransetzen, diesen als bedrohlich bewerteten Zustand zu vermeiden. Nach Rheinbergs Definition sind alle Handlungen, die ein Ziel haben, motiviertes Verhalten. Nichtmotiviertes Verhalten sind hingegen Routinetätigkeiten, wie zum Beispiel Frühstücken, zur Arbeit gehen, usw.

Welche Komponenten der Motivation lassen sich unterscheiden, wenn Personen ein positiv bewertetes Ziel verfolgen? Rheinberg (2004c) nennt die folgenden Komponenten: Erwartungen, Werte, Selbstbilder, Willensprozesse, Affekte/Emotionen, neurohormonelle Prozesse. Allein die Aufzählung dieser Komponenten macht deutlich, dass es sich bei Motivation tatsächlich um ein vielschichtiges Konstrukt handelt. Diese verschiedenen Komponenten darzustellen, ist Ziel unseres Buches. Es werden allerdings nur aktuelle Theorien berücksichtigt, da ältere, z. B. triebtheoretische Ansätze, in der aktuellen Diskussion zur Erklärung von Motivation nur noch selten herangezogen werden. Zu den triebtheoretischen Ansätzen zählen z. B. die Psychoanalyse nach Freud (1915, 1938) und das behavioristische Triebkonzept nach Hull (1943). Eine gute Zusammenfassung dieser Ansätze findet sich bei Heckhausen (1989), Rheinberg (2004a) und Schneider und Schmalt (2000). Im Folgenden gehen wir auf die beiden wichtigsten Komponenten der Motivation ein: Werte und Erwartungen.

2 Werte und Erwartungen

Geht man auch hier zunächst vom Alltagsverständnis aus, so wird wohl jeder nachempfinden können, dass man mehr Energie für eine Sache aufbringt, wenn man ihr eine hohe Wichtigkeit beimisst. Ein Schüler wird sich umso mehr für die Abiturprüfungen anstrengen, je wichtiger ihm das Abitur erscheint. Aber man kann sich auch vorstellen, dass es Schüler gibt, die trotz aller Einsicht in die Wichtigkeit dieses Schulabschlusses, keine bzw. wenig Zeit für Prüfungsvorbereitungen investieren.

In der Motivationspsychologie wird angenommen, dass Personen aufgrund ihrer Motive handeln. Motive werden als zeitstabile Personenmerkmale konzipiert und stellen eine Neigung dar, bestimmte Themen oder Gegenstände positiv oder negativ zu bewerten. Dabei werden vor allem drei Motive unterschieden: das Leistungs-, das Macht- und das Anschlussmotiv (vgl. Heckhausen, 1989; McClelland, 1987. Auf Motive wird im vorliegenden Buch näher eingegangen und zwar in den Kapiteln von Langens, Schmalt & Sokolowski sowie von Krug & Kuhl). Diese drei Motive werden wie folgt definiert:

- Unter *Leistungsmotiv* versteht man, wenn Personen das Ziel haben, sich mit einem Gütemaßstab auseinander zu setzen.
- Unter *Machtmotiv* versteht man, wenn Personen das Ziel haben, das Erleben und Verhalten anderer Personen zu beeinflussen.
- Unter *Anschlussmotiv* versteht man, wenn Personen das Ziel haben, wechselseitig positive Beziehungen herzustellen.

Allerdings sind diese Motive nicht immer aktiviert, sondern müssen erst einmal durch Situationsmerkmale angeregt werden, bevor sie verhaltenswirksam werden können (Lewin, 1946). Diese Grundannahme ist in Abbildung 1.1 dargestellt. Situationsmerkmale, die zu einem bestimmten Motiv passen, werden als *Anreize* bezeichnet. Liegen in der Situation Anreize vor, so resultiert aus der Interaktion von Motiv und Anreiz die aktuelle Motivation, die dann wiederum das Verhalten beeinflusst. Motiv und Anreiz sind dabei eng miteinander verschränkt, denn welcher Anreiz in einer Situation wahrgenommen wird, hängt von der Stärke des dazu passenden Motivs ab. Diese Aussage lässt sich an einem Beispiel erläutern.

Personen mit einem hohen Leistungsmotiv suchen Situationen auf, in denen sie ihre Fähigkeiten verbessern können. Andererseits werden sie besonders von solchen Situationen angesprochen, die es ihnen erlauben, sich mit einem selbst gesetzten Gütemaßstab auseinander zu setzen (Heckhausen, 1989). Typische Anreize für Leistungsmotivierte könnten demnach sein Rätsel lösen, Forschen oder Sport treiben. Solche Anreize werden positiv bewertet, wenn Leistungsmotivierte erkennen, dass sie durch die Beschäftigung mit den zugehörigen Aufgabenstellungen ihre Fähigkeiten verbessern können. Haben sie tatsächlich ihren eigenen Gütemaßstab erreicht oder sogar überschritten, so empfinden sie Stolz. Diese Emotion ist eine weitere Komponente des Motivationsprozesses. Positive Emotionen unterstützen und intensivieren die aktuelle Motivation. So hat ein Rätselfreund bereits Vorfreude, wenn er ein Kreuzworträtsel findet und ist beim Ausfüllen des Rätsels hoch konzentriert und empfindet Spaß.

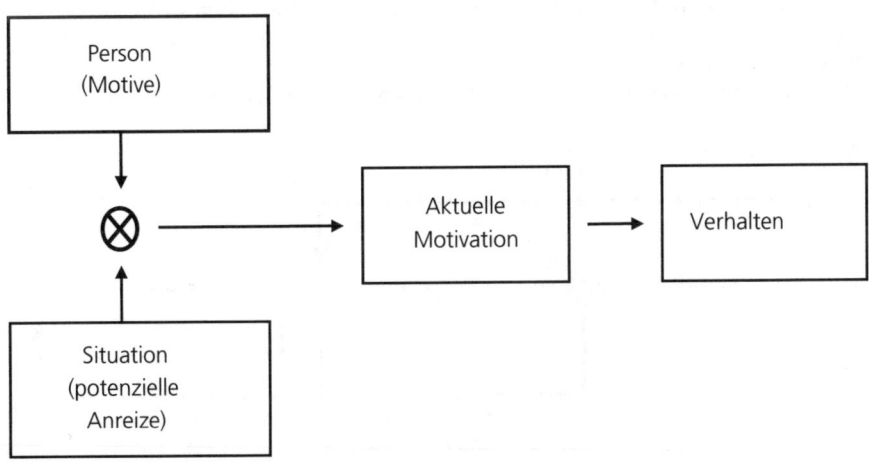

Abb. 1.1   Das Grundmodell der klassischen Motivationspsychologie.

3   Das Erweiterte Kognitive Motivationsmodell

Nachdem die Begriffe Wert, bzw. Anreiz geklärt sind, wird im Folgenden ein Modell (s. Abb. 1.2) eingeführt, das zeigt, welche Erwartungen in einer Situation unterschieden werden können. Bei dem Modell handelt es sich um das Erweiterte Kognitive Motivationsmodell von Heckhausen und Rheinberg (1980). Ausgangspunkt ist eine *Situation*, in der eine *Handlung* zu einem bestimmten *Ergebnis* führen kann oder soll. Das Ergebnis der Handlung zieht dann wiederum *Folgen* nach sich. Eine Person, die noch vor der Handlung steht, schätzt bewusst oder unbewusst ein, was sie von der Handlung erwartet. Als Erstes wird sie sich »überlegen«, ob das Ergebnis nicht ganz von selbst, also auch ohne eigenes Zutun eintritt. Diese Einschätzung wird als Situations-Ergebnis-Erwartung (S → E-Erwartung) bezeichnet. Wenn die Person zu dem Schluss kommt, dass sich das Ergebnis nicht von allein einstellen wird, so folgt darauf der nächste Gedanke, ob nämlich die Person in der Lage ist, das Ergebnis durch eigenes Handeln zu erreichen. Hier handelt es sich um die Handlungs-Ergebnis-Erwartung (H → E-Erwartung). Letztendlich fragt sich die Person, ob das angestrebte Ergebnis auch die gewünschten Folgen nach sich ziehen wird. Diese Erwartung heißt Ergebnis-Folge-Erwartung (E → F-Erwartung). Die Anreize in diesem Modell sind bei den Folgen verankert. Diese bestimmen, ob das Ergebnis überhaupt wichtig erscheint. Auch dieses Modell soll an einem Beispiel illustriert werden, diesmal aus dem Arbeitskontext.

    Ein Angestellter erhält das Angebot, an einem Lehrgang teilzunehmen. Der Lehrgang würde ihn für eine verantwortungsvollere Position qualifizieren. Die *Situation* ist die jetzige Position des Angestellten, die *Handlung* wäre die Teilnahme an dem Lehrgang mit dem *Ergebnis*, das Wissen für die verantwortungsvollere Anstellung in einer Prüfung nachweisen zu können. Die *Folgen* könnten sein, dass der Angestellte tatsächlich die neue Stelle bekommt. Weitere mögliche Folgen wären eine Gehaltserhöhung oder ein interessanterer Job. Eine negative Folge wäre, dass der Angestellte mehr Zeit am Arbeitsplatz verbringen muss, statt sich seiner Familie oder Freizeitaktivitäten widmen zu können. Bevor sich der Angestellte für die Teilnahme am Lehrgang entscheidet, denkt er bewusst oder unbewusst über die Erwartungen nach. Wenn er bereits alle Kenntnisse besitzt, die in der Prüfung abgefragt werden (S → E-Erwartung), so wird er nicht an dem Lehrgang teilnehmen, da er er-

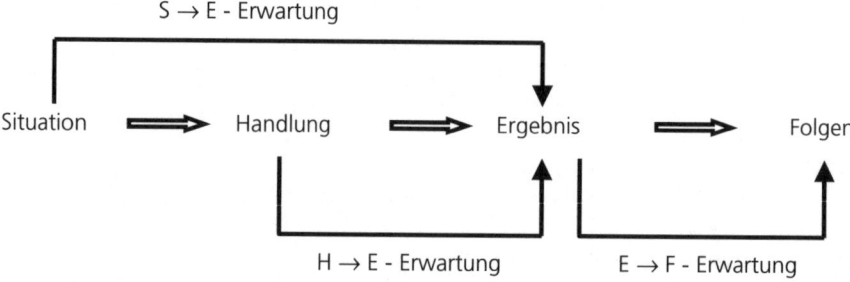

Abb. 1.2   Das Erweiterte Kognitive Motivationsmodell nach Heckhausen und Rheinberg (1980).

wartet, die Prüfung auch ohne Lehrgang bestehen zu können. Der Angestellte wird auch nicht motiviert sein, an dem Lehrgang teilzunehmen, wenn er befürchtet, trotz aktiver Mitarbeit die Prüfung nicht bestehen zu können (H → E-Erwartung), weil er vielleicht zu prüfungsängstlich ist. Ferner besteht ein Motivationsproblem, wenn der Angestellte vermutet, dass die bestandene Prüfung keine Garantie dafür ist, dass er die Stelle erhalten wird (E → F-Erwartung). Wenn die S → E-Erwartung hoch ausgeprägt ist, die H → E- und E → F-Erwartungen hingegen niedrig sind, so ist der Angestellte nicht motiviert, den Lehrgang zu besuchen.

Da es sich bei diesem Modell um ein Erwartungs- mal Wert-Modell handelt, werden Werte thematisiert, die in den Folgen lokalisiert sind. Wenn der Angestellte die neue Position nicht attraktiv findet, weil er dann weniger Zeit für seine Hobbys hat, so fehlt ihm auch die Motivation zur Teilnahme am Lehrgang.

Das Erweiterte Kognitive Motivationsmodell kann recht gut erklären, warum Personen etwas tun oder warum sie eine Handlung unterlassen. Aber sind damit schon alle Motivationskomponenten erfasst? Werte und Erwartungen sind die Grundlage des Modells, daher ist der Name Kognitives Motivationsmodell auch angebracht. Kritiker dieser Art von Modellen (z. B. Bischof, 1989) halten es für zu rational. Personen überlegen vor einer Handlung nicht so lange und machen sich auch nicht alle positiven und negativen Folgen klar. Vor allem aber passt das Menschenbild eines kühl abwägenden Rechners nicht ganz dazu, wie man sich einen »typischen« hoch motivierten Menschen vorstellt: eine Person, die begeistert und hingebungsvoll einer Tätigkeit nachgeht, die also z. B. bis zur Erschöpfung tanzt, trotz der Mittagshitze Volleyball spielt oder bei der Erstellung eines künstlerischen Werks die Zeit und ihren Hunger vergisst. Ein solches Verhalten, das sicherlich unter die zuvor genannte Definition von Motivation fällt, lässt sich schlecht mit einem zweckrational orientierten Modell beschreiben. Aufgrund dieser Überlegungen hat Rheinberg (1989) das schon skizzierte Kognitive Modell um die Komponente der Tätigkeitsanreize erweitert.

3.1   Tätigkeitsanreiz

Rheinberg (1989) betont, kognitive Motivationsmodelle würden zu sehr vernachlässigen, dass Personen auch aus »unvernünftigen« Gründen handeln und etwas mit Hingabe tun, weil ihnen die Tätigkeit aus sich heraus Spaß bereitet. Beispiele dafür sind: mehr vom Lieblingsgericht essen, obwohl man schon satt ist, lang auf einer Party bleiben, obwohl man am nächsten Tag lernen muss, oder eine Risikosportart betreiben, obwohl diese mit Verletzungsgefahren verbunden ist. Bei allen diesen Tätigkeiten spielen Werte und Erwartungen eine geringe Rolle. Vielmehr werden nun folgende Komponenten relevant: Affekte/Emotionen und vielleicht neurohormonelle Prozesse. Während der Tätigkeit werden positive Emotionen erlebt, wie Freude und Spaß. Möglicherweise werden auch Neurohormone freigesetzt. So haben Schultheiss und Rohde (2002) Machtmotivierte in einer Wettbewerbssituation beobachtet. In Wettbewerbssituationen geht es ja darum, andere Personen zu beeindrucken, ein Handlungsthema, das für die Machtmotivation von zentraler Bedeutung ist. Tatsächlich gelang es Schultheiss und Rohde nachzuweisen, dass bei Machtmotivierten der Testosteronspiegel im Speichel ansteigt, wenn sie sich in einem Wettbewerb gegenüber einer anderen Person durchsetzen können.

An dieser Stelle möchte ich nicht weiter auf die Modelle eingehen, die den Spaß an der Tätigkeit hervorheben, da sie in den Kapiteln 2 bis 4 dieses Buches (Interesse, Intrinsische Motivation, Tätigkeitsanreiz und Flow) dargestellt werden. Im nächsten Abschnitt wird anhand eines von Rheinberg (2004b) entwickelten Schemas auf weitere Aspekte von Motivation eingegangen.

4   Schema für verschiedene Motivationsformen

Ein umfassendes Schema zur Einordnung unterschiedlicher Motivationsformen hat Rheinberg (2004b) vorgelegt. Dieses Schema, das die unterschiedlichen Motivationsformen anhand einer Frage- und Antwortsequenz veranschaulicht (s. Abb. 1.3), wird im Folgenden erläutert.

Spaß an der Aktivität. Die Motivationsform, die jedem wohl zuerst einfällt, ist diejenige, bei der die Tätigkeit an sich sehr viel Spaß macht. Hier kann man sich ein Kind vorstellen, das begeistert und mit glühenden Wangen etwas bastelt und dabei die Zeit vergisst. Man denkt auch an einen Schüler, der Mathematikaufgaben rechnet, ohne sich auf eine Klausur vorzubereiten oder von den Eltern gelobt zu werden. Hier besteht das eigentliche Ziel in der Ausführung der Tätigkeit selbst. Personen suchen diese Aktivitäten von sich aus auf, sind eigenaktiv und handeln spontan, ohne zusätzliche äußere Handlungsveranlassung. Mehr zu dieser aktivitätszentrierten Motivationsform wird in den Kapiteln 2 bis 4 berichtet.

Sanktionierte/Erwartete Aktivität. Im Gegensatz zu der selbstinitiierten Aktivität steht die fremdkontrollierte Aktivität. Eigentlich will eine Person diese Aktivität gar nicht durchführen, aber sie beugt sich dem Druck der von außen gesetzten Erfordernisse. Beispiele dafür sind ein Jugendlicher, der Medizin studiert, da seine Mutter eine Arztpraxis hat, oder ein Autofahrer, der Tempo 30 einhält, da eine Geschwindigkeitskontrolle zu befürchten ist. Im ersten Fall spürt der Student die Erwartungen seiner Eltern, die er nicht enttäuschen möchte, und entscheidet sich daher ohne eigenen Wunsch für das Studium. Im zweiten Fall wird durch Androhung einer Strafe das gewünschte Verhalten »erzwungen«, da der Fahrer die Strafe für zu schnelles Fahren nicht zahlen möchte. An diese Form von Motivation denkt man im Alltag weniger, wenn man von Motivation spricht. Aber nach der Definition von Motivation (aktivierende Ausrichtung zur Vermeidung eines negativ bewerteten Zielzustands, s. o.) fallen auch fremdkontrollierte Aktivitäten in den Bereich der Motivationspsychologie.

Die fremdkontrollierte Aktivität wird in der Motivationspsychologie unter dem Begriff extrinsische Motivation gefasst und in diesem Buch im Kapitel von Schiefele und Streblow beschrieben. Personen können in eine extrinsische Motivation versetzt werden, wenn ihnen Geld oder eine andere Belohnung geboten wird. Betrachtet man, wie in der Schule, am Arbeitsplatz oder im therapeutischen Kontext versucht wird, Verhalten zu verändern, so wird offenkundig, dass häufig mit Belohnungen gearbeitet wird. Bei lese-rechtschreib-schwachen Kindern, die keinen Spaß am Lesen und Schreiben haben (Motivationsform Spaß an Aktivität), werden Verträge abgeschlossen, in denen festgelegt wird, was die Kinder erhalten, wenn

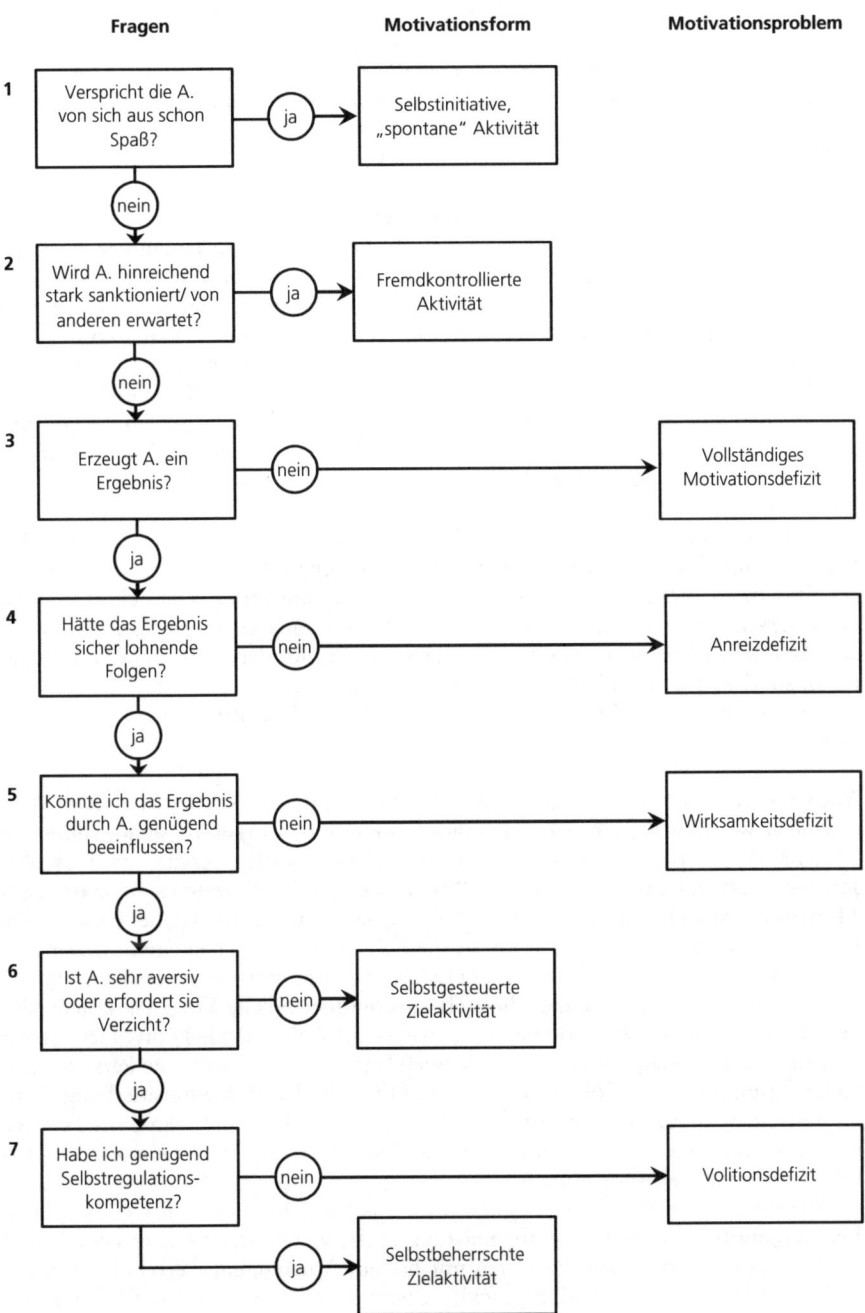

Abb. 1.3   Frage- und Antwortsequenz zur Bestimmung verschiedener Motivationsformen und -probleme (A = Aktivität; aus Rheinberg, 2004b, S. 24).

sie ein Lernziel erreicht haben (z. B. Spielen mit Lieblingsspielzeug). Wenn alle anderen Motivationsformen, die im Folgenden erläutert werden, nicht angeregt werden können, so bietet sich die Fremdkontrolle als eine Möglichkeit an, Motivation anzuregen. Dabei muss man allerdings wissen, dass Belohnungen (Korrumpierungseffekt, s. Schiefele & Streblow in diesem Band) und Sanktionen (Steiner, 2001) auch negative Effekte nach sich ziehen können.

Aktivität ohne Ergebnis. Verfolgt man in Abbildung 1.3 die Frage- und Antwortsequenz, kommt man nun zu der Frage, ob die Aktivität zu einem erkennbaren Ergebnis führt. Motivation wurde ja so definiert, dass alle Handlungen (einschließlich der gedanklichen Aktivitäten) auf einen bestimmten Zielzustand hin ausgerichtet werden. Wenn eine Person jedoch kein Ziel erkennen kann, so liegt ein vollständiges Motivationsdefizit vor. Dies möchte ich wieder an einem Beispiel veranschaulichen. Ein Schüler, dem Sport keinen Spaß macht (Spaß an der Tätigkeit), und für den eine schlechte Note keine Versetzungsgefährdung bedeutet (Sanktionierte/Erwartete Aktivität), wird keine Motivation haben, sich am Sportunterricht zu beteiligen, da für ihn diese Aktivität mit keinem Ziel bzw. keinem Ergebnis verbunden ist.

Wenn ein solches Motivationsdefizit bei einem Schüler vorliegt, kann man den Lehrern empfehlen, im Unterricht deutlich zu machen, welche Ergebnisse bereits erzielt wurden, indem sie z. B. auf den Lernzuwachs hinweisen. Die Lehrer können auch hervorheben, wie das neu erworbene Wissen einsetzbar ist. Dadurch kann dem Schüler deutlich gemacht werden, dass er nicht nur den Unterricht »absitzen« muss, sondern für sich kleine Ergebnisse erzielen kann. Möglicherweise gelingt es ihm sogar, sich eigene Ziele zu setzen, was dann das Motivationsdefizit verschwinden lässt.

Aktivität mit lohnenden Folgen. In der Frage- und Antwortsequenz (Abb. 1.3) erreichen wir nun Kasten 4 mit der Frage »Hätte das Ergebnis sicher lohnende Folgen?« Die antizipierten Folgen einer Handlung wurden bereits zuvor im Zusammenhang mit Heckhausen und Rheinbergs (1980) Erweitertem Kognitiven Motivationsmodell angesprochen. Dort wurde erläutert, dass eine Person eine Handlung durchführen wird, wenn ihr die Folgen attraktiv erscheinen. Unser Beispiel war der Angestellte, der an einem Lehrgang teilnimmt, um in der Konsequenz eine bessere Position in seinem Betrieb zu erhalten. Solche Folgen können dem Handelnden bewusst sein, so wie es im zweck-rationalen Modell von Heckhausen und Rheinberg konzipiert ist. Dieses Modell legt nahe, dass man eine Person motivieren kann, indem die Folgen attraktiv gestaltet werden. Dazu muss z. B. ein Lehrer wissen, was für einen bestimmten Schüler besonders belohnend ist. Positive Folgen könnten gute Noten sein, aber auch besondere Rechte, wie etwa die Mithilfe bei der Organisation eines Festes.

Allerdings können die Folgen auch unbewusst sein und aus Affekten bestehen: Leistungsmotivierte sind auf ihre Leistung stolz, wenn sie eine herausfordernde Aufgabe gemeistert haben. Personen mit hohem Anstrengungsvermeidungsmotiv (s. Rollett in diesem Band) sind glücklich, wenn sie sich einer aufwendigen Tätigkeit entledigen konnten. Und Zufriedenheit setzt ein, sobald Ziele erreicht werden. Unter dem Konstrukt *Zielorientierung* (Dweck & Leggett, 1988; Nicholls, 1984; s. Köller in diesem Band) werden zwei verschiedene Motivationsformen beschrieben: Lern- und Leistungszielorientierung. Ein Schüler, der ein Leistungsziel verfolgt, wird durch die Aussicht motiviert, die Überlegenheit seiner Kenntnisse und Fähigkeiten im Vergleich mit anderen relevanten Bezugspersonen (z. B. Mitschüler) zu beweisen, bzw. wenn es ihm zu vertuschen gelingt, dass er eigentlich schlechter ist als andere. Bewunderung oder ggf. die Vermeidung von Abschätzung durch andere Personen bilden hier also die eigentlichen handlungsveranlassenden Anreize. Schüler, die Lernziele verfolgen, lernen hingegen am liebsten, wenn sie ein Problem oder eine schwierige Aufgabe meistern können. Genau wie die Leistungsmotivierten sind sie stolz, wenn es ihnen gelingt, ihr Ziel zu erreichen. Dieses Konstrukt der Zielorientierung wurde in den letzten 20 Jahren sehr intensiv beforscht. Die Befunde sprechen dafür, dass Lernzielorientierte tatsächlich bessere Leistungen erbringen (Utman, 1997).

Aktivität mit unsicherem Ergebnis. In Abbildung 1.3 folgt nun Frage 5: »Kann ich das Ergebnis durch meine Aktivität genügend beeinflussen?« Diese Frage zielt auf die Erwartung, ob eine Person von sich glaubt, durch ihre Handlung ein erwünschtes Ergebnis herbeiführen zu können. Um dies zu illustrieren, kann man sich wieder einen Schüler vorstellen, der zwar eine gute Note in einer Physikklausur erzielen möchte, sich aber für Physik unbegabt hält. Da er von sich ein so negatives Bild hat, hält er das Lernen für die Physikklausur für aussichtslos, wird er doch ohnehin versagen. Hier handelt es sich um ein *Wirksamkeitsdefizit*. Dass sich Personen darin unterscheiden, für wie wirksam sie sich in verschiedenen Bereichen einschätzen, wurde in der Literatur zum Konstrukt Selbstwirksamkeit (self-efficacy, Bandura, 1986) beschrieben. Fehlende Selbstwirksamkeit sollte demnach dazu führen, dass eine Person Handlungen unterlässt. Auch dieses Konstrukt war in den letzten 25 Jahren sehr einflussreich und hat viele Untersuchungen angeregt. In dem vorliegenden Band nimmt Kehrs Kompensationsmodell Bezug auf diese Theorie und auch Bipp und Kleinbeck verweisen darauf.

Selbstgesteuerte Zielaktivität. Um eine selbstgesteuerte Zielaktivität (s. Abb. 1.3) handelt es sich, wenn die Handlung zwar keinen Spaß macht, aber freiwillig durchgeführt wird, da man sich positive Folgen erhofft. Hinzu kommt jetzt noch die Unterscheidung, ob die Aktivität aversiv ist oder einen Verzicht erfordert? (Frage 6). Am Beispiel eines Studenten, der für die Prüfung lernt, kann man die selbstgesteuerte Zielaktivität veranschaulichen. Das Recherchieren der Literatur unter Zeitdruck macht sicherlich keinen Spaß (Frage 1), ist aber wichtig, um die Prüfung zu bestehen (Frage 4). Das Lernen an sich ist auch nicht so abstoßend, da der Student sich diesen Lernstoff ja ausgesucht hat. Die Aufgabe des Studenten ist es nun, gute Lernstrategien auszuwählen und die bestehende Motivation zu unterstützen. Dies sind Empfehlungen, die in der Literatur zum selbstregulierten Lernen genannt werden (Zimmerman, Bonner & Kovach, 1996; in diesem Band s. Spinath).

Selbstbeherrschte Zielaktivität. Was aber geschieht mit dem Studenten, wenn das Lernen auf die Prüfung den Verzicht auf eine attraktive Tätigkeit bedeutet (s. Frage 7 in Abb. 1.3)? Anstatt zu lernen, könnte er mit Freunden schwimmen gehen. Wenn er in diesem Augenblick der Versuchung nicht widerstehen kann und zum Schwimmen geht, so gelingt es ihm trotz des guten Vorsatzes nicht, für die Prüfung zu lernen. Das Fehlen von Strategien, wie man sich zu unattraktiven Handlungen zwingen kann, bezeichnet man als *Volitionsdefizit*. Volition bedeutet, Wille und mit einer volitionalen Steuerung können auch aversive Tätigkeiten durchgeführt werden. Kuhl und Koole (in diesem Band) berichten über eine Theorie, die spezifiziert, welche Personen eher in Situationen kommen, in denen sie »mit Willenskraft« und weniger mit Motivation ihr Ziel erreichen.

5 Ziel und Aufbau des Buches

Dieses Lehrbuch hat das Ziel, verschiedene Aspekte von Motivation zu beleuchten. Dabei haben wir uns an dem in Abbildung 1.3 dargestellten Schema orientiert. In Teil A versuchen wir, aktuelle Theorien den Aspekten zuzuordnen. So thematisieren die ersten drei Kapitel (Krapp, Schiefele & Streblow, Engeser & Vollmeyer) Motivationsformen, die den Spaß an der Aktivität fokussieren. Als Gegenteil dazu wird die fremdkontrollierte Aktivität gesehen, die als extrinsische Motivation von Schiefele und Streblow dargestellt wird.

Die Beiträge von Langens, Schmalt und Sokolowski sowie Rollett lassen sich der Aktivität mit lohnenden Folgen zuordnen. In beiden Beiträgen werden Motive beschrieben. Wenn Motive befriedigt werden und dabei positive Emotionen entstehen, so ist dies eine lohnende Folge. Neben solchen positiven Motivationsformen gibt es auch die Volition. Die willentliche Steuerung muss eingesetzt werden, wenn die Aktivitäten »nicht zu der Person passen«. Darauf gehen Kuhl und Koole ein.

Teil B und C legen den Schwerpunkt auf die Anwendung von Motivation, zum einen im Arbeitskontext (Teil B), zum anderen im Schulkontext (Teil C). Die Autoren der Kapitel haben jeweils einen anderen theoretischen Hintergrund, von dem aus sie Vorschläge machen, wie in den Arbeits- oder Schulkontext eingegriffen werden kann.

Literatur

Bandura, A. (1986). *Social foundations of thought and action: A social cognitive theory.* Englewood Cliffs, NJ: Prentice Hall.
Bischof, N. (1989). Emotionale Verwirrungen. Oder: von den Schwierigkeiten im Umgang mit der Biologie. *Psychologische Rundschau, 40,* 188–205.
Dweck, C. S. & Leggett, E. L. (1988). A social-cognitive approach to motivation and personality. *Psychological Review, 95,* 256–273.
Freud, S. (1915/1952). *Triebe und Triebschicksale* (Gesammelte Werke, Bd. X). Frankfurt: Fischer.
Freud, S. (1938/1953). *Abriss der Psychoanalyse* (Gesammelte Werke, Bd. XVII). Frankfurt: Fischer.
Heckhausen, H. (1989). *Motivation und Handeln* (2. Auflage). Berlin: Springer.
Heckhausen, H. & Rheinberg, F. (1980). Lernmotivation im Unterricht, erneut betrachtet. *Unterrichtswissenschaft, 8,* 7–47.
Hull, C. L. (1943). *Principles of behavior.* New York: Appleton-Century-Crofts.
Lewin, K. (1946). Action research and minority problems. *Journal of Social Issues, 2,* 34–46.
McClelland, D. C. (1987). Biological aspects of human motivation. In F. Halisch & J. Kuhl (Hrsg.), *Motivation, intention and volition* (S. 11–19). Berlin: Springer.
Nicholls, J. G. (1984). Achievement motivation: conceptions of ability, subjective experience, task choice, and performance. *Psychological Review, 91,* 328–346.

Rheinberg, F. (1989). *Zweck und Tätigkeit*. Göttingen: Hogrefe.

Rheinberg, F. (2004a). *Motivation* (5. Auflage). Stuttgart: Kohlhammer.

Rheinberg, F. (2004b). *Motivationsdiagnostik*. Göttingen: Hogrefe.

Rheinberg, F. (2004c). *Ein Diagnoseschema zur Lernmotivation*. Vortrag gehalten bei »3. Göttinger Gespräche 2004«.

Schneider, K. & Schmalt, H.-D. (2000). *Motivation* (3. Auflage). Stuttgart: Kohlhammer.

Schultheiss, O. C. & Rohde, W. (2002). Implicit power motivation predicts men's Testosteron changes and implicit learning in a contest situation. *Hormones and Behavior, 36*, 195–202.

Steiner, G. (2001). Lernen und Wissenserwerb. In A. Krapp & B. Weidenmann (Hrsg.), *Pädagogische Psychologie* (S. 137–205). Weinheim: PVU.

Utman, C. H. (1997). Performance effects of motivational state: A meta-analysis. *Personality and Social Psychology Review, 1*, 170–182.

Zimmerman, B., Bonner, S. & Kovach, R. (1996). *Developing self-regulated learners: Beyond achievement to self-efficacy*. Washington, D. C.: APA Books.

Teil A: Motivationstheorien

2 Psychologische Bedürfnisse und Interesse. Theoretische Überlegungen und praktische Schlussfolgerungen

Andreas Krapp

1 Einleitung

Zu den zentralen motivationalen Grundlagen effektiven Lehrens und Lernens zählen Interesse und intrinsische Motivation. In zahlreichen empirischen Untersuchungen wurde nachgewiesen, dass eine auf Interesse beruhende Lernmotivation als selbstbestimmt und insofern als »intrinsisch« erlebt wird (Krapp & Prenzel, 1992; Schiefele, Krapp & Schreyer, 1993). Ein solche Art der Lernmotivation erhöht die Bereitschaft zu länger anhaltendem, selbstgesteuertem Lernen, und es gibt gute Gründe, die Interessen einer Person als eine entscheidende Antriebsfeder lebenslangen Lernens zu betrachten (Krapp, 2000). Weiterhin hat sich herausgestellt, dass sich eine interessenbasierte Motivation sehr förderlich auf das Lernverhalten und die Qualität der Lernergebnisse auswirkt. Hochinteressierte Lerner sind ausdauernder bei der Sache, strengen sich mehr an und verwenden anspruchsvollere Lernstrategien (Wild, 2000). Ein an den Inhalten einer Lernaufgabe interessierter Schüler geht der Sache auf den Grund, er möchte Zusammenhänge begreifen und das zu bewältigende Problem verstehen. Tatsächlich findet man in zahlreichen empirischen Untersuchungen signifikante und substanzielle Korrelationen zwischen der Ausprägung des Interesses in einem bestimmten Gebiet (z. B.

Schulfach), der Art der verwendeten Lernstrategien bei der Auseinandersetzung mit den Lernaufgaben in diesem Gebiet und der Qualität des erworbenen Wissens (vgl. Schiefele et al., 1993). Der Begriff »Qualität« muss hier betont werden, denn im alltäglichen Schulbetrieb wird die besondere Funktion von Interessen für eine optimale Lernmotivation oft nicht erkannt, weil die Leistungen in der Schule zu einseitig auf der Oberflächenebene erfasst werden. Selbst in akademischen Prüfungen bilden eindeutig als richtig und falsch klassifizierbare Antworten die wichtigste Grundlage für die Bewertung des Studienerfolgs.

Interesse und intrinsische Motivation sind sowohl in theoretischer als auch in praktischer Hinsicht sehr eng miteinander verknüpft (vgl. Krapp, 1999; s. Schiefele & Streblow in diesem Band). Man könnte sogar behaupten, dass damit im Prinzip das gleiche Phänomen beschrieben wird, nämlich eine aus innerer Neigung resultierende Lernmotivation, die nicht durch äußeren Druck oder Zwang zustande kommt, sondern durch einen in der Person verankerten »inneren Antrieb«. Im Gegensatz zur intrinsischen Motivation, die aus dem puren Spaß an einer freudvollen Tätigkeit hervorgeht (Spiel oder Freizeitbeschäftigung), ist eine auf Interesse beruhende intrinsische Lernmotivation jedoch stets auf ein bestimmtes Ziel gerichtet. Im Kontext intentionalen Lernens besitzt sie somit zwangsläufig auch eine instrumentelle Funktion, weil sie einen über die reine Lernhandlung hinausgehenden Zweck erfüllt (Krapp, 1999).

Während die pädagogisch-psychologische Interessenforschung über ein umfangreiches Angebot an theoretischen Modellen und empirischen Befunden über die Wirkungsweise von »situationalen« und »individuellen« Interessen auf das Lernverhalten und die kurz- und langfristige Leistungsentwicklung verfügt (Hoffmann, Krapp, Renninger & Baumert, 1998; Krapp & Prenzel, 1992; Schiefele & Wild, 2000; Wild, 2000), ist die pädagogisch sehr viel wichtigere Frage nach den Bedingungen und Prozessen der Interessenentstehung und den Möglichkeiten ihrer gezielten Förderung weniger gründlich untersucht worden. Insbesondere fehlen Modelle, die sich mit den psychologischen »Mechanismen« der Interessengenese befassen und auf der Ebene psychologischer Prozesse und Funktionen wissenschaftliche Erklärungen liefern.

In der pädagogischen Interessentheorie werden dazu seit einiger Zeit Überlegungen angestellt, die sich in wesentlichen Aspekten von den Argumentationsmustern in anderen Motivationstheorien unterscheiden. Dazu gehört u. a. die Idee, dass neben bewussten kognitiven Prozessen auch emotionale Faktoren und grundlegende psychologische Bedürfnisse eine zentrale Rolle spielen (Krapp, 1998, 2002, 2004). Diese Überlegungen bilden den Kern einer »*funktionalen Theorie der Interessengenese*«, die im folgenden Abschnitt kurz vorgestellt wird. Sie ist bislang nur in groben Zügen formuliert und bedarf sowohl in theoretischer als auch in empirischer Hinsicht noch einer genaueren Spezifizierung, z. B. im Hinblick auf die Funktion und besondere Bedeutung der sog. *grundlegenden psychologischen Bedürfnisse* (engl. »basic needs«). Ich werde mich deshalb im dritten Abschnitt dieses Beitrags etwas ausführlicher mit den theoretischen Wurzeln des in der Interessentheorie verwendeten Bedürfnisbegriffs befassen, nämlich der *Relational Theory of Behavioral Dynamics* von Nuttin (1984) und der *Selbstbestimmungstheorie* von Deci und Ryan (1985, 1993, 2002). Im letzten Abschnitt werden einige theoretische und praktische Schlussfolgerungen diskutiert, die sich aus dieser theoretischen Konzeption für die Optimierung der Lernmotivation in der Schule ergeben.

2   Eine funktionale Theorie der Interessengenese

Der Verlauf und die Bedingungen der Interessenentwicklung können aus unterschiedlichen Blickwinkeln untersucht werden. Man kann z. B. die Frage stellen, wie sich das Interesse an einem Fachgebiet (z. B. Schulfach) bei einer bestimmten Schülergruppe über die Jahre verändert (z. B. das durchschnittliche Physikinteresse von Jungen und Mädchen in der Sekundarstufe I), oder welche Faktoren im Elternhaus und in der Schule auf die Entstehung von Interessen einwirken. Eine andere, stärker prozessorientierte Fragestellung betrifft die Entstehung und Veränderung des Interesses im Verlauf einer einzelnen Lernepisode (*Aktualgenese*) oder während einer längeren Phase der individuellen Entwicklung (*Ontogenese*).

Die wissenschaftliche Untersuchung dieser Fragen erfordert begründete Hypothesen darüber, wie die thematische Ausrichtung der persönlichen Lernmotive und Interessen zustande kommt. Nach Auffassung der pädagogischen Interessentheorie beruht die Interessengenese auf einem mehr oder weniger weitreichenden Internalisierungs- und Identifikationsprozess, der als Sequenz dreier »Entwicklungsstufen« abgebildet werden kann (vgl. Krapp, 1998, 2002, 2003). Am Beginn steht ein in der Regel nur kurzzeitig anhaltender neugierähnlicher Zustand, ein momentanes »Interessiertsein« an einem als »interessant« wahrgenommenen Sachverhalt. Unter bestimmten Voraussetzungen (z. B. ein auf die Bedürfnisse der Schüler eingehender Unterricht; vgl. Krapp, 1998; Hartinger & Fölling-Albers, 2002) kann dieses *situationale Interesse* über eine gewisse Zeit aufrechterhalten werden und eine intrinsische bzw. interessenbasierte Lernmotivation für einen bestimmten Lerngegenstand erzeugen. In seltenen Fällen entwickelt sich aus einem mehrmals aktivierten situationalen Interesse eine dauerhafte Neigung zur Beschäftigung mit diesem Gegenstandsbereich, die auch dann noch anhält, wenn die gezielten motivationalen Anregungen des Unterrichts entfallen. In diesem Fall sprechen wir von einem *individuellen Interesse*. Es hat den Status einer längerfristig wirksamen motivationalen Disposition.

Zur Erklärung der Herausbildung und Stabilisierung von sowohl situativen als auch individuellen Interessen postuliert die Interessentheorie in Übereinstimmung mit neueren Modellvorstellungen der Motivations- und Emotionsforschung (vgl. Efklides, Kuhl & Sorrentino, 2001; J. Heckhausen, 2000; Sun, 2002) ein aus zwei Hauptkomponenten bestehendes Steuerungssystem, an dem sowohl kognitiv-rationale als auch emotionale und zum Teil subbewusst ablaufende Prozesse beteiligt sind. Boekaerts (2003) spricht in diesem Zusammenhang von zwei parallel ablaufenden motivationalen Informationsverarbeitungs- und Bewertungsprozessen. Die erste Gruppe von Bewertungsprozessen ist uns gut vertraut. Sie fällt uns als Erstes ein, wenn wir über die motivationalen Hintergründe (»Ursachen«) eigener oder fremder Handlungsintentionen Auskunft geben sollen. Es sind Erwartungen, Hoffnungen oder Befürchtungen im Hinblick auf erwünschte oder unerwünschte Folgen des Handelns. Sie repräsentieren in der Terminologie der kognitiven Motivationspsychologie den intendierten »instrumentellen Nutzen« einer Handlung (nach Heckhausen Ergebnis-Folge-Erwartung, s. Vollmeyer in diesem Band). Dieser Bereich der motivationalen Steuerung basiert auf »vernünftigen« Überlegungen und bewusst getroffenen Entscheidungen. Auf sie haben wir willentlichen Einfluss, d. h. wir können sie ggf. durch »innere Überzeugungsarbeit« in die gewünschte

Richtung lenken. Die zweite Gruppe von Steuerungsfaktoren spielt sich weniger auf der Ebene kognitiv-rationaler Überlegungen und Entscheidungen ab, sondern betrifft in erster Linie das emotionale Erleben, die Gefühle, Stimmungen, bei der Realisierung einer Tätigkeit, auf die sich gerade unser Interesse richtet.

Für die Entwicklung der Interessen wird postuliert, dass sich eine Person nur dann mit einem bestimmten Gegenstandsbereich dauerhaft und aus innerer Neigung auseinander setzt, wenn sie ihn als persönlich bedeutsam einschätzt und wenn sich im Verlauf einer interessenthematischen Handlung eine insgesamt positive Bilanz der relevanten emotionalen Erlebensqualitäten ergibt. Für die nähere Bestimmung der emotionalen Erlebensqualitäten orientiert sich die Person-Gegenstands-Theorie des Interesses – wie bereits erwähnt – am Konzept der grundlegenden psychologischen Bedürfnisse.

3 Psychologische Theorien zur Konzeption der grundlegenden psychologischen Bedürfnisse

In der psychologischen Motivationsforschung wurde das Konzept der grundlegenden psychologischen Bedürfnisse in den letzten Jahrzehnten nur in relativ wenigen Theorien als eine wichtige Komponente des motivationalen Geschehens berücksichtigt. Dies ist u. a. auf die theoretische Neuorientierung der Motivationsforschung im Zuge der sog. »kognitiven Wende« in den 60er- und 70er-Jahren des letzten Jahrhunderts zurückzuführen. In den nun vorherrschenden kognitiv-handlungstheoretischen Theorien sah man keine Veranlassung mehr, über Bedürfnisse im Sinne grundlegender motivationaler Antriebskräfte Aussagen zu treffen. Aus der Perspektive dieses Forschungsparadigmas war dies kein erklärungsbedürftiger Sachverhalt. Die Frage nach den grundlegenden dynamischen Quellen des motivierten Handels bzw. nach der Herkunft der motivationalen Energie schien mit dem Hinweis erledigt zu sein, dass der Mensch – wie alle Lebewesen – von Natur aus darauf angelegt ist, sich aktiv mit seiner Lebenswelt auseinander zu setzen. Im Lehrbuch von Pintrich und Schunk (1996) wird diese Position auf den Punkt gebracht: »… the problem of what motivates behavior is not an issue, but the issue of direction becomes paramount« (Pintrich & Schunk, 1996, S. 70). Die meisten Autoren im Bereich der kognitiven Motivationstheorien schlossen sich dieser Meinung an. Zu den wenigen Ausnahmen zählen Nuttin aus Belgien sowie Deci und Ryan aus den USA, die in den frühen 1980er-Jahren annähernd zeitgleich Motivationstheorien entwickelt haben, in denen das Konzept der psychologischen Bedürfnisse eine zentrale Rolle spielt.

3.1 Das Konzept der grundlegenden Bedürfnisse in der »Relational Theory of Behavioral Dynamics« von Nuttin

Ähnlich wie Piaget und Lewin (1936, s. Vollmeyer in diesem Band) vertritt Nuttin (1984) die Auffassung, dass die menschliche Motivation nur auf dem Hintergrund einer Person-Umwelt-Konzeption angemessen theoretisch rekonstruiert werden kann. Person und Umwelt sind wechselseitig aufeinander bezogen und müssen im Hinblick auf das Motivationsgeschehen als eine funktionale Einheit betrachtet werden.[1] Vordringliche Aufgabe der Motivationspsychologie ist die Beschreibung und Erklärung der »dynamischen Gerichtetheit« des menschlichen Verhaltens. Dies kann prinzipiell auf zweifache Weise geschehen. Man kann zum einen Aussagen über die dynamischen Antriebsfaktoren machen und erklären, wo die motivationale »Energie« herrührt. Zum anderen kann man die Zielrichtung menschlichen Handelns untersuchen und fragen, wie die individuell unterschiedlichen motivationalen Orientierungen und Motive entstehen, wie sie das Handeln steuern und wie sie im Laufe der Entwicklung immer wieder an neue Umweltgegebenheiten angepasst werden. Nach Auffassung von Nuttin ist es sehr wichtig, eine klare Unterscheidung zwischen grundlegenden, in der Natur des Menschen verankerten Bedürfnissen und den durch sie »energetisierten« Motiven und Zielen zu treffen.

Nimmt man als gegeben, dass der Mensch als lebender Organismus darauf angewiesen ist, die aktuellen und vorhersehbaren Person-Umwelt-Interaktionen auf einem optimalen Niveau zu gestalten, so liegt es nahe, dafür auch ein sehr allgemeines grundlegendes Bedürfnis zu postulieren, welches dem generellen Lebensprinzip des »*optimalen Funktionierens*« entspricht. Im menschlichen Bewusstsein manifestiert sich dieses Bedürfnis als ein urtümliches generelles Streben nach tätigkeitszentriertem (ganzheitlichem) Wohlbefinden. Im Idealfall registrieren wir die Funktionsqualität des eigenen Tuns im Rahmen der gerade ablaufenden Person-Gegenstands-Auseinandersetzungen als »hochwirksam« im Sinne einer weitgehenden Entsprechung zwischen dem eigenen Können und Wollen und den in der aktuellen Situation gegebenen Anforderungen. Dieser Zustand des optimalen Funktionierens besitzt einen hohen inneren Anreizwert. In der Theorie von Csikszentmihalyi (1985, 1999, s. Engeser & Vollmeyer in diesem Band) wird mit ähnlicher Argumentation die subjektive Erfahrung des optimalen Erlebens (»*optimal experience*«) als ein im höchsten Maße erstrebenswerter Zustand beschrieben. Er äußert sich als *Flow-Erleben*. In der Fähigkeit, sich möglichst oft in diesen Zustand zu versetzen, liegt nach Auffassung dieser Theorie sogar »das Geheimnis des menschlichen Glücks« (Csikszentmihalyi, 1999).

Auf dem Hintergrund dieser Überlegungen postuliert Nuttin ein »*general need for relational functioning*«. Wenn man dieses Bedürfnis näher aufschlüsselt, so ergeben sich Teilaspekte des optimalen Funktionierens, die man sowohl auf der Grundlage theoretischer Ableitungen als auch auf der Ebene empirischer Befunde wissenschaftlich begründen kann. Um z. B. zu garantieren, dass der Organismus eine kontinuierliche Rückmeldung über die Qualität und Effektivität der aktuellen Person-Umwelt-Interaktionen erhält und ggf. einem starken Anreiz zur Korrektur der bisher eingesetzten ineffektiven Verhaltensprogramme ausgesetzt wird, liegt es nahe, dafür ein grundlegendes Bedürfnis nach *optimaler Wirksamkeit* oder *Kompetenzerfahrung* zu postulieren. Ebenso wichtig ist die Erfahrung von *Selbstbestimmung* oder *Autonomie*, denn die Erfahrung »eigener« Kompetenz setzt notwendigerweise voraus, dass sich das Individuum als eigenständiges Handlungszentrum erlebt. Nur so können die erbrachten Leistungen subjektiv glaubwürdig »dem eigenen Konto« zugeschrieben werden. Das innere Streben nach Autonomie und Selbstbestimmung ist zugleich eine notwendige Voraussetzung für die Entwicklung der eigenen Identität (vgl. Nuttin, 1984, S. 101). Ein weiterer Aspekt des

---

1 Nuttin spricht in diesem Zusammenhang von »Individual-Environment-Unit«.

optimalen Funktionierens betrifft die Tatsache, dass sich menschliches Handeln stets im sozialen Kontext abspielt. Menschen haben eine angeborene Tendenz, sich als »Angehörige« bestimmter Bezugsgruppen wahrzunehmen und dieses Zugehörigkeitsgefühl auch dann aufrecht zu erhalten, wenn Konflikte zwischen den Gruppenmitgliedern auftreten. Dieser Sachverhalt ist eine wesentliche Ursache dafür, dass im Laufe der Sozialisation sowohl die Bewertung materieller, sozialer und ideeller Gegenstände, als auch die darauf bezogenen Interaktionsformen und Handlungsziele in eine bestimmte Richtung gelenkt werden. Auf diese Weise entsteht innerhalb der Gesellschaft ein Grundbestand an gemeinsam geteilten Einstellungen, Wertorientierungen und Wissensbeständen.

Die starke »Bindung« des sich entwickelnden Individuums an soziale Bezugspersonen verweist auf ein weiteres psychologisches Grundbedürfnis, dem »*need for social interaction*« (vgl. Nuttin, 1984, S. 109 ff.). Mit diesem Bedürfnis ist eine für die menschliche Entwicklung außerordentlich bedeutsame psychologische Funktion eng verknüpft, nämlich die *Identifikation* mit den Zielen und Handlungen anderer Personen. Das Konzept der Identifikation erklärt, warum im Verlauf der individuellen Entwicklung Motive, Einstellungen und Verhaltensmuster von den »Modell-Personen« übernommen und in das eigene Selbstsystem integriert werden. Das auf Anpassung zielende grundlegende Bedürfnis nach sozialer Zugehörigkeit ist auf einen gleichberechtigten Gegenspieler angewiesen, um sowohl die Entwicklung des Individuums als auch der sozialen Gruppe auf optimale Weise voranzutreiben. Denn eine einseitig durch Anpassung geprägte Entwicklung würde letztlich die Herausbildung einer eigenen personalen Identität verhindern. Die logische Konsequenz aus diesen Überlegungen führt somit erneut zu der theoretischen Schlussfolgerung, dass neben dem primären Bedürfnis nach sozialer Eingebundenheit ein ebenso einflussreiches Bedürfnis nach Autonomie und Selbstbestimmung wirksam sein muss, damit das gesamte Entwicklungsgeschehen dem übergeordneten Prinzip des optimalen Funktionierens gerecht wird.

3.2 Das Konzept der grundlegenden Bedürfnisse in der »Self-Determination Theory« von Deci und Ryan

Wenn in der aktuellen wissenschaftlichen Diskussion von grundlegenden Bedürfnissen die Rede ist, beziehen sich die meisten Autoren auf die Selbstbestimmungstheorie (»Self-Determination Theory«) von Deci und Ryan. Obwohl sich die Selbstbestimmungstheorie an vergleichbaren metatheoretischen Überzeugungen orientiert und die theoretische Argumentation in vielen Punkten mit den Überlegungen von Nuttin übereinstimmt, findet man in den einschlägigen Publikationen kaum einen Hinweis auf seine »Relational Theory of Behavioral Dynamics«. Dies ist erstaunlich, weil das Buch von Nuttin bereits 1984 in einem bekannten amerikanischen Verlag erschienen ist.

Die Selbstbestimmungstheorie versteht sich als eine organismische und dialektische Motivationstheorie (vgl. Deci & Ryan, 1985, 2000, 2002). Der Begriff *organismisch* verweist auf das Postulat, dass die Psyche des Menschen den generellen Prinzipien lebender Organismen unterliegt. Wie alle Lebewesen ist auch der Mensch auf einen permanenten Austausch mit seiner Umwelt angewiesen. Dies ist von Anfang an ein »proaktiver« Prozess. Schon der Säugling ist in der Lage, sich aktiv und aus eigenem Antrieb mit den materiellen und sozialen Gegebenheiten seiner Lebenswelt auseinander zu setzen. Dazu verfügt er über eine Grundausstattung von angeborenen Fähigkeiten und primären motivationalen Strukturen (z. B. biologische und psychologische Grundbedürfnisse). Im Verlauf der Entwicklung wird diese Grundausstattung durch die Erfahrungen in vorausgegangenen Person-Umwelt-Interaktionen zunehmend ausdifferenziert, und es entwickeln sich immer komplexere psychische Funktionseinheiten.

Dennoch bleibt der individuelle Organismus als eine kohärente ganzheitliche »Gestalt« erhalten. Der Mensch nimmt sich und andere normalerweise als ein »Individuum« wahr, als eine Ganzheit, die trotz aller Veränderungen über die Lebensspanne eine stabile und kohärente Grundstruktur besitzt. Die Herausbildung und Ausdifferenzierung dieser als *persönliches Selbst* bezeichneten Kernstruktur der Persönlichkeit ist das Ergebnis eines fundamentalen, lebenslang wirksamen Entwicklungsprinzips, das in der Selbstbestimmungstheorie mit dem Begriff *organismische Integration* umschrieben wird. Das Prinzip der organismischen Integration sorgt dafür, dass im Verlauf der intraindividuellen Entwicklung zwei für das menschliche Leben gleichermaßen wichtige Ziele verfolgt werden. Das erste Entwicklungsziel betrifft das »persönliche Wachstum« des einzelnen Individuums, z. B. die Weiterentwicklung der individuellen Kompetenzen und Fähigkeiten. Dies entspricht dem generellen Streben lebender Strukturen, sich selbst zu realisieren, d. h. die im Organismus angelegten Entwicklungspotenziale auch auszuschöpfen. Das zweite Entwicklungsziel betrifft die Aufrechterhaltung und Weiterentwicklung des sozialen Systems, auf dessen Fortbestand das Individuum als soziales Wesen angewiesen ist und dessen funktionale Strukturen durch die Handlungsmuster der einzelnen Mitglieder immer wieder aufs Neue erzeugt und aufrechterhalten werden müssen. Dies hat zur Voraussetzung, dass die intraindividuellen Entwicklungsverläufe in angemessener Weise an die strukturellen und funktionalen Bedingungen des sozialen Systems angepasst werden. Das Prinzip der organismischen Integration erfordert ein Steuerungssystem, das den beiden antagonistisch aufeinander bezogenen Zielen der Entwicklung, nämlich kontinuierliches individuelles Wachstum und Aufrechterhaltung der funktionalen Stabilität des sozialen Systems, gleichermaßen Rechnung trägt. Wie muss man sich die Funktionsweise eines solchen urtümlichen Steuerungssystems vorstellen? Welche »psychischen Kräfte« sorgen dafür, dass im Verlauf der Entwicklung eine Balance zwischen personenbezogenen und sozialen Optimierungskriterien erreicht wird?

Deci und Ryan postulieren – ähnlich wie Nuttin (1984) – ein primär emotionsgesteuertes Rückmelde- und Gratifikationssystem, welches dem Organismus kontinuierlich Informationen über die funktionale Qualität der aktuellen Lebensvollzüge liefert. Dies geschieht in der Regel auf der Ebene ganzheitlicher Erlebensqualitäten, in Form »beiläufig« wahrgenommener emotionaler Zustände, die wir zumeist als emotionale Erfahrung des sich mehr oder weniger Wohlfühlens registrieren. Bei genauerer Betrachtung dominieren in Abhängigkeit von den jeweiligen Gegebenheiten spezifische Erlebensqualitäten. Was bei Nuttin als die globale »Erfahrung des optimalen Funktionierens« umschrieben wird, entspricht in der Theorie von Deci und Ryan dem Erleben von *intrinsischer Motivation*. Sie liefert nach Auffassung der Selbstbestimmungstheorie die motivationale Energie für den Prozess der organismischen Integration. Und diese Energie resultiert letztlich aus der Befriedigung *primärer psychologischer Bedürfnisse*.

Im Gegensatz zu vielen anderen Motivationstheorien begnügen sich Deci und Ryan nicht mit einer deskriptiven Charakterisierung des Erlebens von intrinsischer

Motivation, sondern bieten eine funktionale Erklärung für das Zustandekommen und die besondere Anziehungskraft intrinsisch motivierter Aktivitäten an. Dazu greifen sie, ebenso wie Nuttin (1984), auf das in der Biologie und anderen Lebenswissenschaften verbreitete Erklärungskonzept der angeborenen Bedürfnisse zurück und postulieren neben den biologisch-physiologischen Bedürfnissen (Trieben) ein eigenes System von *grundlegenden psychologischen Bedürfnissen*. Für die Prozesse der motivationalen Steuerung und die beiden generellen Zielstellungen der organismischen Integration sind nach Auffassung der Selbstbestimmungstheorie in erster Linie drei »*basic needs*« verantwortlich, nämlich Kompetenzerleben, Autonomie und soziale Eingebundenheit.

Das Bedürfnis nach *Kompetenzerleben* äußert sich im natürlichen Bestreben des Individuums, sich als handlungsfähig zu erleben (vgl. White, 1959). Es möchte den gegebenen und absehbaren Anforderungen gewachsen sein und die anstehenden Aufgaben oder Probleme aus eigener Kraft bewältigen können. Das Erleben von Kompetenz ist eng mit dem Gefühl der Selbstwirksamkeit (feeling of efficacy) verbunden (Bandura, 1997; vgl. Krapp & Ryan, 2002).

Das Bedürfnis nach *Autonomie* repräsentiert das natürliche Bestreben, sich als eigenständiges »Handlungszentrum« zu erleben. Das Individuum möchte die Ziele und Vorgehensweisen des eigenen Tuns selbst bestimmen. Auf diesen Sachverhalt hat insbesondere deCharms (1968) hingewiesen. Das Bedürfnis nach Autonomie darf jedoch nicht mit dem Streben nach totaler Freiheit oder völliger Unabhängigkeit von Beeinflussungen durch andere Personen verwechselt werden. Gerade in Lehr-Lern-Situationen ist dieses Bedürfnis stets auf das jeweils erreichte Kompetenzniveau bezogen. Ein Lernender wünscht sich nur dort Handlungsfreiheit, wo er glaubt, anstehende Aufgaben mit hinreichender Wahrscheinlichkeit erfolgreich bewältigen zu können. Das Streben nach situationsangemessener Autonomie ist zugleich eine wichtige Voraussetzung für die Kompetenzerfahrung, da die erfolgreiche Bewältigung einer Aufgabe nur dann als Bestätigung des eigenen Könnens erfahren wird, wenn sie weitgehend selbstständig gelöst wurde.

Die Bedürfnisse nach Kompetenzerfahrung und Autonomie bzw. Selbstbestimmung können erklären, warum wir eine Handlung in einer konkreten Situation als intrinsisch motiviert erleben und eine starke Neigung verspüren, künftig bei entsprechender Gelegenheit in ähnlicher Weise aktiv zu werden und uns auf diese Weise in dem betreffenden Gebiet persönlich weiter zu entwickeln. Doch wie kommt der zweite Aspekt der organismischen Integration zustande, dessen übergeordnetes Ziel auf den Fortbestand und die Weiterentwicklung des sozialen Systems gerichtet ist, dem das Individuum angehört? Nach Deci und Ryan ist dafür ein eigenes basic need verantwortlich, nämlich das Bedürfnis nach *sozialer Eingebundenheit*. Dieses Bedürfnis besagt auf einer allgemeinen Betrachtungsebene, dass der Mensch ein starkes Bestreben nach befriedigenden Sozialkontakten hat. Der Wunsch nach Eingebundenheit basiert auf einer Identifikation mit bestimmten Personen oder Personengruppen. Man möchte von »signifikanten Anderen« akzeptiert und anerkannt werden. Dies hat notwendigerweise zur Konsequenz, dass man sich mit jenen Tätigkeiten, Wertorientierungen und Handlungszielen »anfreundet« und identifiziert, die in diesen Gruppen eine wichtige Rolle spielen.

Im Prozess der organismischen Integration haben somit die drei grundlegenden Bedürfnisse eine jeweils eigene Funktion. Nur wenn es dem Individuum gelingt, alle drei Bedürfnisse zu befriedigen wird auch das übergeordnete Ziel der organismischen Integration erreicht, nämlich die sozial verträgliche Optimierung des individuellen Wachstums.

Angesichts der Tatsache, dass die Selbstbestimmungstheorie von Deci und Ryan ohne direkten Bezug und vermutlich ohne genaue Kenntnis der Theorie Nuttins (1984) entwickelt wurde, ist die hohe Übereinstimmung bezüglich des Konzepts der grundlegenden Bedürfnisse sehr erstaunlich. Beide Theorien beruhen auf explizit formulierten metatheoretischen Positionen. Sie halten z. B. eine rein kognitiv-handlungstheoretische Rekonstruktion des Motivationsgeschehens für nicht ausreichend und plädieren mit Nachdruck für eine Forschungsperspektive, die den Blick auf das umfassende organismische Geschehen der menschlichen Entwicklung richtet. Nur aus dieser Untersuchungsperspektive ergeben sich nach Auffassung beider Theorien sinnvolle und wissenschaftlich begründbare Antworten auf die Frage nach den grundlegenden dynamischen Quellen menschlichen Handelns.

4 Welche theoretischen und praktischen Schlussfolgerungen ergeben sich aus der Konzeption der grundlegenden psychologischen Bedürfnisse?

Ich bin in diesem Beitrag nicht auf die Frage eingegangen, inwieweit die Konzeption der grundlegenden psychologischen Bedürfnisse empirisch abgesichert ist und möchte lediglich darauf hinweisen, dass es zahlreiche empirische Untersuchungen gibt, die mit den theoretischen Aussagen weitgehend kompatibel sind (vgl. z.B. Deci & Ryan, 2000, 2002; Lewalter, 2002). Auch von daher erscheint es gerechtfertigt, Überlegungen zum theoretischen und praktischen »Nutzen« dieser theoretischen Konzeption anzustellen. Welche Schlussfolgerungen kann man z. B. für die pädagogische Theorie des Interesses und die Förderung einer auf Interesse beruhenden Lernmotivation in der Schule ziehen?

4.1 Schlussfolgerungen für die pädagogische Interessentheorie

Für die pädagogische Interessentheorie bietet das Konzept der grundlegenden psychologischen Bedürfnisse einen Anhaltspunkt für die theoretische Präzisierung des Interessenkonstrukts, vor allem wenn es darum geht, die emotionalen Komponenten des Konstrukts genauer zu beschreiben. Hier wurde bislang oft ohne nähere Spezifizierung auf das Kriterium der positiven gefühlsbezogenen Valenz (Schiefele, 1996) oder den Sachverhalt der insgesamt positiven Bilanz emotionaler Erlebensqualitäten im Verlauf interessenthematischer Handlungen (Krapp, 1992) verwiesen. Die in den beiden Theorien entwickelten Vorstellungen über das Erleben »optimalen Funktionierens« (Nuttin) oder die psychologischen Voraussetzungen für das Erleben intrinsischer Motivation (Deci & Ryan) können auch für die Beschreibung der spezifischen Charakteristika einer interessenthematischen Lernhandlung herangezogen werden.

Von zentraler Bedeutung ist die Bedürfniskonzeption für die zuvor skizzierte funktionale Theorie der Interessengenese, die sowohl die Entstehung und Stabilisierung situationaler Interessen als auch die ontogenetischen Veränderungen in der Struktur individueller Interessen auf der Basis eines dualen Steuerungsmodells zu rekonstruieren versucht. Neben den in den kognitiven Theorien sehr intensiv erforschten kognitiv-rationalen Aspekten, die insbesondere bei der Intentionsbildung und Intentionsrealisierung eine zentrale Rolle spielen, postuliert dieses Modell ein zweites, primär emotionsgesteuertes Feedbacksystem, das der handelnden Person einen zumeist ganzheitlichen Eindruck von der funktionalen Qualität der gegenwärtig ablaufenden Person-Umwelt-Interaktionen vermittelt. Die diesem Modell zugrunde liegende Idee, dass sich die Steuerung menschlichen Handelns auf mehreren Bewusstseinsebenen abspielt und dass die daran beteiligten Faktoren oder Subsysteme teilweise in einem antagonistischen Wechselverhältnis stehen, findet sich in vielen neueren psychologischen Theorien (vgl. dazu z. B. das Konzept der impliziten vs. expliziten Motive; Langens, Schmalt & Sokolowski in diesem Band), und es sieht so aus, als würde dieser Gedanke jetzt auch in der pädagogisch-psychologischen Motivationsforschung wieder verstärkt aufgegriffen werden (vgl. Krapp, 2004). Allerdings gibt es erhebliche Unterschiede bezüglich der theoretischen Spezifizierung jener Komponenten, die das emotionsgesteuerte Feedbacksystem betreffen.

Die pädagogische Interessentheorie orientiert sich hier am Konzept der grundlegenden psychologischen Bedürfnisse. Aus den von Nuttin sowie Deci und Ryan entwickelten theoretischen Aussagen zur Struktur und Funktionsweise der basic needs können für die pädagogische Interessentheorie folgende Schlussfolgerungen abgeleitet werden:

1. Es gibt gute Gründe für das Postulat, dass das Verhalten und die Entwicklung höherer Lebewesen nicht nur von biologisch-physiologischen Bedürfnissen (Trieben) gesteuert wird, sondern ebenso von grundlegenden *psychologischen* Bedürfnissen. Die beiden Bedürfnissysteme erfüllen unterschiedliche Aufgaben innerhalb des übergeordneten organismischen Prinzips der Lebenserhaltung und der Optimierung der individuellen und sozialen Entwicklung.
2. Ebenso wie die biologisch-physiologischen Bedürfnisse gehören die psychologischen Bedürfnisse zur angeborenen Grundausstattung des Menschen. Daraus folgt, dass die grundlegenden Strukturen und Funktionen dieses Bedürfnissystems für alle Menschen gleichermaßen gelten. Die im Lauf der Ontogenese entstehenden individuumsspezifischen motivationalen Präferenzen, Wertorientierung, Ziele, Interessen etc. entwickeln sich auf der Grundlage der psychologischen Grundbedürfnisse, aber sie dürfen hinsichtlich ihrer motivationalen Steuerungsfunktion nicht mit diesen Bedürfnissen gleichgesetzt werden.
3. Das System der psychologischen Bedürfnisse muss als ein ganzheitlich wirkendes primäres Steuerungssystem aufgefasst werden, dessen Komponenten nicht voneinander isoliert untersucht werden können. Im Hinblick auf das motivationale Geschehen scheinen drei Komponenten eine zentrale Rolle zu spielen, deren Funktionen für die motivationale Entwicklung und somit auch für den Prozess der Interessengenese hinreichend genau beschrieben und voneinander abgegrenzt werden können, nämlich Kompetenzerleben, Autonomie oder Selbstbestimmung und soziale Eingebundenheit.
4. In Anlehnung an die Theorie der Selbstbestimmung gehen wir davon aus, dass sich Interessen in einem für das System der primären Bedürfnisse günstigen Um-

feld von Erfahrungen entwickeln. Ob und in welche Richtung ein Interesse aufgebaut wird, hängt somit in entscheidendem Ausmaß von den Möglichkeiten zur Befriedigung der primären Bedürfnisse bei der Bewältigung von Aufgaben aus dem betreffenden Gegenstandsgebiet ab.[2]

4.2 Schlussfolgerungen für die pädagogische Praxis

Auch wenn man sich darüber im Klaren sein muss, dass wissenschaftliche Theorien immer nur einen schmalen Ausschnitt des realen Geschehens abbilden und sich schon aus diesem Grund eindeutige Handlungsempfehlungen verbieten, haben sie doch in zweifacher Hinsicht eine wichtige Funktion für die Optimierung professionellen Handelns. Zum einen tragen sie zur Erweiterung der handlungsleitenden *subjektiven Theorien von Lehrern* (Wahl, Schlee, Krauth & Murek, 1983) bei, indem sie neue Interpretations- und Erklärungsansätze für praktisch bedeutsame Sachverhalte anbieten. Zum anderen liefern Theorien gelegentlich auch sehr konkrete Hinweise für praxisrelevante Fragestellungen. Dass dies auch für die in diesem Kapitel vorgestellten theoretischen Konzeptionen zutrifft, möchte ich abschließend an einigen exemplarisch ausgewählten Beispielen demonstrieren.

a) Hinweise für eine neue Interpretation pädagogisch bedeutsamer Sachverhalte und Probleme

Es ist unbestritten, dass emotionale Faktoren für die Optimierung des Lernklimas und der Lernmotivation eine zentrale Rolle spielen. Doch Lehrer und Erzieher haben oft nur vage Vorstellungen darüber, warum das so ist und auf welche Art von Emotionen es ankommt. Die scheinbar selbstverständliche Annahme, dass positive, d. h. subjektiv als angenehm erlebte emotionale Erlebenszustände für das Lernen günstig und negative Erlebensqualitäten im Allgemeinen schädlich sind, hat sich in empirischen Untersuchungen als Irrtum erwiesen (vgl. Abele, 1995; Hascher, 2004). So konnte z. B. gezeigt werden, dass negative Emotionen unter bestimmten Voraussetzungen durchaus positive Effekte auf die Motivation und das Lernverhalten von Schülern haben können. Umgekehrt kann eine freudvoll-entspannte Stimmung die Qualität der Lernleistung beeinträchtigen, weil z. B. die selbstkritische Prüfung von Problemlösungsprozessen bei schwierigen Lernaufgaben vernachlässigt wird.

Die Theorie der basic needs liefert Anhaltspunkte für eine genauere Bestimmung der förderlichen und hemmenden emotionalen Faktoren. Im Hinblick auf die Optimierung von intrinsischer Motivation und Interesse kommt es nicht auf eine insgesamt als angenehm erlebte Stimmung an. Von entscheidender Bedeutung sind vielmehr jene Komponenten des psychischen Wohlbefindens, die sich aus der Befriedigung der drei grundlegenden psychologischen Bedürfnisse ergeben. Um möglichst allen Schülern das Gefühl des »optimalen Funktionierens« (Nuttin) im Verlauf von zum Teil schwierigen und anstrengenden Lernprozessen zu vermitteln, genügt es nicht, eine freundliche Atmosphäre zu schaffen. Vielmehr muss der Lehrer versuchen, die Lernumwelt so zu gestalten, dass im Lehr-Lern-Geschehen gute

---

2 Empirische Untersuchungen in verschiedenen pädagogischen Kontexten unterstützen dieses theoretische Postulat (vgl. Lewalter, 2002 für eine zusammenfassende Übersicht).

Chancen für das Erleben von Kompetenz, Autonomie und sozialer Eingebundenheit bestehen.

Auf dieser Ebene der Theorieanwendung ist noch nichts darüber gesagt, was der Lehrer konkret zu tun oder zu lassen hat, um dieser Forderung gerecht zu werden. Hier können anwendungsbezogene empirische Untersuchungen zur Motivationsförderung im Unterricht (Rheinberg & Krug, 2005), zum Wohlbefinden in der Schule (Hascher, 2004) oder zur Realisierung eines auf Interesse beruhenden Unterrichts (z. B. Hartinger & Fölling-Albers, 2002; Reeve, 2002; Schauer, 2003) wertvolle Hinweise liefern, auch wenn sie sich nicht direkt auf das Konzept der grundlegenden Bedürfnisse beziehen.

Aber der professionelle Praktiker ist keineswegs auf empirische Befunde angewiesen, um aus einer wissenschaftlichen Theorie praktischen Nutzen ziehen zu können. Wenn er den Kerngedanken der Theorie verstanden und als eine sinnvolle Erweiterung seiner »handlungsleitenden« Alltagstheorien akzeptiert und insoweit »verinnerlicht« hat, dann wird er in seinem Praxisfeld selbst nach geeigneten Mitteln und Wegen für die Herstellung der in der Theorie postulierten positiven Effekte suchen (z. B. Optimierung der Bedingungen für die Befriedigung der drei basic needs bei möglichst vielen Schülern).

Ein zweites Beispiel für meine These, dass die Bedürfnistheorie geeignet sein könnte, auf neue Interpretationsmöglichkeiten aufmerksam zu machen, betrifft die intrinsische Motivation. Es gibt wohl kaum einen Lehrer, der die positiven Effekte von intrinsischer Motivation auf das schulische Lernen bestreiten würde. Dennoch halten viele Lehrer, diese Art der Lernmotivation für einen Luxus oder ein eher seltenes Ereignis. Und sie haben mit ihrer skeptischen Meinung auch vollkommen Recht, wenn man vom handlungstheoretischen Begriffsverständnis von »intrinsisch« ausgeht und sich darunter einen motivationalen Zustand vorstellt, bei dem der Handelnde keine weiterreichenden (»extrinsischen«) Ziele verfolgt. Es geht vielmehr in erster Linie um den Spaß an der Tätigkeit. Rheinberg (1989, 2002) hat dafür den Begriff der »tätigkeitsspezifischen Vollzugsanreize« geprägt. Mit diesem Konzept von intrinsischer Motivation kann man sehr gut die motivationale Dynamik des Kinderspiels oder mancher Freizeitaktivitäten beschreiben, aber nicht die Motivation von Schüler, die sich planvoll und diszipliniert mit schwierigen Lernaufgaben auseinandersetzen und durch effektives Lernen eine auf die Zukunft gerichtete persönliche Bildung anstreben. Um die besondere Qualität der intrinsischen Motivation im Kontext von Unterricht und Lernen beschreiben und erklären zu können, benötigt man einen anderen theoretischen Interpretationsansatz für das Faktum der intrinsischen Motivation (vgl. Krapp, 1999).

Das Problem der traditionellen Sichtweise liegt darin, dass man die Lernmotivation primär aus der Perspektive einzelner Handlungsepisoden betrachtet und nicht aus der Perspektive langfristig wirksamer Prozesse der persönlichen Entwicklung. Wenn man in entwicklungs- und persönlichkeitstheoretischen Kategorien denkt, erhält das Konzept der intrinsischen Motivation eine ganz neue Bedeutung, mit zum Teil weitreichenden pädagogischen Implikationen. Sowohl in der Selbstbestimmungstheorie als auch in der Interessentheorie wird die intrinsische Qualität einer Lernhandlung mit dem Sachverhalt der persönlichen Identifikation mit einem Lerngegenstand in Verbindung gebracht. Der Prototyp intrinsischer Lernmotivation ist nicht die zweckfreie spielerische Tätigkeit, sondern die auf einem starken Interesse beruhende Bereitschaft, sich freiwillig, freudvoll und zielstrebig mit einem bestimmten Lerngegenstand zu befassen. Eine so motivierte Person erlebt die

Tätigkeit deshalb als »intrinsisch«, weil sie sich mit den Zielen und Aufgaben ihres Interessengebietes voll und ganz identifiziert und somit keine Diskrepanz zwischen ihren aktuell für persönlich bedeutsam erachteten Wünschen und Zielen und den mit dieser Tätigkeit verbundenen Anforderungen erlebt.

Für eine genauere Analyse des emotionalen Zustandes und der intrapsychischen Bedingungen für das Erleben von intrinsischer Motivation hat sich das theoretische Konzept der basic needs als sehr fruchtbar erwiesen. Sowohl die theoretischen Überlegungen als auch die Befunde aus zahlreichen empirischen Untersuchungen (Deci & Ryan, 2000, 2002; Krapp, 1998; Lewalter, 2002; Ryan, 1995) liefern starke Argumente für die These, dass die drei grundlegenden Bedürfnisse für die Entstehung intrinsischer Motivation und die Entwicklung von (situationalen und individuellen) Interessen eine zentrale Rolle spielen.

b) Anregungen für die Optimierung pädagogischer Praxis

Dass aus den hier vorgestellten Theorien nicht nur allgemeine Orientierungen im Sinne neuartiger Interpretationsmöglichkeiten abgeleitet werden können, sondern auch konkrete Empfehlungen für die pädagogische Praxis, möchte ich wiederum an zwei Beispielen verdeutlichen. Das erste Beispiel bezieht sich auf die Bewertung und Gewichtung von Unterrichtszielen. Die Überlegungen zur Optimierung des Schulunterrichts konzentrieren sich in der Regel auf die Verbesserung des Wissenserwerbs und der individuellen Leistung. Besonders deutlich wird dies in der gegenwärtigen Debatte über die für deutsche Schüler enttäuschenden Ergebnisse in den PISA-Studien (Baumert et al., 2001; Prenzel et al., 2004), wenn z. B. öffentlich über notwendige Konsequenzen nachgedacht wird.

Doch wenn man das Ziel schulischen Lernens aus einer erweiterten Bildungsperspektive betrachtet und deren Qualität auch daran bemisst, inwieweit die Bereitschaft und die Fähigkeit zum lebenslangen Lernen gefördert werden, dann ergeben sich ganz andere Prioritäten, z. B. die Förderung der Bereitschaft zu selbstständigem und subjektiv als befriedigend erlebtem Weiterlernen. Dies ist primär eine Frage langfristig wirksamer motivationaler Dispositionen. So betrachtet gibt es gute Gründe für die Empfehlung, in der Schule ein sehr viel stärkeres Gewicht auf die Förderung und Entwicklung jener motivationalen Dispositionen zu legen, die für das selbstgesteuerte lebenslange Lernen verantwortlich sind. Vor dem Hintergrund der hier vorgestellten Theorien ist klar, dass dies ein längerfristiger, die individuelle Entwicklung betreffender Prozess ist, dessen Verlauf zu einem erheblichen Anteil von den Chancen zur Befriedigung der drei grundlegenden Bedürfnisse bestimmt wird.

Das zweite Beispiel betrifft die Frage, wie im Unterricht neue Interessen entwickelt und bereits bestehende Interessen gefestigt werden können. Darauf kann man natürlich keine in wenigen Sätzen formulierbare generelle Antwort geben, und ich kann hier nur auf einige Prinzipien aufmerksam machen, die man unter Berücksichtigung der aktuellen Gegebenheiten sehr wohl konkretisieren kann. Nach dem bisher Gesagten ist klar, dass man auf die zwei Ebenen der motivationalen Handlungssteuerung Rücksicht nehmen muss. Der Lernende muss auf der Ebene kognitiv-rationaler Argumente davon überzeugt sein, dass der zu bearbeitende Lernstoff in dem betreffenden Themengebiet wichtig ist. Das ist nicht nur eine Frage der richtigen Argumente, sondern eine Frage der »inneren Aufgeschlossenheit« für die implizite Zielrichtung dieser Argumente. Hier kommen erneut die grundlegenden psychologischen Bedürfnisse ins Spiel, vor allem das Bedürfnis nach sozialer Eingebundenheit. Wie zuvor bereits erläutert, wird sich ein Lernender umso eher mit einer neuen Aufgabe identifizieren oder eine bestimmte Einstellung übernehmen, je stärker sie von den Mitgliedern relevanter Bezugsgruppen für gutgeheißen wird. Deshalb ist es so wichtig, dass der Lehrer von den Schülern akzeptiert wird und nicht nur als »Repräsentant« eines Fachs, sondern als Mensch und Bezugsperson geschätzt wird. Auch hier ist leicht nachzuvollziehen, warum die in den Peer-Gruppen vorherrschenden Wertorientierungen einen so starken Einfluss auf das schulische Lernen haben. Eine positive Einstellung und Bewertung der Inhalte und Ziele eines bestimmten Gegenstandsbereichs reicht jedoch für die Entstehung und Aufrechterhaltung eines Interesses nicht aus. Folgt man den Überlegungen der hier vorgestellten Motivations- und Interessentheorien, dann kommt es entscheidend auf die bedürfnisbezogenen Erlebensqualitäten an, die der Lernende oft gar nicht bewusst wahrnimmt. Je nach Art der aktuellen Lernbedingungen und dem bisherigen Verlauf der Lernbemühungen hat die subjektiv wahrgenommene Befriedigungschance der drei basic needs ein unterschiedliches Dringlichkeitsniveau, sodass es in manchen Situationen in erster Linie auf die Absicherung der sozialen Bedürfnisse ankommt, während in anderen Situationen das Kompetenzerleben oder die subjektiv erlebten Freiheitsgrade von entscheidender Bedeutung sind. In jedem Fall muss man im Auge behalten, dass Art und Richtung der Effekte nicht von den objektiven Bedingungen bestimmt werden, sondern von den subjektinternen Informations- und Bewertungsprozessen. Ob sich ein Schüler als kompetent oder selbstbestimmt erlebt, ist – streng genommen – vom »objektiven« Niveau seiner Leistungen oder den tatsächlichen Freiheitsgraden seines Verhaltens unabhängig. So kann es durchaus vorkommen, dass das aktuelle Kompetenzerleben eines Topschülers niedriger ist, als das Kompetenzerleben eines schwachen Schülers, der eben eine für ihn schwierige Aufgabe richtig gelöst hat.

Das Wissen um die Funktionsweise grundlegender psychologischer Bedürfnisse und deren Bedeutung für die schulische Lernmotivation bietet die Chance, den Unterricht und die außerschulischen Bedingungen des Lehrens und Lernens zu verbessern. Ob und in wieweit dies tatsächlich gelingt, ist letztlich eine Frage der Fähigkeit und Bereitschaft des Lehrers, theoretisches Wissen im konkreten Alltagsgeschäft kreativ zu nutzen.

Literatur

Abele, A. (1995). *Stimmung und Leistung*. Göttingen: Hogrefe.

Bandura, A. (1997). *Self-efficacy: The exercise of control*. New York: Freeman.

Baumert, J. et al. (Hrsg.). (2001). *PISA 2000. Basiskompetenzen von Schülerinnen und Schülern im internationalen Vergleich*. Opladen: Leske & Budrich.

Boekaerts, M. (2003). Towards a model that integrates motivation, affect and learning. *British Journal of Educational Psychology. Monograph Series II, Part 2 (Development and Motivation: Joint Perspectives)*, 173–189.

Csikszentmihalyi, M. (1985). *Das Flow-Erlebnis*. Stuttgart: Klett-Cotta.

Csikszentmihalyi, M. (1999). *Flow: Das Erleben des Glücks* (7. Auflage). Stuttgart: Klett-Cotta.

DeCharms, R. (1968). *Personal causation*. New York: Academic Press.

Deci, E. L. & Ryan, R. M. (1985). *Intrinsic motivation and self-determination in human behavior*. New York: Plenum Press.

Deci, E. L. & Ryan, R. M. (1993). Die Selbstbestimmungstheorie der Motivation und ihre Bedeutung für die Pädagogik. *Zeitschrift für Pädagogik, 39*, 223–228.

Deci, E. L. & Ryan, R. M. (2000). The »what« and »why« of goal pursuits: Human needs and the self-determination of behavior. *Psychological Inquiry, 11*, 227–268.

Deci, E. L. & Ryan, R. M. (2002). *Handbook of self-determination research*. Rochester: University of Rochester Press.

Efklides, A., Kuhl, J. & Sorrentino, R. M. (2001). *Trends and prospects in motivation research*. Dordrecht, Boston, London: Kluwer.

Hartinger, A. & Fölling-Albers, M. (2002). *Schüler motivieren und interessieren*. Bad Heilbrunn: Klinkhardt.

Hascher, T. (2004). *Wohlbefinden in der Schule*. Münster: Waxmann.

Heckhausen, H. (1989). *Motivation und Handeln*. Berlin: Springer.

Heckhausen, J. (Hrsg.). (2000). *Motivational psychology of human development. Developing motivation and motivating development*. Amsterdam: Elsevier.

Hoffmann, L., Krapp, A., Renninger, A. & Baumert, J. (Hrsg.). (1998). *Interest and learning. Proceedings of the Seeon-conference on interest and gender*. Kiel: IPN.

Krapp, A. (1992). Interesse, Lernen und Leistung. Neue Forschungsansätze in der Pädagogischen Psychologie. *Zeitschrift für Pädagogik, 38*, 747–770.

Krapp, A. (1998). Entwicklung und Förderung von Interessen im Unterricht. *Psychologie in Erziehung und Unterricht, 45*, 186–203.

Krapp, A. (1999). Intrinsische Lernmotivation und Interesse: Forschungsansätze und konzeptuelle Überlegungen. *Zeitschrift für Pädagogik, 44*, 387–406.

Krapp, A. (2000). Individuelle Interessen als Bedingung lebenslangen Lernens. In F. Achtenhagen & W. Lempert (Hrsg.), *Lebenslanges Lernen im Beruf. Seine Grundlegung im Lebens- und Jugendalter. Band 3: Psychologische Theorie, Empirie und Therapie* (S. 54–75). Opladen: Leske & Budrich.

Krapp, A. (2002). Structural and dynamic aspects of interest development: Theoretical considerations from an ontogenetic perspective. *Learning and Instruction, 12*, 383–409.

Krapp, A. (2003). Nachhaltige Lernmotivation als Ziel von Bildung und Unterricht. In Arbeitskreis Gymnasium und Wirtschaft (Hrsg.), *Nachhaltige Lernmotivation und schulische Bildung. Heft 6 (S. 17–40)*. München: Arbeitskreis Gymnasium und Wirtschaft e. V.

Krapp, A. (2004). Beschreibung und Erklärung antagonistisch wirkender Steuerungssysteme in pädagogisch-psychologischen Motivationstheorien – eine Weiterführung der von Manfred Hofer initiierten Theoriediskussion. *Zeitschrift für Pädagogische Psychologie, 18*, 145–156.

Krapp, A. & Prenzel, M. (Hrsg.). (1992). *Interesse, Lernen, Leistung. Neuere Ansätze einer pädagogisch-psychologischen Interessenforschung*. Münster: Aschendorff.

Krapp, A. & Ryan, R. (2002). Selbstwirksamkeit und Lernmotivation. Eine kritische Betrachtung der Theorie von Bandura aus der Sicht der Selbstbestimmungstheorie und der pädagogisch-psychologischen Interessentheorie. In M. Jerusalem & D. Hopf (Hrsg.), *Selbstwirksamkeit und Motivationsprozesse in Bildungsinstitutionen* (Beiheft 44 der Zeitschrift für Pädagogik) (S. 54–82). Weinheim: Beltz

Lewalter, D. (2002). *Emotionales Erleben und Lernmotivation* (Unveröffentlichte Habilitationsschrift). München: Universität der Bundeswehr.

Lewin, K. (1936). *A dynamic theory of personality*. New York: McGraw-Hill.

Nuttin, J. (1984). *Motivation, planning, and action*. Leuven/Louvain (Belgium): Leuven University Press und Mahwah, NJ: Erlbaum.

Pintrich, P. R. & Schunk, D. H. (1996). *Motivation in education*. Englewood Cliffs: Prentice-Hall.

Prenzel, M. et al. (Hrsg.). (2004). *PISA 2003. Der Bildungsstand der Jugendlichen in Deutschland – Ergebnisse des zweiten internationalen Vergleichs*. Münster: Waxmann

Reeve, J. (2002). Self-determination theory applied to education. In E. L. Deci & R. M. Ryan (Hrsg.), *The handbook of self-determination research* (S. 183–203). Rochester: University of Rochester Press.

Rheinberg, F. (1989). *Zweck und Tätigkeit*. Göttingen: Hogrefe.

Rheinberg, F. (2002). *Motivation* (4. Auflage). Stuttgart: Kohlhammer.

Rheinberg, F. & Krug, S. (2005). *Motivationsförderung im Schulalltag* (3. Auflage). Göttingen: Hogrefe.

Ryan, R. M. (1995). Psychological needs and the facilitation of integrative process. *Journal of Personality, 63*, 397–427.

Schauer, E. (2003). Können Lehrveranstaltungen die Lern- und Weiterbildungsmotivation von künftigen LehrerInnen beeinflussen? *Journal für Lehrerinnen- und Lehrerbildung, 3*, 31–40.

Schiefele, U. (1996). *Motivation und Lernen mit Texten*. Göttingen: Hogrefe.

Schiefele, U., Krapp, A. & Schreyer, I. (1993). Metaanalyse des Zusammenhangs von Interesse und schulischer Leistung. *Zeitschrift für Entwicklungspsychologie und Pädagogische Psychologie, 25*, 120–148.

Schiefele U. & Wild, K. P. (Hrsg.). (2000). *Interesse und Lernmotivation*. Münster: Waxmann.

Sun, R. (2002). *Duality of the mind*. Mahwah, NJ: Erlbaum.

Wahl, D., Schlee, J., Krauth, J. & Murek, I. (1983). *Naive Verhaltenstheorie von Lehrern*. Oldenburg: Littmann.

White, R. W. (1959). Motivation reconsidered: The concept of competence. *Psychological Review, 66*, 297–333.

Wild, K. P. (2000). *Lernstrategien im Studium. Strukturen und Bedingungen*. Münster: Waxmann.

3 Intrinsische Motivation – Theorien und Befunde

Ulrich Schiefele und Lilian Streblow

1 Einleitung

Das vorliegende Kapitel versucht, einen Aspekt motivationaler Theoriebildung zu vertiefen, den Rheinberg (2002) zu Recht als »schillernden Begriff« bezeichnet hat: die *intrinsische Motivation* bzw. das Begriffspaar »intrinsische – extrinsische« Motivation. Schillernd ist der Begriff der intrinsischen Motivation aus verschiedenen Gründen. Zum einen wird die intrinsische Motivation psychologiehistorisch mit der Entdeckung verbunden, dass nicht alles Verhalten durch Triebe und externe Stimulusbedingungen erklärbar ist (vgl. Deci & Ryan, 1985a). Zum anderen wird mit dem Begriff der intrinsischen Motivation eine Motivationsform in den Vordergrund gerückt, die als sehr positiv und wünschenswert erscheint. Darüber hinaus hat das behauptete »Korrumpieren« von intrinsischer Lernmotivation durch schulübliche Verstärkungsmechanismen viel Aufsehen erregt. Schließlich sind mit der intrinsischen Motivation Theorien verbunden, die man u. E. als originell und kreativ bezeichnen kann. Dies betrifft neben der Selbstbestimmungstheorie von Deci und Ryan (1985a), der Arousal-Theorie von Berlyne (1960/1974), der

Flow-Theorie von Csikszentmihalyi (1975/1985) auch die Theorie der tätigkeits-spezifischen Vollzugsanreize von Rheinberg (1989).

2 Zum Begriff der intrinsischen Motivation

In Heckhausens (1989) integrativem Modell der Motivation (gemeint ist das »Er-weiterte Kognitive Modell«, s. auch Vollmeyer in diesem Band) wird deutlich, dass der Anreiz zum Handeln, also die für die Entstehung einer Motivationstendenz ent-scheidende Größe, allein von den antizipierten Folgen des Handlungsergebnisses abhängt. Diese Eigentümlichkeit der Erwartungs-Wert-Modelle der Motivation hat ihnen das Attribut »zweckrational« eingetragen (vgl. auch den Titel von Rhein-bergs Buch 1989: »Zweck und Tätigkeit«). In diesen Modellen wird Motivation als ein rationaler Prozess gesehen, in dem die Person die Folgen ihres Tuns abwägt. Mo-tivierend sind nur die außerhalb der Handlung liegenden Zwecke. Damit wäre es aber nicht möglich, die Motivation für Verhaltensweisen zu erklären, mit denen keine externen Zwecke verfolgt werden. Intrinsische Motivation wurde jedoch bes-tenfalls für unbedeutende Handlungen (z. B. Unterhaltungsspiele) anerkannt.

Intrinsische Motivation wird üblicherweise definiert als der Wunsch oder die Absicht, eine bestimmte Lernhandlung durchzuführen, weil die Handlung selbst als interessant, spannend oder wie auch immer zufrieden stellend erscheint (Deci & Ryan, 1985a; Koch, 1956; McReynolds, 1971). Bei intrinsischer Lernmotiva-tion liegen die Gründe für die Durchführung einer Handlung im Bereich der Hand-lung selbst, d. h. die Handlung wird um ihrer selbst willen ausgeführt und nicht, weil ihr bestimmte wünschenswerte Konsequenzen folgen (z. B. soziale Anerken-nung). Sie fungiert gewissermaßen als ihre eigene Belohnung. Wir übernehmen da-mit eine relativ enge Definition von intrinsischer Motivation, die eine klare Tren-nung zwischen Handlung, Ergebnis und Folgen zieht.

Neben dieser allgemeinen Definition sind noch weitere Differenzierungen mög-lich. Dabei ist zunächst die Unterscheidung zwischen intrinsischer Motivation als aktuellem Zustand und als stabilem Persönlichkeitsmerkmal zu nennen. Obwohl die Unterscheidung unmittelbar einsichtig und notwendig erscheint, ist sie erst in jüngster Zeit explizit vollzogen worden. Diese Entwicklung äußerte sich auch in der Konstruktion von Fragebögen zur Erfassung überdauernder intrinsischer Mo-tivation.

Es gibt prinzipiell zwei Möglichkeiten intrinsischer Handlungsveranlassung (vgl. Schiefele, 1996). Die Person kann entweder mehr durch Eigenschaften der Handlung oder mehr durch Eigenschaften des Gegenstands der Handlung moti-viert sein. Im ersten Fall würde die Person eine Lernhandlung ausführen, weil sie eine bestimmte Aktivität gerne ausführt (z. B. Lesen, Probleme lösen). Im zweiten Fall würde die Person eine Lernhandlung ausführen, weil sie an einem bestimmten Gegenstand (z. B. Malerei des Impressionismus) Interesse zeigt. Dementsprechend könnte man eine *tätigkeitszentrierte* und eine *gegenstandszentrierte* Form der in-trinsischen Motivation unterscheiden.[1] Die erste Form wird durch Rheinbergs

---

1 Siehe auch die ähnliche Unterscheidung von Pekrun (1993) zwischen affektiv-intrinsi-scher Motivation und Interessenmotivation.

(1989) Konzeption der »tätigkeitsspezifischen Vollzugsanreize« abgedeckt, während die zweite Form Gegenstand von Interessentheorien ist (z. B. Krapp, 2001; Schiefele, 1996). Aus pädagogischer Sicht scheint die gegenstandszentrierte intrinsische Motivation von größerer Bedeutung für schulisches Lernen zu sein, da die Anregung des Interesses an fachlichen Inhalten ein vorrangiges Unterrichtsziel darstellt. Daneben ist jedoch auch denkbar, dass bestimmte Lernhandlungen (z. B. Lesen, Exzerpte anfertigen) unabhängig vom Inhalt bzw. Fach für Schüler intrinsische Attraktivität besitzen. Fragebogenmaße zur intrinsischen Motivation enthalten üblicherweise sowohl gegenstands- als auch tätigkeitszentrierte Aspekte.

Im Gegensatz zur intrinsischen Motivation wird die extrinsische Motivation als Wunsch bzw. Absicht definiert, eine Handlung durchzuführen, um damit positive Folgen herbeizuführen oder negative Folgen zu vermeiden. Diese Folgen haben per se nichts mit der Handlung und ihrem Gegenstand zu tun. Je nachdem, welche Folgen angestrebt werden, lassen sich verschiedene Formen der extrinsischen Motivation unterscheiden, z. B. Leistungs- und soziale Motivation. Demnach liegt z. B. der typische Fall eines extrinsisch motivierten Schülers dann vor, wenn Lernen hauptsächlich erfolgt, um (eigenen oder fremden) Leistungsansprüchen zu genügen und negative Bewertungen von Eltern und Lehrern zu vermeiden. Dabei ist zu bedenken, dass intrinsische und extrinsische Lernmotivation gleichzeitig vorhanden sein können und im Kontext der Schule zu erwarten ist, dass bestimmte Formen der extrinsischen Lernmotivation (z. B. Leistungsmotivation) mit intrinsischer Lernmotivation korreliert sind (z. B. Lepper & Henderlong, 2000).

Neben der populären Unterscheidung von intrinsischer und extrinsischer Motivation beschreiben Deci und Ryan (1985a, 1985b) mit dem Begriff »Amotivation« ein weiteres motivationales Konstrukt. Eine amotivierte Person kennzeichnet das Gefühl von Inkompetenz sowie die Überzeugung, nicht durch eigene Handlungen den aktuellen Zustand positiv beeinflussen zu können.

3　Kurzer historischer Abriss

3.1　Exploration und Neugier

Die Entwicklung von Theorien der intrinsischen Motivation begann in den 1950er-Jahren und zwar im Zusammenhang mit der Kritik an behavioralen Verhaltenstheorien. Eine der Schwierigkeiten, mit denen der Behaviorismus zu kämpfen hatte, betraf die Erklärung solcher Verhaltensweisen, die weder auf primäre (physiologische) Triebe noch auf externe Verstärkung zurückgeführt werden können. Zum besseren Verständnis muss man sich vorstellen, dass die zum damaligen Zeitpunkt stark dominierende Verhaltenstheorie von Hull (1943) davon ausging, dass Verhalten als das Ergebnis von Triebstärke und Gewohnheit (definiert als gelernte Stimulus-Reaktions-Verbindung) aufzufassen ist. Durch Deprivation kann z. B. ein unbefriedigender Bedürfniszustand vorliegen, der einen Trieb aktiviert. Das resultierende Verhalten erhält jedoch seine Richtung durch gelernte Reiz-Reaktions-Verbindungen (Habits). Da Verhalten auch in Abwesenheit physiologischer Bedürfniszustände erfolgen kann, postulierte Hull sekundäre Triebe. Dies sind z. B. situative Reize, die in der Vergangenheit mit primären Trieben gekoppelt wurden und dann selbst triebauslösende Eigenschaften besitzen.

Es erwies sich jedoch als sehr schwierig, alle denkbaren Verhaltensweisen des Menschen mit dem Modell von Hull zu erklären. Im Mittelpunkt der Auseinandersetzung stand das *Explorations- bzw. Neugierverhalten* (siehe auch Schneider, 1996). Schon relativ früh (Nissen, 1930) hatte sich gezeigt, dass Ratten elektrisch geladene Flächen überqueren, nur um neue Räumlichkeiten explorieren zu können. Zur Kennzeichnung dieses Verhaltens hatte Harlow (1950) den Begriff der intrinsischen Motivation eingeführt. Harlow wollte mit diesem Begriff ausdrücken, dass der betreffende Organismus (Harlow forschte mit Rhesusaffen) über eine ihm innewohnende Motivationsquelle verfügt, die nicht durch die Variablen der Hull'schen Theorie erklärt werden kann.

Behavioristische Theorien, insbesondere die dominierende Lerntheorie Hulls (1943), konnten das Auftreten explorativen Verhaltens nicht befriedigend erklären (vgl. Deci & Ryan, 1985a), sodass es schließlich zur Entwicklung neuer Erklärungsansätze kam. Dabei sind insbesondere die Theorien von Hebb (1955), Berlyne (1960/1974), Hunt (1965), White (1959) und DeCharms (1968) hervorzuheben. Diese lassen sich nach Deci und Ryan (1985a) in zwei Gruppen einteilen: Theorien der optimalen Stimulierung (Hebb, Berlyne, Hunt) und Bedürfnistheorien (White, DeCharms).

3.2 Theorien der optimalen Stimulierung

Hebb (1955) postulierte, dass jedes Individuum ein Bedürfnis nach einem optimalen physiologischen Aktivierungsniveau besitzt. Abweichungen von dem optimalen Aktivierungsniveau motivieren Verhaltensweisen, die seiner Wiederherstellung dienen. Dabei ist zu beachten, dass das optimale Aktivierungsniveau variabel ist und sich mit dem Schlaf-wach-Zyklus des Menschen verändert. Der Nachteil von Hebbs Theorie ist darin zu sehen, dass der Organismus bei optimaler Aktivierung inaktiv sein müsste, da nur bei Abweichungen vom Optimum Handlungen ausgeführt werden.

Einflussreicher als der Ansatz Hebbs erwiesen sich jene Theorien, die ein optimales Inkongruenzniveau als Ursache intrinsisch motivierten Verhaltens angenommen haben. Die Quelle der Inkongruenz wurde dabei unterschiedlich konzeptualisiert. Hunt (1965) ging davon aus, der Mensch sei ein informationsverarbeitendes System. Er unterstellte dabei, dass Individuen bestrebt sind, solche Informationen aufzusuchen, die von subjektiven Erwartungen, Normen oder Anpassungsniveaus in optimaler Weise (d. h. weder zu schwach noch zu stark) abweichen. Darüber hinaus sind die Individuen bestrebt, inkongruente Informationen abzubauen. Hunts Ansatz ist eher deskriptiv als erklärend. Nach seiner Ansicht sind solche Aktivitäten intrinsisch motiviert, die dem Abbau von Inkongruenz dienen. Die Frage, warum Individuen (intrinsisch) motiviert sein sollten, Inkongruenz abzubauen, wird von Hunt nicht beantwortet. Allerdings könnte das von White (1959) postulierte Kompetenzbedürfnis dieses Problem lösen (s. u.), denn durch den Abbau von erfahrener Inkongruenz wird die Kompetenz eines Individuums gesteigert.

Berlyne (1960/1974) betonte ebenfalls den informationsverarbeitenden Aspekt menschlichen Verhaltens. Darüber hinaus unterschied er zwischen dem Aktivations*potenzial* einlaufender Stimuli und dem *tatsächlichen* Aktivationsniveau. Hohes Aktivationspotenzial haben Reize, die auf den Variablen Neuheit, Überraschung, Komplexität und Ungewissheit hoch ausgeprägt sind. Zwischen Aktivationspotenzial und Aktivationsniveau besteht eine u-förmige Beziehung. Ist das Aktivationspotenzial sehr hoch oder sehr niedrig, dann erhöht sich das Aktivationsniveau. Ein hohes Aktivationsniveau wird als unangenehm erlebt und motiviert zu Verhaltensweisen, die die Aktivation verringern. Für jedes Individuum gibt es ein optimales Aktivationspotenzial einströmender Informationen. Abweichungen von diesem Optimum führen entweder zu »spezifischer« (bei zu hohem Aktivationspotenzial) oder zu »diversiver« Exploration (bei zu niedrigem Aktivationspotenzial). Im Unterschied zu Hunt machte Berlyne auch Annahmen auf der Ebene grundlegender Bedürfnisse. Er postulierte ein (physiologisches) Bedürfnis des Menschen nach einem optimalen Aktivationsniveau (d. h. hier ein möglichst niedriges Niveau). Berlynes Theorie kann als Integration der Ansätze Hebbs und Hunts verstanden werden.

3.3 Bedürfnistheorien

Als wichtigster Wegbereiter einer bedürfnistheoretischen Auffassung von intrinsischer Motivation ist White zu nennen, der mit seinem 1959 publizierten Aufsatz »Motivation reconsidered: The concept of competence« eine klassische und enorm einflussreiche Arbeit vorgelegt hat. Auch White setzt an dem Problem der ungenügenden motivationalen Erklärung des Explorationsverhaltens an. Nach seiner Auffassung ist dieses Verhalten, das zur Erkundung und Bewältigung unbekannter Umwelten führt und entsprechende Lernprozesse initiiert, von essenzieller Bedeutung für die Entwicklung der zum Überleben notwendigen Kompetenz eines Individuums. Aufgrund seiner großen Bedeutung und universellen Präsenz (bei Mensch und Tier) sieht White das Erkundungsverhalten als Ausdruck eines grundlegenden Bedürfnisses. Er spricht dabei von »Wirksamkeitsmotivation« (effectance motivation), die er als ein angeborenes *psychologisches* Bedürfnis definiert, Anforderungen der Umwelt effektiv zu bewältigen. Zur Begründung führt er eine Vielzahl von Studien an, welche für die Existenz eines solchen Bedürfnisses sprechen. Als prototypisches Beispiel ist neben der Exploration auch das Spielverhalten zu nennen, das zwar unmittelbar durch intrinsische Anreize (z. B. Freude, Flow-Erleben) motiviert wird, aber langfristig dem Kompetenzaufbau dient.

Deci und Ryan (1985a) bevorzugten später den Begriff »need for competence« bzw. Kompetenzbedürfnis anstelle von Wirksamkeitsmotivation, da er den eigentlichen Sachverhalt besser zum Ausdruck bringt. Das Individuum strebt Kompetenz an, die (nach White) wiederum das Ergebnis *wirksamer* Auseinandersetzungen mit der Umwelt ist.

Die biologische Funktion des Kompetenzbedürfnisses ist das Überleben des Organismus. Diese biologische Funktion erscheint im bewussten Erleben des Menschen als das Ziel, sich in der Interaktion mit der Umwelt effektiv und kompetent zu fühlen. Gefühle der Kompetenz stellen daher die »Belohnung« für kompetenzmotiviertes Verhalten (z. B. Erwerb neuer Fertigkeiten) dar. Nach Deci und Ryan (1985a) führt das Kompetenzbedürfnis dazu, dass Individuen Herausforderungen aufsuchen und bewältigen, die optimal für ihre Fähigkeiten sind. Damit wird deutlich, dass die Theorien der optimalen Stimulierung in Whites Theorie integrierbar sind. Die dort postulierten Tendenzen nach optimaler Inkongruenz bzw. nach optimaler Aktivierung können als Folgen eines Kompetenzbedürfnisses angesehen werden. In Bezug auf das Explorationsverhalten kann argumentiert werden, das Bedürfnis nach Kompetenz führt dazu, dass man neue Umwelten aktiv aufsucht und exploriert und dabei ein mittleres Ausmaß an Inkongruenz oder Neuigkeitswert bevorzugt. Es ist zumindest plausibel anzunehmen, dass mäßige Inkongruenz oder optimale Herausforderung (also weder Unter- noch Überforderung) den größtmöglichen Lerngewinn erlaubt.

Einen ähnlichen bedürfnistheoretischen Ansatz entwickelte DeCharms (1968) im Kontext der schulischen Lernmotivation. DeCharms postulierte, dass intrinsisch motiviertes Verhalten aus dem Bedürfnis des Menschen nach *persönlicher Verursachung* (»personal causation«) resultiert. Eine Person ist dann intrinsisch motiviert, wenn sie sich selbst als Initiator und Verursacher ihres Verhaltens erlebt. Folglich ist das Erleben von Selbstbestimmung ein zentraler Anreiz für intrinsisch motiviertes Handeln.

4 Aktuelle Theorien und Befunde

4.1 Die Selbstbestimmungstheorie von Deci und Ryan

4.1.1 Grundannahmen und Struktur der Theorie

Deci und Ryan (1985a, 1991, 2000; für eine frühe Fassung s. Deci, 1975) versuchten, die bisherigen Ansätze zur intrinsischen Motivation in eine umfassendere Theorie zu integrieren, die kurz als Selbstbestimmungstheorie bezeichnet wird. Grundlegend ist die Annahme, dass alle Menschen zwei basale Bedürfnisse haben: Kompetenz und Selbstbestimmung (siehe auch Krapp in diesem Band). Diese beiden angeborenen Bedürfnisse hängen eng miteinander zusammen (s. u.) und bilden die gemeinsame Grundlage für das Auftreten intrinsisch motivierten Verhaltens. Intrinsische Motivation energetisiert eine Vielzahl von Handlungen und psychologischen Prozessen, deren wichtigste »Belohnung« darin besteht, dass die handelnde Person sich selbst als kompetent und selbstbestimmt erlebt. Das bedeutet: Es ist keine intrinsische Motivation möglich, wenn das Erleben von Kompetenz und Selbstbestimmung fehlt.

Die Annahme der Grundbedürfnisse ist nach Deci und Ryan notwendig, um erklären zu können, warum Individuen ohne jede äußere Veranlassung oder Verstärkung ihren Interessen folgen oder Situationen aufsuchen, die ihre Fähigkeiten herausfordern. Die beiden Bedürfnisse sind zwar notwendige, aber keine hinreichenden Bedingungen der intrinsischen Motivation. Sie können auch extrinsisch motiviertem Verhalten zugrunde liegen. Eine Person, die sich bewusst und ohne jeglichen Druck von außen für ein Studienfach entscheidet, weil es möglicherweise zu einem hohen Einkommen führt (extrinsische Motivation), kann sich durchaus im Einklang mit ihren Bedürfnissen nach Kompetenz und Selbstbestimmung befinden. Dies wird auch von Deci und Ryan so gesehen (1985a).

Bei der Selbstbestimmungstheorie handelt es sich um einen theoretischen Rahmen, dem vier verschiedene Theorien zuzuordnen sind.

a) Die »Theorie der kognitiven Evaluation« beschreibt jene Prozesse, die zur Folge haben, dass situative Faktoren (insbesondere Belohnungen) die intrinsische

Motivation einer Person beeinträchtigen. Gemäß dieser Theorie führt eine Person, die für eine intrinsisch motivierte Handlung belohnt wird, eine kognitive Evaluation der Ursachen ihrer Handlung durch und gelangt dabei – unter bestimmten Umständen (s. u.) – zu der Auffassung, dass sie handelt, um die Belohnung zu erhalten. Dies führt dann zu einer Reduzierung ihrer intrinsischen Motivation.

b) Die Theorie der organismischen Integration (Deci & Ryan, 1985b; Ryan & Connell, 1989) beschreibt, wie Personen Werte, Normen und Einstellungen von Gruppen übernehmen und zunehmend in ihr Selbst integrieren. Im Zentrum der Theorie stehen unterschiedliche Formen der extrinsischen Motivation. Es werden vier Regulationsebenen unterschieden, die durch ein unterschiedliches Maß an erlebter Autonomie gekennzeichnet sind. Mit zunehmender Internalisation der externen Verhaltensregulation werden von außen an die Person herangetragene Ziele verstärkt in das Selbst integriert (vgl. Tab. 3.1). Als Folge können auch extrinsisch motivierte Handlungen in hohem Maße selbstbestimmt sein.

Tab. 3.1   Die Motivationsformen und Regulationsebenen der Theorie der organismischen Integration sowie die Orientierungen der Theorie der Kausalitätsorientierungen (modifiziertes Modell nach Deci & Ryan, 2002)

Motivationsform	Amotivation	Extrinsische Motivation				Intrinsische Motivation
Regulationsebene	Keine Regulation	Externale Regulation	Introjizierte Regulation	Identifizierte Regulation	Integrierte Regulation	Intrinsische Regulation
Orientierung	unpersönlich	Kontroll-Orientierung			Autonomie-Orientierung	
Verhaltensqualität	nicht-selbstbestimmt	⟶				selbstbestimmt

c) Die »Theorie der Kausalitätsorientierungen« behandelt interindividuelle Unterschiede in der Neigung, autonomieförderliche Umwelten aufzusuchen. Deci und Ryan (1985a, 1985b) unterscheiden autonomie- von kontrollorientierten Personen. Zudem ist der Amotivation auch eine Orientierung zuzuordnen, die als »unpersönlich« (»impersonal«) bezeichnet wird. Personen mit dieser Haltung sind passiv und nutzen ihre Umwelt nicht zur persönlichen Weiterentwicklung. Zur Erfassung der unterschiedlichen Orientierungen entwickelten Deci und Ryan (1985b) die »General Causality Orientation Scale« (GCOS). Empirisch konnte nachgewiesen werden, dass autonomieorientierte Personen eine größere Kongruenz in der Persönlichkeit, im Bewusstsein und im Verhalten aufweisen. Bei eher autonomieorientierten Personen zeigten sich z. B. hohe Übereinstimmungen zwischen beobachtetem Verhalten und selbst berichteten Eigenschaften, während die Zusammenhänge bei eher kontrollorientierten Personen schwach oder sogar negativ waren (Koestner, Bernieri & Zuckerman, 1992).

d) Die »Theorie der Grundbedürfnisse« (Deci & Ryan, 2002) bezieht sich auf das Anwendungsfeld der Gesundheitspsychologie. Sie wurde formuliert, um spezifische Annahmen über die Beziehung zwischen den psychologischen Grundbedürfnissen, bestimmten Werten, Regulationsstilen und psychischer Gesundheit ableiten zu können. Im Rahmen dieser Theorie wird die Bedeutung der Befriedigung von

Grundbedürfnissen für Gesundheit und Wohlbefinden betont (vgl. Kasser & Ryan, 1996; Ryan, Chrirkov, Little, Sheldon, Timoshina & Deci, 1999).

4.1.2   Zur Begründung des Postulats der Grundbedürfnisse

Wenngleich das Postulat der Bedürfnisse nach Kompetenz und Selbstbestimmung eine hohe Plausibilität besitzt, ist ein direkter Nachweis ihrer Existenz schwierig. Dies gilt vor allem für das Selbstbestimmungsbedürfnis, während das Kompetenz-bedürfnis evolutionstheoretisch besser zu begründen ist (Schneider, 1996). Die For-schungsstrategie von Deci und Ryan (1985a) bestand darin, den Nachweis zu erbringen, dass Beeinträchtigungen des Kompetenzgefühls und der Selbstbestim-mung zur Reduzierung von intrinsischer Motivation führen.

Deci (1975) ging von der Hypothese von DeCharms (1968) aus, wonach die *Belohnung* einer intrinsisch motivierten Tätigkeit dazu führen kann, dass man die Tätigkeit zunehmend als Mittel betrachtet, eine Belohnung zu erhalten. Als Folge davon wird die intrinsische Motivation reduziert und die Verhaltenshäufigkeit ge-senkt, wenn keine Belohnung mehr erfolgt. Dieser Sachverhalt wird als Korrum-pierungseffekt, Unterminierungseffekt oder auch als Überveranlassung bezeichnet. Deci (1975; Deci & Ryan, 1985a) hat diese Hypothese in vielen Experimenten be-stätigt, erweitert und differenziert. Das Vorgehen ist üblicherweise so, dass Per-sonen bei der Ausübung einer intrinsisch motivierenden Tätigkeit (z. B. Puzzle spielen) Belohnungen erhalten (z. B. einen bestimmten Geldbetrag für ein vollende-tes Puzzle). Nachdem eine Belohnung erfolgt ist, bekommen die Versuchsteilneh-mer die Gelegenheit, sich weiter mit der ursprünglichen oder einer alternativen Tätigkeit zu befassen. Die Dauer der weiteren und jetzt völlig freiwilligen Beschäf-tigung mit der ursprünglichen Tätigkeit dient als Maß der intrinsischen Motiva-tion. In einer Vielzahl von Experimenten konnte gezeigt werden, dass Belohnungen die intrinsische Motivation bei den verschiedensten Tätigkeiten reduzieren. Diese Studien haben jedoch auch zu Differenzierungen der ursprünglichen Hypothese ge-führt. Eine Unterminierung der intrinsischen Motivation tritt nur auf, wenn:

- die Tätigkeit für die handelnde Person interessant ist,
- die Belohnung kontingent (unmittelbar) auf die Tätigkeit erfolgt,
- die Belohnung schon während der Tätigkeit erwartet wird,
- die Belohnung der Person bewusst gegenwärtig ist (weil sie ihr z. B. direkt vor Augen gehalten wird),
- nicht gleichzeitig ein positives Kompetenzfeedback (s. u.) erfolgt.

Wie erklären Deci und Ryan (1985a) den Unterminierungseffekt? Sie nehmen an, äußere Belohnungen führen dazu, dass die Person die Gründe ihres Verhaltens nicht in der Tätigkeit selbst, sondern nur noch in der darauf folgenden Belohnung sieht. Da die Belohnung von außen vorgegeben wird, ist ihr Verhalten fremd-bestimmt. Die intrinsisch motivierte Person führt dagegen die Gründe ihres Verhal-tens auf sich selbst zurück (z. B. auf ihr Interesse oder auf die Freude, die sie an der Tätigkeit hat). In diesem Sinne ist sie selbstbestimmt und betrachtet sich (statt der erwarteten Belohnung) als Verursacher ihres Verhaltens.

Die Gültigkeit dieser Theorie wurde v. a. bestätigt, wenn als Belohnungen mate-rielle Verstärker (Geld, Preise, Auszeichnungen) eingesetzt wurden. Von dieser Ver-allgemeinerung sind Lob oder positives Kompetenzfeedback (z. B. die Rückmel-dung, dass man bei einer Aufgabe gute Kenntnisse gezeigt hat) auszunehmen, denn sie stützen das Kompetenzbedürfnis und tragen zu intrinsischer Motivation bei (sofern sie nicht kontrollierenden Charakter annehmen). Außer Belohnungen wurden auch externe Zwänge und Einschränkungen als hemmend nachgewiesen. Solche Einschränkungen sind: Überwachung (z. B. mit Videokamera), Termine, Evaluation mit externen Anforderungen, Vorschreiben schwieriger Ziele und Wettbewerb (z. B. beim Sport).

Nachdem drei Metaanalysen die Unterminierungsthese stützten (zusammenfassend Deci, Koestner & Ryan, 1999), löste die Metaanalyse von Cameron und Pierce (1994) eine Krise der Selbstbestimmungstheorie aus. Deci et al. kritisierten diese Arbeit scharf und führten daraufhin selbst die bisher wohl umfassendste Metaanalyse zum Unterminierungseffekt durch. Ihre Kritik an Cameron und Pierce bezog sich auf die Auswahl und die Gruppierung der einzelnen Studien. So wurden beispielsweise Versuchsbedingungen berücksichtigt, in denen eher langweilige Aufgaben zu bearbeiten waren, sodass aufgrund der geringen Ausgangsmotivation ohnehin keine Unterminierung zu erwarten war. Deci et al. berücksichtigen 128 Studien, in denen sie drei Formen der Belohnung unterschieden: bearbeitungskontingent (die Bearbeitung einer Aufgabe wird belohnt, ohne die Vollständigkeit oder Güte der Bearbeitung zu berücksichtigen), bewältigungskontingent (die zu bearbeitende Aufgabe muss vollständig bewältigt werden) und leistungskontingent (die Güte der Bearbeitung muss einen bestimmten Standard erreichen). Die Ergebnisse der Metaanalyse bestätigen den Unterminierungseffekt (d = -.40 für bearbeitungskontingente Belohnung, d = -.36 für bewältigungskontingente Belohnung, d = -.28 für leistungskontingente Belohnung). Die ersten beiden Belohnungsbedingungen reduzieren zudem das selbst berichtete Interesse (d = -.15 und -.17). Positive Rückmeldungen fördern hingegen intrinsisch motiviertes Verhalten (d =.33) und wirken sich positiv auf das Interesse aus (d =.31). Direkt sichtbar dargebotene Belohnungen haben für Kinder negativere Konsequenzen als für Studierende, die auch mehr als Kinder von verbalen Rückmeldungen profitieren. Insgesamt liefert diese Metaanalyse deutliche stützende Befunde für das Phänomen der Unterminierung intrinsischer Motivation durch externe Anreize. Die divergierenden Befunde der Metaanalysen von Deci et al. und Cameron und Pierce (1994, 1996; Cameron, Banko & Pierce, 2001) illustrieren allerdings, dass bestimmte Bedingungen (z. B. Interessantheit der Aufgabe, Ankündigung einer Belohnung) gegeben sein müssen, damit der Unterminierungseffekt überhaupt zum Tragen kommen kann.

Neben dem Bedürfnis nach Selbstbestimmung betrachteten Deci und Ryan (1985a) das Kompetenzbedürfnis als zweite tragende Säule der intrinsischen Motivation. In zahlreichen Studien wurde daher geprüft, ob die Wahrnehmung eigener Kompetenz die intrinsische Motivation fördert und die Wahrnehmung von Inkompetenz diese reduziert. In den empirischen Studien konzentrierte man sich darauf, die Auswirkungen positiven und negativen Kompetenzfeedbacks zu prüfen. Dabei zeigte sich, dass positives Kompetenzfeedback die intrinsische Motivation steigert, sofern a) die betreffende Aufgabe oder Tätigkeit herausfordernd und nicht zu einfach ist und b) sich die handelnde Person als selbstbestimmt erlebt. Darüber hinaus wird die intrinsische Motivation erhöht, wenn sich das Schwierigkeitsniveau von Aufgabe zu Aufgabe leicht steigert. Zudem ist zu beachten, dass das Kompetenzfeedback unter einer individuellen Bezugsnorm erfolgen und nicht den sozialen Vergleich betonen sollte, um die intrinsische Motivation zu steigern (z. B. Butler, 1988; zu Bezugsnormorientierung siehe auch Köller in diesem Band).

Negative Rückmeldungen sollten nur dann die intrinsische Motivation reduzieren, wenn damit Inkompetenz signalisiert wird. Tatsächlich kann oft beobachtet werden, dass Personen, wenn sie interessiert und selbstbestimmt an etwas arbeiten, durch Misserfolge nicht entmutigt werden, sondern sich zusätzlich herausgefordert fühlen. Bei herausfordernden Aufgaben mit hoher Selbstbestimmung besteht eine höhere Toleranz für negative Rückmeldungen, zumindest wenn diese informativ und daher auch leistungsförderlich sind. Unter dieser Bedingung scheint negatives Feedback nicht Inkompetenz zu bedeuten und folglich auch keine negativen Auswirkungen auf die intrinsische Motivation zu haben.

Deci und Ryan (1985a) haben folgende Klassifikation motivations- bzw. handlungsrelevanter Ereignisse vorgeschlagen:

- informative Ereignisse (stützen Autonomie und Kompetenzwahrnehmung, z. B. Wahlfreiheit und positives Feedback),
- kontrollierende Ereignisse (reduzieren Autonomie, indem sie auf Personen Druck ausüben, sich auf eine bestimmte Weise zu verhalten, zu denken oder zu fühlen; z. B. Belohnungen, Termine, Überwachung) und
- demotivierende Ereignisse (reduzieren Kompetenzwahrnehmung, indem sie signalisieren, dass keine positiven Effekte erzielt werden können; z. B. negatives Kompetenzfeedback).

Ereignisse haben diese Eigenschaften nicht objektiv, sondern in Abhängigkeit von der Wahrnehmung der handelnden Person. Zu beachten ist auch, dass bestimmte Ereignisse, wie z. B. positives Kompetenzfeedback, mitunter kontrollierend sein bzw. so wahrgenommen werden können. Umgekehrt kann negatives Feedback, objektiv oder subjektiv, informativen Charakter haben.

4.1.3 Das hierarchische Modell von Vallerand

Vallerand (1997; Vallerand & Ratelle, 2002) hat eine Weiterentwicklung der Selbstbestimmungstheorie vorgelegt und intrinsische Motivation, extrinsische Motivation und Amotivation auf drei Ebenen betrachtet, nämlich einer globalen, einer kontextuellen und einer situativen (vgl. Abb. 3.1). Auf der globalen Ebene werden die bereits beschriebenen Arbeiten zur Theorie der Kausalitätsorientierungen aufgegriffen. Die motivationale Orientierung (extrinsisch, intrinsisch, amotiviert) wird als stabiles Merkmal der Person betrachtet (Guay, Blais, Vallerand & Pelletier, 1999; Hodgins & Deci, 1999). So würde man auf globaler Ebene eine Person, die an neuen Dingen Interesse zeigt, neugierig ist, die aktive Auseinandersetzung mit dem Umfeld sucht und bei der Ausübung unterschiedlicher Tätigkeiten Freude empfindet, als überwiegend intrinsisch motiviert bezeichnen.

Auf der Ebene des Kontextes werden verschiedene, voneinander abgrenzbare Lebensbereiche unterschieden, um kontextgebundene, intraindividuelle Unterschiede in motivationalen Orientierungen zu berücksichtigen. So können für das junge Erwachsenenalter beispielsweise als zentrale Kontexte Bildung, Freizeit und zwischenmenschliche Beziehungen genannt werden (Vallerand & Ratelle, 2002). Ein Jugendlicher mag auf der globalen Ebene überwiegend intrinsisch motiviert sein, aber bezogen auf den Kontext Bildung könnte die extrinsische Motivation dominieren. Überdies könnte gleichzeitig in einem anderen Bereich, wie z. B. Sport, Amotivation vorherrschend sein. In jedem der einzelnen Bereiche können unterschiedliche soziale Faktoren relevant sein und es wird postuliert, dass die Stabilität

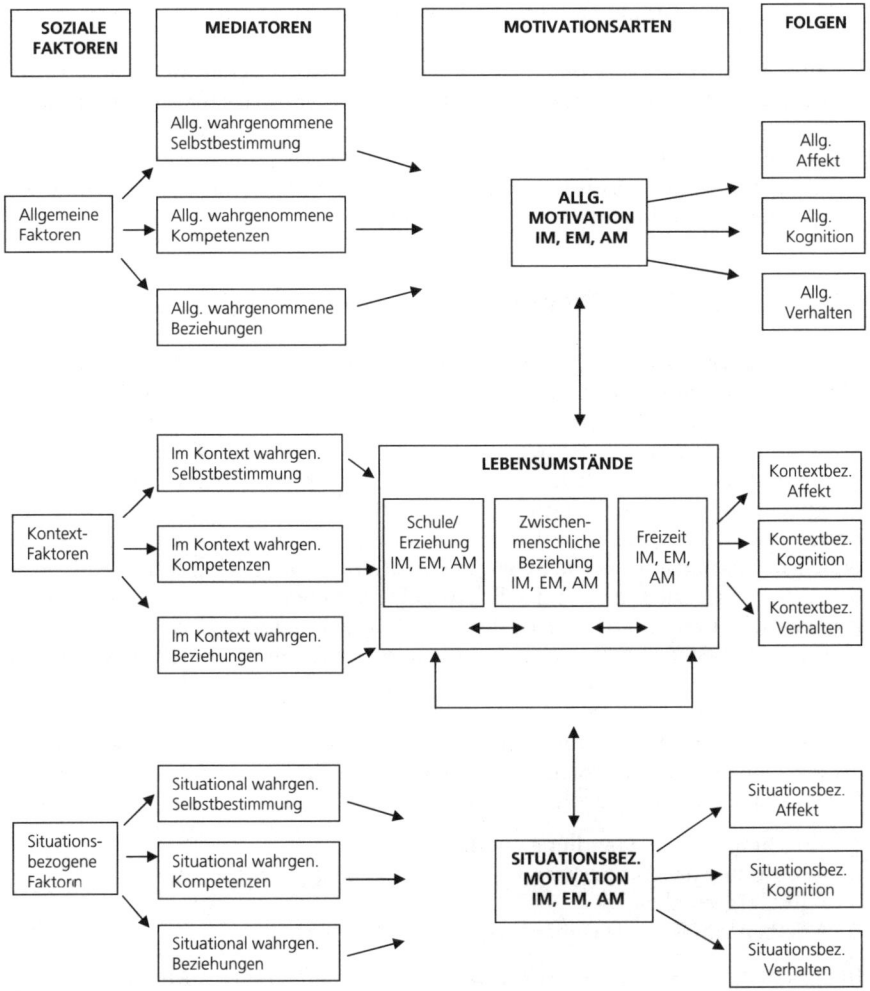

Abb. 3.1   Das hierarchische Modell von Vallerand (aus: Vallerand & Ratelle, 2002, S. 41, eigene Übersetzung; IM = intrinsische Motivation, EM = extrinsische Motivation, AM = Amotivation).

der jeweils in einem Bereich dominierenden Motivation geringer sein kann als auf dem globalen Niveau. Typische Forschungsarbeiten zu dieser Ebene beschäftigen sich beispielsweise mit den Bereichen Bildung, Gesundheitsverhalten, Beruf und Freundschaften (s. Abschnitt 4.3).

Studien zu motivationalen Prozessen, die auf der situativen Ebene anzusiedeln sind, arbeiten in der Regel mit konkreten Aufgabenstellungen, spezifischen Instruktionen und deren Konsequenzen (zum Beispiel auf die Leistungsentwicklung). So könnte ein Schüler auf kontextueller Ebene überwiegend intrinsisch motiviert sein, sich mit dem Bereich Mathematik auseinander zu setzen, aber amotiviert sein, sich mit einem bestimmten Aufgabentyp wie der Kurvendiskussion zu beschäftigen.

Aus dem Ansatz von Vallerand ergibt sich, dass auch Determinanten und Konsequenzen bestimmter Motivationsformen separat auf den einzelnen Ebenen betrachtet werden müssen. So konnte Vallerand (1996) zeigen, dass ein situativer sozialer Faktor wie Erfolg (vs. Misserfolg) bei einer gegebenen Aufgabe zwar die situative intrinsische Motivation zu korrumpieren vermag, die kontextuelle sowie die globale Motivation hingegen nicht bedeutsam beeinflusst.

4.2 Die Flow-Theorie von Csikszentmihalyi

Als Csikszentmihalyi (1975/1985) Ende der 1960er-Jahre begann, sich mit dem Phänomen intrinsisch motivierter Tätigkeiten zu beschäftigen, konnte er nur auf wenige theoretische Ansätze zurückgreifen (z. B. DeCharms), die jedoch aus seiner Sicht keine befriedigende Antwort auf die Frage nach dem »Warum« intrinsisch motivierter Handlungen lieferten. Er startete daher ein eigenes Forschungsprogramm, um mehr über die Gründe herauszufinden, die Leute dazu bringen, mitunter auch anstrengende Tätigkeiten freiwillig, mit großem Eifer und dennoch ohne jede Kompensation von außen durchzuführen. Dabei ging er von Anfang an davon aus, dass die Qualität des Erlebens die entscheidende Rolle spielt. Die Ergebnisse seiner Forschung führten ihn zu der Schlussfolgerung, dass intrinsisch motivierte Tätigkeiten mit einer ganz bestimmten Erlebensweise einhergehen, nämlich dem *Flow-Erleben*. Der Begriff »Flow« wurde häufig von den Versuchspersonen selbst zur Beschreibung ihres Erlebens herangezogen. Flow bezeichnet ein holistisches Gefühl des völligen Aufgehens in einer Tätigkeit. Im Flow wird das Handeln als ein einheitliches »Fließen« von einem Augenblick zum nächsten erlebt. Das Flow-Erleben umfasst die folgenden Merkmale:[2]

1. Verschmelzen von Handlung und Bewusstsein,
2. Zentrierung der Aufmerksamkeit auf die momentane Tätigkeit,
3. Selbstvergessenheit,
4. Ausüben von Kontrolle über Handlung und Umwelt.

In verschiedenen Studien hat sich gezeigt, dass die aufgeführten Merkmale die Art und Weise des Erlebens charakterisieren, das in der Regel mit intrinsisch motivierten Tätigkeiten einhergeht. Dabei ließ sich auch belegen, dass die Elemente des Flow-Erlebens für die verschiedensten Tätigkeiten relativ gleichförmig sind (Csikszentmihalyi, 1988). Die Arbeiten Rheinbergs (1989) lassen jedoch erkennen, dass intrinsisch motivierte Tätigkeiten durch vielfältige »tätigkeitsspezifische« Anreize motiviert werden, die nicht in der Flow-Theorie berücksichtigt sind (s. Engeser & Vollmeyer in diesem Band).

Als wesentlichste Bedingungen des Flow-Erlebens haben sich die Passung von Fähigkeit und Anforderung und die Eindeutigkeit der Handlungsstruktur ergeben (Csikszentmihalyi & Schiefele, 1993). Dies zeigt, dass auch bei Csikszentmihalyi der Kompetenzbegriff eine wichtige Rolle spielt, obwohl die Flow-Theorie ohne

---

2 In den verschiedenen Veröffentlichungen Csikszentmihalyis finden sich zum Teil unterschiedliche Darstellungen der Komponenten. Die hier genannten, können jedoch als die zentralen Flow-Komponenten gelten (vgl. Csikszentmihalyi & Schiefele, 1993).

die Annahme spezifischer Grundbedürfnisse auskommt. Langfristig lassen sich Erfahrungen des Flow-Erlebens nur dann wiederholen, wenn die Anforderungen an die steigende Kompetenz der Person angepasst werden, was wiederum eine Steigerung ihrer Kompetenz zur Folge hat. Dies impliziert, dass Flow eine wichtige Quelle für die Kompetenzentwicklung darstellt. Flow kann zudem nur dann erlebt werden, wenn ein (aus subjektiver Sicht) mittleres Maß an Kompetenz vorhanden ist (Massimini & Carli, 1988). Schließlich wird die zentrale Stellung des Begriffs der Kompetenz dadurch unterstrichen, dass das Flow-Erleben wegen der mit ihm einhergehenden Konzentration auf eine bestimmte Handlung vermutlich ein Zustand ist, in dem die handelnde Person im höchsten Maße leistungsfähig ist. Dies könnte auch erklären, warum intrinsisch motiviertes Lernen zu qualitativ besseren Ergebnissen führt (vgl. Csikszentmihalyi & Schiefele, 1993).

4.3 Befunde zur Bedeutung intrinsischer Motivation in unterschiedlichen Anwendungsfeldern

Die Postulate der Selbstbestimmungstheorie und der Flow-Theorie haben eine Vielzahl von Forschungsarbeiten angeregt. Im Folgenden werden Beispiele für die praktischen Implikationen der Selbstbestimmungstheorie vorgestellt (zu weiteren Ergebnissen der Flow-Theorie s. Engeser & Vollmeyer in diesem Band). Wichtige Anwendungsbereiche sind: Bildung, Gesundheit, Erziehung, Elternschaft sowie Sport und Freizeit.

Die Selbstbestimmungstheorie liefert neben der Unterscheidung von intrinsischer und extrinsischer Motivation auch Vorhersagen bezüglich der relativen Bedeutung dieser unterschiedlichen Motivationsformen in Lernsituationen. Theoriegemäß profitieren Lernende insbesondere von intrinsisch und selbstbestimmt extrinsisch motiviertem Lernverhalten (vgl. Tab. 3.1). Daraus folgt, dass autonomieunterstützendes Lehrerverhalten die intrinsische Motivation und somit das Lernen der Schüler fördern müsste. Sowohl für die erste als auch für die zweite Aussage existieren stützende Befunde (vgl. Reeve, 2002). So zeigen intrinsisch motivierte Schüler bessere Leistungen (Miserandino, 1996; Vallerand & Bissonette, 1992), beschreiben sich als kompetenter (Ryan & Grolnick, 1986), schildern mehr positive Emotionen (Ryan & Connell, 1989), verfügen über ein positiveres Selbstwertgefühl (Ryan & Grolnick, 1986), präferieren ein optimales Anforderungsniveau (Pittman, Emery & Boggiano, 1982) und sind kreativer (Amabile, 1985) als extrinsisch motivierte Schüler.

Schüler, deren Lehrer Autonomie unterstützen, erreichen höhere Leistungen (Boggiano, Flink, Shields, Seelbach & Barrett, 1993), zeigen eine größere Flexibilität in ihrem Denken (McGraw & McCullers, 1979), erreichen bessere Wiedergabeleistungen (Vallerand, Fortier & Guay, 1997) und zeigen eine höhere Kreativität als die Schüler (Koestner, Ryan, Bernieri & Holt, 1984), deren Lehrer sich im Unterricht kontrollierend verhalten.

Diese Befunde werfen gleich wieder die Frage auf, was autonomieunterstützendes Lehrerverhalten kennzeichnet und wie es effektives Lehren fördert. Reeve, Bolt und Cai (1999) fanden, dass autonomieunterstützende Lehrer länger zuhören, den Schülern mehr Zeit für eigenständiges Arbeiten einräumen, weniger Lösungen vorgeben, Leistungen häufiger loben, den Schülern mehr Wahlmöglichkeiten einräumen, intensiver auf die Fragen der Schüler eingehen und mehr Empathie und Perspektivenübernahme zeigen.

Vor dem Hintergrund der aktuellen Bildungsdebatte in Deutschland ist die »High-Stakes-Testing«- Kontroverse von Interesse (Ryan & Deci, 2000; Ryan & La Guardia, 1999), die in engem Zusammenhang mit der Unterminierungshypothese steht. Unter Berücksichtigung der Annahmen der Selbstbestimmungstheorie vertreten die Autoren den Standpunkt, dass Leistungsvergleiche als Methode zur Steigerung schulischer Leistungen einen falschen Weg vorzeichnen und eine dementsprechend ausgerichtete Bildungspolitik zwangsläufig scheitern muss. So zeigen Studien, dass Prüfungen nur dann positiv auf Motivation und Leistung wirken, wenn Rückmeldungen unterstützend formuliert werden und möglichst spezifisch aufzeigen, wie man sich in Zukunft verbessern kann. Erfolgen die Leistungsrückmeldungen hingegen in kontrollierender Form oder werden von der betreffenden Person als Beleg ihrer Unfähigkeit interpretiert, kommt es zu negativen Auswirkungen (Ryan, 1982). Grolnick und Ryan (1987) konnten überdies zeigen, dass mit einer kontrollierenden Instruktion eine geringere Behaltensleistung sowie oberflächlichere Verarbeitung induziert werden kann. Es wurden auch negative Effekte von Leistungsvergleichen auf Lehrerverhalten, und hier insbesondere auf deren Unterrichtsstil, berichtet (Deci, Spiegel, Ryan, Koestner & Kaufman, 1982). Der Unterrichtsstil der Lehrer wurde zunehmend kontrollierender und direktiver, was den Lernwillen und das Interesse auf Schülerseite reduzierte. Darüber hinaus wurde kritisiert, dass Leistungsvergleiche das »Testcoaching« fördern und nicht einen am Lernprozess orientierten Unterricht, was sich ebenfalls negativ auf das Lernen auswirken kann. Somit ziehen die Autoren im Hinblick auf Schulleistungsvergleiche – zumindest für das von ihnen untersuchte amerikanische Bildungssystem – das Fazit, dass »das Schwein durch das Wiegen nicht fetter wird«.

Für die Kindererziehung im Elternhaus lassen sich ähnliche Zusammenhänge postulieren. In Übereinstimmung mit der Selbstbestimmungstheorie lassen sich die positiven Effekte des autonomieunterstützenden und die negativen Effekte des kontrollierenden Elternverhaltens belegen. So zeigen Kinder kontrollierender Eltern weniger gute Leistungen, negativere Emotionen, sind passiver und verfügen über geringere Kompetenzen, den Lernprozess selbst zu regulieren (vgl. Grolnick & Apostoleris, 2002).

In der Gesundheitspsychologie wurde untersucht, inwiefern sich die Förderung der Grundbedürfnisse auf eine gesunde Lebensweise und die Befolgung auch unangenehmer Tätigkeiten im Rahmen von Therapieprogrammen auswirkt. Es stellte sich z. B. die Frage, ob der Prozess der Internalisierung genutzt werden kann, um Menschen zu einem langfristig gesundheitsbewussten Verhalten zu verhelfen. Die große Bedeutung der wahrgenommenen Autonomie für diesen gewünschten Prozess konnte für viele Bereiche belegt werden, wie z. B. Raucherentwöhnung (Williams, Cox, Kouides & Deci, 1999), Gewichtsreduktion (Williams, Grow, Freedman, Ryan & Deci, 1996) und Alkoholentwöhnung (Ryan, Plant & O`Malley, 1995). Für den Bereich der Glukoseüberwachung, der für Diabetiker lebenswichtig ist, konnte die Bedeutung sowohl von erlebter Autonomie als auch von Kompetenzerleben aufgezeigt werden (Williams, Freedman & Deci, 1998).

5 Integration der Ansätze zur intrinsischen Motivation

Es gibt bislang kaum Versuche, die beiden zentralen Theorien der intrinsischen Motivation von Deci und Ryan und Csikszentmihalyi aufeinander zu beziehen und möglicherweise zu integrieren. Im Folgenden werden wir einige Vorschläge zu ihrer Integration unterbreiten.

Beim Vergleich der beiden Ansätze fällt auf, dass die Selbstbestimmungstheorie weitergehende Annahmen macht und angeborene Bedürfnisse (nach Kompetenz und Selbstbestimmung) als Grundlage intrinsischer Motivation postuliert. Csikszentmihalyi dagegen ist stärker phänomenologisch orientiert und postuliert, dass die entscheidenden Bedingungen intrinsisch motivierten Verhaltens in bestimmten Merkmalen des subjektiven Erlebens zu finden sind (nämlich dem Flow-Erleben). In gewisser Weise nähern sich die beiden Theorien der Erklärung von intrinsischer Motivation aus entgegengesetzten Richtungen. Deci und Ryan stellen tief in der Person verankerte Dispositionen in den Vordergrund, während Csikszentmihalyi scheinbar an der »Oberfläche« bleibt und vom subjektiven Erleben ausgeht. Somit wirken die beiden Ansätze auf den ersten Blick komplementär.

Dieser Gegensatz lässt sich auflösen, wenn man die von Schneider (1996) verwendete Unterscheidung von unmittelbaren und letztgültigen Ursachen des Verhaltens zugrunde legt. Schneider beschäftigte sich mit den Bedingungsfaktoren intrinsisch motivierten Verhaltens und argumentierte, dass intrinsisch motiviertes Verhalten auch dann letztgültigen Zielen (z. B. Überleben des Organismus) dient, wenn das handelnde Individuum subjektiv gesehen durch unmittelbare, in der Handlung selbst liegende Ziele (z. B. tätigkeitsspezifische Anreize) motiviert wird. Dies kann man insbesondere für zwei prototypische Varianten intrinsisch motivierten Verhaltens zeigen; Explorations- und Spielverhalten. In beiden Fällen besteht in der Literatur Konsens, dass diese Verhaltensformen der Kompetenzsteigerung dienen, auch wenn dies im bewussten Erleben der handelnden Person so nicht repräsentiert ist. Die von der Person erlebten unmittelbaren Anreize (z. B. Freude beim Spielen) können als ein »Mittel« der Evolution interpretiert werden, Individuen zu Handlungen zu motivieren, die für ihr Überleben wichtig sind.

Die Kluft zwischen unmittelbaren und letztgültigen Zielen des Verhaltens hilft, die Unterschiede zwischen den Theorien von Deci und Ryan und Csikszentmihalyi zu verstehen. Deci und Ryan richten ihre Aufmerksamkeit vor allem auf die *letztgültigen Ziele* intrinsisch motivierten Handelns. Dagegen ist es das erklärte Ziel von Csikszentmihalyi, die tatsächlich vom Handelnden erlebten Anreize intrinsisch motivierten Verhaltens zu ermitteln. Er beschäftigt sich also vor allem mit den *unmittelbaren Zielen* intrinsisch motivierten Verhaltens. Allerdings kommt auch Csikszentmihalyi auf Umwegen zu der Frage letztgültiger Ziele zurück. Nach seiner Auffassung stellt das Flow-Erleben einen der wichtigsten Anreize zum Lernen dar, denn Flow ist eine sehr erstrebenswerte Form des Erlebens und kann nur dann wiederholt erreicht werden, wenn das Individuum seine Kompetenz laufend erweitert, um so immer neue Herausforderungen in Angriff nehmen zu können. Andernfalls würde Flow durch Langeweile abgelöst. Csikszentmihalyi und Massimini (1985) postulieren daher, dass das Flow-Erleben einen von der Evolution vorgesehenen Antrieb des Menschen zu weiterer Entwicklung darstellt. Diese Sichtweise ist kompatibel mit der Annahme von Kompetenz als letztgültigem Ziel intrinsisch motivierten Verhaltens. Damit nähert sich Csikszentmihalyi der Position von Deci und Ryan an.

Schneider (1996) kommt in Übereinstimmung mit Deci und Ryan zu der Auffassung, dass intrinsisch motiviertes Verhalten dem letztgültigen Ziel der Kompetenzsteigerung dient. Im Unterschied zu Deci und Ryan vertritt Schneider jedoch die Ansicht, dass die Bedürfnisse nach Kompetenz und Selbstbestimmung sehr eng zusammenhängen und vermutlich nicht trennbar sind. Schneider geht davon aus, dass das Bedürfnis nach Kompetenz das Bedürfnis nach Selbstbestimmung impliziert und es somit ausreicht, Kompetenz als letztgültiges Ziel der intrinsischen Motivation zu postulieren.

Bei Erklärungsversuchen auf der Basis grundlegender Bedürfnisse ist auch zu beachten, dass sich insbesondere bei Erwachsenen intrinsisch motiviertes Verhalten in manchen Fällen sehr weit von letztgültigen, evolutionären Zielen entfernt. Viele Tätigkeiten (z. B. Briefmarken sammeln, Beschäftigung mit Literatur und Musik) scheinen sich ganz von evolutionären Zwecken gelöst zu haben. Während sich das Neugier- und Spielverhalten von Kindern relativ eindeutig dem Kompetenzerwerb zuordnen lässt, trifft dies für ähnliche Verhaltensweisen im Erwachsenenalter nicht mehr in gleicher Weise zu. Im Sinne von Allports (1938/1949) Postulat der funktionalen Autonomie der Motive kann man jedoch argumentieren, dass spätere Formen intrinsisch motivierten Verhaltens sich zwar aus früheren entwickeln, später aber dann funktional unabhängig werden.

Darüber hinaus ist anzunehmen, dass viele intrinsisch motivierte Handlungen multiple Determinanten haben. Neben letztgültigen und unmittelbaren Ursachen sollte dabei noch eine weitere Kategorie berücksichtigt werden, die gewissermaßen zwischen den unmittelbaren und letztgültigen Determinanten zu lokalisieren ist. Diese Kategorie »mittelbarer« Verhaltensursachen betrifft die im Laufe der individuellen Entwicklung erworbenen Dispositionen (z. B. *Interessen*, Einstellungen, Fertigkeiten) die dazu führen, dass bestimmte tätigkeitsspezifische Anreize gegenüber anderen präferiert werden, bestimmte positive Gefühle nur bei manchen Handlungen auftreten und die Beschäftigung mit bestimmten Gegenständen als besonders lohnenswert erscheint. Die Annahme solcher Dispositionen ist notwendig, um die Vielfalt intrinsisch motivierter Handlungen einerseits und die großen interindividuellen Unterschiede andererseits erklären zu können.

Welche Bedeutung hat die Unterscheidung von letztgültigen und unmittelbaren Ursachen für die extrinsische Motivation? Extrinsische Motivation beruht vor allem darauf, dass externale Handlungsfolgen angestrebt werden, nämlich Fremdbewertung, Selbstbewertung und Annäherung an Oberziele. Für den ersten Bereich spielt nach Deci und Ryan das Bedürfnis nach sozialer Bezogenheit eine zentrale Rolle. Diese letztgültige Ursache führt dazu, dass Fremdbewertung einen hohen Anreiz darstellt. Ähnliches gilt für die Selbstbewertung, die z. T. darauf beruhen kann, dass man Bewertungsstandards der sozialen Umwelt übernommen hat. Auch das Verfolgen von Oberzielen beruht vor allem auf der Übernahme von sozial vermittelten Zielen.

Literatur

Allport, G. W. (1949). *Persönlichkeit*. Stuttgart: Klett (Original erschienen 1938: Personality: A psychological interpretation).

Amabile, T. M. (1985). Motivation and creativity: Effects of motivational orientation on creative writers. *Journal of Personality and Social Psychology, 48*, 393–399.

Berlyne, D. E. (1974). *Konflikt, Erregung, Neugier*. Stuttgart: Klett (Original erschienen 1960: Conflict, arousal, and curiosity).

Boggiano, A. K., Flink, C., Shields, A., Seelbach, A. & Barrett, M. (1993). Use of techniques promoting students` self-determination: Effects on students` analytic problem solving skills. *Motivation and Emotion, 17*, 319–336.

Butler, R. (1988). Enhancing and undermining intrinsic motivation: The effects of task-involving and ego-involving evaluation on interest and performance. *British Journal of Educational Psychology, 58*, 1–14.

Cameron, J., Banko, K. M. & Pierce, W. E. (2001). Pervasive negative effects of rewards on intrinsic motivation: The myth continues. *The Behavior Analyst, 24*, 1–44.

Cameron, J. & Pierce, W. D. (1994). Reinforcement, reward, and intrinsic motivation: A meta-analysis. *Review of Educational Research, 64*, 363–423.

Cameron, J. & Pierce, W. D. (1996). The debate about rewards and intrinsic motivation: Protests and accusations do not alter the results. *Review of Educational Research, 66*, 39–51.

Csikszentmihalyi, M. (1985). *Das Flow-Erlebnis*. Stuttgart: Klett-Cotta (Original erschienen 1975: Beyond boredom and anxiety).

Csikszentmihalyi, M. (1988). The flow experience and its significance for human psychology. In M. Csikszentmihalyi & I. S. Csikszentmihalyi (Hrsg.), *Optimal experience: Psychological studies of flow in consciousness* (S. 15–35). Cambridge, MA: Cambridge University Press.

Csikszentmihalyi, M. & Massimini, F. (1985). On the psychological selection of bio-cultural information. *New Ideas in Psycholgy, 3*, 115–138.

Csikszentmihalyi, M. & Schiefele, U. (1993). Die Qualität des Erlebens und der Prozess des Lernens. *Zeitschrift für Pädagogik, 39*, 207–221.

DeCharms, R. (1968). *Personal causation: The internal affective determinants of behavior*. New York: Academic Press.

Deci, E. L. (1975). *Intrinsic motivation*. New York: Plenum Press.

Deci, E. L., Koestner, R. & Ryan, R. M. (1999). A meta-analytic review of experiments examining the effects of extrinsic rewards on intrinsic motivation. *Psychological Bulletin, 125*, 627–668.

Deci, E. L. & Ryan, R. M. (1985a). *Intrinsic motivation and self-determination in human behavior*. New York: Plenum Press.

Deci, E. L. & Ryan, R. M. (1985b). The general causality orientations scale: Self-determination in personality. *Journal of Research in Personality, 19*, 109–134.

Deci, E. L. & Ryan, R. M. (1991). A motivational approach to self: Integration in personality. In R. Dienstbier (Hrsg.), *Nebraska symposium on motivation: Vol. 38. Perspectives on motivation*. Lincoln, NE: University of Nebraska Press.

Deci, E. L. & Ryan, R. M. (2000). The »what« and »why« of goal pursuits: Human needs and the self-determination of behavior. *Psychological Inquiry, 11*, 227–268.

Deci, E. L. & Ryan, R. M. (2002). Overview of Self-Determination Theory: An Organismic Dialectical Perspective. In E. L. Deci & R. M. Ryan (Hrsg.), *Handbook of self-determination research* (S. 3–33). Rochester, NY: University Press Rochester.

Deci, E. L., Spiegel, N. H., Ryan, R. M., Koestner, R. & Kauffman, M. (1982). Effects of performance standards on teaching styles: Behavior of controlling teachers. *Journal of Educational Psychology, 74*, 852–859.

Grolnick, W. S. & Apostoleris, N. H. (2002). What makes parents controlling? In E. L. Deci & R. M. Ryan (Hrsg.), *Handbook of self-determination research* (S. 161–181). Rochester, NY: University Press Rochester.

Grolnick, W. S. & Ryan, R. M. (1987). Autonomy in children`s learning: An experimental and individual difference investigation. *Journal of Personality and Social Psychology, 52,* 890–898.

Guay, F., Blais, M. R., Vallerand, R. J. & Pelletier, L. G. (1999). *The global motivation scale* (unveröffentlichtes Manuskript). Université du Québec à Montréal.

Harlow, H. F. (1950). Learning and satiation of response in intrinsically motivated complex puzzle performance by monkeys. *Journal of Comparative and Physiological Psychology, 43,* 289–294.

Hebb, D. O. (1955). Drives and the C.N.S. (Conceptual Nervous System). *Psychological Review, 62,* 243–254.

Heckhausen, H. (1989). *Motivation und Handeln* (English translation 1991: Motivation and action). Berlin: Springer.

Hodgins, H. S. & Deci, E. L. (1999). *Generosity towards others: The influence of causality orientations on attributions* (unveröffentlichtes Manuskript). Skidmore College.

Hull, C. L. (1943). *Principles of behavior.* New York: Appleton-Century-Crofts.

Hunt, J. McV. (1965). Intrinsic motivation and its role in psychological development. In D. Levine (Hrsg.), *Nebraska symposium on motivation* (S. 189–282). Lincoln, NE: University of Nebraska Press.

Kasser, T. & Ryan, R. M. (1996). Further examining the American dream: Differential correlates of intrinsic and extrinsic goals. *Personality and Social Psychology Bulletin, 22,* 80–87.

Koch, S. (1956). Behavior as »intrinsically« regulated: Work notes towards a pre-theory of phenomena called »motivational«. In M. R. Jones (Hrsg.), *Nebraska symposium on motivation* (S. 42–86). Lincoln, NE: University of Nebraska Press.

Koestner, R., Bernieri, F. & Zuckerman, M. (1992). Self-determination and consistency between attitudes, traits, and behaviors. *Personality and Social Psychology Bulletin, 18,* 52–59.

Koestner, R., Ryan, R. M., Bernieri, F. & Holt, K. (1984). Setting limits on children`s behavior: The differential effects of controlling versus informational styles on intrinsic motivation and creativity. *Journal of Personality, 52,* 233–248.

Krapp, A. (2001). Interesse. In D. H. Rost (Hrsg.), *Handwörterbuch Pädagogische Psychologie* (S. 286–294). Weinheim: Psychologie Verlags Union.

Lepper, M. R. & Henderlong, J. (2000). Turning »play« into »work« and »work« into »play«: 25 years of research on intrinsic versus extrinsic motivation. In C. Sansone & J. M. Harackiewicz (Hrsg.), *Intrinsic and extrinsic motivation. The search for optimal motivation and performance* (S. 257–307). Academic Press: San Diego.

Massimini, F. & Carli, M. (1988). The systematic assessment of flow in daily experience. In M. Csikszentmihalyi & I. S. Csikszentmihalyi (Hrsg.), *Optimal experience: Psychological studies of flow in consciousness* (S. 266–287). Cambridge, MA: Cambridge University Press.

McGraw, K. O. & McCullers, J. C. (1979). Evidence of a detrimental effect of extrinsic incentives on breaking a mental set. *Journal of Experimental Social Psychology, 15,* 285–294.

McReynolds, P. (1971). The nature and assessment of intrinsic motivation. In P. McReynolds (Hrsg.), *Advances in psychological assessment* (Bd. 2, S. 157–177). Palo Alto: Science & Behavior Books.

Miserandino, M. (1996). Children who do well in school: Individual differences in perceived competence and autonomy in above average children. *Journal of Educational Psychology, 88,* 203–214.

Nissen, H. W. (1930). A study of exploratory behavior in the white rat by means of the obstruction method. *Journal of Genetic Psychology, 37*, 361–376.

Pekrun, R. (1993). Entwicklung von schulischer Aufgabenmotivation in der Sekundarstufe: Ein Erwartungs-Wert-theoretischer Ansatz. *Zeitschrift für Pädagogische Psychologie, 7*, 87–97.

Pittman, T. S., Emery, J. & Boggiano, A. K. (1982). Intrinsic and extrinsic motivational orientations: Reward induced changes in preference for complexity. *Journal of Personality and Social Psychology, 42*, 789–797.

Reeve, J. (2002). Self-determination theory applied to educational settings. In E. L. Deci & R. M. Ryan (Hrsg.), *Handbook of self-determination research* (S. 183–203). Rochester, NY: University Press Rochester.

Reeve, J., Bolt, E. & Cai, Y. (1999). Autonomy-supportive teachers: How they teach and motivate students. *Journal of Educational Psychology, 91*, 537–548.

Rheinberg, F. (1989). *Zweck und Tätigkeit*. Göttingen: Hogrefe.

Rheinberg, F. (2002). *Motivation*. Stuttgart: Kohlhammer.

Ryan, R. M. (1982). Control and information in the intrapersonal sphere: An extension of cognitive evaluation theory. *Journal of Personality and Social Psychology, 43*, 450–461.

Ryan, R. M., Chirkov, V. I., Little, T. D., Sheldon, K. M., Timoshina, E. & Deci, E. L. (1999). The American dream in Russia: Extrinsic aspirations and well-being in two cultures. *Personality and Social Psychology Bulletin, 25*, 1509–1524.

Ryan, R. M. & Connell, J. P. (1989). Perceived locus of causality and internalization: Examining reasons for acting in two domains. *Journal of Personality and Social Psychology, 57*, 749–761.

Ryan, R. M. & Deci, E. L. (2000). Intrinsic and extrinsic motivations: Classic definitions and new directions. *Contemporary Educational Psychology, 25*, 54–67.

Ryan, R. M. & Grolnick, W. S. (1986). Origins and pawns in the classroom: Self-report and projective assessment of individual differences in children's perceptions. *Journal of Personality and Social Psychology, 50*, 550–558.

Ryan, R. M. & La Guardia, J. G. (1999). Achievement motivation within a pressured society: Intrinsic and extrinsic motivations to learn and the politics of school reform. In T. Urdan (Hrsg.), *Advances in Motivation and Achievement: Vol. 11* (S. 45–85). Greenwich, CT: JAI Press.

Ryan, R. M., Plant, R. W. & O`Malley, S. (1995). Initial motivations for alcohol treatment: Relations with patient characteristics, treatment involvement and dropout. *Addictive Behaviors, 20*, 279–297.

Schiefele, U. (1996). *Motivation und Lernen mit Texten*. Göttingen: Hogrefe.

Schneider, K. (1996). Intrinsisch (autotelisch) motiviertes Verhalten – dargestellt an den Beispielen des Neugierverhaltens sowie verwandter Verhaltenssysteme (Spielen und leistungsmotiviertes Handeln). In J. Kuhl & H. Heckhausen (Hrsg.), *Motivation, Volition, Handlung* (Enzyklopädie der Psychologie, C, Serie Motivation und Emotion, Bd. 4, S. 119–152). Göttingen: Hogrefe.

Vallerand, R. J. (1996). *On the effects of success/failure on motivation at three levels of generality* (unpublished raw data). Université du Québec à Montréal.

Vallerand, R. J. (1997). Toward a hierarchical model of intrinsic and extrinsic motivation. In M. P. Zanna (Hrsg.), *Advances in experimental social psychology: Vol 29* (S. 271–360). San Diego: Academic Press.

Vallerand, R. J. & Bissonnette, R. (1992). Intrinsic, extrinsic and amotivational styles as predictors of behavior: A prospective study. *Journal of Personality, 60*, 599–620.

Vallerand, R. J., Fortier, M. S. & Guay, F. (1997). Self-determination and persistence in a real-life setting: Toward a motivational model of high school dropout. *Journal of Personality and Social Psychology, 72*, 1161–1176.

Vallerand, R. J. & Ratelle, C. F. (2002). Intrinsic and extrinsic motivation: A hierarchical model. In E. L. Deci & R. M. Ryan (Hrsg.), *Handbook of self-determination research* (S. 37–63). Rochester, NY: University Press Rochester.

White, R. W. (1959). Motivation reconsidered: The concept of competence. *Psychological Review, 66,* 297–333.

Williams, G. C., Cox, E. M., Kouides, R. & Deci, E. L. (1999). Presenting the facts about smoking to adolescents: The effects of an autonomy supportive style. *Archives of Pediatrics and Adolescent Medicine, 153,* 959–964.

Williams, G. C., Freedman, Z. R. & Deci, E. L. (1998). Supporting autonomy to motivate patients with diabetes for glucose control. *Diabetes Care, 2,* 1644–1651.

Williams, G. C., Grow, V. M., Freedman, Z. R., Ryan, R. M. & Deci, E. L. (1996). Motivational predictors of weight loss and weight-loss maintenance. *Journal of Personality and Social Psychology, 70,* 115–126.

4   Tätigkeitsanreize und Flow-Erleben

Stefan Engeser und Regina Vollmeyer

1   Einleitung

Personen führen manche Tätigkeiten nur deshalb aus, weil der Vollzug der Aktivität für sie angenehm ist. Dies wird vor allem dann offensichtlich, wenn die Folgen einer Tätigkeit negativ sind, wie dies der Fall ist beim Verzehr eines wohlschmeckenden, aber kalorienreichen Essens trotz Gewichts- oder Gesundheitsproblemen. Dass die Ausführung einer Tätigkeit Anreizcharakter haben kann, wurde in der Psychologie schon früh erkannt (für einen historischen Abriss s. Rheinberg, 2004a). Motivationstheorien konzentrierten sich jedoch lange Zeit auf Anreize, die als Folge einer Handlung auftreten, und übersahen weitgehend die eigenständige Bedeutung, die Tätigkeitsanreizen für motiviertes Verhalten zukommt.

Der Anreiz, eine Handlung aufzunehmen, kann sowohl in der Tätigkeit selbst liegen, als auch in den Folgen, welche die Tätigkeit nach sich zieht. Beide Arten von Anreizen (Folgenanreize und Tätigkeitsanreize) müssen sich nicht widersprechen, wie dies beim oben genannten Beispiel der Fall ist. Oft ist eine gleich gesinnte Handlungsveranlassung gegeben, wie etwa beim Bergsteigen. Die erheblichen Strapazen, einen Gipfel zu erklimmen, werden der schönen Aussicht wegen auf sich genommen (Folgenanreiz). Läge der Anreiz jedoch ausschließlich in der schönen Aussicht oder im erhebenden Gefühl, auf dem Berggipfel zu stehen, könnte dieses

Ziel auch einfacher, nämlich mit einer Fahrt in der Seilbahn erreicht werden. Vielmehr scheint die Tätigkeit des Bergsteigens selbst positiv erlebt zu werden und den eigentlichen Anreiz für den Aufstieg zu bilden. Der Anreiz, der in der Tätigkeit selbst liegt, ist häufig nicht so leicht zu fassen und kann Außenstehenden angesichts der Strapazen des Aufstiegs nicht so leicht verständlich gemacht werden (Rheinberg, 1996).

In diesem Kapitel wird diskutiert, wie die spezifischen Aspekte, die eine Tätigkeit attraktiv machen, beschrieben und erfasst werden können. Insbesondere auf das Phänomen des Flow-Erlebens wird dabei genauer eingegangen. Einen weiteren Schwerpunkt bildet die Erörterung von Tätigkeitsanreizen, die leistungsmotiviertem Verhalten zugrunde liegen. Leistungsmotivation ist ein intensiv beforschtes Gebiet und eignet sich daher sehr gut, um die spezifische Bedeutung von Tätigkeitsanreizen herauszuarbeiten und sie im Verhältnis zu den Folgenanreizen des Leistungshandelns zu betrachten.[1]

1.1   Spezifische Tätigkeitsanreize

Rheinberg (1989) stellte fest, dass Tätigkeitsanreize durch die rationale Ausrichtung der Motivationspsychologie so stark vernachlässigt worden waren, dass er sie zu Beginn seiner eigenen Forschung zunächst »übersehen« hatte. Vielmehr bildete das rational begründete Kognitive Motivationsmodell (Heckhausen, 1977; Heckhausen & Rheinberg, 1980; s. a. Vollmeyer in diesem Band) das »Analyseschema«, auf das Rheinberg zurückgriff, um die Intensität von Lernhandlungen, wie z. B. die Vorbereitung auf eine Klassenarbeit, vorherzusagen. Nach dem Kognitiven Modell sollten sich Schüler nur dann auf eine Klassenarbeit vorbereiten, wenn eine gute Leistung in der Klassenarbeit weitere wünschenswerte Folgen nach sich zieht. Dazu gehören eine positive Selbstbewertung der eigenen Fähigkeiten, die Anerkennung durch Eltern und Lehrer oder auch die langfristige Verbesserung der beruflichen Chancen. Folgeanreize allein reichen aber nicht aus, um einen Schüler zur Vorbereitung auf eine Klausur zu motivieren. Zusätzlich kommen hier drei Erwartungseinschätzungen ins Spiel: a) Inwieweit wird sich eine gründliche Vorbereitung positiv auf die Leistung auswirken (Handlungs-Ergebnis-Erwartung)? b) Oder ist das erforderliche Prüfungswissen schon vorhanden, sodass per se mit einem guten Ergebnis zu rechnen ist (Situations-Ergebnis-Erwartung)? c) Und mit welcher Sicherheit ist davon auszugehen, dass die angestrebte Leistung auch tatsächlich die gewünschten Folgen (z. B. das Lob der Eltern und Lehrer) nach sich zieht (Ergebnis-Folge-Erwartung)?

Mit diesem kalkulativen Modell lassen sich Klausurvorbereitungen recht gut, aber eben doch nicht vollständig vorhersagen. Da Rheinberg in seinen Studien jeden Schüler gesondert betrachtete, fielen ihm »Modellabweichler« auf, d. h. Schüler, die sich anders verhielten, als dies nach dem zuvor skizzierten Modell zu erwarten gewesen wäre. Die Analyse solcher Einzelfälle ergab: Nicht nur Folgenanreize, sondern auch Tätigkeitsanreize stimulieren die Lernaktivität. So berichteten Schüler, dass sie sich beim Lernen für Englisch »auf merkwürdige Weise kribbelig« oder

---

1   Dass dieselbe Tätigkeit unter bestimmten Bedingungen (z. B. entsprechend der Selbstbestimmtheit) unterschiedlich erlebt werden kann, wird in dem Beitrag von Schiefele und Streblow behandelt.

»nicht so richtig wohl« fühlten. Rheinberg überprüfte in der Folge die Bedeutung von Tätigkeitsanreizen, indem er das »Lieblingsfach« von Schülern mit ihrem »unbeliebtesten Fach« verglich (Kapitel 9) und das emotionale Erleben während der Lerntätigkeit erfasste (Kapitel 11). Mit der Beachtung der Tätigkeitsanreize konnte er noch besser vorhersagen, wer sich für die Klassenarbeit vorbereitete und wer dafür kaum etwas tat.

Rheinberg (2004a) argumentiert, dass Tätigkeits- und Folgenanreize eine *unterschiedliche Veranlassungsstruktur* haben. Bei Tätigkeitsanreizen ist die Handlungsveranlassung recht simpel. Eine Tätigkeit wird ausgeführt, weil ihr Vollzug affektiv positiv getönt ist, also Spaß und Freude macht. Die Veranlassungsstruktur von Folgenanreizen ist komplexer. Folgenanreize führen nur dann zur Aufnahme einer Aktivität, wenn die Erwartung besteht, dass die angestrebten Ergebnisse durch eigenes Handeln (z. B. die Ausführung von Lernaktivitäten) herbeigeführt werden können.

Das emotionale Erleben während der Ausführung einer Tätigkeit sagt wenig darüber aus, welche spezifischen Tätigkeitsmerkmale für dieses Erleben verantwortlich sind. Rheinbergs Arbeiten (Rheinberg, 1989, 1993; Rheinberg & Manig, 2003) zeichnen sich dadurch aus, dass sie die *spezifische Anreizstruktur* einzelner Tätigkeiten thematisieren. Für die Erforschung der Tätigkeitsanreize bieten sich Aktivitäten an, die *nicht* auf die Erreichung eines bestimmten Zweckes hin ausgerichtet sind, so wie dies z. B. bei engagiert betriebenen Freizeitaktivitäten (Motorradfahren, Surfen) der Fall ist. Gerade mit solchen Aktivitäten hatte sich die Motivationspsychologie lange Zeit nur am Rande beschäftigt. Daher bot es sich an, Interviewverfahren einzusetzen, um die Anreizstruktur von Tätigkeiten zunächst einmal explorativ erfassen zu können. Trotz möglicher Bedenken, dass sich Tätigkeitsanreize nicht ohne weiteres bewusst machen lassen, zeigte sich, dass solche Interviews wichtige Einblicke boten, um die Attraktivität von bestimmten, zweckfrei erscheinenden Aktivitäten besser verstehen zu können (Rheinberg, 1986, 1989, 1993). Die so ermittelten Anreize wurden dann für die Entwicklung von Fragebögen genutzt, die sich ökonomisch auch in größeren Stichproben einsetzen ließen (s. Rheinberg & Manig, 2003).

Die Erfassung von Tätigkeitsanreizen ermöglicht es, dass die Ausführung einzelner Aktivitäten nachvollziehbar und besser verständlich wird (Rheinberg, 1996). Dies lässt sich anhand zweier Zitate verdeutlichen, die von Personen stammen, die sich der Aktivität des Graffiti-Sprayens verschrieben hatten (Rheinberg & Manig, 2003, S. 227 u. 229): »Hast du einmal angefangen raus zu gehen, um zu sprühen, willst du immer besser werden, an immer gefährlicheren Stellen deine Bilder platzieren und bekannt werden« und »Es ist so ein geiles Gefühl zu spüren, wie ein Bild wirklich gut gelingt oder ein fertiges gutes Bild wiederzusehen«. Diese Aussagen mögen auf den ersten Blick überraschend erscheinen, weil sie Graffiti-Sprayen auch als eine leistungsthematische Tätigkeit erscheinen lassen. Und Polizisten, Staatsanwälte, Richter sowie die geschädigten Hausbesitzer doch wären vermutlich etwas verwundert, dass junge Leute dieser »unbezahlten Nachtarbeit« nachgehen, weil sie etwas besonders gut oder immer besser machen wollen. Ist dieser leistungsthematische Anreiz jedoch erkannt, so wird auch nachvollziehbar, dass gerade darin die Attraktivität des Sprayens begründet sein kann.

Wenn Aktivitäten von außen betrachtet nachvollziehbar werden, begründet sich dies darin, dass einzelne Tätigkeiten zwar ein spezifisches Anreizprofil haben, die einzelnen Anreize aber auch bei anderen Tätigkeiten auftreten können. Ein Vergleich der Freizeitaktivitäten Motorradfahren, Surfen, Skifahren und Musizieren zeigte, dass diese Aktivitäten bei aller Unterschiedlichkeit doch auch gemeinsame Anreize aufweisen (Rheinberg, 1993). Dazu gehören z. B.: a) Positive Selbstbewertung des eigenen Könnens (Kompetenzzuwachs, Erfolgserlebnisse, Stolz und Freude über das eigene Können); b) Genuss eines perfekten, harmonischen Bewegungsvollzugs; c) Selbstvergessenheit (Abschalten, in der Tätigkeit aufgehen, Alltagsprobleme vergessen); d) Erregung, Abenteuer und Nervenkitzel; e) Anschluss, Gemeinschaft und Geselligkeit.

1.2   Tätigkeitsanreiz Flow-Erleben

Ähnlich wie Rheinberg beschäftigte sich auch Csikszentmihalyi (1975) mit der Frage, was engagiert betriebene Freizeitaktivitäten, die keine erkennbaren Folgenanreize besitzen, eigentlich so attraktiv macht. Dazu interviewte Csikszentmihalyi Schachspieler, Felskletterer und Tänzer. In den Interviews tauchte immer wieder ein Phänomen auf, das Csikszentmihalyi als »Flow-Erleben« bezeichnete. Damit ist ein Zustand des völligen Aufgehens in einer glatt ablaufenden Tätigkeit gemeint (Csikszentmihalyi, 1999; Rheinberg, 2004b). Dieses Erleben wurde von Csikszentmihalyi (1975) dann eingehender beschrieben, wobei die Bedingungs- und Erlebniskomponenten je nach Publikation variieren (vgl. Schiefele & Streblow in diesem Band). Die vorliegende Definition orientiert sich an Rheinberg (2004b). Charakteristische Komponenten des Flow-Erlebens sind in Tabelle 4.1 dargestellt.

Nach demoskopischen Umfragen ist 90 % der deutschen Bevölkerung das Flow-Erleben aus eigener Erfahrung bekannt (Rheinberg, 2004b). In seiner vollständigen bzw. tiefen Ausprägung taucht es im Alltag aber nur selten auf. Csikszentmihalyi (1975) unterschied zwischen »Tiefem Flow«, bei dem alle Komponenten vorhanden sind, und »Mikroflow«, bei dem einzelne Komponenten in einer schwächeren Ausprägung vorkommen. Dieses »abgeschwächte« Flow-Erleben tritt im Alltag häufiger auf (Csikszentmihalyi, 1975).

Bei der Betrachtung der sechs Komponenten fällt auf, dass diese einen *Funktionszustand* hoher unwillkürlicher Konzentration unter optimaler Auslastung beschreiben. Dieser Funktionszustand wird positiv erlebt und erklärt, warum Personen Tätigkeiten, bei denen dieser Zustand eintritt, immer wieder ausführen. Csikszentmihalyi und LeFevre (1989) bezeichnen das Flow-Erleben daher auch als »Optimale Erfahrung«.

Die einzelnen Komponenten des Flow-Erlebens werden als Teile eines einheitlichen Bewusstseinszustands betrachtet. Die erste und die zweite Komponente können als *Vorbedingungen* aufgefasst werden, ohne die Flow-Erleben nicht möglich ist (vgl. Schiefele & Streblow in diesem Band).[2] Nur wenn eine (subjektive) *Passung* zwischen Fähigkeit und Anforderung, eine klare Struktur der Handlungsanforderung und Rückmeldungen über den Verlauf der Tätigkeit vorhanden sind, ist ein vollständiges Aufgehen in der Tätigkeit möglich. Bei Überforderung geht die

---

2 Als eine weitere Bedingung von Flow-Erleben werden von Csikszentmihalyi Persönlichkeitsvariablen genannt. Die Forschung zu diesem Gebiet wurde jedoch nicht systematisch vorangetrieben, sodass an dieser Stelle nicht weiter darauf eingegangen werden soll (s. hierzu Pfister, 2002). Der Zusammenhang zwischen der Personenvariable Leistungsmotiv und Flow-Erleben wird später aufgegriffen (S. 2.3).

Tab. 4.1 Komponenten des Flow-Erlebens.

1. (Subjektiv) gegebene Passung von Fähigkeit und Anforderung. Bei dieser Passung fühlt man sich optimal beansprucht und hat trotz der Anforderung der Situation das Gefühl, das Geschehen unter Kontrolle zu haben.
2. Im Flow-Erleben werden die Handlungsanforderungen und Rückmeldungen als klar und eindeutig erfahren. Es muss nicht darüber nachgedacht werden, was zu tun jetzt richtig ist. Dies impliziert eine eindeutige Zielstruktur der Handlung.
3. Der Handlungsablauf wird als glatt und flüssig erlebt. Das Handlungsgeschehen ist wie von einer inneren Logik geleitet und ein Handlungsschritt geht flüssig in den nächsten über.
4. Die Konzentration ist wie »von selbst« voll und ganz auf die jetzige Ausführungsregulation gerichtet. Es besteht keine Notwendigkeit, sich willentlich auf das Geschehen zu konzentrieren.
5. Das Zeiterleben ist stark eingeschränkt. Stunden vergehen wie Minuten oder kurze Zeiträume werden als ausgedehnt erlebt.
6. Die Tätigkeit und das Selbst sind nicht mehr voneinander abgehoben, werden nicht als getrennt wahrgenommen. Es kommt zum »Verschmelzen« von Selbst und Tätigkeit mit dem Verlust von (Selbst-)Reflexivität und Selbstbewusstsein.

erlebte Kontrolle über die Tätigkeit verloren, was bei starker Überforderung zum Auftreten von Angst führen kann. Bei Unterforderung entsteht hingegen schnell Langeweile. Flow-Erleben tritt somit auf, wenn Fähigkeit und Anforderung einander entsprechen (Csikszentmihalyi, 1975). Langfristig betrachtet bedeutet dies, dass das wiederholte Erleben von Flow nur dann möglich ist, wenn eine Person bei steigender Fähigkeit auch vor höhere Anforderungen gestellt wird bzw. diese selbst aufsucht. Ein Felskletterer muss immer schwierigere Kletterrouten auswählen, um erneut Flow erleben zu können. Flow ist somit ein Anreiz, der die Entwicklung von Kompetenz begleitet, sie aber auch fördert, weil sich der zugehörige Anreiz nur in der Meisterung zunehmend schwierig werdender Anforderungen wiederherstellen und auskosten lässt.

In einer modifizierten Modellfassung nahmen M. Csikszentmihalyi und Csikszentmihalyi (1991) an, dass Flow-Erleben nur im Bereich überdurchschnittlich ausgeprägter Fähigkeiten auftreten kann. Demzufolge dürften nur *Experten* Flow erleben, Anfänger dagegen nicht. Rheinberg (2004b) weist darauf hin, dass diese Annahme nicht allgemein gültig ist, sondern von der Art der Tätigkeit abhängt. So kann sich das Flow-Erleben bei komplexeren Tätigkeiten (z. B. Musizieren) erst dann einstellen, wenn notwendige Basisoperationen automatisiert sind. Bei einfach strukturierten Tätigkeiten (z. B. Computerspiele) ist das Flow-Erleben hingegen auch für Anfänger möglich (Rheinberg & Vollmeyer, 2003).

Methodische Aspekte
Rheinberg sowie Schallberger weisen darauf hin (Rheinberg & Vollmeyer, 2003; Rheinberg, Vollmeyer & Engeser, 2003; Schallberger, 2000), dass die quantitative Flow-Forschung in der Tradition von Csikszentmihalyi mit einem Problem behaftet ist. In empirischen Untersuchungen wurde Flow-Erleben als gegeben angenommen, wenn eine Passung zwischen Anforderungen und Fähigkeiten (auf überdurchschnittlichem Niveau) besteht (z. B. Csikszentmihalyi & LeFevre, 1989; Massimini & Carli, 1991; Moneta &

Csikszentmihalyi, 1996). Die anderen fünf Komponenten wurden dabei nicht systematisch berücksichtigt. Selbst wenn das Flow-Erleben nur bei einer optimalen Anforderung auftritt, d. h. die Tätigkeit als weder zu schwer noch zu leicht empfunden wird, ist der Umkehrschluss problematisch. Nicht notwendigerweise müssen bei passenden Anforderungen die zuvor beschriebenen weiteren Komponenten entsprechend ausgeprägt sein. Da das Flow-Erleben hinreichend gut definiert ist (s. Tab. 4.1), ist es auch möglich, Personen direkt zu allen Komponenten des Flow-Erlebens zu befragen. Genau diesen Weg haben Rheinberg et al. (2003) beschritten (s. auch Jackson & Eklund, 2001). Entsprechend den Komponenten des Flow-Erlebens wurden zehn Items für einen Fragebogen formuliert, wie »Ich bin ganz vertieft in das, was ich gerade mache« oder »Die richtigen Gedanken/Bewegungen kommen wie von selbst«. Empirische Untersuchungen zeigen, dass mit der »Flow-Kurz-Skala« (FKS) das Flow-Erleben reliabel erfasst werden kann (Rheinberg et al., 2003).

Eine Bereicherung hat die Flow-Forschung durch die *Zeitstichprobenmethode* erfahren. Dabei werden Personen per Signalgeber angepiepst, um über ihre aktuelle Tätigkeit und ihr aktuelles Befinden Auskunft zu geben (z. B. Csikszentmihalyi & LeFevre, 1989; Schallberger & Pfister, 2001). Diese Methode erlaubt es, das Erleben direkt bei der Ausführung einer bestimmten Tätigkeit zu erheben.

Ein viel diskutiertes Ergebnis der Flow-Forschung betrifft das »Paradox der Arbeit« (Csikszentmihalyi & LeFevre, 1989; Schallberger & Pfister, 2001). Flow-Erleben tritt gerade und vor allem bei der Arbeit auf. Dennoch berichten die meisten Personen, dass sie lieber Freizeit haben als arbeiten zu gehen. Tätigkeiten am Arbeitsplatz können durch die ihnen innewohnenden Herausforderungen mehr Flow-Erleben ermöglichen als weniger anspruchsvolle Tätigkeiten. Dass Freizeit gegenüber Arbeit bevorzugt wird, erklären Csikszentmihalyi und LeFevre (1989) mit kulturellen Voreingenommenheiten. Da in unserer Kultur Arbeit häufig eher negativ eingeschätzt wird, nehmen wir nicht mehr wahr, dass sie viele positive Erlebens- und Entwicklungsmöglichkeiten bietet. Dies wird deutlich, wenn man bedenkt, dass in einer Situation der Arbeitslosigkeit auch eine potenzielle Quelle des Flow-Erlebens wegfällt. Eine aktive Freizeitgestaltung, in der herausfordernde Tätigkeiten ausgeführt werden, sollte die Lebensqualität erhalten bzw. erhöhen. Untersuchungen, in denen das Flow-Erleben mit der Flow-Kurz-Skala erfasst wurde, weisen gleichfalls darauf hin, dass ausgeprägtes Flow-Erleben nicht nur bei Freizeitaktivitäten auftritt (besonders hohe Ausprägungen finden sich hier für Tätigkeiten in den Bereichen Sexualität, persönliche Nähe und Sport; vgl. Rheinberg, 2004c). Selbst bei einer so prosaisch erscheinenden Tätigkeit wie dem Statistiklernen können Flow-Erlebnisse auftreten (Engeser, 2004).

Da Flow-Erleben einen Anreiz darstellt, der zur Kompetenzentwicklung anregt, und sich Personen im Flow in einem optimalen Funktionszustand befinden, sollte Flow auch leistungsförderlich wirken (Csikszentmihalyi & Schiefele, 1993; s. Schiefele & Streblow in diesem Band). In zwei universitären Lernsettings zeigte sich, dass Flow-Erleben in positiver Beziehung zum Fremdsprachenerwerb und zur Aneignung von Statistikkenntnissen steht (Engeser, Rheinberg, Vollmeyer & Bischoff, 2005). Dies war selbst dann der Fall, wenn fähigkeitsbezogene Faktoren mit berücksichtigt wurden. Flow-Erleben ist nicht einfach Ausdruck hoher Leistungsfähigkeit, sondern wirkt sich auch selbst leistungsförderlich aus. Daher erscheint es wünschenswert, Flow-Erleben in pädagogischen Kontexten zu fördern.

1.3 Emotionales Erleben als Tätigkeitsanreiz

Einen anderen Zugang zum Flow-Erleben hat Schallberger (2000) gewählt. Er nimmt an, dass Flow von einem bestimmten emotionalen Befinden begleitet ist. Flow-Erleben sollte daher indirekt über das emotionale Erleben während der Ausführung einer Tätigkeit beschreibbar sein. Schallberger verwendete dazu zwei Affekt-Dimensionen: *Valenz* (positive und negative Aspekte von Emotionen) und *Aktivierung* (niedrig und hoch). Die Valenzdimension lässt sich mit Adjektiven wie »glücklich vs. unglücklich« oder »zufrieden vs. unzufrieden« beschreiben. Die Aktivierung ist schwerer zu erfassen. In Kombination mit der Valenz ergeben sich positive und negative Formen der Aktivierung. Bei *positiver Aktivierung* fühlen sich die Menschen hellwach, tatkräftig und sind begeistert. Bei *negativer Aktivierung* herrschen dagegen Gefühle der Nervosität, Anspannung und Verärgerung vor.[3]

Dass dieser Zugang für die Erforschung des Flow-Erlebens fruchtbar ist, zeigen Zeitstichprobenuntersuchungen zum Paradox der Arbeit. Schallberger und Pfister (2001) fanden, dass das Erleben während der Arbeit durch eine hohe positive Aktivierung gekennzeichnet ist (s.a. Pfister, 2002; Schallberger, 2000) und schlussfolgerten daraus: »Unsere Befunde bestätigen, dass Berufsarbeit im Alltag eine Hauptquelle positiver ›Gefühle‹ ist« (S. 182). Allerdings sind während den Arbeitstätigkeiten, im Vergleich zu den Freizeitaktivitäten, auch Gefühle der negativen Aktivierung stärker ausgeprägt. Freizeit wird somit weit weniger als die Arbeit durch negative Aktivierung begleitet, was das Paradox der Arbeit erklären mag.

Flow-Erleben ist nicht mit bestimmten Gefühlen, wie z.B. dem Erleben von Glück, gleichzusetzen, wie die folgende Untersuchung zeigt. Aellig (2004) untersuchte das emotionale Befinden beim Felsklettern, und zwar genau dann, wenn die Sportler am Felsen auf- und abstiegen. Bei den gleichen Personen wurde das emotionale Erleben während alltäglicher Tätigkeiten erfasst. Dabei zeigte sich, dass das Erleben beim Klettern im Vergleich zu alltäglichen Tätigkeiten von hoher positiver Aktivierung begleitet war. Aber auch Gefühle negativer Aktivierung traten während des Kletterns auf. Die Kletterer fühlten sich angespannt und nervös, was angesichts der realen Lebensgefahr wenig erstaunlich erscheinen mag. Am überraschendsten waren aber die Ergebnisse zur Valenz. Die Bergsteiger waren beim Klettern nicht glücklicher und auch nicht zufriedener als bei alltäglich ausgeführten Tätigkeiten. Dies ist erstaunlich, weil das Klettern an sich besonders positiv bewertet wurde. Glücksgefühle stellten sich bei den untersuchten Personen aber erst nach dem Klettern ein.

1.4 Individuelle Unterschiede im Anreizfokus

Wie zuvor erwähnt, erweiterte Rheinberg (1989) das Kognitive Motivationsmodell um die Komponente der Tätigkeitsanreize. Das daraus resultierende Modell berücksichtigt somit zwei unterschiedliche Anreizarten: a) die zweckrationale Kalkulation der Handlungsfolgen und b) die dem Verhalten immanenten Tätig-

---

3 Die von Schallberger benutzte Skala besteht aus insgesamt 10 Items und eignet sich daher auch sehr gut für die Zeitstichprobenmethode (s. o.). Für eine ausführliche Beschreibung der Skala und des theoretischen Hintergrundes s. Schallberger (2000) und Aellig (2004).

keitsanreize. Dabei sind verschiedene Kombinationen von Folge- und Tätigkeits-anreiz denkbar.[4]

Beide Anreiztypen können positiv ausgeprägt sein, so wie dies etwa bei der freu-digen Ausführung einer Sportart der Fall ist, die gleichzeitig auch der eigenen Ge-sundheit dient. Beim Vorliegen gegensätzlicher Tätigkeits- und Folgenanreize stellt sich hingegen ein Problem: Von welchem Anreiz lassen sich Personen bei einer sol-chen disparaten oder gar konflikthaften Anreizkonstellation leiten? Rheinberg (1989) postulierte, dass individuelle Unterschiede bestimmen, welcher Anreiz ver-haltenswirksam wird. Zur Illustration beschrieb er eine Person, die strikt ihren strategischen und zweckrationalen Überlegungen folgt, und stellte ihr eine andere Person gegenüber, der zweckzentriertes Handeln zutiefst zuwider ist und die sich stattdessen von den Anreizen der Tätigkeit leiten lässt. Um Personenunterschiede in der Bevorzugung bestimmter Anreize zu erfassen, konstruierte Rheinberg (1989) die »Anreizfokus-Skala«, welche die Ausrichtung des eigenen Verhaltens an tätigkeitsspezifischen und zweckspezifischen Anreizen erfasst. Werden indivi-duelle Unterschiede in der Anreizfokussierung beachtet, so können Unterschiede im Lernverhalten genauer prognostiziert werden (Rheinberg, 1989, Kapitel 11). Das Lernverhalten von zweckzentrierten Personen lässt sich am besten mit dem ur-sprünglichen Kognitiven Motivationsmodell vorhersagen. Das Lernverhalten von tätigkeitszentrierten Personen lässt sich dagegen nur dann erklären, wenn auch die Anreize der Tätigkeit selbst mit berücksichtigt werden (Rheinberg, 2004c; Rhein-berg, Iser & Pfauser, 1997).

1.5   Zwischenbilanz

Bislang wurden drei *unterschiedliche Zugänge* zur Erfassung von Tätigkeitsanrei-zen vorgestellt: spezifische Tätigkeitsanreize, Flow-Erleben und emotionales Erle-ben. Die Erfassung spezifischer Tätigkeitsanreize hat ihre Stärke darin, dass sie An-reize aufdeckt und für Außenstehende nachvollziehbar macht. Die Form der Erfassung (z. B. mit Interviews) ist jedoch aufwendig und erlaubt es nur bedingt, verschiedene Tätigkeiten miteinander zu vergleichen. Dies ist beim Flow-Erleben und beim emotionalen Erleben besser möglich. Nachteilig ist hier, dass der spezi-fische Anreiz einer Tätigkeit nicht mehr sichtbar wird.

Welcher Zugang gewählt wird, hängt sicherlich von der jeweils verfolgten Fra-gestellung ab. Besonders aufschlussreich dürfte es jedoch sein, die drei Ansätze miteinander zu kombinieren. So hat z. B. die Erfassung des emotionalen Erlebens von Felskletterern gezeigt, dass das Flow-Erleben nur in der Rückschau als beglü-ckender Zustand wahrgenommen wird und eine mäßig ausgeprägte negative Akti-vierung das Flow-Erleben nicht behindert. Nach Rheinberg und Vollmeyer (2003) ist es vielmehr entscheidend, »dass man überhaupt in den unterbrechungsfreien und schnell laufenden Zyklus von eigenem Output und unmittelbarer Umweltant-wort gerät, den man bei voller Mobilisierung eigener Ressourcen gerade noch gut beherrschen kann« (S. 168).

---

4 Die beiden Anreizarten sind auf empirischer Ebene schwach bis mäßig positiv korreliert (s. Engeser, 2004).

2 Leistungsmotivation, Tätigkeitsanreize und Flow-Erleben

Wie Vollmeyer in diesem Band darlegt, kann Motivation erst aus dem Zusammenspiel von Situation (Hinweisreize) und Person (Motive) verstanden werden. Diese Aussage wird anschließend für leistungsmotiviertes Verhalten und die ihm zugrunde liegenden Folgen- und Tätigkeitsanreize illustriert.

2.1 Leistungsmotiv

Im Mittelpunkt leistungsmotivierten Verhaltens steht die Auseinandersetzung mit einem Gütemaßstab (Heckhausen, 1972; McClelland, Atkinson, Clark & Lowell, 1953; s. Langens, Schmalt & Sokolowski in diesem Band). Das Leistungsmotiv kann daher auch als *Selbstoptimierungsanliegen* verstanden werden, denn »im Kern geht es diesem Motiv um Effektivität und um die Vervollkommnung persönlicher Fertigkeiten« (Brunstein, 2003, S. 76).

Neben der Stärke des Leistungsmotivs gibt es *qualitative Unterschiede*. So kann bei der Auseinandersetzung mit einem Gütemaßstab ein Erfolg oder ein Misserfolg eintreten. Nach Atkinson (1957) unterscheiden sich Personen darin, welche Bedeutung sie Erfolgen und Misserfolgen beimessen. So erleben manche Personen bei Erfolgen besonders viel Stolz. Diese Personen haben nach Atkinson eine hohe Ausprägung in der Hoffnungskomponente der Leistungsmotivation. Ihr Ziel besteht darin, in Leistungssituationen einen Erfolg bzw. die damit verbundenen positiven Selbstbewertungsemotionen zu erfahren. Andere Personen erleben bei Misserfolg besonders starke Versagensgefühle. Sie versuchen daher, Leistungssituationen aus dem Weg zu gehen. Furcht vor Misserfolg wird daher auch als misserfolgsmeidende Motivkomponente beschrieben.

2.2 Anreize des Leistungsmotivs

Die motivanregenden Merkmale des Leistungsmotivs sind solche, die auf eine Auseinandersetzung mit einem Gütemaßstab hinweisen. An erster Stelle ist hier an die *Aufgabenschwierigkeit* zu denken (Atkinson, 1957; Heckhausen, 1989; McClelland, 1999; Weiner, 1994). Bei (subjektiv) mittelschweren Aufgaben sollte der Anreiz für die Hoffnungskomponente des Leistungsmotivs am höchsten sein, denn bei solchen Aufgaben lässt sich das eigene Können am besten erkennen, erproben und steigern. Im Erfolgsfall wird Stolz oder Freude erlebt. Als weiteres motivanregendes Merkmal wirken *Rückmeldungen* über die eigene Leistung (McClelland, 1999; Weiner, 1994). Erst durch Leistungsrückmeldungen lassen sich Fortschritte im eigenen Können bemessen. Rückmeldungen sind im Sinne der Selbstoptimierung aber nur dann zweckmäßig, wenn sie *internal attribuiert* werden, d. h. wenn die eigene Person für das erreichte Resultat verantwortlich ist und nicht etwa bloßer Zufall oder die Hilfe anderer Personen (Heckhausen, 1989; Weiner, 1994). Dieselben Merkmale regen auch die Furchtkomponente des Leistungsmotivs an.

Bei einer mittleren Aufgabenschwierigkeit sollte die Neigung, eine Leistungssituation zu vermeiden, maximal sein (Atkinson, 1957; Heckhausen, 1989).

Leistungsrelevante Anreize, wie die zuvor genannten, können auch in der *Aufgabe* selbst liegen. Motorradfahren ist ein Beispiel dafür. Die Schwierigkeit kann durch die Strecke festgelegt sein und durch die Geschwindigkeit variiert werden. Die Rückmeldung über das eigene Können kann unmittelbar erfahren werden, etwa durch immer schnelleres, gleichzeitig jedoch geschmeidiges, glattes und sicheres Durchfahren schwieriger Kurvenpassagen. Die Eigenverantwortung ist beim Motorradfahren offensichtlich gegeben. Aufgaben mit dieser Charakteristik sollten das Leistungsmotiv besonders stark anregen.

Weiter können (zusätzliche) *soziale Hinweisreize* Auskunft über die Schwierigkeit der Aufgabe liefern, Rückmeldungen bereitstellen und Eigenverantwortung betonen. So sollten hoch Leistungsmotivierte (Hoffnungskomponente) solche Aufgaben bevorzugen, von denen sie wissen, dass etwa die Hälfte der dafür relevanten Vergleichspersonen die betreffende Aufgabe gelöst haben (Atkinson, 1957; Weiner, 1994).

Sowohl die Charakteristika von Aufgaben als auch soziale Hinweisreize zeigen an, ob eine Auseinandersetzung mit einem Gütemaßstab möglich ist. In der Leistungsmotivationsforschung wurde dies aber häufig nicht klar voneinander abgegrenzt. Konzeptionelle Klärung verspricht hier die Unterscheidung *impliziter* und *expliziter Motive*.

McClelland, Koestner und Weinberger (1989) grenzten nicht bewusste, implizite Motive von bewussten Wertvorstellungen bzw. expliziten Motiven ab (s. Kehr in diesem Band). Implizite Motive haben eine biologische Grundlage, sind emotional verankert und werden in den ersten Lebensjahren erworben. Explizite Motive (oder »motivationale Selbstbilder« nach Rheinberg, 2004b) sind hingegen sprachlich repräsentiert und dem Bewusstsein zugänglich. Wichtig ist nun, dass das implizite Leistungsmotiv eher durch aufgabeninhärente Merkmale, das explizite Leistungsmotiv hingegen eher durch soziale Hinweisreize angeregt wird, wie eine ganze Reihe jüngerer Untersuchungen zeigt (Brunstein, 2003; Brunstein & Schmitt, 2004; Koestner, Weinberger & McClelland, 1991; Spangler, 1992). Zudem sagen beide Motive unterschiedliche Arten von Verhalten vorher. Brunstein (Brunstein, 2003; Brunstein & Hoyer, 2002; Brunstein & Schmitt, 2004) argumentierte, dass das implizite Leistungsmotiv die Ausführung einer Tätigkeit energetisiert (indem es z. B. den Einsatz von Anstrengung stimuliert), während das explizite Leistungsmotiv eine lenkende Funktion in Entscheidungssituationen übernimmt (ob man z. B. eine Leistungshandlung ausführen will oder nicht).

In diesem Zusammenhang lässt sich klären, inwieweit die Ausführung der Tätigkeit selbst oder das Handlungsresultat der Anreiz für das Leistungsmotiv ist. Da das implizite Leistungsmotiv durch aufgabeninhärente Merkmale angeregt wird und eine energetisierende Wirkung bei der Handlungsausführung erzielt, dürfte es in enger Verbindung zu Tätigkeitsanreizen stehen (Puca & Schmalt, 1999). Hinweise darauf finden sich in entwicklungspsychologischen Arbeiten (Heckhausen, 1974; Trudewind, Unzner & Schneider, 1998). Kleinkinder werden eher durch Tätigkeitsanreize motiviert. Als eine wichtige Wurzel des Leistungsmotivs betrachteten Trudewind et al. das Gefühl der Wirksamkeit (»sense of efficacy«), wie es bereits von White (1959) thematisiert worden ist (vgl. Schiefele & Streblow in diesem Band). Bei Kindern kommt dieses Gefühl in der unmittelbaren Freude, intendierte Effekte in der Umwelt erzeugen zu können, zum Ausdruck. Die betreffenden Effekte (z. B. Geräusche hervorrufen, Dinge auf den Boden werfen) werden immer wieder herbeigeführt und sind mit Erfahrungen der *Funktionslust* verknüpft, die Bühler (1922) wie folgt umschrieb: » ... dazu hat sie [die Natur] die Betätigung selbst mit Lust ausgestattet, sie hat die Einrichtung der *Funktionslust* geschaffen. Die Tätigkeit als solche, das angemessene, glatte, reibungslose Funktionieren der Körperorgane abgesehen von jedem Erfolg, den die Tätigkeit bringen konnte, wurde zur Lustquelle gemacht« (S. 456).

2.3   Leistungsmotivation und Flow-Erleben

Es existieren deutliche Bezüge zwischen Leistungsmotivation und Flow-Erleben (Rheinberg, 2004b). Bei beiden Konstrukten spielt die Passung zwischen Anforderung und Fähigkeit eine wichtige Rolle. Bei herausfordernden Situationen (mittelschwere Aufgaben) wird das Leistungsmotiv angeregt. Daher ist zu vermuten, dass leistungsmotivierte Personen (Hoffnungskomponente) in solchen Situation ein ausgeprägtes Flow-Erleben haben. Flow-Erleben kann daher als leistungsthematischer Anreiz bei der Ausführung einer Tätigkeit angesehen werden. Jedoch muss nicht bei jeder Passung zwischen Fähigkeit und Anforderung Flow entstehen. So gibt es Tätigkeiten, bei denen zwar die Passung vorhanden ist, die Handlung aber keine klare Struktur besitzt, sodass sie nicht glatt und reibungslos verläuft (Rheinberg, 2004b, S. 160 ff.). Zudem ist zu berücksichtigen, dass nur hoffnungsmotivierte, nicht aber furchtmotivierte Personen Flow bei der Bearbeitung herausfordernder Aufgaben erleben dürften.

All dies lässt vermuten, dass Flow-Erleben wichtige Aufschlüsse über die impliziten Motive einer Person liefern kann (Brunstein et al., 1998). Wer in leistungsthematisch anregenden Situationen Flow erlebt, sollte ein hohes bzw. hoffnungsdominiertes Leistungsmotiv besitzen. Rheinberg (2004b) sieht Tätigkeitsanreize als Königsweg an, um mehr über implizite Motive zu erfahren. Das Wissen um die eigenen impliziten Motive erhöht »die motivationale Kompetenz« der handelnden Person. Diese kann sich dann ganz bewusst Ziele setzen und Aktivitäten auswählen, welche motivpassende und damit flowförderliche Tätigkeitsanreize bieten.

3   Ausblick

Für die weitere Erforschung des Flow-Erlebens und für die Erforschung von *Anreizprofilen* wäre es reizvoll und fruchtbar, in noch stärkerem Maße Aktivitäten zu analysieren, die über die Freizeit hinausgehen und in ihren Folgen eher Kosten als Nutzen produzieren, so wie dies bei manchen kriminellen Handlungen häufig der Fall ist (vgl. Landscheidt & Rheinberg, 1996). Möglicherweise lassen sich so Kenntnisse gewinnen, welche auch für die Planung und Optimierung von Interventionen nützlich sind. Eine weitere Forschungsperspektive besteht darin, Bedingungen und Konsequenzen des Flow-Erlebens im Kontext leistungsmotivierten Verhaltens zu analysieren. Der Nutzenaspekt könnte darin bestehen, diejenigen Faktoren zu identifizieren, die das Flow-Erleben beim Lernen begünstigen. Gerade bei misserfolgsängstlichen Personen ist dies eine besondere Herausforderung, denn ohne

Zusatzmaßnahmen (Reduzierung der Misserfolgsfurcht) dürfte dieser Personengruppe der Weg zum Flow zumindest in Leistungssituationen versperrt bleiben.

Literatur

Aellig, S. (2004). *Über den Sinn des Unsinns: Flow-Erleben und Wohlbefinden als Anreize für autotelische Tätigkeiten.* Münster: Waxmann.

Atkinson, J. W. (1957). Motivational determinants of risk-taking behavior. *Psychological Review, 64,* 359–372.

Brunstein, J. C. (2003). Implizite Motive und motivationale Selbstbilder: Zwei Prädiktoren mit unterschiedlichen Gültigkeitsbereichen. In J. Stiensmeier-Pelster & F. Rheinberg (Hrsg.), *Diagnostik von Motivation und Selbstkonzept* (S. 59–88). Göttingen: Hogrefe.

Brunstein, J. C. & Hoyer, J. (2002). Implizites versus explizites Leistungsstreben: Befunde zur Unabhängigkeit zweier Motivationssysteme. *Zeitschrift für Pädagogische Psychologie, 16,* 51–62.

Brunstein, J. C. & Schmitt, C. H. (2004). Assessing individual differences in achievement motivation with the Implicit Association Test. *Journal of Research in Personality, 38,* 536–555.

Brunstein, J. C., Schultheiss, O. C. & Grässmann, R. (1998). Personal goals and emotional well-being: The moderating role of motive dispositions. *Journal of Personality and Social Psychology, 75,* 494–508.

Bühler, K. (1922). *Die geistige Entwicklung des Kindes* (3. Aufl.). Jena: Fischer.

Csikszentmihalyi, M. (1975). *Beyond boredom and anxiety.* San Francisco: Jossey-Bass.

Csikszentmihalyi, M. (1999). *Das Flow-Erlebnis. Jenseits von Angst und Langeweile: Im Tun aufgehen* (8. Aufl.). Stuttgart: Klett-Cotta.

Csikszentmihalyi, M. & Csikszentmihalyi, I. S. (1991). *Die außergewöhnliche Erfahrung im Alltag. Die Psychologie des Flow-Erlebens.* Stuttgart: Klett-Cotta.

Csikszentmihalyi, M. & LeFevre, J. (1989). Optimal experience in work and leisure. *Journal of Personality and Social Psychology, 56,* 815–822.

Csikszentmihalyi, M. & Schiefele, U. (1993). Die Qualität des Erlebens und der Prozess des Lernens. *Zeitschrift für Pädagogik, 39,* 207–221.

Engeser, S. (2004). *Lernmotivation und volitionale Handlungssteuerung: Eine Längsschnittuntersuchung beim Statistik Lernen im Psychologiestudium.* Unveröffentlichte Dissertation. Institut für Psychologie, Universität Potsdam.

Engeser, S., Rheinberg, F., Vollmeyer, R. & Bischoff, J. (2005). Motivation, Flow-Erleben und Lernleistung in universitären Lernsettings. *Zeitschrift für Pädagogische Psychologie* (im Druck).

Heckhausen, H. (1972). Die Interaktion der Sozialisationsvariablen in der Genese des Leistungsmotivs. In C. F. Graumann (Hrsg.), *Handbuch der Psychologie Vol. 7/2* (S. 955–1019). Göttingen: Hogrefe.

Heckhausen, H. (1974). *Motivationsanalysen.* Berlin: Springer.

Heckhausen, H. (1977). Kognitionspsychologische Aufspaltung eines summarischen Konstrukts. *Psychologische Rundschau, 28,* 175–189.

Heckhausen, H. (1989). *Motivation und Handeln* (2. Aufl.). Berlin: Springer.

Heckhausen, H. & Rheinberg, F. (1980). Lernmotivation im Unterricht, erneut betrachtet. *Unterrichtswissenschaft, 8,* 7–47.

Jackson, S. A. & Eklund, R. C. (2001). Assessing flow in physical activity: The Flow State Scale-2 and Dispositional Flow Scale-2. *Journal of Sport and Exercise Psychology, 24,* 133–150.

Koestner, R., Weinberger, J. & McClelland, D. C. (1991). Task-intrinsic and social-extrinsic sources of arousal for motives assessed in fantasy and self-report. *Journal of Personality, 59,* 57–82.

Landscheidt, K. & Rheinberg, F. (1996). Motivationale Rekonstruktion strafbarer Handlungen bei Jugendlichen mit unterschiedlicher Kriminalitätsbelastung. *Zeitschrift für Differentielle und Diagnostische Psychologie, 17,* 96–108.

Massimini, F. & Carli, M. (1991). Die systematische Erfassung des Flow-Erlebens im Alltag. In M. Csikszentmihalyi & I. S. Csikszentmihalyi (Hrsg.), *Die außergewöhnliche Erfahrung im Alltag* (S. 291–312). Stuttgart: Klett-Cotta.

McClelland, D. C. (1999). *Human motivation.* Cambridge: Cambridge University Press.

McClelland, D. C., Atkinson, J. W., Clark, R. A. & Lowell, E. L. (1953). *The achievement motive.* New York: Appleton-Century-Crofts.

McClelland, D. C., Koestner, R. & Weinberger, J. (1989). How do self-attributed and implicit motives differ? *Psychological Review, 96,* 690–702.

Moneta, G. B. & Csikszentmihalyi, M. (1996). The effect of perceived challenges and skills on the quality of subjective experience. *Journal of Personality, 64,* 274–310.

Pfister, R. (2002). *Flow im Alltag. Untersuchungen zum Quadrantenmodell des Flow-Erlebens und zum Konzept der autotelischen Persönlichkeit mit der Experience Sampling Method (ESM).* Bern: Peter Lang.

Puca, R. M. & Schmalt, H.-D. (1999). Task enjoyment: A mediator between achievement motives and performance. *Motivation and Emotion, 23,* 15–29.

Rheinberg, F. (1986). Motivational analysis of high-risk sport. In F. Halisch & J. Kuhl (Hrsg.), *Motivation, Intention and Volition* (S. 249–260). Berlin: Springer-Verlag.

Rheinberg, F. (1989). *Zweck und Tätigkeit.* Göttingen: Hogrefe.

Rheinberg, F. (1993). *Anreize engagiert betriebener Freizeitaktivitäten. Ein Systematisierungsversuch.* Im Manuskript. Institut für Psychologie: Universität Potsdam.

Rheinberg, F. (1996). Flow-Erleben, Freude an riskantem Sport und andere »unvernünftige« Motivationen. In J. Kuhl & H. Heckhausen (Hrsg.), *Motivation, Volition und Handlung. Enzyklopädie der Psychologie C/IV/4* (S. 101–118). Göttingen: Hogrefe.

Rheinberg, F. (2004a). *Intrinsische Motivation und Flow-Erleben.* [PDF-Datei]. Verfügbar unter: http://www.psych.uni-potsdam.de/people/rheinberg/personal/pubs-selected-d.html. [Erscheint in: J. Heckhausen & H. Heckhausen (Hrsg.), *Motivation und Handeln* (3. Aufl.). Berlin: Springer. (in Vorbereitung)]

Rheinberg, F. (2004b). *Motivation* (5. Aufl.) Stuttgart: Kohlhammer.

Rheinberg, F. (2004c). *Motivationsdiagnostik.* Göttingen: Hogrefe.

Rheinberg, F., Iser, I. & Pfauser, S. (1997). Freude am Tun und/oder zweckorientiertes Schaffen? Zur transsituativen Konsistenz und konvergenten Validität der AF-Skala. *Diagnostica, 2,* 174–191.

Rheinberg, F. & Manig, Y. (2003). Was macht Spaß am Graffiti-Sprayen? Eine induktive Anreizanalyse. *Report Psychologie, 4,* 222–234.

Rheinberg, F. & Vollmeyer, R. (2003). Flow-Erleben in einem Computerspiel unter experimentell variierten Bedingungen. *Zeitschrift für Psychologie, 211,* 161–170.

Rheinberg, F., Vollmeyer, R. & Engeser, S. (2003). Die Erfassung des Flow-Erlebens. In J. Stiensmeier-Pelster & F. Rheinberg (Hrsg.), *Diagnostik von Selbstkonzept, Lernmotivation und Selbstregulation* (S. 261–279). Göttingen: Hogrefe.

Schallberger, U. (2000). *Qualität des Erlebens in Arbeit und Freizeit: Eine Zwischenbilanz.* Zürich: Unveröff. Arbeitsbericht, Psychologisches Institut der Universität Zürich.

Schallberger, U. & Pfister, R. (2001). Flow-Erleben in Arbeit und Freizeit. Eine Untersuchung zum Paradox der Arbeit mit der Experience Sampling Method. *Zeitschrift für Arbeits- und Organisationspsychologie, 45,* 176–187.

Spangler, W. D. (1992). Validity of questionnaire and TAT measures of need for achievement. *Psychological Bulletin, 112,* 140–154.

Trudewind, C., Unzner, L. & Schneider, K. (1998). Die Entwicklung der Leistungsmotivation. In H. Keller (Hrsg.), *Handbuch der Kleinkindforschung* (S. 587–622). Berlin: Springer.

Weiner, B. (1994). *Motivationspsychologie* (3. Aufl.). Weinheim: Beltz.

White, R. W. (1959). Motivation reconsidered: The concept of competence. *Psychological Review, 66,* 297–333.

5 Motivmessung: Grundlagen und Anwendungen

Thomas A. Langens, Heinz-Dieter Schmalt und Kurt Sokolowski

1   Grundlagen

1.1   Was sind Motive?

Die Motivationspsychologie beschäftigt sich mit der *Zielgerichtetheit* menschlichen Verhaltens. Wenn man einen durchschnittlichen Menschen einen Tag lang durch sein Leben verfolgen würde, dann könnte man feststellen, dass Phasen relativer Passivität (Schlafen, Ruhen, Fernsehen) regelmäßig durch Phasen relativer Aktivität abgelöst werden: Nach einem Blick in den leeren Kühlschrank wird Ralf (so nennen wir unseren imaginären Gefährten) in sein Auto steigen und schnell zum Supermarkt fahren. Sollte Ralf feststellen, dass der Supermarkt in seiner Nachbarschaft bereits geschlossen hat, wird er auch die lange Fahrt in das Stadtzentrum nicht scheuen, um für das Wochenende noch Nahrungsmittel einzukaufen. Diese Beobachtung illustriert ein wichtiges Prinzip der Motivationspsychologie: Motivation kann unter anderem aus der *Bereitschaft* zur *langfristigen* und manchmal auch *beschwerlichen Zielverfolgung* erschlossen werden. In unserem Beispiel war die Vorstellung, ein ganzes Wochenende auf das Pizzataxi angewiesen zu sein, unangenehm genug, um Ralf dazu zu bewegen, die längere Fahrt auf sich zu nehmen. Später wird Ralf vielleicht der Gedanke kommen, den Abend mit Freunden verbringen zu wollen. Die Stärke des Bedürfnisses nach Geselligkeit ließe sich wiederum aus der Bereitschaft zur Überwindung von Hindernissen erschließen: Würden wir beobachten, dass Ralf schon nach dem ersten erfolglosen Telefonat (eine Bekannte hat bereits eine Verabredung) seinen Fernseher anschaltet und den Abend dösend vor »Wetten, dass?« verbringt, dann würden wir annehmen, dass sein Bedürfnis nach Anschluss eher gering ist. Wenn wir dagegen sähen, dass er eine Nummer nach der anderen wählt und sich schließlich sogar zu einem Likör bei seinen Großeltern anmeldet, würden wir zu Recht auf ein sehr starkes Anschlussbedürfnis schließen.

Das Wort »Bedürfnis« ist nun eher ein alltagspsychologischer Begriff. In der Motivationspsychologie spricht man gemeinhin von *Motiven* (McClelland, 1985; Rheinberg, 2004a; Schneider & Schmalt, 2000, s. auch Krug & Kuhl in diesem Band) und meint damit die *Bereitschaft, auf bestimmte Klassen von Zielzuständen mit typischen Affektmustern zu reagieren.* »Mit Freunden zusammen zu sein« ist ein *Anreiz*, der für das Anschlussmotiv von zentraler Bedeutung ist. Wenn Ralf alle nur denkbaren Hindernisse überwindet, um am Abend diesen Zielzustand zu erreichen, dann nehmen wir an, dass die Antizipation dieses Zielzustandes starke positive Affekte in ihm anregt. Die Vorstellung »Ich treffe mich mit X in einer Kneipe« regt – vor allem im Vergleich zu der Alternative »Ich verbringe den Abend allein vor dem Fernseher« – ein Gefühl der Vorfreude an und motiviert ihn so dazu, nicht nur eine, sondern eine ganze Reihe von Telefonnummern zu wählen. Dieses Beispiel illustriert, dass Motive Verhalten *energetisieren* können. Denn die Verfolgung von Zielen ist immer mehr oder weniger anstrengend. Als hoch anschlussmotivierte Person würde Ralf selbst einen anstrengenden Arbeitstag augenblicklich vergessen, wenn die Verwirklichung eines anschlussthematischen Zieles in Aussicht stände.

Das Anschlussmotiv bezieht sich auf alle Situationen, in denen es um die *Aufrechterhaltung oder Wiederherstellung positiver Beziehungen zu anderen Menschen* geht (Atkinson, Heynes & Veroff, 1954). Da Ralf über ein starkes Anschlussmotiv verfügt, würden wir z. B. erwarten, dass er sich an seinem Arbeitsplatz um ein gutes Verhältnis zu seinen Mitarbeitern bemüht, also etwa morgens als Erster grüßt, Geburtstage nicht vergisst, ihm auferlegte Aufgaben rasch übernimmt und (aus Gefälligkeit) auch über die schlechten Witze seines Tischnachbarn lacht. Man nimmt an, dass die durch Motive definierten Zielzustände – wie etwa die »Aufrechterhaltung positiver Beziehungen« – einen hohen *Generalisationsgrad* aufweisen und sich daher auf eine breite Palette unterschiedlicher Lebenssituationen beziehen.

Wie das tägliche Leben lehrt, können Ziele auch verfehlt werden. Wenn Menschen wiederholt die Erfahrung machen, dass ihre Bemühungen, zu anderen Personen positive Beziehungen aufzubauen, scheitern und sie häufig zurückgewiesen werden, dann können solche Erfahrungen eine chronische Furcht in sozialen Situationen hervorrufen. Anschlussmotivation kann also in *zwei Komponenten* unterteilt werden: Zum einen in *Hoffnung auf Anschluss*, also der Erwartung eines befriedigenden Kontakts zu anderen Menschen, und zum anderen in *Furcht vor Zurückweisung*, der Befürchtung, von anderen Menschen nicht gemocht oder zurückgewiesen zu werden. Nehmen wir an, Ralf wird von einem Freund zu einer Party eingeladen. In Abhängigkeit von Ralfs Motivstruktur und den spezifischen Umständen (kommen hauptsächlich gute Bekannte oder sind es eher Fremde) kann diese Situation Hoffnung auf Anschluss oder Furcht vor Zurückweisung, ggf. aber auch beide Motivationstendenzen oder auch keine von beiden anregen. Hoffnung und Furcht werden als zwei unabhängige Komponenten des Anschlussmotivs betrachtet, die bei einer Person (hier: Ralf) in jeder erdenklichen Kombination auftreten können.

Motive haben also zum einen die Aufgabe, potenzielle Zielzustände zu bewerten. Eine zweite Funktion liegt darin, *Aufmerksamkeit auszurichten* (McClelland, 1985; Schneider & Schmalt, 2000). Häufig geschieht dies unwillkürlich, also ohne bewusste Steuerung: In einer großen Menschenmenge wird Ralf eher ein bekanntes Gesicht auffallen (d. h., seine Aufmerksamkeit wird sich unwillkürlich auf dieses Gesicht richten), als einem Menschen mit einem schwachen Anschlussmotiv. Dieser Mechanismus sorgt dafür, dass einer Person die Verwirklichung eines positiv bewerteten Zielzustandes nicht entgeht: Motive heben die potenziellen Anreize einer Situation in der Wahrnehmung hervor und sorgen so dafür, dass uns die tägliche Lebensumwelt nicht wie ein bedürfnisneutraler Raum erscheint, sondern als ein Spielfeld von Gelegenheiten zur Verwirklichung unserer Bedürfnisse oder als ein Minenfeld drohender Gefahren.

Dies bringt uns zu einem weiteren Punkt: Menschen unterscheiden sich in der Stärke ihrer Motive. Nicht alle Menschen sind gleich stark anschlussmotiviert. Es gibt sogar einige, denen nichts weniger wichtig erscheint, als sich um »positive Beziehungen« zu anderen Menschen zu kümmern. Unterschiede gibt es ebenfalls hinsichtlich der relativen Stärke der beiden Komponenten des Anschlussmotivs: Manche Personen sind eher hoffnungsmotiviert, andere eher furchtmotiviert. Die Stärke eines Motivs hat vielfältige Auswirkungen auf das Erleben und Verhalten. Zusammenfassend lassen sich dabei die folgenden Einflussbereiche unterscheiden (vgl. auch Tab. 5.1):

1. *Anregungsschwelle.* Die Stärke eines Motivs determiniert die zur Motivanregung notwendige Anregungsschwelle. Ist ein Motiv stark ausgeprägt, dann reichen schon schwache Anreize aus, um eine Motivation entstehen zu lassen. Dies bedeutet auch, dass ein starkes Motiv in einer vergleichsweise großen Anzahl von Situationen (nämlich auch in solchen mit schwachen Hinweisreizen) angeregt wird.

2. *Zielwahl.* Motive haben einen eher indirekten Einfluss auf das Verhalten, indem sie Menschen (mittels emotionaler Appelle) dazu verleiten, bestimmte Zielzustände anzustreben und andere zu vermeiden. Dieser Mechanismus funktioniert auch dann, wenn sich Menschen der angestrebten Zielzustände nicht bewusst sind.

3. *Intensität und Ausdauer des Verhaltens.* Kommt Verhalten einmal in Gang, sind die Intensität und die Ausdauer des zielgerichteten Verhaltens abhängig von der Stärke des angeregten Motivs. Dies gilt für Hoffnungen und Befürchtungen gleichermaßen (vgl. Higgins, 1997).

4. *Anregung von Lernprozessen.* Die Befriedigung von Bedürfnissen wird als angenehm empfunden und hat belohnenden Charakter. Daher erlernen Menschen oft *automatisch* (d. h., ohne dass sie es wissen oder sich darum bemühen) Ver-

haltensweisen, die in der Vergangenheit zur Befriedigung eines bestimmten Motivs geführt haben (vgl. McClelland, 1985).

5. *Selektivität der Informationsverarbeitung.* Mit der Anregung eines Motivs wird die Informationsverarbeitung in Richtung auf das Ziel konfiguriert. Dies bedeutet, dass zielrelevante Information bevorzugt verarbeitet wird und dann automatisch zur Konzentration auf die Tätigkeit führt.

Tab. 5.1   Anregungsbedingungen und Ziele der Motive Anschluss, Leistung und Macht.

	Anschlussmotiv	**Leistungsmotiv**	**Machtmotiv**
Anregung	Situationen, in denen mit fremden oder wenig bekannten Personen Kontakt aufgenommen und interagiert werden kann	Situationen, die einen Gütemaßstab zur Bewertung von Handlungsergebnissen (»Erfolg«/»Misserfolg«) besitzen	Situationen, in denen andere Personen kontrolliert, beeindruckt oder beeinflusst werden können
Ziele	die Herstellung einer wechselseitigen positiven Beziehung/Zurückweisung vermeiden	Erfolg bei der Auseinandersetzung mit einem Gütemaßstab/Misserfolg vermeiden	das Erleben und Verhalten anderer zu kontrollieren oder zu beeinflussen/Kontrollverlust vermeiden

1.2   Welche Motive gibt es?

Menschliches Verhalten wird durch eine Vielfalt von Motiven gesteuert (Schneider & Schmalt, 2000). So wurden u. a. die Motivsysteme Hunger, Sexualität, Neugier und Aggression eingehenden Untersuchungen unterzogen. Das größte Forschungsinteresse haben jedoch die drei Motive *Leistung, Macht* und *Anschluss* auf sich gezogen (McClelland, 1985; Rheinberg, 2004a; Schmalt & Sokolowski, 2005), und das nicht ohne Grund: Es sind diese drei Motive, die in fast allen alltäglichen Situationen angeregt werden können. Das Anschlussmotiv wurde bereits in den einleitenden Abschnitten geschildert. Im Folgenden wird auf die Motive Leistung und Macht eingegangen.

Das *Leistungsmotiv* wird bei einer Auseinandersetzung mit Gütemaßstäben angeregt (McClelland, Atkinson, Clark & Lowell, 1953). Personen mit einer starken *Hoffnung auf Erfolg* streben danach, Gütemaßstäbe zu übertreffen und stolz auf die eigene Leistungsfähigkeit zu sein. Wie Rheinberg (2004a) darstellt, kann man bei der Definition eines Gütemaßstabes (Was ist eine »gute« Leistung?) zwei unterschiedliche Bezugsnormen anlegen (s. auch Köller in diesem Band). Bei einer *individuellen Bezugsnorm* vergleicht eine Person ihre Leistung mit ihrem eigenen bisherigen Leistungsniveau: Wie schnell bin ich die 100-Meter Freistil letzten Monat geschwommen? Um wie viele Zehntelsekunden konnte ich mich verbessern? Soziale Bezugsnormen orientieren sich an der Leistung von Bezugsgruppen: Wie schnell bin ich im Vergleich zu meinen Vereinskollegen geschwommen? War ich der Schnellste? Es hat sich gezeigt, dass sich Personen mit einer starken Hoffnung auf Erfolg (gemessen mit dem TAT, einem projektiven Verfahren, s. u.) an ihrer individuellen Bezugsnorm, nicht aber an sozialen Bezugsnormen orientieren (Brunstein & Hoyer, 2002). Leistungsmotivierten Personen kommt es also eher darauf an, ihr eigenes Leistungsniveau zu steigern, unabhängig davon, wie sie dabei im Vergleich zu anderen Personen abschneiden.

Personen mit einer starken *Furcht vor Misserfolg* vermeiden im Allgemeinen die Auseinandersetzung mit Gütemaßstäben, weil sie fürchten, ein Scheitern wäre ein eindeutiger Hinweis auf mangelnde Fähigkeiten (Heckhausen, Schmalt & Schneider, 1985). Wenn sie sich Leistungssituationen stellen, dann arrangieren sie die Situation oft so, dass sie sich für einen Misserfolg nicht verantwortlich fühlen müssen. Sie wählen etwa extrem schwierige Aufgaben, bei denen auch die meisten anderen Menschen scheitern würden. Oder sie schieben die Bearbeitung der Aufgabe hinaus (z. B. die Vorbereitung auf eine Prüfung), sodass sie letztlich aus Zeitgründen gar nicht mehr in der Lage sind, eine vernünftige Leistung zu erbringen.

Das *Machtmotiv* äußert sich in dem Bedürfnis, sich stark und einflussreich zu fühlen (Winter, 1992). Personen mit einer starken *Hoffnung auf Kontrolle* genießen es, Überlegenheit zu demonstrieren, sei es in einem intellektuellen Streitgespräch oder (je nach Veranlagung) durch körperliche Präsenz (Größe, Muskelmasse). Ziel eines solchen Machtgebarens ist letztlich die Kontrolle von Ressourcen, und dies ist meist nicht möglich, ohne die Kontrolle über einzelne Individuen. Salopp ausgedrückt: Machtmotivierte möchten gerne, dass alle anderen Personen nach ihrer Pfeife tanzen. Während sich Hoffnung auf Kontrolle vorwiegend auf die Ausweitung des eigenen Machtbereichs richtet, äußert sich *Furcht vor Kontrollverlust* in dem Bestreben, die eigenen Machtressourcen sichern zu wollen. Personen mit einer starken Furcht vor Kontrollverlust fürchten ständig, andere Personen wollten ihren Machtbereich einschränken, ihnen Informationen vorenthalten oder sie in anderer Form ausbooten. Man kann annehmen (Veroff, 1982), dass solche Personen letztlich bestrebt sind, Gefühle der Schwäche und Minderwertigkeit zu vermeiden.

1.3 Welche Handlungsspielräume eröffnet die Messung von Motiven?

Warum ist es erstrebenswert, etwas über die eigenen Motive oder die anderer Menschen herauszufinden? Eine Antwort auf diese Frage ergibt sich, wenn man sich vergegenwärtigt, dass Motiven eine zentrale Rolle bei der Regulation des Verhaltens zukommt. Die Motivstruktur einer Person zu kennen bedeutet, zu wissen, welche Zielzustände positive Emotionen hervorrufen und diese Person zur Verfolgung eines Ziels antreiben werden; und, auf der anderen Seite, welche Situationen Furcht hervorrufen und daher oft gemieden werden. Wenn sich eine Person ein bestimmtes Ziel setzt – etwa einen Sportwettkampf zu gewinnen oder eine Schulprüfung abzulegen – dann kann die Kenntnis der Motivstruktur dieser Person dabei helfen, mögliche Probleme bei der Verfolgung dieses Ziels schon im Vorfeld zu identifizieren. Im Folgenden wird beschrieben, wie aus der Kenntnis der Motivstruktur einer Person Interventionen zur Optimierung der Handlungsregulation abgeleitet werden können.

1.3.1 Anpassung der Anreiz- an die Motivstruktur

Die Verfolgung eines Ziels gelingt am besten, wenn die Motive einer Person mit den Anreizen übereinstimmen, die das betreffende Ziel beinhaltet. Die Vorbereitung auf einen Schwimmwettkampf bietet üblicherweise vor allem Anreize für hoch leistungsmotivierte Personen: Durch die Trainingszeiten wird ein objektiver Gütemaßstab definiert, an dem die eigene Leistung Woche für Woche gemessen werden kann. Was macht man aber, wenn der talentierte Nachwuchsschwimmer sich durch ein dominantes Anschlussmotiv auszeichnet? Eine Studie, die Sorrentino und Sheppard (1978) mit Leistungsschwimmern durchführten, hat gezeigt, dass es in einem solchen Fall von Vorteil sein kann, die Anreizstruktur der Aufgabe an die Motivstruktur der Person anzupassen. Während hoch leistungsmotivierte Schwimmer ihre besten Leistungen in Einzelwettbewerben erbrachten, schwammen hoch anschlussmotivierte Schwimmer am schnellsten, wenn sie an Staffelwettbewerben teilnahmen. Die Motivation der Sportler hing also davon ab, in welche Anreize der Wettkampf eingebettet war. Wenn man die Motivstruktur eines Sportlers kennt, dann kann man versuchen, die Anreizstruktur des anstehenden Wettkampfes mit seinem dominanten Motiv in Einklang zu bringen. Gegenüber leistungsmotivierten Sportlern kann man während der Vorbereitung die Bedeutung von Gütemaßstäben (Übertreffen der eigenen bisherigen Bestzeit) betonen. Hat man es dagegen mit einem hoch machtmotivierten Schwimmer zu tun, dann können die Anreize eines Sieges für das Machtmotiv thematisiert werden (Entthronen des gegenwärtigen Champions). Anschlussmotivierte Schwimmer kann man mit der Aussicht motivieren, mit einem Sieg den Verein und die Teamkollegen weiterbringen zu können (s. Krug & Kuhl in diesem Band).

Aber wie gelingt es am besten, die Anreize einer Aufgabe selektiv zu betonen? Eine Reihe von Untersuchungen hat gezeigt, dass *Imaginationstechniken* mit gutem Erfolg zu diesem Zweck eingesetzt werden können (Schultheiss & Brunstein, 1999). Ein Trainer könnte den Sportler also bitten, die Augen zu schließen und sich möglichst bildhaft vorzustellen, wie er einen guten Wettkampf absolviert. Um eine größtmögliche Wirkung zu erzielen, sollte das Szenario mit konkreten Sinnesempfindungen (»Sie spüren, wie das kalte Wasser an ihrem Körper entlang gleitet«) angereichert werden. Nach der Schilderung einer erfolgreichen Zielerreichung (»Sie haben eine neue Bestzeit erzielt ...«) könnten dann die für den Sportler relevanten Anreize (» ...und damit den Landesrekord unterboten« oder » ...und damit ihr Team ein gutes Stück nach vorne gebracht«) eingebaut werden.

1.3.2 Passung von Person und Aufgabe

Eine selektive Betonung von Anreizen ist nicht immer möglich oder sinnvoll. Vor allem dann, wenn eine Person eine Aufgabe über einen langen Zeitraum mit Spaß und Ausdauer bearbeiten soll – wie dies etwa bei beruflichen Aufgaben der Fall ist –, ist eine optimale Synchronisierung von Anreizen und Motiven am besten möglich, wenn man die richtige Person mit der für sie passenden Aufgabe betraut (s. Krug & Kuhl in diesem Band). Berufliche Tätigkeiten sind oft durch völlig verschiedene Anreizstrukturen charakterisiert: Ein Manager etwa sollte über ein starkes Machtmotiv verfügen, sofern seine Aufgabe darin besteht, Mitarbeiter zu führen und Aufgaben zu delegieren. Hoch leistungsmotivierte Personen wären für einen solchen Posten ebenso wenig geeignet wie hoch anschlussmotivierte Mitarbeiter, weil die beruflichen Aufgaben eines Managers kaum Anreize für diese beiden Motive bieten (McClelland & Boyatzis, 1982). Die Besetzung eines Managerpostens mit der »richtigen« Person ist auch deshalb empfehlenswert, weil die Verfolgung von Zielen, die mit den Hoffnungsmotiven kongruent sind, die Entwicklung des *emotionalen Wohlbefindens* steigern kann (Brunstein, Schultheiss & Grässmann, 1998).

1.3.3   Interventionen zur Änderung dysfunktionaler Motivkomponenten

In den vorangegangenen Abschnitten ist deutlich geworden, dass Effektivität und Wohlbefinden stets auch von der Passung zwischen Person (Motiv) und Situation (Anreiz) abhängig sind. Dies gilt nicht nur für Hoffnungsmotive, sondern trifft ebenso auf Furchtmotive zu: Auf den ersten Blick mag es wünschenswert erscheinen, wenn eine Person über keinerlei Furcht verfügt. Furcht erfüllt aber oft eine Vielfalt nützlicher Funktionen: Ohne Furcht würde sich wohl kaum ein Schüler auf eine Zwischenprüfung vorbereiten. Und es wäre keine gute Idee, zentrale Kontrollstellen in einem Kernkraftwerk mit einer Person zu besetzen, die vollkommen furchtlos ist; denn es ist gerade die Furcht, die für die nötige Sorgfalt bei der Verrichtung gefährlicher und fehleranfälliger Aufgaben sorgt. Anders liegt der Fall jedoch, wenn die Furcht zu stark wird. Eine übermäßig starke Furcht kann lähmend wirken oder Personen in einen Teufelskreis sich wiederholender Vermeidung treiben. In diesen Fällen ist es sinnvoll, Personen mit übermäßig starken Furchtmotiven zu identifizieren und mit ihnen eine *Intervention zur Furchtreduktion* durchzuführen.

Ein von Rheinberg und Krug (2005) entwickeltes Programm zur »Motivationsförderung in der Schule« gibt ein Beispiel dafür. Im Rahmen dieser Intervention lernen misserfolgsängstliche Schüler, sich realistische Ziele zu setzen und Erfolg bzw. Misserfolg richtig zu bewerten. Misserfolgsängstliche Schüler führen Erfolge oft auf bloßes Glück oder die geringe Schwierigkeit einer Aufgabe zurück, während sie Misserfolge mit einem Mangel an Begabung erklären. Das Programm von Rheinberg und Krug zielt darauf ab, solche eingefahrenen Muster durch angemessenere Bewertungen zu ersetzen, sodass Schüler ihre Leistungen auf innere, aber kontrollierbare Faktoren zurückführen (z. B. auf die eigene Anstrengung und Ausdauer). In einer beeindruckenden Reihe von Untersuchungen haben Rheinberg und Krug (2005) gezeigt, dass dieses Programm zu einer nachhaltigen Reduktion der Furcht vor Misserfolg führt.

1.4   Wie können Motive gemessen werden?

Um diese Frage zu beantworten, ist es sinnvoll, sich zunächst zu verdeutlichen, wie Motive *nicht* gemessen werden können: durch bloßes Nachfragen. Möglicherweise wird der Leser bei der Charakterisierung der drei Motive schon eine Selbstanalyse durchgeführt haben und dabei zu dem Schluss gekommen sein, dass er mittelstark leistungsmotiviert, hoch anschlussmotiviert, keinesfalls aber machtmotiviert ist. Empirische Studien (z. B. Emmons & McAdams, 1991) zeigen jedenfalls, dass dieses Muster der typischen Selbsteinschätzung von Studenten entspricht. Es zeigt sich jedoch auch, dass solche Selbsteinschätzungen kaum zutreffend sind: Sie korrelieren nicht mit langfristigen Verhaltenstrends und sind völlig unabhängig von Motivmaßen, die nicht auf Selbsteinschätzungen beruhen.

Einen anderen Zugang zur Motivdiagnostik bieten sog. Bilder-Geschichten-Tests. Diese machen sich den Umstand zunutze, dass Motive die Wahrnehmung und Interpretation von sozialen Situationen beeinflussen. Das Grundprinzip ist simpel: Man präsentiert Personen Bilder alltäglicher Lebenssituationen und versucht dann herauszufinden, welche Anreizstrukturen sie in diesen Bildern zu entdecken glauben. Beim *Thematischen Auffassungstest (TAT)* werden die Probanden gebeten, möglichst interessante Geschichten zu vieldeutigen Bildern zu erzählen. Mit Hilfe empirisch entwickelter Verrechnungsschlüssel (vgl. Smith, 1992) lässt sich ermitteln, wie häufig in den Geschichten leistungs-, macht- oder anschlussthematische Bedürfnisse und Zielzustände beschrieben werden. Zugute kommt dem TAT-Verfahren, dass die Aufgabe der Probanden darin besteht, Geschichten zu erfinden; die wenigsten Probanden kommen auf den Gedanken, von ihren Geschichten könnten Rückschlüsse auf ihre Persönlichkeit gezogen werden. Ganz im Ge-

Geschichte 1

Herbert Smith hatte es endlich geschafft: Nach langen Jahren harter Arbeit warf sein Unternehmen endlich Gewinn ab. Niemand hatte anfangs geglaubt, dass sich mit selbstbiegenden Strohhalmen – einer Erfindung, die Smith selbst gemacht hatte – tatsächlich ein Geschäft machen ließe. Aber die vielen langen Nächte in seiner Forschungsabteilung hatten sich gelohnt.

Geschichte 2

Immer wieder schweiften die Gedanken von Herbert Smith von seiner Arbeit ab. Wenn er doch endlich Feierabend haben könnte! Er freute sich schon darauf, abends noch mit den Kindern zu spielen und dann noch mit seiner Frau ausgehen zu können. Leben hieß für ihn nicht arbeiten: Sein Leben bestand im Zusammensein mit seiner Familie.

Abb. 5.1   Ein Bild aus dem Thematischen Auffassungstest zur Messung der Motive Leistung, Macht und Anschluss und zwei Beispielgeschichten. Geschichte 1 ist typisch für eine Person mit einem starken Leistungsmotiv, Geschichte 2 für eine Person mit einem starken Anschlussmotiv.

	JA	NEIN
Hier kann das eigene Ansehen verloren gehen		
Sich hierbei den Erfolg zutrauen		
Hier kann man leicht vom anderen zurückgewiesen werden		
Bei diesen Aufgaben an mangelnde Fähigkeiten denken		
Man hofft, dem anderen näher zu kommen		
Man fürchtet, den anderen zu langweilen		

Abb. 5.2   Eine Beispielseite aus dem Multi-Motiv-Gitter (MMG).

genteil sind die meisten Menschen davon überzeugt, dass es »das Bild« ist, das die von ihnen erzählte Geschichte nahelegt, und ihr persönlicher Anteil bei der Gestaltung der Geschichte gering ist. Allein die Vielfalt der Geschichten, die man zu einem gegebenen Bild erhält (für ein Beispiel s. Abb. 5.1), zeigt jedoch, dass persönliche Faktoren dabei eine große Rolle spielen. Außerdem konnte nachgewiesen werden, dass die Häufigkeit, mit der in TAT-Geschichten eine bestimmte Motivthematik auftaucht, ein direkter Indikator für die Motivation der Testperson ist (McClelland, 1985).

Die *Gitter-Technik* (s. Abb. 5.2) geht ganz ähnlich vor wie der TAT: Probanden sehen Bilder, die mehrdeutig interpretierbar sind, sollen dann aber lediglich entscheiden, welche der unter dem Bild präsentierten Aussagen am besten zu dem Bild passen. Auch hier wird angenommen, dass eine Entscheidung über die Passung von Bild (z. B. eine Gesprächsrunde) und Aussage (z. B. »Man hofft, dem anderen näher zu kommen«) von den Motiven der Person beeinflusst wird. Hoch anschlussmotivierte Personen werden eine Gesprächsrunde und den Wunsch nach Kontakt und Nähe als zusammengehörig ansehen, während ausschließlich machtmotivierte Personen kaum einen Zusammenhang erkennen werden. In dem *Multi-*

Motiv-Gitter (*MMG*; Sokolowski, Schmalt, Langens & Puca, 2000) werden 14 schematisch dargestellte Lebenssituationen präsentiert. Die Situationen bieten Anreize für mehr als nur ein Motiv. Die Aussagen decken alle drei Motive und beide Motivkomponenten – Hoffnung und Furcht – ab. Die Motivmaße ergeben sich aus der Häufigkeit, mit der eine Person eine Passung zwischen Aussage und Bild zu erkennen glaubt.

Die Validität des MMG konnte in einer Reihe von Laborexperimenten bestätigt werden (Gable, Reis & Elliot, 2003; Kehr, 2004; Langens & Schmalt, 2002; Puca & Schmalt, 1999, 2001). Da die Korrelationen der MMG-Kennwerte mit den aus Fragebogen gewonnenen um null liegen, misst das Verfahren offenbar eher die bewusst nicht zugänglichen (man sagt auch: *impliziten*) Anteile von Motiven. In Tabelle 5.2 sind die Korrelationen des MMG mit einem Fragebogen (der Personality Research Form, PRF), der selbst zugeschriebene (man sagt auch: *explizite*) Bedürfnisse misst, dargestellt. Wie ersichtlich, sind die drei signifikanten Korrelationen eher niedrig. In Tabelle 5.3 werden die Zusammenhänge zwischen MMG-Motivkennwerten, dem PRF-Fragebogen und einem dritten Maß dargestellt: die einfache Selbsteinschätzung der Motive, differenziert nach dem Real-Selbst (so schätze ich mich ein), dem Ideal-Selbst (so möchte ich gerne sein) und dem Moral-Selbst (so sollte ich sein).

Hier wird deutlich, dass die PRF-Fragebogenwerte mit den Selbsteinschätzungen (was erwartet war) aber auch den Ideal-Einschätzungen (was nicht erwartet war) korrelieren. In die Fragebogen-Artworten gehen offensichtlich auch Aspekte des Selbst-Ideals ein, also Eigenschaften einer Person, die erwünscht, aber (noch) nicht vorhanden sind. Die Kennwerte des MMG korrelieren weder mit dem realen noch mit dem idealen Selbstbild und weisen daher keine Anfälligkeiten für solche verzerrenden Selbsteinschätzungen auf. Offensichtlich stehen Fragebögen und Selbstberichte auf einer kognitiven Grundlage und bilden die bewusst zugänglichen und kontrollierbaren Aspekte der Motive ab, wohingegen projektive Verfahren die bewusst weniger zugänglichen, spontanen und an Affekte gebundenen Motivfacetten abbilden (Schmalt & Sokolowski, 2000; Weinberger & McClelland, 1990). Im Folgenden werden zwei Anwendungsbereiche für den Einsatz dieses Erhebungsverfahrens erörtert.

Tab. 5.2   Interkorrelationen der Kennwerte des MMG und des PRF (N = 94). Hoffnung auf Anschluss (HA), Hoffnung auf Erfolg (HE) und Hoffnung auf Kontrolle (HK), Furcht vor Zurückweisung (FZ), Furcht vor Misserfolg (FM), Furcht vor Kontrollverlust (FK)

		MMG					
		HA	HE	HK	FZ	FM	FK
	A	.22*	.20	.16	−.05	−.07	.04
PRF	L	.09	.23*	.14	−.19	−.11	−.21
	D	−.10	.10	.22*	−.14	−.16	−.02

Anmerkung: A = Anschluss, L = Leistung, D = Dominanz (Macht); * $p < .05$ (zweis. Fragest.)

Tab. 5.3 Korrelationen der Selbst-Bild-Skalierungen (differenziert nach Real-, Ideal- und Moral-Selbst) für die drei Motive Anschluss, Leistung und Macht mit den MMG-Kennwerten Hoffnung auf Anschluss (HA), Hoffnung auf Erfolg (HE) und Hoffnung auf Kontrolle (HK) sowie den PRF-Kennwerten (N = 94).

	Motiv	Selbst-Bild der Motive		
		Real-Selbst	**Ideal-Selbst**	**Moral-Selbst**
MMG	**HA**	.12	.07	.03
	HE	.15	.13	.01
	HK	.07	.10	.06
PRF	**A**	.52**	.29**	.07
	L	.39**	.27**	-.05
	D	.60**	.47**	.16

Anmerkung: Anmerkung: A = Anschluss, L = Leistung, D = Dominanz (Macht); ** p <.01

2 Anwendung I: Die Erfassung des Leistungsmotivs mit dem LMG für Kinder

2.1 Zwei Misserfolgskonzepte: aktive und passive Furcht vor Misserfolg

Das ursprüngliche Leistungsmotivgitter (LMG) bestand aus 18 bildlich dargestellten Situationen und 18 leistungsthematischen Aussagen, was eine Matrix von 324 Items ergibt. Dies macht aus dem LMG ein sehr zuverlässiges Messinstrument, aber die Anwendung ist dennoch relativ langwierig und zeitaufwendig. Eine kürzlich entwickelte Kurzform des Verfahrens, das LMG-S, enthält nur noch sechs Bildsituationen (Chor, Schwimmen, Piano, Schule, Sport, Werken) und zehn Aussagen pro Bild (Schmalt, 2005). Diese Aussagen (z. B. »Er will hier mehr können als alle anderen«) stellen Fragen dar, die zutreffen können oder nicht und entsprechend zu beantworten sind.

Zuerst wurde überprüft, ob sich diese Aussagen nach bestimmten Gesichtspunkten gruppieren lassen, ob sie beispielsweise einem gemeinsamen Motiv (Faktor) zugeordnet werden können. Faktorenanalysen des LMG und des LMG-S sprechen für eine Drei-Faktoren-Lösung, in der neben einer Annäherungskomponente *zwei* Vermeidungskomponenten differenziert werden. *Hoffnung auf Erfolg (HE)* ist gekennzeichnet durch positive Effizienzeinschätzung, das Bedürfnis nach Leistung und Interesse an der Bewältigung schwieriger Aufgaben. Die erste Vermeidungskomponente haben wir mit *passiver Misserfolgsfurcht* (Furcht vor Misserfolg passiv, kurz: *FMp*), die zweite mit *aktiver Misserfolgsfurcht* (Furcht vor Misserfolg aktiv, kurz: *FMa*) in Verbindung gebracht. Die Zweiteilung der Misserfolgsfurcht erinnert an die in der Angstforschung (Wine, 1971) verbreitete Unterscheidung zwischen Besorgnis (worry) und Aufgeregtheit (emotionality). Aufgeregtheit und aktive Misserfolgsfurcht beschreiben emotional-physiologische Reaktionen auf bedrohliche Misserfolgsereignisse (z. B. Herzklopfen, Schwindelgefühle, Schwitzen), während *Besorgnis* und passive Misserfolgsfurcht eher grüblerische Gedanken und Zweifel an der eigenen Kompetenz beinhalten (»Ich bin dumm, habe nichts gelernt und werde durchfallen«). Leistungsbeeinträchtigungen sind ausschließlich mit der passiven Misserfolgsfurcht (und der Besorgniskomponente der Ängstlichkeit) verbunden (Liebert & Morris, 1967; Schmalt, 1999).

Elliot (1997; Elliot & Church, 1997) hat ein gestuftes Modell leistungsorientierten Verhaltens entwickelt, das ebenfalls unterschiedliche Formen der Misserfolgsfurcht beinhaltet. Seine Leistungsmotivationstheorie baut auf dem *Zusammenwirken von Motiven und Zielen* auf und differenziert anhand von Motiv-Ziel-Interaktionen verschiedene Formen der Misserfolgsmotivation. Die erste Form ist (ganz im Sinne Atkinsons, 1964, 1987) als eine hemmende Tendenz gekennzeichnet. Misserfolgsmotivierte ziehen sich mental oder physisch aus Leistungssituationen zurück, um so einen Misserfolg gar nicht erst entstehen zu lassen (analog zu passiver Misserfolgsfurcht, FMp). Die zweite Form der Misserfolgsfurcht weist ebenfalls eine meidende Orientierung auf; allerdings soll drohender Misserfolg hier durch vermehrtes Engagement (z. B. durch eine sehr intensive Prüfungsvorbereitung) abgewendet werden (analog zu aktiver Misserfolgsfurcht, FMa). Beide Misserfolgstendenzen sind also auf die Vermeidung von Misserfolgen in Leistungssituationen ausgerichtet. Sie unterscheiden sich jedoch auf der Erlebens- und Verhaltensebene. Personen mit hoher aktiver Misserfolgsfurcht vermeiden Misserfolg durch vermehrte Anstrengung, wohingegen Personen, die durch hohe passive Misserfolgsfurcht gekennzeichnet sind, angesichts eines drohenden Misserfolgs eher inaktiv bleiben und einer Leistungssituation aus dem Wege gehen.

Diese Konzeption wird durch vorhandene Daten gestützt. FMa ist positiv mit Leistungsmaßen verknüpft, während FMp mit schlechteren Leistungsergebnissen verbunden ist. In der Schule haben Schüler mit hoher aktiver Misserfolgsfurcht (FMa) relativ gute Schulnoten, während Schüler mit hoher passiver Misserfolgsfurcht (FMp) schlechtere Schulleistungen erbringen (Schmalt, 1976, 1999, 2005). Die angenommenen vermittelnden Prozesse fanden in einer Untersuchung Unterstützung (Schmalt, 1982), die im Klassenzimmer stattfand. Schüler bearbeiteten visuelle Diskriminationsaufgaben und nahmen anschließend Ursachenzuschreibungen (Attributionen) für die von ihnen erzielten Leistungen vor, die vom Versuchsleiter als Erfolg oder Misserfolg eingestuft wurden. Die mittleren Anstregungsattributionen für hoch und niedrig Vermeidungsmotivierte sind in Abbildung 5.3 jeweils getrennt für FMa und FMp dargestellt.

Deutliche interindividuelle Unterschiede hinsichtlich der Einschätzung, wie stark die eigene *Anstrengung* für das Leistungsergebnis verantwortlich war, gibt es insbesondere bei der Misserfolgsattribuierung. Schüler, die durch passive Misserfolgsfurcht (FMp) gekennzeichnet sind, führen einen Misserfolg weniger auf mangelnde Anstrengung zurück; Schüler, die durch aktive Misserfolgsfurcht (FMa) gekennzeichnet sind, greifen bei der Erklärung eines Misserfolgs gerade auf mangelnde Anstrengung zurück. Man könnte also sagen, dass aktive Misserfolgsmeidung auf einer »Anstrengungsphilosophie« beruht. Anstrengungsattributionen bilden die Voraussetzung für aktive Misserfolgsmeidung, weil Anstrengung gesteigert werden kann, um so einen erneuten Fehlschlag zu verhindern (Ames & Archer, 1988; Boggiano, 1998).

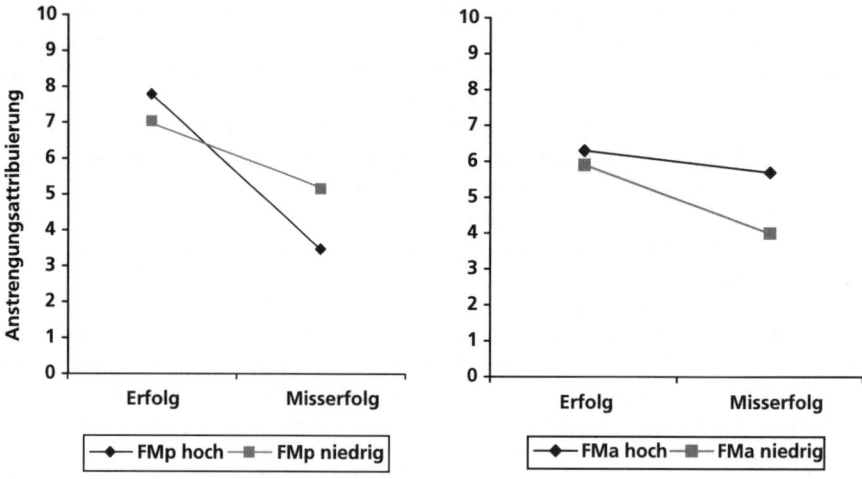

Abb. 5.3   Mittlere Anstrengungsattribuierung für Erfolg (E) und Misserfolg (ME) für passive Misserfolgsfurcht (links) und aktive Misserfolgsfurcht (rechts) (nach Schmalt, 1982).

2.2   Aktive und passive Furcht vor Misserfolg in einem gestuften Modell leistungsorientierten Handelns

In einer weiteren, im Klassenzimmer durchgeführten Studie wurde versucht, die mit dem LMG-S gemessenen Komponenten des Leistungsmotivs in ein Netzwerk von Korrelaten des Leistungsverhaltens einzubinden. Wir haben hierzu ein modernes *zweistufiges* (»hierarchisches«) *Modell der Leistungsmotivation* zugrunde gelegt, wie es beispielsweise von Elliot (1997) entwickelt worden ist. Klassische Motivationstheorien machen mit den Motiven Vorhersagen auf leistungsbezogenes Erleben und Verhalten; das hierarchische Modell ergänzt diese Konzeption durch Zielkonstrukte, die den Status von »Variablen mittlerer Reichweite« besitzen.

Während Motive hoch generalisierte Konstrukte darstellen, die in sämtlichen Bereichen einer bestimmten Thematik zum Tragen kommen (beispielsweise das Leistungsmotiv in allen Situationen, in denen es um die »Auseinandersetzung mit Gütemaßstäben« geht), können Ziele (z. B. auch Leistungsziele) enger an das Erleben und Verhalten in der Zielsituation gebunden werden (z. B. »In der Schule will ich meine Kompetenzen und Fertigkeiten steigern.«). Durch die Berücksichtigung solcher leistungsbezogenen Ziele, die Menschen in bestimmten Lebenskontexten verfolgen, hofft man, die Vorhersage auf das Erleben und Verhalten in einer ganz spezifischen Situation verbessern zu können. Grundsätzlich gesehen können hierbei zwei Typen von Zusammenhängen erwartet werden (vgl. auch Abb. 5.4):

a) Motive beeinflussen das Erleben und Verhalten. Hierbei ist es unbedeutend, welche konkreten Ziele ein Mensch verfolgt, vorausgesetzt sie sind mit der Motivthematik kongruent.

b) Motive beeinflussen die Bildung von Zielen und diese beeinflussen wiederum das Erleben und Verhalten.

Moderne Zieltheorien, die sich in Schul- und Ausbildungssituationen besonders bewährt haben, unterscheiden verschiedene Zieldimensionen: Ob es darum geht, den eigenen Leistungsstand zu dokumentieren (*Performanzziele*) oder eher darum, in einer Schul- und Ausbildungssituation etwas zu lernen (*Lernziele*) (Dweck & Elliot, 1983; Grant & Dweck, 2003). Später wurden dann Performanzziele noch einmal hinsichtlich ihrer Richtung spezifiziert und aufsuchende Performanzziele (eigene Kompetenz zu demonstrieren) von meidenden Performanzzielen (keine Inkompetenz zu offenbaren) getrennt. Es wurden daher neben den drei Motiven HE, FMa und FMp drei Ziele gemessen: *Lernziele* (die per se aufsuchend sind) sowie aufsuchende und meidende *Performanzziele*. Als Erlebnis- und Verhaltensmaße wurden Spaß an der Schule und der zusammengefasste Notenschnitt in den Fächern Mathematik und Deutsch erfasst.

Unsere Erwartung war, dass Motive unmittelbare Vorläufer von Leistungszielen sind. HE sollte auf Lernziele und/oder aufsuchende Performanzziele gerichtet sein. FMa und FMp sollten beide auf vermeidende Performanzziele gerichtet sein, da ihr gemeinsames allgemeines Ziel die Vermeidung von aversiven Konsequenzen (Misserfolg) ist (vgl. Elliot & McGregor, 1999). In ihren Auswirkungen auf der Erlebens- und Verhaltensebene sollten sich FMa und FMp voneinander unterscheiden. FMp und meidende Performanzziele sollten sowohl den Spaß an der Schule als auch die Schulleistungen unterminieren, wohingegen HE und FMa förderliche Auswirkungen auf den Spaß an der Schule und die Schulleistungen haben sollten (Elliot, 1997; Elliot & Church, 1997). Den Hintergrund für diese Vermutung liefert ein auf Anstrengung beruhendes Leistungserleben. Die stärksten positiven Affekte nach einem Erfolgserlebnis haben Personen, die ihren Erfolg auf hohe eigene Anstrengung zurückführen.

Dem Leitgedanken eines hierarchischen Modells folgend (Schmalt, 2005) betrachten wir Motive als Ausgangspunkte, Leistungsziele als Konsequenzen erster Stufung und Spaß sowie Schulnoten als Konsequenzen zweiter Stufung (vgl. Abb. 5.4). In statistischen Analysen wurde die Stärke der Verbindungen zwischen den einzelnen Stufen ermittelt. Man bezeichnet diese Verbindungen zwischen den Stufen als »Pfade« und gibt die Stärke dieser Verbindungen durch »Pfadkoeffizienten« wieder.

Betrachten wir das Netzwerk von Pfaden in Abbildung 5.5, so stellen sich die beiden Misserfolgsmotive als Konstrukte mit jeweils typischen Pfadkombinationen dar. Zunächst zeigt sich, dass FMa und FMp gleichermaßen mit der Übernahme

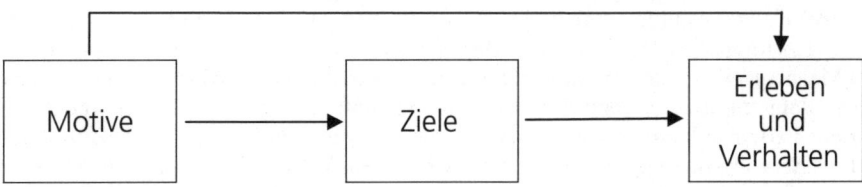

Abb. 5.4   Motive können einen direkten Einfluss auf Erleben und Verhalten ausüben, sie können Erleben und Verhalten jedoch auch indirekt über ihren Einfluss auf die Bildung von Zielen beeinflussen.

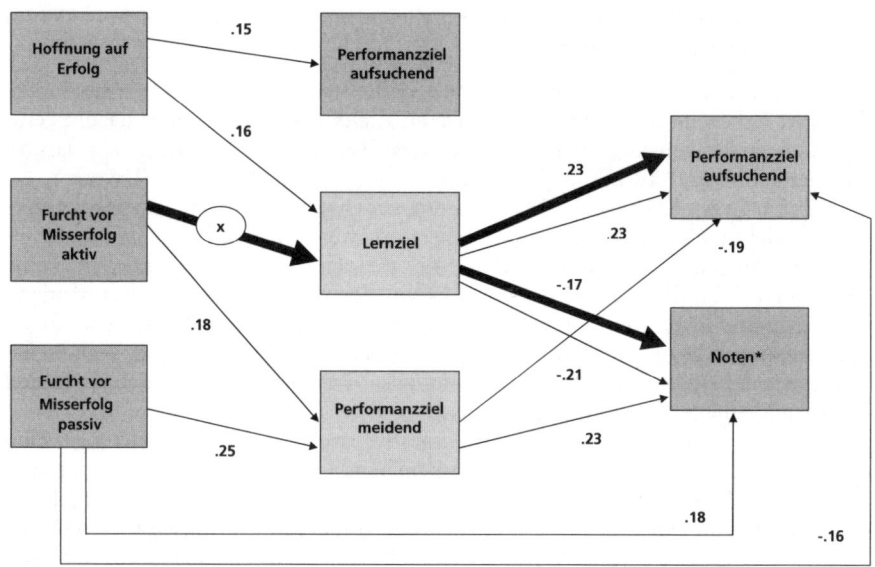

Abb. 5.5   Ein hierarchisches Modell der Zusammenhänge zwischen aktiver und passiver Misserfolgsfurcht, leistungsthematischen Zielen sowie Spaß und dem Notenschnitt. Die fetten Pfeile beziehen sich auf Motiv-Ziel Interaktionen (* hohe Werte bedeuten schlechtere Noten).

von Vermeidenszielen verbunden sind, was den unterstellten meidenden Regulationsfokus beider Motive erhärtet. Die beiden Motive »Furcht vor Misserfolg« tragen diesen Namen also zu Recht. Ansonsten nimmt FMp, unter Umgehung der Zielebene, direkten Einfluss auf die Erlebens- und Verhaltensmerkmale. Personen mit hoher passiver Misserfolgsfurcht (FMp) berichten über weniger Spaß und Freude an der Schule und erzielen schlechtere Schulnoten. FMp erweist sich damit als eine hemmendere motivationale Einflussgröße, wie von der klassischen Leistungsmotivationstheorie angenommen (Atkinson, 1964, 1987). Der wichtigste Beitrag einer aktiven Misserfolgsorientierung (FMa) zu dem in Abbildung 5.5 dargestellten Netzwerk von Beziehungen besteht in einer Interaktion von FMa und den Lernzielen. Sowohl Spaß in der Schule als auch die erreichten Noten hängen gleichzeitig von der Ausprägung von FMa und der Lernziel-Orientierung der Schüler ab. Schüler mit einer hohen aktiven Misserfolgsorientierung, die in der Schule Lernziele herausbilden, haben den meisten Spaß in der Schule und erzielen die besten Leistungen in Deutsch und Mathematik. Aus dem Blickwinkel des Motivs FMa beurteilt, bedeutet diese Interaktion, dass die aktive Vermeidungsstrategie nur dann zu Spaß in der Schule und guten Schulleistungen führt, wenn im Unterricht Lernziele herausgebildet werden können. Ein Schüler, der glaubt durch den Einsatz von Anstrengung einen unerwünschten Misserfolg (etwa eine schlechte Note) verhindern zu können, muss auch ein Lernziel herausbilden können, um zu gesteigerten Leistungen und Spaß in der Schule zu gelangen. Anders verhält es sich hingegen bei Schülern, die durch eine passive Vermeidungsstrategie (FMp) gekennzeichnet sind. Ihre Strategie des Rückzugs und der Nichteinlassung führt zu geringem Spaß und schlechten Schulleistungen, und zwar unabhängig von den Zielen, die sie im Unterricht herausbilden. In diesem Fall könnte den betroffenen Schülern durch ein Training zur Reduktion von passiver Misserfolgsfurcht geholfen werden (vgl. auch das Kapitel von Krug & Kuhl in diesem Band).

Werfen wir noch einen Blick auf das Motiv »Hoffnung auf Erfolg«, bei dem sich ein anderes Pfadmuster zeigt. Hoffnung auf Erfolg nimmt nur Einfluss auf die Übernahme von aufsuchenden Leistungszielen (Lernziele und aufsuchende Performanzziele), beeinflusst aber weder das Erleben noch das Leistungsverhalten in der Schule. Wie viel Spaß Schülern die Schule macht und welche Noten sie erreichen, hängt also interessanter Weise nur von den beiden Furchtmotiven ab, nicht aber von der Hoffnung auf Erfolg.

2.3 Motivationspsychologische und pädagogische Konsequenzen

Dieser letzte Befund hat weitreichende theoretische und praktische Konsequenzen und fügt der zeitgenössischen Literatur zur Bedeutung der »Passung« von Motiven und den herausgebildeten Zielen für *Wohlbefinden* und Handlungseffizienz einen wichtigen Aspekt hinzu. »*Motivationale Kompetenz*« nennt Rheinberg (2004b) das Vermögen einer Person, solche mit den eigenen Motiven harmonisierende Ziele zu bilden und diese Ziele dann mit Spaß an der Tätigkeit und oft auch in einem Zustand des Flusserlebens zu verfolgen. Unsere Befunde zeigen, dass Personen mit hoher aktiver Furcht vor Misserfolg es verstehen, solche harmonisierenden Ziele zu bilden. Sie neigen dazu, Lernziele zu verfolgen, was ihnen sowohl Spaß an der Schule als auch gute Schulleistungen einbringt.

Für pädagogische Interventionen im Unterricht ergeben sich ebenfalls einige beachtenswerte Konsequenzen. Ungünstige und beeinträchtigende motivationale Orientierungen wie Schulunlust, Ängstlichkeit und Furcht vor Misserfolg gelten häufig als Angriffsgrößen für Interventionen, die ihrer Reduzierung dienen sollen (Rheinberg & Krug, 2005). Nach unseren Befunden müssten solche Interventionen je nach Art der Misserfolgsfurcht ganz unterschiedlich ansetzen: Bei FMp ist es angezeigt, Gefühle von Unzulänglichkeit und Inkompetenz durch angemessene Ursachenzuschreibungen zu verändern (z. B. Misserfolge nicht mit mangelnder Fähigkeit, sondern unzureichender Anstrengung zu erklären, Schober & Ziegler, 2001). Zur Förderung der durch FMa gekennzeichneten Schüler sollten eher die schulischen Anreizlandschaften so umgestaltet werden, dass es den Schülern leicht fällt, Lern- und Bewältigungsziele zu bilden.

3 Anwendung II: Das Multi-Motiv-Gitter (MMG) und seine Anwendung im arbeitspsychologischen Kontext

Das MMG wird gegenwärtig insbesondere im Bereich der *Organisationsentwicklung* und der *Personalentwicklung* erfolgreich eingesetzt. Der Nutzen des Verfahrens wird bei der Untersuchung der Wirkungsweise von Führungstrainings ersichtlich. Sokolowski und Kehr (1999) konnten dies in Seminaren für Führungskräfte nachzeichnen. Die höchsten Trainingsgewinne – in Bezug auf Trainingszufriedenheit und den aus dem Training heraus gefassten beruflichen Zielen – erzielten Teilnehmer mit einem starken positiven Machtmotiv. In einem drei Monate später erhobenen Follow-up konnten diese Ergebnisse bestätigt werden. Weder das Anschlussmotiv noch das Leistungsmotiv konnten Veränderungen der Trainingsvariablen vorhersagen.

Auch im mittel- und langfristig prognostischen Bereich können durch die Erfassung der Motivkennwerte mittels des MMG wichtige Erkenntnisse über Entwicklungen beruflicher wie privater Natur gewonnen werden. In einer korrelativen Studie erhoben Abele, Andrä und Schute (1999) zunächst mittels MMG die Motivkennwerte von Universitätsabsolventen und verglichen diese mit verschiedenen Aspekten ihrer *sozialen und beruflichen Entwicklung*. Personen, die in einer stabilen Partnerschaft lebten, hatten signifikant niedrigere Kennwerte für Furcht vor Zurückweisung und Furcht vor Misserfolg als jene, die alleine lebten – alle anderen Motivkomponenten wiesen keine signifikanten Unterschiede zwischen den allein und den in einer Partnerschaft Lebenden auf. Personen, die direkt nach Abschluss des Studiums einen festen Arbeitsvertrag erhielten, hatten niedrigere Kennwerte für Furcht vor Misserfolg als jene ohne Arbeitsvertrag. Die ebenfalls erfragten beruflichen Ziele korrelierten bedeutsam mit den erhobenen Motiven: Personen mit hoher Hoffnung auf Kontrolle strebten Berufe mit Prestige und Ansehen häufiger an als Personen mit niedrigen Kennwerten. Personen mit hoher Furcht vor Misserfolg hatten niedrigere Erwartungen an die eigene berufliche Effizienz als Personen mit niedriger Furcht. Zusammengenommen zeigen die Ergebnisse, dass das Anschlussmotiv im Bereich der interpersonalen Beziehungen gute Prognosen liefern kann. Das Leistungsmotiv kann Aspekte der beruflichen Entwicklung vorhersagen. Das Machtmotiv ist ein guter Prädiktor für Vorlieben von Tätigkeiten und Situationen, in denen Prestige und Ansehen erworben werden können. Auf ganz ähnliche Zusammenhänge von Macht-, Anschluss- und Leistungsmotiv im beruflichen und familiären Leben sind Winter (1973) und McClelland (1975) schon vor geraumer Zeit eingegangen.

In einer anderen Studie fand Kehr (2004; s. auch Kehr in diesem Band) an 82 Managern, die an einem *Führungstraining* teilnahmen, dass die Diskrepanz zwischen impliziten Motiven (gemessen mit dem MMG) und expliziten Motiven (gemessen mit dem PRF-Fragebogen) negativ mit der Willensstärke (d. h. der Fähigkeit zur selbstbestimmten Verfolgung eigener Ziele auch angesichts von Hindernissen) einer Person korreliert. Je größer also die Diskrepanz zwischen den expliziten Selbstbeschreibungen und den impliziten Motiven einer Person, desto niedriger fallen die ermittelten Kennwerte für ihre Willensstärke aus. Die Willensstärke wiederum korreliert negativ mit dem fünf Monate später erhobenen subjektiven Wohlbefinden. So kann also in der *Diskrepanzverminderung zwischen impliziten und expliziten Motiven* ein wichtiges Ziel der Personalentwicklung gesehen werden, da so das subjektive Wohlbefinden verbessert werden kann. Die Implikationen sind vielseitig – nicht nur für die berufliche, sondern auch für die private Entwicklung. Ein darauf basierendes Trainingsprogramm – das Selbst-Management-Training (SMT) – wurde von Kehr (2002) vorgestellt; das Bewusstwerden und der Umgang mit Diskrepanzen der impliziten und expliziten Motive ist ein zentraler Baustein des Trainingsprogramms. Ganz aktuell wurde ein Diagnose-Beratungs-Paket »Check and Change« entwickelt, in dem psychologische und medizinische Diagnostik zusammengeführt und zur Gesundheitsberatung von Managern verbunden wird (Roth, 2004) – auch hierin stellt die Diagnostik mit dem MMG und die Diskrepanzregulierung impliziter und expliziter Motive einen wichtigen Eckpunkt dar.

Literatur

Abele, A. E., Andrä, M. S. & Schute, T. (1999). Wer hat nach dem Hochschulexamen schnell eine Stelle? Erste Ergebnisse der Erlanger Längsschnittstudie (BELA-E). *Zeitschrift für Arbeits- und Organisationspsychologie, 43*, 95–101.

Ames, C. & Archer, J. (1988). Achievement goals in the classroom: Students' learning strategies and motivation processes. *Journal of Educational Psychology, 80*, 260–267.

Atkinson, J. W. (1964). *An introduction to motivation.* Princeton, NJ: Van Nostrand.

Atkinson, J. W. (1987). Michigan studies of fear of failure. In F. Halisch & J. Kuhl (Hrsg.), *Motivation, intention, and volition* (S. 47–59). Berlin: Springer.

Atkinson, J. W., Heynes, R. W. & Veroff, J. (1954).The effect of experimental arousal of the affiliation motive on thematic apperception. *Journal of Abnormal and Social Psychology, 49*, 405–410.

Boggiano, A. K. (1998). Maladaptive achievement patterns: A test of a diathesis-stress analysis of helplessness. *Journal of Personality and Social Psychology, 74*, 1681–1695.

Brunstein, J. C. & Hoyer, S. (2002). Implizites versus explizites Leistungsstreben: Befunde zur Unabhängigkeit zweier Motivationssysteme. *Zeitschrift für Pädagogische Psychologie, 16*, 51–62.

Brunstein, J. C., Schultheiss, O. C. & Grässmann, R. (1998). Personal goals and emotional well-being: The moderating role of motive dispositions. *Journal of Personality and Social Psychology, 75*, 494–508.

Dweck, C. S. & Elliott, E. S. (1983). *Achievement motivation.* In E. M. Hetherington (Hrsg.), Socialization, personality, and social development (S. 643–691). New York: Wiley.

Elliot, A. J. (1997). Integrating the »classic« and »contemporary« approaches to achievement motivation: A hierarchical model of approach and avoidance achievement motivation. In M. L. Maehr & P. R. Pintrich (Hrsg.), *Advances in motivation and achievement* (S. 143–179). Greenwich, Connecticut: Jai Press.

Elliot, A. J. & Church, M. A. (1997). A hierarchical model of approach and avoidance achievement motivation. *Journal of Personality and Social Psychology, 72*, 218–232.

Elliot, A. J. & McGregor, H. A. (1999). Test anxiety and the hierarchical model of approach and avoidance achievement motivation. *Journal of Personality and Social Psychology, 76*, 628–644.

Emmons, R. A. & McAdams, D. P. (1991). Personal strivings and motive dispositions: Exploring the links. *Personality and Social Psychology Bulletin, 17*, 648–654.

Gable, S. L., Reis, H. T. & Elliot, A. J. (2003). Evidence for bivariate systems: An empirical test of appetition and aversion across domains. *Journal of Research in Personality, 37,* 349–372.

Grant, H. & Dweck, C. S. (2003). Clarifying achievement goals and their impact. *Journal of Personality and Social Psychology, 85,* 541–553.

Heckhausen, H., Schmalt, H.-D. & Schneider, K. (1985). *Achievement motivation in perspective.* New York: Academic Press.

Higgins, E. T. (1997). Beyond pleasure and pain. *American Psychologist, 52,* 1280–1300.

Kehr, H. M. (2002). *Souveränes Selbstmanagement.* Weinheim: Beltz.

Kehr, H. M. (2004). Implicit/explicit motive discrepancies and volitional depletion among managers. *Personality and Social Psychology Bulletin, 30,* 315–327.

Langens, T. A. & Schmalt, H. D. (2002). Emotional consequences of positive daydreaming: The moderating role of fear of failure. *Personality and Social Psychology Bulletin, 28,* 1725–1735.

Liebert, R. M. & Morris, L. W. (1967). Cognitive and emotional components of test anxiety: A distinction and some initial data. *Psychological Reports, 20,* 975–978.

McClelland, D. C. (1975). *Power: The inner experience.* New York: Irvington.

McClelland, D. C. (1985). *Human motivation.* Glenview, Ill.: Scott, Foresman and Co.

McClelland, D. C., Atkinson, J. W., Clark, R. A. & Lowell, E. L. (1953). *The achievement motive.* New York: Appleton-Century-Crofts.

McClelland, D. C. & Boyatzis, R. E. (1982). Leadership motive pattern and long-term success in management. *Journal of Applied Psychology, 67,* 737–743.

Puca, R. M. & Schmalt, H.-D. (1999). Task enjoyment: A mediator between achievement motives and performance. *Motivation and Emotion, 23,* 15–29.

Puca, R. M. & Schmalt, H.-D. (2001). The influence of the achievement motive on spontaneous thoughts in pre- and postdecisional action phases. *Personality and Social Psychology Bulletin, 27,* 302–308.

Rheinberg, F. (2004a). *Motivation* (5. Auflage). Stuttgart: Kohlhammer.

Rheinberg, F. (2004b). *Motivational competence and flow-experience.* Paper presented at the 2nd European Conference on Positive Psychology, Verbania, Italy, 2004.

Rheinberg, F. & Krug, S. (2005). *Motivationsförderung im Schulalltag.* Göttingen: Hogrefe.

Roth, S. (2004). *Check and change – mehr als ein Gesundheits-Check.* Verfügbar unter http://www.checkandchange.com [Oktober 2004].

Schmalt, H.-D. (1976). Die Messung des Leistungsmotivs. Göttingen: Hogrefe.

Schmalt, H.-D. (1982). Two concepts of fear of failure motivation. In R. Schwarzer, H. van der Ploeg & C. D. Spielberger (Hrsg.), *Advances in test anxiety research* (S. 45–52). Lisse: Swets & Zeitlinger.

Schmalt, H.-D. (1999). Assessing the achievement motive using the grid technique. *Journal of Research in Personality, 33,* 109–130.

Schmalt, H.-D. (2005). Validity of a short form of the Achievement-Motive Grid (AMG-S): Evidence for the three-factor structure, emphasizing active and passive forms of fear of failure. *Journal of Personality Assessment.*

Schmalt, H.-D. & Sokolowski, K. (2000). Zum gegenwärtigen Stand der Motivdiagnostik. *Diagnostica, 46,* 115–123.

Schmalt, H.-D. & Sokolowski, K. (2005). Motivation. In H. Spada (Hrsg.) *Allgemeine Psychologie.* Bern: Huber.

Schneider, K. & Schmalt, H.-D. (2000). *Motivation.* Stuttgart: Kohlhammer.

Schober, B. & Ziegler, A. (2001). Das Münchner Motivationstraining (MMT): Theoretischer Hintergrund, Förderziele und exemplarische Umsetzung. *Zeitschrift für Pädagogische Psychologie, 15,* 168–180.

Schultheiss, O. C. & Brunstein, J. C. (1999). Goal imagery: Bridging the gap between implicit motives and explicit goals. *Journal of Personality, 67,* 1–38.

Smith, Ch. P. (Hrsg.) (1992). *Motivation and personality: Handbook of thematic content analysis.* Cambridge: University Press.

Sokolowski, K. & Kehr, H. M. (1999). Zum differentiellen Einfluss von Motiven auf die Wirkung von Führungstrainings. *Zeitschrift für Differentielle und Diagnostische Psychologie, 20,* 192–202.

Sokolowski, K., Schmalt, H.-D., Langens, T. A. & Puca, R. M. (2000). Assessing achievement, affiliation, and power motives all at once: The Multi-Motive Grid (MMG). *Journal of Personality Assessment, 74,* 126–145.

Sorrentino, R. M. & Sheppard, B. H. (1978). Effects of affiliation-related motives on swimmers in individual vs. group competitions: A field experiment. *Journal of Personality and Social Psychology, 36,* 704–714.

Veroff, J. (1982). Assertive motivations: Achievement versus power. In D. G. Winter & A. J. Stewart (Hrsg.), *Motivation and society* (S. 99–132). San Francisco: Jossey-Bass.

Weinberger, J. & McClelland, D. C. (1990). Cognitive versus traditional motivational models: Irreconcilable or complementary? In E. T. Higgins & R. M. Sorrentino (Hrsg.), *Handbook of motivation and cognition. Foundations of social behavior* (Vol. 2) (S. 562–597). New York: Guilford.

Wine, J. (1971). Test anxiety and direction of attention. *Psychological Bulletin, 76,* 92–104.

Winter, D. G. (1973). *The power motive.* New York: Free Press.

Winter, D. G. (1992). Power motivation revisited. In C. P. Smith (Hrsg.), *Motivation and Personality: Handbook of thematic content analysis* (S. 301–310). Cambridge: Cambridge University Press.

6 Die Genese des Anstrengungsvermeidungsmotivs im familiären Kontext

Brigitte Rollett

1 Einleitung

In der modernen wettbewerbsorientierten Wissensgesellschaft stellen schulische Leistungen eine entscheidende Komponente dar, welche die Chancen und damit die Entwicklungsmöglichkeiten von Kindern und Jugendlichen nachhaltig beeinflusst. Es ist daher nachvollziehbar, dass Eltern dem Schulerfolg ihrer Kinder heute einen besonderen Stellenwert zuweisen. Fehlende Bereitschaft der Heranwachsenden, sich bei schulbezogenen Anforderungen entsprechend einzusetzen, stellt ein wesentliches familiäres Konfliktpotenzial dar.

In diesem Beitrag soll daher auf die familienbezogenen Bedingungen einer in der Schul- und Erziehungsberatungspraxis häufig anzutreffenden Gruppe von Störungen des Leistungsverhaltens eingegangen werden, die auf eine motivational begründete, habituelle Tendenz zur Vermeidung aversiv erlebter schulrelevanter und anderer leistungsbezogener Anstrengungen zurückgehen (vgl. Rollett, 1970, 1985, 1987, 1994, 2001; Rollett & Bartram, 1974, 1998; siehe dazu auch Niemivirta, 2000).

2 Anstrengungsvermeidung und Belastungsreduzierung

In der Leistungsmotivationsforschung geht man vom Leitbild des aktiven, an Leistung interessierten, anstrengungsbereiten Menschen aus, wobei angenommen wird, dass es für die Kompetenz- bzw. Effizienzmotivation eine genetische Basis gibt, die sich erstmals im frühkindlichen »Selbermachenwollen« zeigt (Deci & Ryan, 1991; Harter, 1992; Heckhausen, 1989; Schneider & Schmalt, 2000). Der Tatsache, dass ein mindestens ebenso universelles, genetisch angelegtes Streben nach einem anstrengungsfreien Zustand im Sinne von Erholung, Stressfreiheit u. ä. existiert, wurde kaum Beachtung geschenkt. Leistungsverhalten als ziel- und produktbezogene Aktivität ist unter dem Gesichtspunkt der Aufrechterhaltung eines ausgeglichenen energetischen Zustandes nicht immer sinnvoll: Werden die Grenzen der eigenen Leistungsfähigkeit dauerhaft überschritten, so kann leistungsmotiviertes Engagement zu Überlastung im Sinn von Burnout (Maslach, 1982) führen. Es ist daher von der Existenz von zwei kompensatorisch wirkenden Systemen auszugehen, von denen das eine die zielbezogene Anstrengung in Anforderungssituationen unterstützt, das andere Anstrengung reduziert, um einen ausgeglichenen energetischen Zustand zu erreichen. Es handelt sich um einen für die Erhaltung der Gesundheit und des eigenen Wohlbefindens wichtigen Regelungsvorgang.

Anstrengung ist durch das Ausmaß an physischer, kognitiver und emotionaler Energie definiert, die zur Erfüllung einer Arbeitsaufgabe aufgewendet werden muss, während *Leistung* dem messbaren Handlungsergebnis entspricht. Hohe Anstrengung muss daher nicht mit hoher Leistung einhergehen. Ungenügende anforderungsspezifische Kenntnisse und Fähigkeiten können dazu führen, dass trotz eines hohen Anstrengungsaufwandes nur geringe Leistungen erbracht werden (Staehle, 1999). Je größer das Missverhältnis zwischen aufgewendeter Anstrengung und Leistungsergebnis ist, desto wahrscheinlicher wird es, dass der Akteur sich angeregt fühlt, entweder die aufgetretene Diskrepanz durch anstrengungsreduzierende Maßnahmen zu vermindern oder, wenn ihm an den Leistungszielen wenig liegt und die soziale Umwelt dies zulässt, dem betreffenden Tätigkeitsfeld gänzlich aus dem Wege zu gehen.

Schon früh konnte Schönpflug (1980, 1983) in Lärmexperimenten zeigen, dass sich der Wechsel von leistungsbezogener Anstrengung zu einer überlastungsbedingten Verminderung der eigenen Aktivierung und einer entsprechenden Leistungsreduzierung autonom vollzieht, wenn die Lärmbelastung zu hoch wird. So war bei Schülern, die unter ansteigendem Lärm Aufgabenserien bearbeiteten, wobei sie vor jeder Aufgabe ihre Optimal- und Minimalziele anzugeben hatten, nach einer anfänglichen Leistungssteigerung ein signifikanter Leistungsabfall zu beobachten, wenn der Lärm 80 Dezibel erreichte (Schönpflug, 1980). Dies zeigte sich auch anhand der in diesem Experiment erhobenen physiologischen Variablen (Herzrate und psychogalvanischer Hautwiderstand). Zunächst führte die experimentell gesteuerte Zunahme des Hintergrundlärms zu einer allgemeinen Aktivierung und in der Folge zu einer Erhöhung der Leistung, um sich bei etwa 80 Dezibel in das Gegenteil zu verkehren: Die physiologischen Aktivierungsindikatoren nahmen ebenso wie die Zahl der bearbeiteten Aufgaben deutlich ab. In einem weiteren

Experiment bei Erwachsenen, die Büroarbeiten zu erledigen hatten, konnte Schönpflug (1983) den selben Effekt nachweisen.

Die Reduzierung der Anstrengung unter Belastungsdruck stellt einen sinnvollen biologischen Mechanismus dar, der vor Überbeanspruchung schützt und nicht nur autonom, sondern in Anforderungssituationen aktiv eingesetzt wird. Anstrengungsvermeidung als zielbezogenes, belastungsreduzierendes Verhalten ist daher nicht mit einem von der Person selbst als störend empfundenen, zwanghaften Aufschubverhalten (»Procrastination«, vgl. Helmke & Schrader, 2000) zu verwechseln, das v. a. auf mangelnde Selbststeuerungsfähigkeiten zurückgeht. Es handelt sich auch nicht um ein einfaches Fehlen von Leistungsmotivation im Sinne von »Faulheit«, da die Betroffenen sich in Leistungssituationen, deren Zielperspektiven von ihnen akzeptiert und bei deren Bewältigung die Grenzen ihrer Belastbarkeit nicht dauerhaft überschritten werden, leistungsmotiviert verhalten. Anstrengungsvermeidung lässt sich daher allgemein als die Tendenz beschreiben, unangenehm erlebten Leistungseinsatz bzw. den damit verbundenen Anstrengungsaufwand durch aktiv eingesetzte Maßnahmen in Grenzen zu halten oder, falls dazu die Gelegenheit besteht, ihm aus dem Weg zu gehen. Probleme können allerdings entstehen, wenn Anstrengungsvermeidungsreaktionen auch dann erfolgen, wenn die individuellen Ressourcen zur Bewältigung einer Aufgabe zwar vorhanden wären, sich eine Person aber dafür entschieden hat, in diesen Bereich keine Anstrengungen zu investieren. Wird ein Aktionsfeld dauerhaft als belastend erlebt, so kann dies dazu führen, dass in diesem Bereich Anstrengungsvermeidung habituell auftritt, wenn die Person mit entsprechenden Anforderungssituationen konfrontiert wird. Wie im Folgenden gezeigt, stellt Anstrengungsvermeidung ein eigenes motivationales System neben der Leistungsmotivation dar.

3 Anstrengungsvermeidung als motivationales System

Rheinberg (2004a, S. 17) definiert Motivation als »die aktivierende Ausrichtung des momentanen Lebensvollzugs auf einen positiv bewerteten Zielzustand«. Im Fall der Anstrengungsvermeidungsmotivation ist es das Ziel, Anstrengungen zu minimieren. Das resultierende Verhalten ist das Ergebnis der Interaktion zwischen den charakteristischen Motiven der Person (außer Anstrengungsvermeidung z. B. Macht, Leistung, Anschluss) und der Situation bzw. den von ihr ausgehenden Anreizen. Nach Rheinberg (2004a, S. 78) sind Motive »als relativ überdauernde Bevorzugung inhaltlich umschreibbarer Anreizklassen gedacht, wobei es interindividuelle Unterschiede in diesen Bevorzugungen gibt«. Leistungssituationen, die für die Person aufgrund von Vorerfahrungen aversiv belegt sind oder im Laufe der Bewältigungshandlungen selbst aversiv werden, regen nicht das Leistungsmotiv, sondern das Anstrengungsvermeidungsmotiv an: Die Aktionen der Person sind nicht mehr darauf ausgerichtet, das Leistungsziel zu erreichen, sondern es möglichst wirksam zu vermeiden.

Nach den Postulaten des Erweiterten Kognitiven Motivationsmodells von Heckhausen und Rheinberg (Heckhausen, 1989; Rheinberg, 2002; s. auch Vollmeyer in diesem Band) finden zwischen Person und Situation verschiedene »Vermittlungsprozesse« statt (Rheinberg, 2002). Es handelt sich um die Komponenten Situations-Ergebnis-Erwartung, Handlungs-Ergebnis-Erwartung und Ergebnis-Folge-Erwartung. Personen mit hoher Motivation zur Anstrengungsvermeidung fokussieren bei der Situations-Ergebnis-Erwartung einseitig auf die mit der Zielerreichung verbundenen Anstrengungskosten. Sind die Erwartungen bezüglich des Handlungsergebnisses oder der Handlungsfolgen positiv, so werden sie versuchen, die Handlungsausführung an andere zu delegieren. Falls es sich bei den Folgen um materielle Belohnungen handelt, werden sie sich bemühen, durch entsprechende Überzeugungstaktiken in deren Genuss zu gelangen, ohne die Handlung selbst durchführen zu müssen.

Verhaltenswirksam wird allerdings nur die in einer Situation tatsächlich aktualisierte Motivation (vgl. Rheinberg, Vollmeyer & Burns, 2001), die aufgrund des Zusammentreffens persontypischer Motive und spezifischer Situationsanreize entsteht und geeignet ist, bei der betreffenden Person ein für sie charakteristisches Motiv anzuregen. Situationsinterpretationen spielen dabei eine entscheidende Rolle: Dieselbe Lern- oder Prüfungssituation kann z. B. bei dem einen Schüler das Leistungsmotiv anregen, sodass er sich aufgefordert fühlt, seine Kompetenzen unter Beweis zu stellen, bei einem anderen Schüler hingegen das Machtmotiv, sodass er sich herausgefordert fühlt, über seine Mitschüler zu triumphieren. In beiden Fällen wird, wenn auch aus unterschiedlichen Gründen, Leistungsverhalten angeregt. Im Unterschied dazu wird ein Schüler mit einem hohen Motiv zur Anstrengungsvermeidung alles daran setzen, die mit der geforderten Leistung verbundene Anstrengung möglichst gering zu halten. Hierfür dienen verschiedene Strategien, wie z. B.: Betont langsames Arbeiten, um die pro Zeiteinheit geleistete Arbeit zu reduzieren; äußerst fehlerhaftes Vorgehen bis hin zu einer chaotischen Arbeitsweise (um z. B. die Eltern dazu zu bringen, die Hausaufgaben für das Kind zu erledigen); Einsatz einer Vielfalt von »Ausreden«, um nicht lernen zu müssen; aggressive Schreiduelle, um Erwachsene dazu zu bringen, die Leistungsanforderungen zurückzunehmen (vgl. Rollett & Bartram, 1998). Unter Umständen sind die Betroffenen bereit, erhebliche Anstrengungen auf sich zu nehmen, um Anstrengungen in dem abgelehnten Aktionsfeld zu vermeiden (z. B. Teilnahme an zu vielen, von den Eltern aus den verschiedensten Gründen gebilligten sportlichen oder anderen Aktivitäten, sodass die für das Lernen zur Verfügung stehende Zeit drastisch reduziert wird). Die einfachste Strategie, sich unangenehme Anstrengungen zu ersparen, stellt die Vermeidung des betreffenden Aktionsfeldes dar. Schüler mit einer ausgeprägten Tendenz zur Anstrengungsvermeidung fallen daher durch häufiges Fehlen in der Schule auf.

In der Therapie von Kindern und Jugendlichen mit hoher Anstrengungsvermeidung hat man regelmäßig das Problem, die Bezugspersonen davon überzeugen zu müssen, dass es sich bei den von ihren Kindern vorgebrachten Begründungen für das Nichterbringen von Leistungen nur um gut gewählte Ausflüchte handelt. Die Ausreden der Kinder und Jugendlichen spiegeln weniger ihre eigenen Probleme, sondern die Überzeugungen der Erziehungspersonen wider, was als zulässige Entschuldigung für das Unterlassen einer Leistung gelten könnte. Im Zuge lerntherapeutischer Interventionen, wie sie mit anstrengungsvermeidenden Kindern am »Zentrum für Kinder-, Jugend- und Familienpsychologische Intervention« der Universität Wien durchgeführt werden, erleben wir regelmäßig, wie betroffen die Kinder sind, dass ihre Vermeidungsstrategien nicht mehr zum Erfolg führen. So äußerte sich ein Elfjähriger im Verlauf einer Therapiestunde verzweifelt: »Wie viele Wutanfälle muss ich denn noch kriegen, damit ich nicht mehr rechnen muss!«

Charakteristisch für anstrengungsvermeidendes Verhalten ist, dass »Erfolg« und »Misserfolg« in der abgelehnten Leistungssituation umdefiniert werden: Erfolg bedeutet für den Akteur, dass er die von der sozialen Umwelt geforderte Leistung durch entsprechende Ausweichaktivitäten erfolgreich vermieden hat; Misserfolg dagegen, dass er gezwungen wurde, Leistungen zu erbringen und dass dies von ihm auch in Zukunft wieder erwartet wird.

Auslöser für Verhaltensweisen, die durch Anstrengungsvermeidung motiviert werden, sind schulische und häusliche Lernsituationen, die aufgrund von Misserfolgen, angstinduzierenden Erziehungsmaßnahmen oder belastenden Prüfungssituationen als besonders frustrierend erlebt werden. Im Extremfall werden die negativen affektiven Konsequenzen von den Betroffenen so massiv erlebt, dass sie in Analogie zu den von Csikszentmihalyi (1990) entdeckten positiven Flow-Gefühlen als »Antiflow« beschrieben werden können (Rheinberg, 2004b; Rollett & Bartram, 1998). Besonders gefährdet sind Kinder und Jugendliche mit geringeren intellektuellen Voraussetzungen. Sie erbringen dann nicht einmal die Leistungen, zu denen sie durchaus in der Lage wären. Entsprechend identifizierte Helmke (vgl. Helmke & Rheinberg, 1996) im Rahmen des SCHOLASTIK-Projekts eine Gruppe von Schülern mit niedriger Testintelligenz, schlechten Schulleistungen und hoher Anstrengungsvermeidung, die sie treffender Weise als »resignierende Anstrengungsvermeider« bezeichneten. Anstrengungsvermeidung wurde mit Hilfe eines auf der Grundlage des Anstrengungsvermeidungstests (AVT) von Rollett und Bartram (1998) entwickelten Bilder-AVT (Ambros, H., 1982, Ambros, R., 1985) für Grundschüler erfasst. Anstrengungsvermeidungsmotiviertes Verhalten kann auch bei normaler oder sogar hoher Intelligenz auftreten, falls die schulischen Anforderungssituationen entsprechend aversiv erlebt werden, wie dies beispielsweise bei hochbegabten Underachievern der Fall ist (Hanses & Rost, 1998).

4 Problemlösende und nicht problemlösende Anstrengungsvermeidung

Bei der Anstrengungsvermeidung lassen sich problemlösende und nicht problemlösende Vorgehensweisen unterscheiden. Problemlösende Anstrengungsvermeidung wird eingesetzt, um Überlastungen zu reduzieren. Sie manifestiert sich in zeit- und kräftesparenden Maßnahmen, die der Akteur ergreift, um seine Ziele mit minimalem Einsatz zu erreichen.

Gravierende Lern- und Studierprobleme, aber auch Probleme im Berufsalltag (vgl. Bittner, 2000), entstehen allerdings dann, wenn nicht problemlösende Formen der Anstrengungsvermeidung hervortreten. In diesem Fall reagiert der Handelnde auf eine Leistungsanforderung quasi automatisch mit dem Einsatz von Vermeidungsstrategien. Gelegentlich wurde vermutet, dass es sich bei Anstrengungsvermeidung primär um ein Regulationsdefizit handelt (vgl. Helmke & Rheinberg, 1996). Regulationsdefizite spielen sicher eine wichtige Rolle bei der Vermeidung aversiv erlebter Tätigkeiten. Sie zeigen sich jedoch nicht bei Aktivitäten, die als angenehm erlebt werden. Wesentlich bedeutungsvoller für die Verfestigung von Anstrengungsvermeidung ist die emotionale Entlastung, die die »minimalistische« Erledigung von unangenehmen Aufgaben oder die völlige »Abwahl« eines als frustrierend erlebten Aktionsfeldes mit sich bringt: Für einen Schüler, für den die Maxime »no sports« gilt, sind Misserfolge im Sportunterricht nicht nur bedeutungslos, sondern stellen im Gegenteil sogar eine positive Konsequenz dar, sofern die Leistungsanforderung von Seiten des Lehrenden reduziert wird.

Helmke (1992) beschrieb ein Sequenzmodell der Lern- und Leistungshandlung, wobei er davon ausgeht, dass vor Beginn der eigentlichen Lernphase (bzw. Leistungsphase) zunächst eine »Motivationsphase« auftritt, in der die »Lernhandlungstendenz« entsteht. Mit dem Entschluss, die Arbeit aufzunehmen, tritt der Lernende in die »Volitionsphase« (Willensphase) ein. Erst daran anschließend kommt es zur eigentlichen »Handlungsphase«, in der die Lern- oder Leistungshandlung durchgeführt wird. Helmke nimmt an, dass Anstrengungsvermeidungstendenzen in der Volitionsphase auftreten. Tatsächlich kann das Anstrengungsvermeidungsmotiv jedoch in jeder der drei vorgenannten Phasen angeregt werden: Bei Tätigkeiten, die der Akteur aufgrund unangenehmer Vorerfahrungen mit Antiflow-Gefühlen verbindet, wird bereits in der Motivationsphase anstelle des Leistungsmotivs das Anstrengungsvermeidungsmotiv aktiviert (z. B. »Ich hasse Mathematik, daher mache ich meine Hausaufgabe einfach nicht«). Ein anderer Schüler mag zwar in der Volitionsphase den »guten Vorsatz« bilden, mit der Aufgabe zu beginnen. Sobald er aber das Mathematikbuch aufschlägt, stellt er fest, dass er überhaupt keine Lust hat, mit der Arbeit anzufangen und wendet sich stattdessen angenehmeren Tätigkeiten zu. Wieder ein anderer Fall liegt vor, wenn ein Schüler mit der Hausaufgabe beginnt, es aber im Laufe der Handlungsphase zu massiven Antiflow-Gefühlen kommt, sodass er die Arbeit abbricht. Für die Intervention bei Kindern (und Erwachsenen) mit hoher Neigung zur Anstrengungsvermeidung gilt daher, dass eine ständige Kontrolle der Arbeit erforderlich ist, solange diese zu einer Reduzierung ihrer Antiflow-Gefühle nicht in der Lage sind.

5 Die Konsolidierung schulbezogener Anstrengungsvermeidung im Schulalter

Mit dem Eintritt in die Schule werden sowohl die Kinder als auch ihre Eltern erstmals mit Leistungsanforderungen konfrontiert, deren Erledigung nicht der persönlichen Entscheidung überlassen ist. Kinder, die dies nicht als Herausforderung, sondern als Belastung erleben, stellen eine Risikogruppe für die Entwicklung eines schulbezogenen Anstrengungsvermeidungsmotivs dar. Im ersten Schuljahr kann dabei noch die Entlastungsfunktion von Anstrengungsvermeidungshaltungen im Vordergrund stehen, wie Gasser (1991) berichtet hat. Zur Untersuchung der langfristigen Auswirkungen frustrierender Überforderungen auf die Entwicklung der Anstrengungsvermeidung führte sie eine Längsschnittstudie bei 113 Kindergarten- und Vorschulkindern durch. Ein halbes Jahr vor Schulbeginn wurden die wöchentlichen Arbeitszeiten festgehalten, die die Kinder mit vorschulischen Förderungsprogrammen zubrachten. Ein halbes Jahr nach Schulbeginn wurde unter anderem der CFT 1 von Cattell, Weiß und Osterland (1997) und die Bildversion des Anstrengungsvermeidungstests vorgegeben (s. o.). Die niedrigsten Ausprägungen an Anstrengungsvermeidung zeigten Kinder, die wöchentlich nur etwa 30 bis 40 Minuten lang beschäftigt worden waren, während die höchsten Werte bei Kindern auftraten, die zwischen 100 und 300 Minuten pro Woche trainiert worden waren (vgl. Gasser, 1991; Rollett & Gasser, 1992). Ein interessantes Nebenergebnis war, dass die Lehrenden die Kinder mit den höchsten Anstrengungsvermeidungswerten zwar als wenig leistungsfreudig, aber besonders unbekümmert und fröhlich beschrieben. Wie sich herausstellte, waren die Kinder (noch) der Meinung, dass es ihnen mit Hilfe ihrer Anstrengungsvermeidungsstrategien (extrem schlampiges oder betont langsames Arbeiten, Verweigerung der Hausarbeiten etc.) gelungen sei, sich den Leistungsanforderungen der Lehrer und Eltern zu entziehen. Sobald jedoch der Leistungs- und vor allem der Notendruck in der Schule zunimmt, kann es bei Kindern, die eine durch übermäßigen Leistungsdruck gekennzeichnete häusliche und/oder schulische Lernsituation vorfinden, zu entsprechenden Entwicklungen (Huber, 1992) kommen. Auf Seiten der Schule hat sich eine auf dem klasseninternen Leistungsvergleich basierende Benotung (»soziale Bezugsnorm«) im Gegensatz zu einer »individuellen Bezugsnorm«, die von der individuellen Leistungsverbesserung ausgeht, als Risikofaktor für die Entwicklung der Anstrengungsvermeidung erwiesen (Rheinberg, 1980, 2001, 2002; Rheinberg, Schmalt & Wasser, 1978; Rollett, 2004; Trudewind, 1982; Trudewind & Kohne, 1982; Winterstein, 1991, s. auch Köller in diesem Band). Familiäre Faktoren, welche Anstrengungsvermeidung begünstigen, wurden in einer Studie untersucht, die im folgenden Abschnitt beschrieben wird.

6 Familiale Entstehungsbedingungen der Anstrengungsvermeidung: Eine empirische Untersuchung

6.1 Untersuchungsdesign

Aus der lerntherapeutischen Praxis ist bekannt, dass jüngere Kinder mit hohen Ausprägungen an schulbezogener Anstrengungsvermeidung durch Interventionsmaßnahmen noch vergleichsweise leicht erreichbar sind. Bei Kindern in der Vorpubertät und im Jugendalter gestaltet sich die Intervention erheblich schwieriger, da die Betroffenen sich mit ihrer Vermeidungshaltung so sehr identifizieren, dass sie alles daran setzen, sich den schulischen Anforderungen zu entziehen. Dies ist besonders bei Heranwachsenden der Fall, die bereits im Grundschulalter Schwierigkeiten bei der Bewältigung des Lehrstoffes hatten und verschiedene Formen von Problemverhalten zeigten. In der hier berichteten Untersuchung wurde den familialen Bedingungen einer derartigen Entwicklung nachgegangen. Sie ist Teil des Längsschnittprojekts »Familienentwicklung im Lebenslauf (FIL)« (vgl. Rollett & Werneck, 1993, 2001; Werneck & Rollett, 1999). Die ersten beiden Erhebungsphasen (im Folgenden t1 und t2 benannt) erfolgten im Rahmen einer von Nickel (Universität Düsseldorf) geleiteten internationalen Vergleichsstudie zur Untersuchung des Übergangs zur Elternschaft. Sie wurde außer in Deutschland und Österreich in Südkorea, Jemen und den USA durchgeführt (siehe dazu Nickel & Quaiser-Pohl, 2001).

An der Studie nahmen 175 österreichische Familien aus dem Großraum Wien teil, die bisher zu fünf Zeitpunkten untersucht wurden: die werdenden Eltern 3 Monate vor der Geburt des Kindes (t1); die Mütter, Väter und Kinder 3 Monate (t2), 3 Jahre (t3), 8 Jahre (t4) und 11 Jahre nach der Geburt des Kindes (t5). Die Teilnahmequoten der Kinder betrugen zu t2: 164, t3: 117, t4: 143 und zu t5: 141. Der Untersuchungsplan sah vor, dass es sich bei den Kindern entweder um das erste, zweite oder dritte Kind der Familie handelte.

Erfasst wurden die Eltern über verschiedene Kliniken, Ambulanzen, gynäkologische Praxen und Familienberatungsstellen. Die Datenerhebungen (Fragebogenerhebungen und Testungen) erfolgten durch geschulte Testleiterinnen in der Wohnung der Familien, längere Fragebögen wurden postalisch retourniert. Zu Beginn des Projektes waren 80 % der Elternpaare verheiratet. Die Akademikerquote der Eltern war, wie dies bei den meisten vergleichbaren Studien der Fall ist, relativ hoch: für die Mütter 22,9 %, für die Väter 29,9 % (s. dazu Reichle & Werneck, 1999).

6.2   Untersuchungsinstrumente

Allen Eltern wurde zu den fünf Erhebungszeitpunkten der Elternfragebogen von Nickel, Grant und Vetter (1990) und zur Erfassung der längsschnittlichen Veränderung der Partnerschaftsqualität der Partnerschaftsfragebogen von Hahlweg (1979) vorgelegt. Die Kinder bearbeiteten eine jeweils altersangepasste Fragebogen- und Testbatterie zur Erfassung entwicklungsrelevanter Dimensionen (s. dazu Rollett & Werneck, 2001). Aus Platzgründen sollen hier nur jene Verfahren aufgeführt werden, die in die längsschnittliche Analyse einbezogen wurden. Im Einzelnen handelt es sich um folgende Instrumente:

- Anstrengungsvermeidungstest (AVT, Rollett & Bartram, 1998);
- Hamburger Erziehungsverhaltensliste für Mütter (HAMEL; Baumgärtel, 1979), Skalen Unterstützung, Strenge und Zuwendung;
- Hamburg-Wechsler-Intelligenztest für Kinder III (HAWIK-III; Tewes, Schallberger & Rossmann, 2000);
- Partnerschaftsfragebogen von Hahlweg (1979), Skalen Gemeinsamkeiten/Kommunikation, Zärtlichkeit und Streitverhalten;
- Ein in Anlehnung an das Konzept von Thomas und Chess (1977) erstellter Temperamentfragebogen für Säuglinge (s. Tab. 6.1);
- Fragebogen zur Abklärung der Bindungs- und Beziehungsqualität des Untersuchungskindes zu Eltern und Freunden (Übersetzung des Inventars von Armsden & Greenberg, 1987, s. Tab. 6.2);
- Wiener Persönlichkeitsfragebogen für Kinder (WPK, Neuentwicklung, s. Tab. 6.3);
- Erhebung der Abschlussnoten der 4. Klasse Grundschule in den Fächern Deutsch, Mathematik und Sachunterricht und der Noten in Deutsch, Mathematik und Englisch in der weiterführenden Schule.

Tab. 6.1   Skalen des Temperamentfragebogens für Kinder zu t2.

Skalenbezeichnung	Beispielitems
(Positive) Stimmungslage (8 Items)	Mein Kind ist nach dem Aufwachen fröhlich und lächelt.
Unruhe (6 Items)	Mein Kind ist vor dem Einschlafen unruhig und weinerlich.
Irritierbarkeit (7 Items)	Mein Kind reagiert auf eine neue Situation irritiert und weint.
Rhythmizität (11 Items)	Mein Kind wacht morgens zur selben Zeit auf.
Triebhaftigkeit (8 Items)	Mein Kind saugt beim Trinken heftig.

Tab. 6.2   Skalen des Bindungsfragebogens für Kinder zu t5.

Skalenbezeichnung	Beispielitems
Vertrauen (8 Items)	Meine Eltern respektieren meine Gefühle.
Kommunikation (8 Items)	Ich erzähle meinen Eltern von meinen Problemen und Schwierigkeiten.
Negative emotionale Beziehung (4 Items)	Ich wünschte, ich hätte andere Eltern.
Entfremdung (5 Items)	Ich finde es unnötig, meine Gefühle zu zeigen.

Tab. 6.3   Skalen des Wiener Persönlichkeitsfragebogens für Kinder (WPK).

Skalenbezeichnung	Beispielitems
Neigung zu überaktiv-unaufmerksamem Verhalten (13 Items)	Wenn ich ruhig sitzen soll, muss ich immer etwas in den Händen halten, um damit herumzuspielen.
Neigung zu oppositionellem Verhalten und Risikobereitschaft (8 Items)	Manchmal macht es mir Spaß, schlimm zu sein.
Prüfungsangst (5 Items)	Vor einem Rechentest habe ich Angst, dass ich ihn nicht gut mache.
Dominanzneigung (5 Items)	Wenn ich mit anderen Kindern spiele, bin ich gerne der Anführer/die Anführerin.
Ängstlichkeit (6 Items)	Ich habe öfters Angst, dass mir etwas Schlimmes passieren könnte.
Traurigkeit (2 Items)	Wenn mich jemand anschreit, bin ich traurig.

Für die Entwicklung der Beziehung zwischen Eltern und Kind stellt das kindliche Temperament eine wichtige Variable dar, von der angenommen werden kann, dass sie für die Entstehung von Anstrengungsvermeidungstendenzen nicht ohne Einfluss ist. Im Rahmen der FIL-Studie wurde dazu im Anschluss an das Konzept von Thomas und Chess (1977) ein Fragebogen zur Einschätzung des kindlichen Temperaments zu t2 (Kind 3 Monate) durch die Mütter eingesetzt. Um die resultierende Bindungs- und Beziehungsqualität zu t5 (Kind 11 Jahre) zu erfassen, wurde ein Fragebogen von Armsden und Greenberg (1987) übersetzt und für die Altersgruppe adaptiert.

Der »Wiener Persönlichkeitsfragebogen für Kinder« (WPK) wurde als Instrumentarium zur Erfassung problematischer Persönlichkeitsdimensionen im Schulalter entwickelt. Die Items wurden den Kindern zu t4 (Kind 8 Jahre) vorgelesen und die Antworten von den Testleiterinnen eingetragen. Zu t5 (Kind 11 Jahre) füllten die Testpersonen den WPK unter Anwesenheit der Testleiterin selbstständig aus.

6.3 Persönlichkeit, Bindungserleben und Neigung zur Anstrengungsvermeidung: Korrelative Beziehungen

Anstrengungsvermeidung korreliert zu t5 (Kind 11 Jahre) mit jenen Persönlichkeitsdimensionen signifikant positiv, die mit »externalisierenden« Verhaltensauffälligkeiten einhergehen. So zeigen Kinder mit hoher Anstrengungsvermeidung eher überaktiv-unaufmerksames (r =.61) bzw. oppositionelles Verhalten (r =.40) sowie Dominanzneigung (r =.29). Außerdem haben Kinder mit hoher Anstrengungsvermeidung eher Prüfungsangst (r =.22). Die Skala Ängstlichkeit, die die allgemeine Angstneigung erfasst, zeigt hingegen eine negative Korrelation (r = -.45): Die offene Vermeidung unangenehmer Prüfungssituationen wird von ängstlichen Heranwachsenden weniger eingesetzt.

Die Beziehung zu den Eltern spielt eine wichtige Rolle, ob Kinder Anstrengungsvermeidung entwickeln. So fühlen sich Kinder mit hoher Anstrengungsvermeidung von ihren Eltern entfremdet (r =.34) und erleben eher eine negative Beziehung (r =.34).

Da erwartet werden kann, dass die Neigung zur Anstrengungsvermeidung durch schulische Misserfolge gesteigert wird, wurden die Abschlussnoten der 4. Klasse in den Fächern Deutsch, Mathematik und Sachunterricht und die Noten in den Fächern Deutsch, Mathematik und Englisch im Rahmen der 5. Erhebungswelle erfasst und mit den Anstrengungsvermeidungswerten zu t5 korreliert (s. Tab. 6.4). Signifikante Korrelationen sind in den Leistungsfächern Deutsch und Mathematik zu t4 und t5 und in Englisch zu t5 zu beobachten: Schüler, die zu Anstrengungsvermeidung neigen, haben eher schlechtere Schulleistungen.

Tab. 6.4 Produkt-Moment-Korrelationen zwischen Schulnoten (nicht umgepolt) und Anstrengungsvermeidung (AV); Erhebungswelle t4 = Kind 8 Jahre, t5 = Kind 11 Jahre
**: signifikant auf dem Niveau von .01 (zweiseitig)
*: signifikant auf dem Niveau von .05 (zweiseitig)

	Deutsch		Mathematik		Sachunterricht	Englisch
Erhebungs-welle	t4	t5	t4	t5	t4	t5
AV	.41**	.49**	.33**	.24*	.14	.30**

6.4 Pfadanalytische Auswertungen

Um die Entwicklung des Anstrengungsvermeidungsmotivs von t2 (Kind 3 Monate) bis zu t5 (Kind 11 Jahre) abzubilden, wurden im nächsten Schritt für jene Familien, für die zu allen Zeitpunkten vollständige Daten vorlagen, Pfadanalysen nach einem Verfahren von Wold (1979) durchgeführt.

Ausgehend von der Annahme, dass sich die Neigung zur Anstrengungsvermeidung über die Zeit hinweg immer mehr stabilisiert, wenn die Kinder damit »Erfolg« haben, wurden zwei Modelle überprüft. Diese unterscheiden sich außer in den jeweils aktuellen Bewertungen der Partnerschaft (erfasst durch das mütterliche Streitverhalten) nur darin, dass in die eine Analyse die Ergebnisse des Persönlichkeitsfragebogens WPK zu t4 (Kind 8 Jahre) und in die andere jene zu t5 einbezogen wurden. Von den Untersuchungsbefunden zu t2 wurden die Ergebnisse der Einschätzung der »Schwierigkeit« des Säuglings durch die Mutter mit Hilfe des Temperamentfragebogens und das durch den Vater eingeschätzte mütterliche Streitverhalten in die Analyse aufgenommen.

Da die Entwicklung des Anstrengungsvermeidungsmotivs an Belastungserlebnisse gebunden ist, stellt auch die Einschulung des Kindes einen entscheidenden Faktor dar: Eltern und Kinder werden zum ersten Mal mit Leistungsvergleichen konfrontiert. In das erste Pfadmodell wurde daher der zu t4 (Kind 8 Jahre) vorgegebene Persönlichkeitsfragebogen (WPK) aufgenommen, außerdem die Ergebnisse des Intelligenztests (HAWIK III), das Erziehungsverhalten (HAMEL), das mütterliche Streitverhalten sowie die Abschlussnoten des 4. Schuljahres in Deutsch, Mathematik und Sachunterricht. In das zweite Pfadmodell wurden die Ergebnisse des Persönlichkeitsfragebogens zu t5 (Kind 11 Jahre) aufgenommen sowie die zu diesem Zeitpunkt erhobene kindliche Bindungsqualität. Bei beiden Pfadmodellen ging es darum, die Auswirkungen auf die Zielvariable Anstrengungsvermeidung darzustellen (s. Abb. 6.1 und 6.2).

Vergleicht man die beiden Pfadmodelle miteinander, so zeigt sich, dass der Ersatz der WPK-Ergebnisse zu t4 durch jene zu t5 dazu führt, dass sich der Pfad von der Persönlichkeit zur Anstrengungsvermeidung von .22 auf .63 erhöht. Dies stellt ein wichtiges Ergebnis dar, zeigt es doch, dass die vermutete Stabilisierung der persönlichkeitsbedingten Anstrengungsvermeidung zwischen 8 und 11 Jahren stattfindet. Aus den Detailergebnissen lassen sich außerdem Rückschlüsse auf den zugrunde liegenden Entwicklungsprozess ziehen: Während bei den Achtjährigen die Prüfungsangst noch eine größere Rolle spielt, sinkt deren Bedeutung bei den Elf-

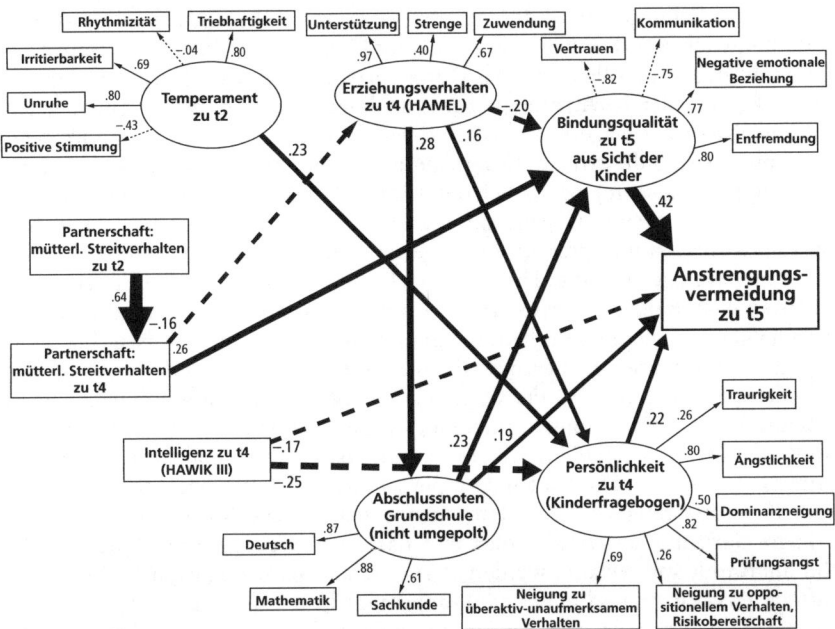

Abb. 6.1   Pfadanalyse (Persönlichkeit zu t4): 37 % der Varianz aufgeklärt, N = 84. Pfade unter .15 wurden eliminiert.

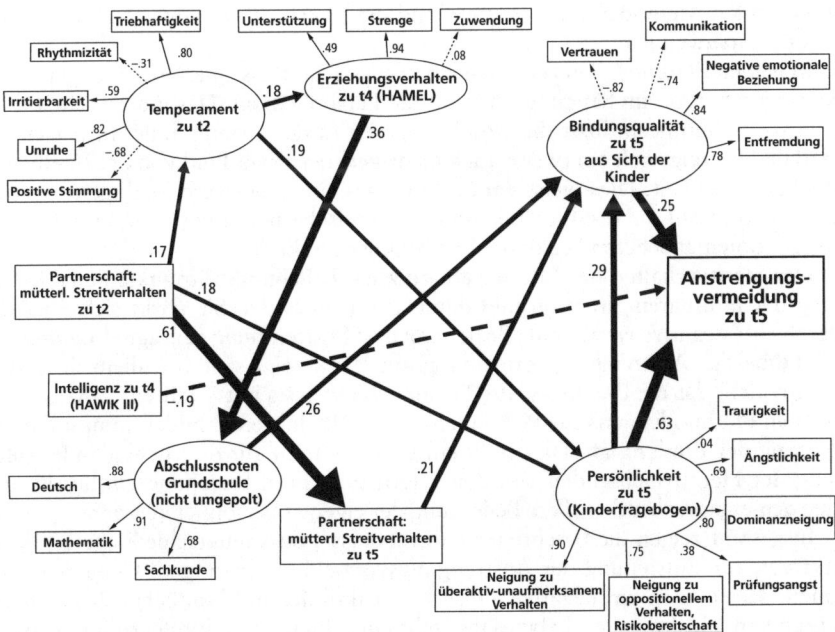

Abb. 6.2   Pfadanalyse (Persönlichkeit zu t5): 61 % der Varianz aufgeklärt, N = 83. Pfade unter .15 wurden eliminiert.

jährigen ab. Bei diesen wird dagegen die Neigung zu überaktiv-unaufmerksamem Verhalten wichtiger. Die Neigung zu offener Opposition geht zurück, traurige Gefühle spielen keine Rolle mehr. Das Dominanzverhalten wird dagegen bedeutungsvoller: Kinder, die zu Anstrengungsvermeidung neigen, haben offenbar gelernt, sich mit ihrem Verweigerungsverhalten bei ihren Bezugspersonen durchzusetzen. Hier spiegelt sich die stressreduzierende und (von den Erziehungspersonen nicht unbedingt erwünschte) persönlichkeitsstützende Funktion der Anstrengungsvermeidung wider. Wenn ein Anforderungsbereich vom Betroffenen nicht mehr als Leistungssituation interpretiert wird, werden Misserfolge nach und nach emotional immer weniger wichtig. Die erfolgreiche Abwehr der von den Erziehungspersonen eingesetzten Druckmaßnahmen und die Vermeidung unangenehmer Anstrengungen durch entsprechende oppositionelle Verhaltensweisen bekommen dagegen einen immer größeren Stellenwert für die Sicherung des eigenen Wohlbefindens. So hört man bei der Beratung der Eltern von Kindern mit hohen Ausprägungen an Anstrengungsvermeidung immer wieder, dass sie ihr Kind ohne Hausaufgabe in die Schule geschickt hätten, »damit es einmal sieht, welche Konsequenzen dies hat«. Da den Kindern die schulischen Sanktionen aber gleichgültig sind, die Entlastung von der Hausaufgabe jedoch eine höchst erfreuliche Konsequenz darstellt, unterstützt dies nur das Anstrengungsvermeidungsverhalten. Nur am Rande soll erwähnt werden, dass es relativ schwierig ist, den Eltern zu vermitteln, dass einzig und allein die kompetente Unterstützung des Kindes bei der selbstständigen Bewältigung der Hausaufgabe Erfolge bringt. Natürlich ist es für die betroffenen Eltern äußerst mühsam, in freundlicher, aber konsequenter Art die Anstrengungsvermeidungstendenzen des Kindes bei der Erledigung einer konkreten Aufgabe abzufangen. In der Elternberatung ist es daher sehr wichtig, die entsprechenden Methoden zu vermitteln und die Eltern zu ermutigen, sie auch konsequent anzuwenden.

In beiden Pfadmodellen zeigt sich ein gewisser Einfluss eines »schwierigen Temperaments« (s. o.) im Säuglingsalter auf die Persönlichkeit. Das mütterliche Erziehungsverhalten beeinflusst die Abschlussnoten in der Grundschule. In der ersten Pfadanalyse zeigt sich ein (wenn auch niedriger) negativer Pfad von der Intelligenz zur Persönlichkeit. Dies weist darauf hin, dass eine niedrigere Intelligenz – wohl als Reaktion auf die resultierende höhere schulische Belastung – die Entwicklung einer problematischeren Persönlichkeit begünstigen kann.

Das Streitverhalten der Eltern stellt zu allen Erhebungszeitpunkten eine Belastung der familiären Situation und damit des Kindes dar. Sie wirkt sich über die durch eine negative emotionale Beziehung und Entfremdung geprägte Bindung auf die Höhe der Anstrengungsvermeidung aus. Dies zeigt sich vor allem im ersten Pfadmodell, das die Ergebnisse des Persönlichkeitstests mit 8 Jahren enthält. Beim zweiten Pfadmodell, das die Persönlichkeit mit 11 Jahren abbildet, nimmt die Bedeutung der Bindung ab. Dies stellt ein weiteres Indiz für die zunehmende Ablösung der Heranwachsenden von den Eltern und ihren Erziehungseinflüssen und eine dementsprechend größere Bedeutung der eigenen Persönlichkeit dar.

Insgesamt zeigen die beschriebenen Ergebnisse, dass unterschiedliche Einflussfaktoren zur Entstehung der Anstrengungsvermeidung beitragen: Gemeinsam ist ihnen, dass es sich um negative elterliche Reaktionen auf kindliches Problemverhalten handelt. Im ersten Lebensjahr stellt ein schwieriges, durch erhöhte Unruhe bis hin zu übermäßigem Schreiverhalten gekennzeichnetes Temperament einen gewissen Risikofaktor dar. Eine ungünstige, durch Streit gekennzeichnete familiäre

---

Ablaufplan

Ausführliche Anamnese und Testdiagnostische Abklärung

Optimierung der Umgebungsbedingungen
Verbesserung der Familieninteraktionen, häuslichen Lernbedingungen, schulischen Lernbedingungen

Aufbau einer positiven Therapeut-Klient-Beziehung

Realistische zukunftsbezogene Zielvorstellungen entwickeln
irreale »Hoffnungen« auf ein anstrengungsfreies Leben abbauen

Interventionsbezogenes Commitment beim Klienten und seiner Familie erreichen
Abfassung eines Verhaltenskontrakts zwischen Klient, Therapeut und Eltern

Immunisierung der Bezugspersonen
gegen die spezifischen Ausweichstrategien und die periodisch auftretenden Rückfälle
des Klienten

Aufbau wirksamen Lernverhaltens durch
Abbau der Antiflow-Gefühle
Wirksame Unterstützung leistungsmotivierten Verhaltens
Interaktionsstil: freundliche Konsequenz

Kriterien für die Beendigung
realistische Planung der eigenen Lernanstrengungen und selbstständiges Lernen wird
möglich

Abb. 6.3   Lerntherapie bei Anstrengungsvermeidung.

Situation bedeutet zu allen Zeitpunkten eine Belastung, die sich nicht zuletzt auch in einer schlechteren Qualität der Bindung des Kindes an die Eltern äußert, sodass dieses für die Erziehungsbemühungen der Eltern immer weniger erreichbar wird. In der Grundschulzeit begünstigen Lernschwierigkeiten, die zum Beispiel durch eine niedrigere Intelligenz bedingt sein können, diesen Prozess. Ein besonderes Gewicht kommt dabei der sich von der Grundschulzeit bis zur Vorpubertät zunehmend konsolidierenden Persönlichkeit des Kindes zu. Interventionsmaßnahmen bei Kindern mit ausgeprägter Leistungsverweigerung sollten daher so früh wie möglich einsetzen.

7 Therapiehinweise

Hochgradig anstrengungsvermeidungsmotivierte Kinder und Jugendliche und ihre Eltern zählen zu den besonders schwierigen Klienten in Beratungs- und Therapieeinrichtungen. Motivationstrainingsprogramme (z. B. das Programm von Rheinberg & Krug, 2005) greifen erst, wenn es gelingt, zunächst die Anstrengungsvermeidung des Kindes durch ein engmaschig aufgebautes Interventionsprogramm zu reduzieren. Da das Auftreten von Anstrengungsvermeidungsreaktionen an die rasche Auslösbarkeit von Antiflow-Gefühlen in aversiv erlebten Leistungssituationen gebunden ist, sind negative Sanktionen kontraproduktiv. Als Interventionsmaßnahme hat sich dagegen die Strategie der »freundlichen Konsequenz« bewährt. Eine ausführliche Darstellung des Interventionsprogramms enthält das Manual zum Anstrengungsvermeidungstest (Rollett & Bartram, 1998). Abbildung 6.3 fasst die wichtigsten Schritte des Therapieverlaufs zusammen.

Je kompetenter die Eltern und die Schule die Therapie unterstützen, desto rascher gelingt es, zumindest Teilerfolge zu erzielen. Allgemein muss mit einer Dauer der Intervention von etwa zwei Jahren gerechnet werden, um ein leistungsbereites Verhalten aufzubauen.

Literatur

Ambros, H. (1982). *Anstrengungsvermeidungsverhalten bei Grundschülern in Abhängigkeit vom häuslichen Anregungs- und Leistungsdruckgehalt.* Dissertation. Wien: Universität.

Ambros, R. (1985). *Testanalytische Überprüfung und Normierung des »Bild-AVT« an einer repräsentativen Stichprobe niederösterreichischer Volksschüler.* Dissertation. Wien: Universität.

Armsden, G. C. & Greenberg, M. T. (1987). The inventory of parent and peer attachment: Individual differences and their relationship to psychological well-being in adolescence. *Journal of Youth and Adolescence, 16,* 427–454.

Baumgärtel, F. (1979). *Hamburger Erziehungsverhaltensliste für Mütter.* Göttingen: Hogrefe.

Bittner, U. (2000). *Leistungsmotiviertes Handeln & Anstrengungsvermeidung in der Wirtschaft.* Dissertation. Wien: Universität.

Cattell, R. B., Weiß, R. H. & Osterland, J. (1997). *Grundintelligenztestskala 1 (CFT 1)/5.* Auflage). Göttingen: Hogrefe.

Csikszentmihalyi, M. (1990). *Flow. The psychology of optimal experience.* New York: Harper Perennial.

Deci, E. L. & Ryan, R. M. (1991). A motivational approach to self: Integration in personality. In R. A. Dienstbier (Hrsg.), *Nebraska Symposium on Motivation* (S. 237–288). Lincoln: University of Nebraska Press.

Gasser, A. (1991). *Anstrengungsvermeidungsverhalten in der Schule unter besonderer Berücksichtigung der vorschulischen Fördermaßnahmen.* Diplomarbeit. Wien: Universität.

Hahlweg, K. (1979). Konstruktion und Validierung des Partnerschaftsfragebogens (PFB). *Zeitschrift für Klinische Psychologie, 8,* 17–40.

Hanses, P. & Rost, D. H. (1998). Das »Drama« der hochbegabten Underachiever. »Gewöhnliche« oder »Außergewöhnliche« Underachiever? *Zeitschrift für Pädagogische Psychologie, 12,* 53–71.

Harter, S. (1992). The relationship between perceived competence, affect, and motivational orientation within the classroom: Processes and patterns of change. In A. K. Boggiano & T. S. Pittman (Hrsg.), *Achievement and motivation. A social-developmental perspective* (S. 77–114). Cambridge: Cambridge University Press.

Heckhausen, H. (1989). *Motivation und Handeln* (2. Auflage). Berlin: Springer.

Helmke, A. (1992). *Selbstvertrauen und schulische Leistungen.* Göttingen: Hogrefe.

Helmke, A. & Rheinberg, F. (1996). Anstrengungsvermeidung – Morphologie eines Konstruktes. In C. Spiel, U. Kastner-Koller & P. Deimann (Hrsg.). *Motivation und Lernen aus der life-span-Perspektive* (S. 207–224). Münster: Waxmann.

Helmke, A. & Schrader, F. W. (2000). Procrastination im Studium – Erscheinungsformen und motivationale Bedingungen. In U. Schiefele & K. P. Wild (Hrsg.), *Interesse und Lernmotivation. Untersuchungen zu Entwicklung, Förderung und Wirkung* (S. 207–225). Münster: Waxmann.

Huber, C. (1992). *Anstrengungsvermeidung im leistungsdifferenzierten Unterricht unter Berücksichtigung des Begabungsniveaus und des Selbstkonzepts.* Diplomarbeit. Wien: Universität.

Maslach, C. (1982). *Burnout. The cost of caring.* Englewood Cliffs, NJ: Prentice-Hall.

Nickel, H. & Quaiser-Pohl, C. (Hrsg.). (2001). *Junge Eltern im kulturellen Wandel – Untersuchungen zur Familiengründung im internationalen Vergleich.* Weinheim: Juventa

Nickel, H., Grant, H.-B. & Vetter, J. (1990). *Fragebogen zur Elternschaft.* Düsseldorf: Universität.

Niemivirta, M. (2000). *Developmental trends in motivation: A longitudinal study on middle school student's control expectancy and school value.* Paper presented at the 7th International Conference on Motivation, Leuven, Belgium.

Reichle, B. & Werneck, H. (Hrsg.). (1999). *Übergang zur Elternschaft. Aktuelle Studien zur Bewältigung eines unterschätzten Lebensereignisses.* Stuttgart: Enke.

Rheinberg, F. (1980). Leistungsbewertung und Leistungsmotivation. Göttingen: Hogrefe.

Rheinberg, F. (2001). Bezugsnorm-Orientierung. In D.-H. Rost (Hrsg.), *Handwörterbuch Pädagogische Psychologie* (S. 55–62). Weinheim: Beltz.

Rheinberg, F. (2004a). *Motivation* (5. Auflage). Stuttgart: Kohlhammer.

Rheinberg, F (2004b). *Motivationsdiagnostik.* Göttingen: Hogrefe.

Rheinberg, F., Schmalt, H.-D. & Wasser, I. (1978). Ein Lehrerunterschied, der etwas ausmacht. *Zeitschrift für Entwicklungspsychologie und Pädagogische Psychologie, 10,* 3–7.

Rheinberg, F. & Krug, S. (2005). *Motivationsförderung im Schulalltag* (3. Auflage). Göttingen: Hogrefe.

Rheinberg, F., Vollmeyer, R. & Burns, B. D. (2001). FAM: Ein Fragebogen zur Erfassung aktueller Motivation in Lern- und Leistungssituationen. *Diagnostica, 47,* 57–66.

Rollett, B. (1970). *Der Anstrengungsvermeidungstest (AVT-Versuchsfassung).* Rodenkirchen: Ritter.

Rollett, B. (1985). Achievement motivation versus effort avoidance motivation. In J. Spence & C. Izard (Hrsg.), *Motivation, emotion and personality* (S. 77–85). Amsterdam: North Holland.

Rollett, B. (1987). Diagnosis and intervention in education and therapy. In K. Hurrelman, F.-X. Kaufmann & F. Lösel (Hrsg.), *Social intervention: Changes and constraints* (S. 241–252). Berlin: De Gruyter.

Rollett, B. (1994). Anstrengungsvermeidung in Schule und Beruf. In G. Gittler, M. Jirasko, U. Kastner-Koller, C. Korunka & A. Al-Roubaie (Hrsg.), *Die Seele ist ein weites Land* (S. 81–92). Wien: Universitätsverlag.

Rollett, B. (2001). Anstrengungsvermeidung. In D.-H. Rost. (Hrsg.), *Handwörterbuch Pädagogische Psychologie* (S. 7–11). Weinheim: Beltz.

Rollett, B. (2004). Schulbezogene Anstrengungsvermeidung als Reaktion auf Überforderung. *Annales Psychologici, Universitas Masarykiana Brunensis, 8,* 87–97.

Rollett, B. & Bartram, M. (1974). Konstruktion eines Prüfverfahrens der Anstrengungsvermeidung als Prognoseinstrument für den Lernerfolg. In L. H. Eckensberger & U.S. Eckensberger (Hrsg.), *Berichte über den 28. Kongreß der Deutschen Gesellschaft für Psychologie in Saarbrücken 1972* (Band 5, S. 95–105). Göttingen: Hogrefe.

Rollett, B. & Bartram, M. (1998). *Anstrengungsvermeidungstest* (3. Auflage). Braunschweig: Westermann.

Rollett, B. & Gasser, A. (1992). Demotivierung als Folge exzessiver Vorschulübungen. In L. Montada (Hrsg.), *Bericht über den 38. Kongress der Deutschen Gesellschaft für Psychologie in Trier 1992* (Band 1, S. 306–307). Göttingen: Hogrefe.

Rollett, B. & Werneck, H. (1993). *Die Bedeutung von Rollenauffassungen junger Eltern für den Übergang zur Elternschaft.* Forschungsbericht. Wien: Universität.

Rollett, B. & Werneck, H. (2001). Die Bewältigung des Übergangs zur Elternschaft durch Mütter und Väter in Österreich. In H. Nickel & C. Quaiser-Pohl (Hrsg.), *Junge Eltern im kulturellen Wandel – Untersuchungen zur Familiengründung im internationalen Vergleich* (S. 255–261). Weinheim: Juventa.

Schneider, K. & Schmalt, H.-D. (2000). *Motivation.* Stuttgart: Kohlhammer.

Schönpflug, W. (1980). Anstrengungsvermeidung – Aus der Nähe betrachtet. In K. R. Silbereisen (Hrsg.), *Bericht über die 4. Tagung Entwicklungspsychologie* (S. 357–360). Berlin.

Schönpflug, W. (1983). Coping efficiency and situational demands. In G. R. J. Hockey (Hrsg.), *Stress and fatigue in human performance* (S. 299–330). London: Wiley.

Staehle, W. H. (1999). *Management.* München: Vahlen.

Tewes, U., Schallberger, U. & Rossmann, K. (2000). *Hamburg-Wechsler-Intelligenztest für Kinder-III (HAWIK III).* Göttingen: Hogrefe.

Thomas, A. & Chess, S. (1977). *Temperament and development.* Oxford, England: Brunner/Mazel.

Trudewind, C. (1982). The development of achievement motivation and individual differences: Ecological determinants. In W. Hartup (Hrsg.), *Review of Child Development Research* (S. 669–774). Chicago: The University of Chicago Press.

Trudewind, C. & Kohne, W. (1982). Bezugsnorm-Orientierung der Lehrer und Motiventwicklung. *Jahrbuch für Empirische Erziehungswissenschaft 1982,* 115–141.

Werneck, H. & Rollett, B. (1999). Die Wiener Längsschnittstudie »Familienentwicklung im Lebenslauf (FIL)« – Ausgewählte Befunde und Implikationen. In B. Reichle & H. Werneck (Hrsg.), *Übergang zur Elternschaft. Aktuelle Studien zur Bewältigung eines unterschätzten Lebensereignisses* (S. 109–126). Stuttgart: Enke.

Winterstein, P. J. (1991). *Leistungsmotivationsförderung im Sportunterricht.* Hamburg: Verlag Kovac.

Wold, H. (1979). *Model construction and evaluation when theoretical knowledge is scarce: An example of the use of Partial Least Squares.* Cahier 79.06 du département d'économétrie, faculté des sciences économiques et socials. Université de Genève.

7 Wie gesund sind Ziele? Intrinsische Motivation, Affektregulation und das Selbst

Julius Kuhl und Sander Koole

Menschliche Motivation wäre ohne die antreibende und Richtung gebende Funktion von Zielen kaum vorstellbar. Menschen verfolgen zuweilen abstrakte Ziele, wie das Ziel »Ich möchte Spanisch lernen«, oder konkretere Ziele, wie »Ich möchte heute vor Geschäftsschluss noch an der Ecke beim Bäcker Brot kaufen«. Seit gut zwei Jahrzehnten werden Ziele in der Motivationspsychologie als die wesentlichen Quellen der Motivation betrachtet (Austin & Vancouver, 1996; Brunstein & Maier, 1996; Church, Elliot & Gable, 2001).

Das verstärkte wissenschaftliche Interesse an der motivationalen Relevanz von Zielen beruht nicht zuletzt darauf, dass Ziele Menschen ermöglichen, ihr Leben in die Hand zu nehmen. Aus dieser Sicht sind Ziele in vielen Lebensbereichen wirksame Werkzeuge zur Verbesserung der Leistung und des Wohlbefindens (Locke & Latham, 1990; s. Bipp & Kleinbeck in diesem Band). Allerdings sind die Auswirkungen von Zielen komplexer, als es durch diese knappe Charakterisierung suggeriert wird. Die Zielsetzungsforschung zeigt zwar, dass Fortschritte in der Zielerreichung das Wohlbefinden und die Gesundheit fördern (Emmons, 1992; Sheldon & Kasser, 1998). Andererseits gibt es aber auch empirische Hinweise darauf, dass die vielfach replizierten Befunde zu den positiven Wirkungen von Zielen auf die Zielerreichung und auf das Wohlbefinden nicht immer gelten. So zeigten z. B. Kasser und Ryan (1993), dass das Erreichen finanzieller Ziele mit negativen Auswirkungen verbunden sein kann, z. B. indem sie das Wohlbefinden senken.

Können wir also Lebensweisheiten vom Typ »Geld macht nicht glücklich« beibehalten? Oder ist die Vorstellung, dass es Ziele gibt, deren Erreichung das Wohlbefinden sogar vermindern und Unzufriedenheit oder gar Krankheit verursachen kann, durch die Ergebnisse der Zielsetzungsforschung widerlegt? Von Niels Bohr stammt die folgende Formulierung einer alten Erkenntnis: »Es gibt zwei Arten von Wahrheit: Bei der ersten Art ist das Gegenteil einer Aussage falsch; bei der zweiten Art ist das Gegenteil einer Aussage ebenso wahr«. Die zweite Art von Wahrheit, die dem logischen Verstand recht »unlogisch« erscheint, ist im Grunde auch mit den Mitteln der logischen Vernunft recht einfach zu verstehen. Sie ist eine paradox wirkende Formulierung relativ einfacher (»disordinaler«) Wechselwirkungen: In einer solchen Wechselwirkung kann eine Variable, z. B. das Erreichen persönlicher Ziele, unter bestimmten Bedingungen positive und unter anderen Bedingungen hingegen negative Konsequenzen nach sich ziehen. Damit ist die eine *Wahrheit* »Zielerreichung steigert das Wohlbefinden« ebenso wahr wie ihr Gegenteil »Zielerreichung senkt das Wohlbefinden«, je nach dem, um welche Ziele es sich handelt und wie die Person mit ihnen umgeht.

Wir werden in diesem Kapitel versuchen, die widersprüchlichen Befunde zur Wirkung von Zielen durch einen neuen theoretischen Ansatz zu erklären. Zunächst untersuchen wir gesunde Ziele und ihren Zusammenhang mit der »intrinsischen« Motivation, d. h. einer Motivationsform, bei der die Freude am Tun wie »von selbst« aus der Tätigkeit zu strömen scheint. Die wissenschaftliche Analyse des Begriffs »intrinsische Motivation« wird uns dann zu einer Funktionsanalyse des Selbst führen. Nach einem Exkurs über den in der Motivations- und Persönlichkeitspsychologie noch ungewöhnlichen Wechsel von der Zentrierung auf die Inhalte des Denkens, Fühlens und Handelns auf die zugrunde liegenden Funktionsmechanismen wird das Selbst als ein System dargestellt, das sich vom bewussten Denken (das auch bewusste Ziele entwickelt) durch eine intuitive und ganzheitliche Form der Verarbeitung unterscheidet, die stärker mit Gefühlen und Bedürfnissen vernetzt ist als das analytische Denken. Vor diesem theoretischen Hintergrund unterbreiten wir einen Vorschlag, wie die eingangs erörterten Widersprüche aufzulösen sind. Dass das Verfolgen und Erreichen von Zielen oft das Wohlbefinden und die Leistung steigert, zuweilen aber auch gegenteilige Auswirkungen haben kann, wird sich dann aus den Funktionsprofilen der beteiligten psychischen Systeme erklären lassen.

1   Gesunde Ziele und intrinsische Motivation

Wenn Ziele zuweilen positive, zuweilen aber auch negative Auswirkungen auf Wohlbefinden und Gesundheit haben können, so stellt sich die Frage, wovon es denn abhängt, ob die Zielerreichung eine positive oder eine negative Auswirkung entfaltet. Dies ist die Frage nach *Moderatoren*, d. h. nach Variablen, die an der Wechselwirkung der relevanten Einflussgrößen beteiligt sind. Ein Moderator ist ein Merkmal, von dem es abhängt, wie sich eine bestimmte Einflussgröße (z. B. die Einnahme eines Medikaments) auf eine andere Variable (z. B. die Reaktionszeit) auswirkt. Das kann bei einem Medikament z. B. die Tageszeit sein. Morgens wirken sich bestimmte Aufputschmittel beschleunigend, abends hingegen (paradoxerweise) verlangsamend auf das Reaktionsvermögen aus. In der Forschung zur Selbstbestimmungstheorie (Deci & Ryan, 1991; s. Schiefele & Streblow in diesem Band) wurde eine solche Moderatorvariable für den Zusammenhang von Zielerreichung und Wohlbefinden postuliert und untersucht: Demnach sollen Ziele und

Zielfortschritte das Wohlbefinden und die Gesundheit fördern, sofern sie *intrinsischer Motivation* entspringen, und sie sollen sich negativ auswirken, wenn sie *extrinsisch* motiviert sind. Geld gehört in dieser Denkweise ebenso wie Ansehen, Status und Aussehen zu den extrinsischen Anreizen, während Zusammengehörigkeit, persönliche Begegnung, Austausch von Gefühlen und persönliches Wachstum zu den intrinsischen Anreizen gezählt wird.

Hier wird allerdings ein theoretisches Problem deutlich: Auch wenn die Unterscheidung zwischen intrinsischer und extrinsischer Motivation intuitiv verstehbar erscheint, so ist sie wissenschaftlich doch keineswegs hinreichend erklärt. Es gibt zwar verschiedene Versuche, dieses Begriffspaar präziser zu bestimmen. Jeder dieser Versuche lässt aber wichtige Fragen offen, ohne deren Klärung man nicht von einer Erklärung sprechen kann. Dies gilt z. B. für Heckhausens (1989) Vorschlag, intrinsische Motivation sei durch die »Gleichthematik« von Tätigkeit und Ziel bestimmt, während bei der extrinsischen Motivation beides auseinander klafft. Aus dieser Sicht fließt am Beispiel von leistungsmotivierten Personen die »intrinsische« Freude wie von selbst beim Lernen, wenn jemand das Ziel hat, eine gute Leistung zu erbringen, und sich auch auf eine Leistung erfordernde Aufgabe einlässt. Extrinsische Motivation läge in diesem Beispiel vor, wenn eine machtmotivierte Person die Leistungsaufgabe nur deshalb bearbeitet, weil sie die eigene Machtposition stärken oder Anerkennung von anderen Personen erlangen möchte. Extrinsische Motivation läge im Sinne Heckhausens auch dann vor, wenn man Geldgeschäfte macht, das Geld aber eigentlich nicht das Ziel ist, sondern die Anerkennung und der Status, den es verschafft. Diese wichtige Beobachtung kann auf dem Weg zu einer Erklärung hilfreich sein, aber sie ist eigentlich eher eine Beschreibung als eine Erklärung, die die zugrunde liegenden Mechanismen bestimmen würde. Wenn man z. B. Geld in großen Mengen nur um des Geldes willen anhäuft (intrinsische Motivation), dann sollte Geld glücklich machen, da ja Tätigkeit und Ziel gleichthematisch sind. Und selbst dort, wo die Gleichthematik von Tätigkeit und Ziel intuitiv charakteristisch für intrinsische Motivation zu sein scheint, bleibt die Frage, *warum* dort ein Zielfortschritt das Wohlbefinden und die Gesundheit steigert, und warum bei unterschiedlicher Thematik von Tätigkeit und Ziel der Zielfortschritt sogar schädliche Folgen haben kann.

Deci und Ryan (1991) haben versucht, der Lösung dieses Rätsels auf die Spur zu kommen, indem sie intrinsische Motivation mit *Selbstbestimmung* verbanden. Intrinsische Ziele sind deshalb »gesünder«, weil sie sich besser mit dem »Selbst« einer Person verbinden lassen. Ziele wie Geld verdienen, Statussymbole sammeln oder das eigene Aussehen verbessern, gehen »irgendwie« an dem Selbst der Person vorbei, sie sind nicht so »selbstkongruent« wie Ziele, die sich auf den emotionalen Austausch mit anderen Menschen beziehen oder auf das Wachstum der eigenen Persönlichkeit. Allerdings ist der Erklärungswert dieses Ansatzes begrenzt, solange im Dunkeln bleibt, was denn mit dem »Selbst« einer Person eigentlich gemeint sein könnte: Warum passt Geld und Ansehen in dieses »Selbst« nicht so gut hinein wie persönliche Begegnung und Verbundenheit mit anderen? Und wie kann die Kausalkette von diesem »Selbst« bis hin zu den körperlichen Prozessen erklärt werden, auf die intrinsische Ziele ihre gesunde Wirkung ausüben?

Es gibt weitere Versuche, die positiven Wirkungen intrinsischer Motivation zu erklären, z. B. durch die Nähe intrinsischer Motivation zu den Grundbedürfnissen des Menschen (z. B. Streben nach Kompetenz, Verbundenheit mit anderen Menschen und persönlicher Autonomie; vgl. Ryan, 1995) oder durch den Umstand, dass bei der intrinsischen Motivation der Tätigkeitsanreiz aus dem Vollzug der Tätigkeit selbst entspringt (Csikszentmihalyi, 1975; Rheinberg & Vollmeyer, 2003). Auch wenn sie noch kein zufrieden stellendes Erklärungsmodell liefern, so sind diese Vorschläge doch Meilensteine auf dem Weg zu einer Erklärung widersprüchlicher Auswirkungen von Fortschritten bei der Verwirklichung von Zielen. Jeder theoretische Erklärungsansatz wird daran zu messen sein, ob er auch diese Facetten erklären kann: Gibt es eine Erklärung dafür, dass Geld und Ansehen (oft oder zuweilen) weniger selbstkongruent sind als die emotionale Nähe zu anderen Menschen? Gibt es eine Erklärung dafür, dass bei Tätigkeiten, die wir »intrinsisch motiviert« nennen, die Freude »aus dem Vollzug der Tätigkeit selbst zu fließen« scheint?

Die Ansprüche an eine theoretische Erklärung werden nicht nur durch jedes der auffindbaren Konzepte immer höher, sondern auch durch die empirischen Befunde zur Wirkung von Zielfortschritten. Wie ist beispielsweise zu erklären, dass im Unterschied zu positiv formulierten *Annäherungszielen* (z. B.: »Ich möchte in der Klausur eine bessere Note erreichen«) bei *Vermeidungszielen* (»Ich möchte nicht wieder eine Fünf schreiben«) keine positiven Auswirkungen der Zielerreichung auf das Wohlbefinden zu beobachten sind (Elliot, Sheldon & Church, 1997)? Warum führen Zielfortschritte nicht generell zu einer Steigerung des Wohlbefindens, sondern nur dann, wenn die Erreichbarkeit der betreffenden Ziele und das Ausmaß, in dem sich eine Person an sie gebunden fühlt, hinreichend hoch ausgeprägt sind (Brunstein, 1993)? Natürlich kann man für jede einzelne Studie und für jedes der erwähnten Phänomene und Konzepte maßgeschneiderte Erklärungen suchen. Die eigentliche Herausforderung besteht jedoch darin, eine Erklärung zu finden, die auf möglichst viele Phänomene und empirische Befunde anwendbar ist.

2 Metatheoretischer Exkurs: Von Inhalten zu Funktionen

Theoretische Arbeit beginnt damit, die relevanten Schlüsselbegriffe näher zu betrachten. Was bedeutet psychologisch *Wohlbefinden* und *Zufriedenheit*? Wie lässt sich der Begriff des *Selbst* psychologisch explizieren? Was passiert psychologisch, wenn die Freude an einer Tätigkeit aus ihrem Vollzug wie von »selbst« fließt? Was bedeutet überhaupt »psychologisch«? Da das weitere Vorgehen entscheidend von der letzten Frage bestimmt ist, möchten wir sie als Erste thematisieren. In der Psychologie hatte man mit »psychologisch« zunächst im Selbsterleben beobachtbare Vorgänge (Introspektion) gemeint, später dann nur oder bevorzugt das direkt beobachtbare Verhalten (Behaviorismus) und heute verstärkt wieder Vorgänge, die Personen (auf entsprechenden Skalen) selbst beurteilen können (»Kognitionen«). Die »kognitive Wende« in der Motivationspsychologie hatte in der Tat eine gegenüber der klassischen Introspektion (etwa der Würzburger Schule: Ach, 1910) »vereinfachte« Form der Innenschau salonfähig gemacht, die meist Bewusstseinsfähigkeit und Quantifizierbarkeit der untersuchten Inhalte auf Selbstbeurteilungsskalen voraussetzt.

Eine Zeit übergreifende Gemeinsamkeit der verschiedenen Ansätze liegt in der Inhaltszentrierung: »Psychologische« Erklärungen rekurrieren in der Sozial-, Persönlichkeits- und Motivationspsychologie auf *Inhalte* des Denkens, Urteilens, Erlebens und Verhaltens, wie auf Erwartungen, Bedürfnisse, Motive, Absichten oder Ziele. Andere Motivationsquellen wie »subkognitive« Bedürfnisse oder implizite Motive sind demgegenüber für eine Weile in den Hintergrund des Forschungsinteresses geraten. Diese Entwicklung lässt sich auf die »kognitive Wende« in der Sozialpsychologie zurückführen, die in der Leistungsmotivationsforschung einen besonders nachhaltigen Niederschlag gefunden hat. Die kognitiven Ansätze suchen die Quellen der Motivation nicht in den Tiefen des Unbewussten, in denen Bedürfnisse und Motive auch dann zu finden wären, wenn sie nicht bewusst werden (Freud, 1915; McClelland, Koestner & Weinberger, 1989), sondern auf der Ebene bewusster Ziele. Bewusste Ziele haben u. a. den Vorteil, dass sie leicht zu messen sind: Man braucht Menschen nur nach ihren Zielen, ihren Präferenzen oder ihrer Motivation zu fragen (Fragebögen sind leichter auszuwerten als inhaltsanalytische Methoden, die eine beträchtliche integrative Intelligenz der Auswerter erfordern). Darüber hinaus hat eine zielbasierte Motivationstheorie den Vorteil, zu der zeitgeschichtlichen Überzeugung zu passen, dass immer mehr Lebensbereiche durch den bewussten Verstand *kontrollierbar* sind. Die Zielsetzungsforschung zeigt in der Tat – Fortschritte in der Zielerreichung fördern das Wohlbefinden und die Gesundheit (Emmons, 1992; Sheldon & Kasser, 1998). Auch diese Befunde sind so plausibel, dass man kaum versucht ist, weiter zu fragen, etwa ob Ziele nicht auch negative Einflüsse auf das Wohlbefinden ausüben können.

Lewin (1935) hatte in seinem berühmten Aufsatz über den von ihm geforderten Übergang vom aristotelischen zum galileischen Denken die einseitige Inhaltszentrierung in der Psychologie mit der Unterscheidung zwischen Geographie und moderner Physik verglichen. Danach müsste man die vorherrschenden Ansätze nicht »psychologisch«, sondern »psychographisch« nennen (Kuhl, 2001). Die psychographische Beschreibung der Inhalte des Denkens und Fühlens der Menschen (z. B. wie denkt jemand über Selbstwirksamkeit oder über die Kontrollierbarkeit seiner Ziele) ist sicher für die Psychologie wichtiger als ihr »geographisches« Pendant für die Physik. Trotzdem darf, so meinte Lewin, die Untersuchung von inhaltsübergreifenden Gesetzmäßigkeiten nicht vernachlässigt werden. Die einseitige Zentrierung auf Inhalte kann die Entwicklung von phänomenübergreifenden Theorien behindern. Ein Physiker müht sich nicht damit ab, die Position jedes Steinchens in einer Geröllhalde 10.000 Jahre in die Vergangenheit oder in die Zukunft hinein bestimmen zu wollen (auch wenn er nicht daran zweifelt, dass all die unüberschaubar vielen Positionsveränderungen der unzähligen Steinchen durchaus von allgemeinen physikalischen Gesetzen bestimmt sind). So wichtig die Inhaltszentrierung in der Psychologie für das Verstehen individueller Personen und ihrer Geschichte ist, so begrenzt dürfte ihr Potenzial für das Entdecken allgemeiner Funktionen und Prozesse sein (Lewin, 1935).

Den Begriff »psychologisch« möchten wir also mehr auf die dem Erleben und Verhalten zugrunde liegenden Prozesse, Funktionen und Systeme beziehen, als auf die spezifischen Inhalte des Denkens, Fühlens, Wollens und Verhaltens. Damit werden die aufgeworfenen Fragen, wie die nach der psychologischen Bedeutung des Begriffs *Selbst,* zu funktionsanalytischen Fragen. Noch vor wenigen Jahren stieß man in der Motivations- und in der Persönlichkeitspsychologie auf Unverständnis und Ablehnung, wenn man den Begriff des Selbst nicht vom Erleben her, sondern von den zugrunde liegenden Funktionen und Systemen her bestimmen wollte. Der Satz: »Wie funktioniert das Selbst«, klingt auch heute noch in vielen Ohren wie eine Verdinglichung (*Reifizierung*) eines theoretischen Konstrukts oder wie die Reduzierung eines eigentlich nur »intuitiv« oder hermeneutisch fassbaren Phänomens auf blanke Mechanismen, die auf einen Verlust der Freiheit und des naturwissenschaftlich nie vollständig bestimmbaren Wesens der »Selbstbestimmung« hinauslaufen.

Funktionsanalytische Theoriebildung, Erklärungen altehrwürdiger humanistischer Begriffe wie Selbst, Freiheit und Verantwortung müssen aber keineswegs reduktionistisch sein: »Mechanismen« sind zwar in der Vergangenheit immer fest mit reduktionistischen Ansätzen verbunden gewesen, d. h. man hat immer wieder versucht, komplexe humanistische Begriffe wie Selbstregulation oder Selbstverwirklichung mit zu einfachen Mechanismen zu erklären. Beispiele sind Skinners (1971) Reduktion der Willensfreiheit auf primitive Lernmechanismen (schon mit dem Hustenreflex »befreie« man sich ja von Unerwünschtem) oder Versuche, den Begriff der Willensfreiheit (d. h. der freien Selbstbestimmung) ganz aus der Wissenschaft zu eliminieren, weil er durch den Nachweis der Determinanten angeblich freier Willenshandlungen widerlegt sei (Roth, 2002). Es lässt sich aber durchaus zeigen, dass Begriffe wie *Selbstbestimmung, Willensfreiheit* und *Verantwortung* ohne solche Reduktionismen naturwissenschaftlichen Erklärungen zugänglich und mit ihnen vereinbar sind (Kuhl, 2005; Kuhl & Koole, 2004; Ryan, Kuhl & Deci, 1997).

3   Funktionsanalyse des Selbst

Das »Selbst«, das bei »gesunden« Zielen beteiligt ist und das die Freude an der Tätigkeit hervorbringt, lässt sich aus funktionsanalytischer Sicht als ein *psychisches System* betrachten, das unzählige autobiographische Episoden in ein stetig wachsendes Bild der eigenen Person in ihrem sozialen Kontext integriert. Wer Schwierigkeiten hat, sich das Selbst als ein funktionierendes System vorzustellen, kann mit einfachen selbstrepräsentierenden Systemen beginnen: Die Batterieanzeige eines Notebooks ist ein solches System. Sie beruht auf der Fähigkeit, ein für die eigene Funktionstüchtigkeit wichtiges Merkmal des eigenen Systems abzubilden (»Selbstwahrnehmung«) und dann, wenn ein kritischer Wert erreicht ist (z. B. der minimale Ladezustand), entsprechende Maßnahmen (gewissermaßen für das eigene »Überleben«) zu ergreifen (z. B. Ausgabe einer Warnmeldung, Reduktion energieintensiver Funktionen, bis hin zum vorübergehenden Abschalten). Aus dieser Sicht lässt sich »Selbstregulation« als eine funktionsanalytisch beschreibbare Leistung eines Systems beschreiben, die den scheinbar nur dem Selbsterleben zugänglichen Willensbegriff naturwissenschaftlich fassbar macht.

Der Vergleich des menschlichen Willens mit der Batterieüberwachung eines Notebooks darf allerdings nicht reduktionistisch interpretiert werden: Das Selbst einer Person hat eine komputationale (»rechnerische«) Mächtigkeit, die schier unfassbare Dimensionen annimmt (sodass sich der Begriff der Willensfreiheit trotz seiner prinzipiellen Determiniertheit in der Tat der umstrittenen Freiheit von der kausalen Determination annähert). Dieses System integriert unzählige Erlebnisepisoden, von denen jede zahllose Einzelheiten umfasst (die in einer erinnerten Szene gesehenen Gegenstände und Personen, der ganze Kontext, die eigenen Gedanken, Gefühle, Bedürfnisse, Ziele, Handlungsmöglichkeiten und -folgen, die vermuteten

Gedanken, Gefühle, Bedürfnisse, Ziele und Handlungsmöglichkeiten und -folgen *anderer* Personen u. v. m.). Wenn eine Entscheidung aufgrund der simultanen Verrechnung einer (bewusst) unüberschaubaren Vielzahl solcher Erfahrungen getroffen wird, dann ist sie in einem funktionsanalytisch fassbaren Sinne »selbstbestimmt«. So nennen wir eine Entscheidung, die eine Vielzahl eigener und fremder Bedürfnisse, Werte, Handlungsmöglichkeiten und anderer »Selbstaspekte« berücksichtigt. Eine solche Leistung kann im Grunde nicht mit der begrenzten Verarbeitungskapazität des analytischen Bewusstseins erbracht werden. Wir schreiben diese Leistung deshalb einem parallel (»ganzheitlich«) arbeitenden System zu, das nach dem Muster konnektionistischer Netzwerke funktioniert (Marcus, 2001; Pospeschill, 2004).

Die im vorliegenden Zusammenhang wichtigste Eigenschaft der parallel-konnektionistischen Verarbeitung ist ihre Fähigkeit, eine Vielzahl von Randbedingungen (*constraints*) simultan (parallel) zu berücksichtigen, ohne dass diese Informationen Schritt für Schritt dem Bewusstsein »vorgeführt« werden müssen. Damit wird auch verständlich, warum die Freude an einer »intrinsisch« motivierten Tätigkeit gleichsam »aus der Tätigkeit selbst herauszuströmen scheint«: Dem Bewusstsein ist die Beteiligung des Selbst mit all seinen vielen Bezügen zu persönlichen Bedürfnissen, Werten und anderen Selbstaspekten nicht zugänglich, aber das Selbst generiert immer wieder positiven Affekt, weil es gerade in schwierigen oder unangenehmen Phasen in seinem riesigen Erfahrungsnetzwerk irgendwelche positiven Aspekte der Tätigkeit oder ihrer Folgen finden und wegen seiner (noch zu besprechenden) Vernetzung mit dem autonomen Nervensystem emotional erlebbar machen kann. Nun ist wissenschaftlich begründbar, wie es zu der spontan mit der Tätigkeit verbundenen Motivation kommen kann: Wenn das Selbstsystem es ohne bewusste Kontrolle schafft, alle durch eine Tätigkeit berührten Bedürfnisse, Werte und Gefühle zu »verrechnen«, dann ist es nicht verwunderlich, dass dann die Motivation für die betreffende Tätigkeit buchstäblich wie von »selbst« vorhanden ist.

Natürlich ist mit der Skizzierung der theoretischen Möglichkeit einer unbewussten Quelle der Motivation für selbstbestimmte Tätigkeiten noch nicht der Nachweis erbracht, dass das Selbst an dem Zustandekommen dessen, was mit *intrinsischer Motivation* bezeichnet wird, wirklich beteiligt ist. Freude an einer Tätigkeit kann aus funktionsanalytischer Sicht auch ohne Beteiligung des Selbst entstehen. Das, was Bühler *Funktionslust* nannte, also die bei Kindern beobachtbare Freude an der Ausführung einfacher Tätigkeiten, ist durchaus ohne Beteiligung des Selbst vorstellbar. In der Theorie der Persönlichkeits-System-Interaktionen (PSI-Theorie) wird angenommen, dass positiver Affekt die Ausführung spontan (»intuitiv«) abrufbarer Handlungsroutinen bahnt und dass auch umgekehrt das Ausführen spontaner Handlungsroutinen den positiven Affekt erhöht (Kuhl, 2001). Wenn dieser Zusammenhang allerdings nur für spontan abrufbare Handlungsroutinen gilt, kann er nicht den Zusammenhang zwischen intrinsischer Motivation bei Tätigkeiten erklären, die mit *Schwierigkeiten* verbunden sind oder unangenehme Seiten haben: Schwierigkeiten sind dadurch definiert, dass spontan abrufbare Handlungsroutinen nicht ausreichen, sodass höhere Funktionen zugeschaltet werden müssen, die Problemlösungskompetenzen vermitteln.

Wenn wir das Selbst als eine solche höhere Instanz auffassen, die sozusagen gesammelte und verdichtete Lebenserfahrung einbringt, dann wird die Rolle dieses Systems in allen Situationen plausibel, in denen trotz oder gerade wegen zu überwindender Schwierigkeiten, positive Energien fließen (Csikszentmihalyi, 1975;

Rheinberg, 2004): Die Freude an der Tätigkeit fließt bei Aufgaben, die auch schwierige oder unangenehme Seiten haben, nicht kontinuierlich »aus der Tätigkeit« heraus. Man kann ja gerade an schwierigen Stellen durchaus auch einmal die Lust verlieren. Hier wird die Rolle des Selbst plausibel, damit die Person sich selbst an solchen Stellen motivieren kann. *Selbstmotivierung* kann man dann ganz wörtlich verstehen: Die Motivation an schwierigen Stellen kommt aus dem Selbst, weil dieses System auf so viele Erfahrungen zurückgreifen kann, dass es meist mit Leichtigkeit irgendeine Erfahrung findet, die Mut macht oder die einfach positive Seiten der Tätigkeit wieder in den Vordergrund rückt.

4   Weitere Funktionsmerkmale des Selbst

Man könnte nun auch denken, dass dann, wenn Menschen mit Schwierigkeiten konfrontiert sind, das Selbst oder ein anderes System nicht notwendig ist, um positiven Affekt entstehen zu lassen. Allein die Überwindung von Schwierigkeiten reicht ja aus, um das Entstehen von Freude zu erklären. Ob bzw. wann die Entstehung der Freude an einer Tätigkeit durch das Selbst vermittelt wird, erfordert eine experimentelle Klärung.

Ein erster Hinweis, dass die positive Valenz einer Handlung *aus dem Selbst* generiert wird, wäre der Nachweis, dass sie im wörtlichen Sinne »von selbst« entsteht, d. h. ohne erkennbaren äußeren Einfluss. Beckmann und Kuhl (1984) ließen wohnungssuchende Studierende die Attraktivität (*Valenz*) verschiedener Wohnungsangebote skalieren. Nach einigen Zwischenaufgaben wurden die Studierenden gebeten, dieselben Angebote nochmals zu beurteilen. Da in der Zwischenzeit keine neuen Informationen über die verschiedenen Angebote gegeben worden waren, gab es keinen äußeren Anlass, die persönliche Attraktivität der Wohnungen anders zu beurteilen als beim ersten Mal. Manche Personen stuften allerdings die Attraktivität der bei der ersten Beurteilung favorisierten Wohnung beim zweiten Mal deutlich höher ein als bei der ersten Messung, während andere Personen sämtliche Wohnungen beim zweiten Mal genauso beurteilten wie beim ersten Mal.

Wie lässt sich dieser Unterschied zwischen den Personen erklären? Ein Fragebogen gab einen Hinweis: Die Personen, die die favorisierte Alternative aufwerteten, ohne dass es irgendeinen äußeren Anlass dazu gab (etwa neue Informationen), gaben in dem Fragebogen zu erkennen, dass sie im Alltag bei schwierigen Entscheidungen oder dann, wenn die Umsetzung einer Handlung schwer falle, meist über die nötige Energie zum Handeln verfügten, auch wenn diese Energie nicht von außen zugeführt wurde (etwa durch Unterstützung oder Ermutigung seitens einer anderen Person). Diese Personen wurden »Handlungsorientierte« genannt, weil sie offenbar die Energie und die Motivation zum Handeln »selbst«, d. h. ohne Hilfe von außen generieren konnten. Diejenigen, die die vorhandene *Lage* (d. h. in diesem Experiment: die Valenzen der Wohnungsangebote) nicht *selbst*ständig änderten, nannten wir »Lageorientierte«.

Da es im Fragebogen zur Messung der Handlungsorientierung um die Frage ging, ob auch bei schwierigen oder unangenehmen Vornahmen die Energie zum Handeln aufgebracht werden kann, lag die Vermutung nahe, dass Handlungsorientierte die Attraktivität der schon bei der ersten Sichtung der Wohnungsalternativen favorisierten Option weiter erhöhten, um so die für die Realisierung dieser Alternative nötige Entschlusskraft und Umsetzungsenergie zu erhalten (d. h. um sich selbst zu motivieren). Natürlich kann man aus der Beobachtung, dass Handlungsorientierte die Attraktivität von Handlungsalternativen »von selbst« erhöhen, noch nicht zwingend ableiten, dass an dieser Motivationssteigerung das »Selbst« beteiligt ist, also ein abstraktes oder sogar tatsächlich vorhandenes *System*, das immer dann für eine Erhöhung der eigenen Motivation sorgt, wenn man mehr Motivation braucht, um eine Handlung auch bei Schwierigkeiten zu beginnen oder aufrecht zu erhalten. Um eine solche Frage zu überprüfen, braucht man eine Theorie, die dieses hypothetische System genauer spezifiziert, die also angibt, welche verschiedenen Aufgaben das Selbst übernimmt und wie es im Einzelnen funktioniert. Während in der Vergangenheit der Begriff des Selbst und verwandte Begriffe wie *Selbstbestimmung* oder *Selbstverwirklichung* auf phänomenologische Theorien beschränkt waren (z. B. Deci & Ryan, 1991; Rogers, 1961), gibt es inzwischen auch Ansätze, das Selbst als ein funktionsanalytisch bestimmbares System aufzufassen (Klein & Loftus, 1993; Koole & Pelham, 2003; Kuhl, 1994, 1996, 2001; Nowak, Vallacher, Tesser & Borkowski, 2000).

In diesen Ansätzen wird das Selbst als ein weitgehend unbewusstes (»implizites«) System aufgefasst, das von dem bewusst repräsentierten Selbstkonzept zu unterscheiden ist. Das Funktionsprofil dieses hypothetischen Systems wird durch das bereits erwähnte Funktionsmerkmal der ganzheitlichen (»parallelen«) Verarbeitung ergänzt. Dieses gibt den Überblick über alle relevanten eigenen Bedürfnisse und Werte. Durch die postulierte Anbindung an das autonome Nervensystem ermöglicht das hypothetische System die Wahrnehmung und die Steuerung von Emotionen und damit die Affektregulation einschließlich der hier diskutierten Selbstmotivierung. Für die starke These, dass ein solches System nicht nur ein hypothetisches Konstrukt darstellt, sondern sogar auf der neurobiologischen Ebene existiert, sprechen Befunde, die zeigen, dass alle die bislang erwähnten hypothetischen Funktionsmerkmale des Selbstsystems durch dieselben oder benachbarten Regionen des Gehirns unterstützt werden (d. h. durch die rechte Hemisphäre, besonders den rechten präfrontalen Kortex): Das gilt 1. für die Selbstwahrnehmung (Craik et al., 1999; Keenan, Nelson, O'Connor & Pascual-Leone, 2001), die z. B. durch die Frage gemessen wird, welche Adjektive aus einer gezeigten Liste die eigene Person beschreiben und welche nicht, 2. für die ganzheitliche (parallele) Verarbeitungscharakteristik, die z. B. in einer breiten (impliziten) Aufmerksamkeit für alles potenziell Relevante (Vigilanz) erkennbar wird (Posner & Rothbart, 1992) und 3. für die Affektregulation (Levesque et al., 2003), einschließlich der Selbstmotivierung (Barkley, 1997).

5 Intrinsische Freude mit Selbstbeteiligung?

Wie lässt sich überprüfen, ob ein solches »Selbstsystem« an dem Zustandekommen von positivem Affekt beteiligt ist (was gerade bei schwierigen Aufgaben bei vielen Menschen offensichtlich nicht von selbst geschieht)? In einer Untersuchung von Koole und Jostmann (2004) wurde dieser Frage nachgegangen. Überprüft werden sollten die drei erwähnten Funktionsmerkmale des postulierten Selbstsystems: 1.

Die Heraufregulierung von positivem Affekt dient der Selbstmotivierung bei schwierigen Aufgaben. Deswegen sollten Hinweise auf eine Zunahme von positivem Affekt nur dann nachweisbar sein, wenn Versuchspersonen mit einer anspruchsvollen Aufgabe konfrontiert werden. 2. Die Heraufregulierung von positivem Affekt wird durch ein implizit (unbewusst) arbeitendes System (quasi »automatisch«) vermittelt, das die *Aufmerksamkeit* für Reize steigert, die die positive Motivation stimulieren. Darum sollten Hinweise auf eine Zunahme von positivem Affekt in einem so kurzen Zeitbereich nachweisbar sein, dass eine bewusste Affektregulation unwahrscheinlich ist. 3. Die Heraufregulierung von positivem Affekt wird tatsächlich durch das System vermittelt, das an der Selbstwahrnehmung beteiligt ist, also durch das Selbstsystem. Deswegen sollte der Zusammenhang zwischen der Heraufregulierung von positivem Affekt und der Schwierigkeit der Aufgabe verschwinden, sobald man interindividuelle Unterschiede in der Selbstwahrnehmungskompetenz konstant hält.

Koole und Jostmann konnten diese drei Hypothesen für die (prospektive) Form der Handlungsorientierung bestätigen, auf die es bei der Überwindung von Schwierigkeiten und der dazu nötigen Selbstmotivierung ankommt (vgl. Abb. 7.1): 1. Nur in einer Bedingung, in der die Versuchspersonen mit zu überwindenden Schwierigkeiten konfrontiert wurden (sie sollten an eine Person in ihrem Leben denken, die hohe Anforderungen an sie stellt oder stellte), gab es eine signifikante Erhöhung von Kennwerten für das Ansteigen positiven Affekts. 2. Diese Kennwerte beruhten auf verkürzten Reaktionszeiten beim Entdecken eines fröhlichen

Handlungsorientierte Versuchspersonen (HOP)

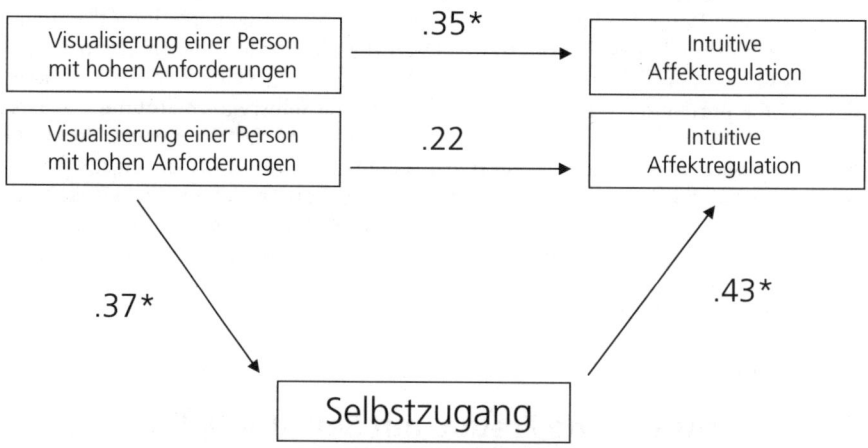

Abb. 7.1   Der Einfluss einer imaginierten Person, die hohe Anforderungen stellt, auf die unbewusste (intuitive) Affektregulation wird bei Handlungsorientierten (HOP) durch den Selbstzugang vermittelt, der durch die Reaktionszeiten bei selbstreferenziellen Urteilen gemessen wurde; bei Lageorientierten trat der dargestellte Effekt nicht auf (nach Koole & Jostmann, 2004).
   * p < .05

Gesichts, das in einer Matrix von ärgerlichen Gesichtern versteckt war (die niedrigen Reaktionszeiten und die Auswirkung auf die breite Form der Aufmerksamkeit bestätigen die Hypothese, dass es sich um eine implizite Form der breit gestreuten Aufmerksamkeit für Hinweisreize handelt, die potenziell den positiven Affekt erhöhen könnten). 3. Schließlich bestätigte eine Mediationsanalyse die Hypothese, dass der signifikante Zusammenhang zwischen der Konfrontation mit zu überwindenden Schwierigkeiten und der erhöhten Sensibilität für positive Anreize durch die *Selbstwahrnehmung* vermittelt wurde: Sobald die Reaktionszeiten aus einer Selbstwahrnehmungsaufgabe statistisch konstant gehalten wurden, verschwand der Zusammenhang zwischen Schwierigkeit und erhöhter Sensibilität für positive Anreize.

Die im vorigen Abschnitt erwähnte Untersuchung von Beckmann und Kuhl (1984) würde erwarten lassen, dass diese Mediation nur für Handlungsorientierte gilt: Wenn die Hypothese richtig ist, dass Handlungsorientierte, nicht aber Lageorientierte bei der Konfrontation mit schwierigen Aufgaben positiven Affekt über das *Selbstsystem* heraufregulieren (»Selbstmotivierung«), dann dürfte der erwähnte Mediationseffekt des Selbstzugangs nur bei Handlungsorientierten auftreten. Genau dies war in der Untersuchung von Koole und Jostman (2004) der Fall, wie Abbildung 7.1 illustriert.

6   Wann machen Ziele krank?

Halten wir also fest: Menschen, die in schwierigen Situationen Zugriff auf das Selbstsystem haben (Handlungsorientierte), sind dazu in der Lage, auch bei Konfrontation mit unangenehmen oder schwierigen Aufgaben, positiven Affekt aufrechtzuerhalten oder wiederherzustellen. Daraus lässt sich eine erste Antwort auf die eingangs gestellte Frage ableiten, wann Ziele »gesund« sind und wann sie stattdessen »krank« machen oder zumindest das Wohlbefinden beeinträchtigen. Angesichts der vielen empirischen Hinweise auf Zusammenhänge zwischen positivem Affekt, Wohlbefinden und Gesundheit (Diener, 1998; Schwarzer & Renner, 2000) liegt die Vermutung nahe, dass Ziele das persönliche Wohlbefinden beeinträchtigen, wenn es einer Person *nicht* gelingt, die zur Verwirklichung ihrer Ziele notwendige Motivation (d. h. den notwendigen positiven Affekt) zu generieren. Diese Hypothese konnte in einer aktuellen Untersuchung bestätigt werden (Baumann, Kaschel & Kuhl, 2005). Wie aus Abbildung 7.2 hervorgeht, wurde in dieser Untersuchung beobachtet, dass Personen, die nach eigenem Urteil vielen *Alltagsbelastungen* ausgesetzt waren (also Bedingungen, die Selbstmotivierungskompetenzen verlangen), gerade dann in ihrem Wohlbefinden beeinträchtigt waren, wenn sie über geringe affektregulatorische Kompetenzen verfügten (d. h. wenn sie mehr lage- als handlungsorientiert waren).

Bedeutet nun die Beeinträchtigung der Selbstmotivierungskompetenz, dass mit dem reduzierten Wohlbefinden automatisch auch die Gesundheit leidet? Aus der PSI-Theorie lässt sich diesbezüglich eine differenziertere Hypothese ableiten: Wenn es schwer fällt, die Motivation für die Umsetzung eigener Ziele und für die Freude an den dazu notwendigen Tätigkeiten aufzubringen, dann werden zwar weniger Absichten umgesetzt und damit auch weniger Ziele erreicht. Die daraus

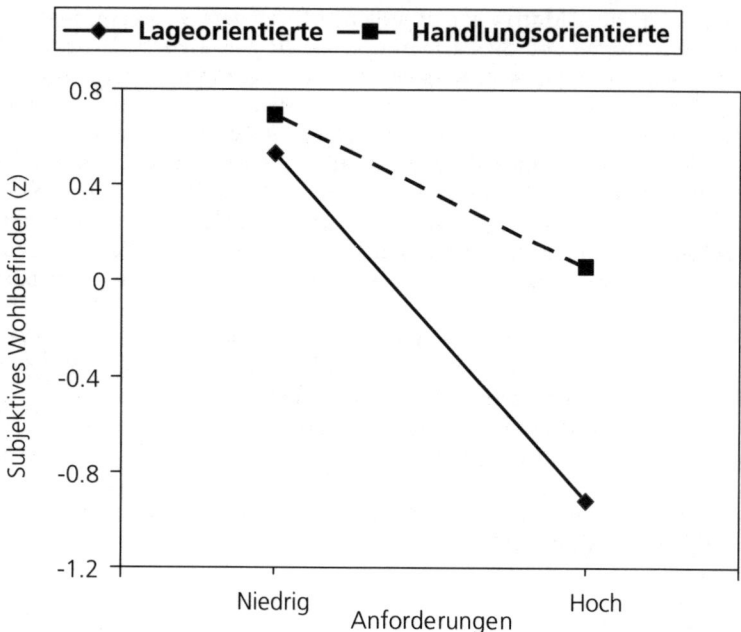

Abb. 7.2   Zusammenhang zwischen Anforderungen (Selbstbeurteilung der eigenen Alltagsbelastungen) und dem subjektiven Wohlbefinden, getrennt für eine hand-
lungs- und eine lageorientierte Gruppe (gemessen wurde HOP: prospektive
Handlungsorientierung).

resultierende Senkung des allgemeinen Wohlbefindens muss aber nicht in jedem
Fall zu psychischen Erkrankungen führen. Psychische Symptome hängen in star-
kem Maße von übermäßigem negativem Affekt (z. B. Angst, Bedrohung, Schmerz)
und dem daraus resultierenden Stress ab (Sapolsky, 1992). Die Entstehung und die
Regulation von negativem Affekt hängen von anderen Mechanismen ab als die
von positivem Affekt (Caccioppo & Gardner, 1999; Gray, 1987; Kuhl & Beckmann, 1994; LeDoux, 1995; Schultz, 1998; Watson & Tellegen, 1985). In der PSI-
Theorie kommt dies in den beiden Modulationsannahmen zum Ausdruck (Kuhl,
2001): Reduzierter positiver Affekt (z. B. Gehemmtheit, Lustlosigkeit, Entmuti-
gung oder Niedergeschlagenheit) hat eine andere Wirkung als negativer Affekt
(z. B. Nervosität, Angst, Schmerz, Unsicherheit). Während die Dämpfung von positivem Affekt die Umsetzung von Handlungsabsichten reduziert (»Willenshem-
mung«), führt übermäßiger negativer Affekt zu einer Hemmung des Selbstzugangs
(»Selbsthemmung«).

Die bei negativem Affekt erwartete Hemmung des Selbstzugangs lässt eine Beeinträchtigung der Regulation von Emotionen, Bedürfnissen sowie anderen körpernahen Prozessen und damit eine Zunahme psychischer Symptome erwarten.
Diese Erwartung beruht auf der Vernetzung des Selbst mit dem autonomen Nervensystem und daher auch mit Emotionen, Bedürfnissen und anderen körpernahen

Prozessen bis hin zum Immunsystem (Kuhl, 2001; Levesque et al., 2003; Wittling, 1990). Auch diese Hypothese konnte in der Untersuchung von Baumann et al. (2005) bestätigt werden: Die Zunahme von psychischen Symptomen während des dreimonatigen Beobachtungszeitraums hing nicht von der Reduzierung positiven Affekts durch Alltagsbelastungen und der Selbstmotivierungskompetenz (HOP) ab (wie die Senkung des Wohlbefindens: s. Abb. 7.2), sondern von der Steigerung negativen Affekts durch Alltagsstress (»Bedrohliches«) und der (Un-)Fähigkeit, negativen Affekt herabzuregulieren (»misserfolgsbezogene Lageorientierung«: LOM), wie Abbildung 7.3 zeigt.

Eine schwache Affektregulation kann dann, wenn im Alltag ein Übermaß an negativen Gefühlen ausgelöst wird, zu psychischen Krankheitssymptomen führen. Dieser plausible Zusammenhang lässt einen direkten Einfluss negativer Affekte auf die Bildung psychischer Symptome erwarten, die ja meist *emotionale* Störungen sind. Allerdings darf trotz dieses einfachen und plausiblen Zusammenhangs die Suche nach weiteren Vermittlungsmechanismen nicht aufgegeben werden. In der Motivationsforschung wird seit einiger Zeit eine Erkrankungsursache untersucht, die in der klinischen Psychologie seit langem postuliert wurde: Symptome entstehen oder werden schlimmer, wenn Menschen Ziele verfolgen, die ihnen nicht gut tun. Wenn wir das Selbst als ein System auffassen, das auf der Grundlage zahlloser Lebenserfahrungen am besten beurteilen kann, was dem Gesamtorganismus »gut tut«, dann lässt sich diese Hypothese theoretisch präzisieren. Wenn Menschen Ziele verfolgen, die nicht zu ihrem Selbst passen, dann entstehen oder verschlimmern sich psychische Symptome. Wenn die Diskrepanz zwischen dem Selbst und den persönlichen Zielen eine mögliche Ursache für den Zusammenhang zwischen übermäßigem negativen Affekt und Symptomentstehung sein soll, dann müsste zu-

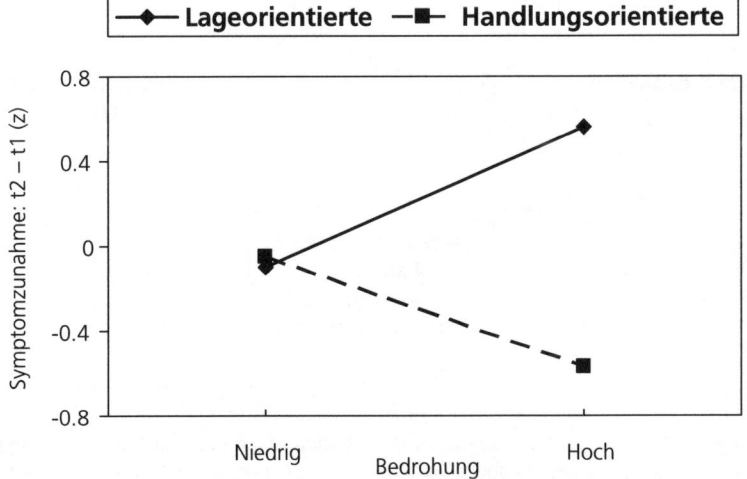

Abb. 7.3   Zusammenhang zwischen Bedrohung (Selbstbeurteilung des Alltagsstresses in Form von bedrohlichen und Angst machenden Aspekten) und der Zunahme von psychischen Symptomen wie Spannungskopfschmerzen, Depression, Zwangshandlungen etc., getrennt für eine handlungs- und eine lageorientierte Gruppe (gemessen wurde HOM: misserfolgsbezogene Handlungsorientierung).

nächst einmal überhaupt ein Zusammenhang zwischen negativem Affekt und dieser Diskrepanz nachgewiesen werden.

Brunstein (2001) konnte in der Tat diesen Zusammenhang in einer Längsschnittuntersuchung aufzeigen: Studierende, deren Fähigkeit beeinträchtigt war, negativen Affekt herabzuregulieren (Lageorientierte: LOM), zeigten eine geringere Übereinstimmung zwischen ihren expliziten Zielen und ihren impliziten Motiven (die mit dem TAT gemessen wurden) als Studierende mit höherer affektregulatorischer Kompetenz (Handlungsorientierte: HOM). Könnte es sein, dass der Einfluss negativen Affekts auf die Symptomentstehung (Abb. 7.3) nicht (nur) direkt zustande kommt, sondern (auch) durch die Diskrepanz zwischen expliziter Motivation und impliziten Motiven (als Teil des Selbst) vermittelt ist? Die in Abbildung 7.4 dargestellte Mediationsanalyse bestätigt diese Hypothese (Baumann et al., 2005): Wenn man den vermuteten Vermittlungsmechanismus, in diesem Fall die Diskrepanz zwischen der bewussten Einschätzung der Wichtigkeit von Leistungszielen und dem mit einem projektiven Verfahren (Operanter Motivtest) erfassten impliziten Leistungsmotiv, statistisch konstant hält, wird der Zusammenhang zwischen der Überforderung der affektregulatorischen Kompetenz (d. h. das Produkt aus Lageorientierung und als bedrohlich empfundenem Alltagsstress) signifikant reduziert (von .31* auf .23).

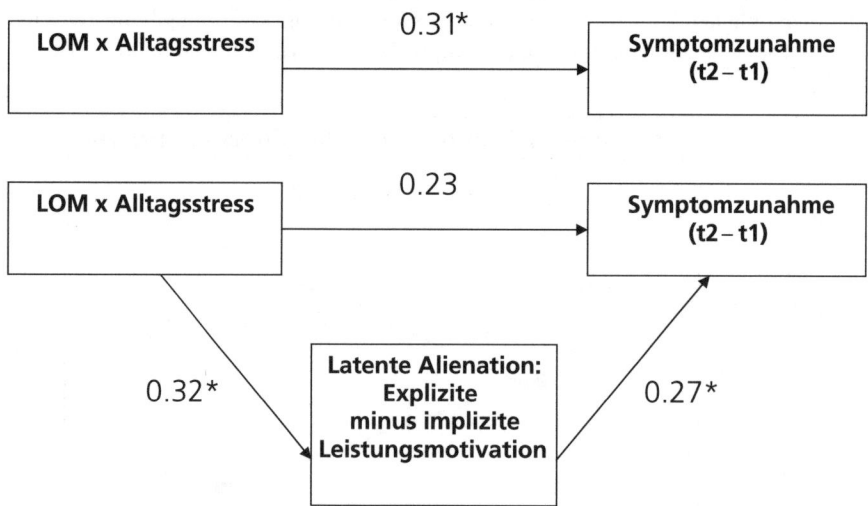

Abb. 7.4   Der Einfluss einer Überlastung der Fähigkeit, negativen Affekt herabzuregulieren (d. h. wenn hoher Alltagsstress mit einer niedrigen Fähigkeit zur Stressbewältigung zusammenkommt: Stress x LOM) auf die Zunahme psychischer Symptome innerhalb von 3 Monaten (t2 – t1) sinkt signifikant (von 0.31* auf 0.23), sobald interindividuelle Unterschiede in der Diskrepanz zwischen der bewussten Einschätzung der eigenen Leistungsmotivation und dem nicht bewusstseinspflichtigen Leistungsmotiv statistisch konstant gehalten werden.
* p < .05

7 Schlussbetrachtung

Die theoretischen und empirischen Fortschritte im Verständnis der Zusammenhänge zwischen bewusster und unbewusster Motivation (z. B. expliziten Zielen und impliziten Motiven), dem Wohlbefinden und der Gesundheit ermöglichen es uns, einige der eingangs erwähnten motivationspsychologischen Rätsel einer Lösung näher zu bringen. Dem Satz »Geld macht nicht glücklich« würden wir vor diesem Hintergrund dann Gültigkeit zubilligen, wenn das Geld nur durch die explizite Motivation (z. B. durch bewusste Ziele) angestrebt wird, nicht aber durch die implizite Motivation, d. h. durch das Selbst. Umfassende Zufriedenheit und subjektives Wohlbefinden können dann trotz aller Erfolge u. U. deshalb nicht entstehen, weil die Zielverfolgung zu viele andere Bedürfnisse der Person verletzt (z. B. das Bedürfnis nach Liebe und Nähe zu anderen Menschen oder das Bedürfnis nach Erholung).

Wenn wir das Selbst als das System auffassen, das den umfassendsten und intelligentesten, wenn auch in seiner Ausdehnung (*Extension*) nicht voll bewusstseinsfähigen Überblick über alle eigenen und fremden Bedürfnisse, Werte und Umweltbedingungen bereitstellt, dann wird verständlich, warum eine allzu einseitige Betonung der bewussten Motivation (einschließlich der persönlichen Ziele) zur Frustration vieler Bedürfnisse führen muss. Wenn es einer Person gelingt, ihr Streben nach Geld (oder anderen »extrinsischen« Zielen) mit ihren Bedürfnissen, Motiven und anderen Selbstwahrnehmungen abzugleichen, dann beseitigt sie nicht nur eine Quelle innerer Spannung, sondern bringt auch die umfassende Intelligenz des Selbst in Kontakt mit diesem Streben. Es dürfte ihr dann z. B. erheblich leichter fallen, Wege zu finden, ihre finanziellen Ziele zu erreichen, ohne unnötige Abstriche bei anderen Bedürfnissen und Zielen zu machen. Sie wird ihre Ziele buchstäblich nicht »ohne Rücksicht auf Verluste« verfolgen, sondern immer wieder im Kontext ihrer gesamten Lebenssituation (einschließlich der Bedürfnisse anderer Menschen und einschließlich des kulturellen Kontexts, in dem die Person lebt). Die komputationale Voraussetzung für diese Leistung haben wir mit der parallelen Verarbeitungscharakteristik des Extensionsgedächtnisses beschrieben. Sie macht die enorme Integrationsleistung des impliziten Selbst erst möglich.

Vor diesem Hintergrund wird auch der zitierte Befund erklärbar, dass Zielerreichung nur dann das Wohlbefinden steigert, wenn es sich um realistische Ziele handelt (Brunstein, 1993): Ob Ziele realistisch sind, kann umso besser beurteilt werden, je mehr sie einem Vergleich mit *allen relevanten Lebenserfahrungen* standhalten. Natürlich wird man im Alltag selten, das, was man tut, bewusst mit allen relevanten Lebenserfahrungen abgleichen. Aufgrund der »Kapazitätsbegrenzung« des Bewusstseins würde eine solche Prüfung viel zu zeitraubend ausfallen. Das Selbst ermöglicht jedoch durch seine parallele Verarbeitungscharakteristik umfassende Abgleichoperationen dieser Art in wenigen Sekunden oder Millisekunden. Geld, Status und andere »extrinsische« Ziele wären demnach vielleicht deshalb weniger leicht ins Selbst zu integrieren als Ziele, die sich auf persönliche Beziehungen und Selbstentwicklung beziehen, weil die extrinsischen Ziele weniger Lebensbereiche berühren als Beziehungs- und Selbstverwirklichungsziele. Wenn wir das Selbst einer Person als die umfassendste Repräsentation aller für ihre Existenz relevanten Bedürfnisse, Werte und Lebenserfahrungen auffassen, dann sind natürlich Ziele, die direkt das Selbst betreffen (oder die *Beziehung* zwischen zwei »Selbstsyste-men«), *per definitionem* umfassender als die erwähnten extrinsischen Ziele (es sei denn, man schafft es, Ziele wie Geldverdienen oder Statusgewinnung in das Selbst und damit in das ganzheitliche Erfühlen der Bezüge und Bedeutungen zu fast allen persönlichen Bedürfnissen, Werten und Lebenserfahrungen zu integrieren).

Auch die Beurteilung der eigenen Zufriedenheit oder des subjektiven Wohl-befindens erfordert eigentlich eine Beteiligung dieses Systems. Das analytische Be-wusstsein müsste Fragen nach der Zufriedenheit oder dem Wohlbefinden immer lokal beantworten (d. h. nur immer auf das gerade ins Auge gefasste Ziel bezogen) oder die Antwort aus dem Zeit raubenden Zusammensetzen möglichst vieler sol-cher lokaler Antworten konstruieren. Die in Brunsteins Befund enthaltene enge Verbindung zwischen subjektivem Wohlbefinden und der Realitätsnähe persönli-cher Ziele kann demnach dadurch erklärt werden, dass diese beiden Merkmale durch dasselbe System beurteilt werden. Auch der erwähnte Befund, dass das Er-reichen von Vermeidungszielen nicht zu einer Steigerung des Wohlbefindens führt (Elliot et al., 1997), lässt sich mit den kognitiven Einbußen erklären, die ein ge-hemmter Selbstzugang mit sich bringt: Wenn der den Vermeidungszielen zugrunde liegende negative Affekt den Selbstzugang erschwert, ist es auch schwierig, eine *umfassende* Zufriedenheit zu spüren (die den Selbstzugang erfordert). Das bedeu-tet, dass auch Selbstverwirklichungs- und Beziehungsziele (oder -wünsche) selbst dann, wenn sie erreicht werden, ihre positiven Auswirkungen auf das Wohlbefin-den und die Gesundheit einbüßen können, nämlich dann, wenn sie nicht vom ganz-heitlichen Selbst unterstützt werden, sondern von der bewussten (analytischen) Form der Zielverfolgung (wenn z. B. jemand nur dann in seinen Beziehungen aktiv wird, wenn er etwas Konkretes erreichen will).

Die einseitige Fixierung auf eigene Ziele hat allerdings nicht nur eine Beein-trächtigung *kognitiver* Ressourcen zur Berücksichtigung möglichst vieler eigener Interessen zur Folge. Wenn einzelne Ziele für lange Zeit einseitig verfolgt werden (d. h. ohne sie mit dem gesamten Selbst abzugleichen), werden auch *emotionale* Ressourcen verbraucht. Einseitige Zielverfolgung kann dazu führen, dass die Re-gulation eigener Gefühle erschwert wird. Das liegt daran, dass das System, das be-wusste Ziele verfolgt, nicht über eine ausgedehnte Vernetzung mit dem autonomen Nervensystem verfügt: Bei rechtshemisphärischen Systemen, die – wie wir ein-gangs erwähnten – an der Bildung umfassender Selbstrepräsentationen beteiligt sind, wurde eine stärkere Vernetzung mit dem autonomen Nervensystem nach-gewiesen als bei linkshemisphärischen Systemen, die für das analytische Denken und das mit ihm verknüpfte Aufrechterhalten expliziter Zielvorstellungen beson-ders wichtig sind (Dawson & Schell, 1982; Levesque et al., 2003; Wittling, 1990). Die Affektabkopplung des Zielverfolgungssystems mag für das Problemlösen und die Zielverfolgung adaptiv sein: Sie ermöglicht Probleme schon dann zu bearbei-ten, wenn sie noch gar nicht aktuell sind (d. h. wenn sie keine starken Bedürfnisse und Emotionen auslösen) und Ziele auch dann aufrechtzuerhalten, wenn sie unan-genehm sind (die Entkopplung des analytischen Zielverfolgungssystems von Affek-ten reduziert dann die demotivierende Wirkung solcher Ziele). Wird dieser Vorteil des Zielverfolgungssystems (z. B. des Gedächtnisses für Intentionen und des ana-lytischen Denkens) zu einseitig genutzt, entstehen chronische Diskrepanzen zwi-schen Zielen und Motiven oder zwischen bewusster Motivation und dem Selbst. Diese Entfremdung des bewussten Ich von seiner weitgehend unbewussten Basis (d. h. dem Selbst) ist demnach die Ursache für die in diesem Kapitel thematisierten paradoxen Fälle, in denen Zielerreichung keineswegs Zufriedenheit auslöst und das Wohlbefinden steigert und sogar das Verfolgen von durchaus »sinnvollen« Zielen krank machen kann.

Wir können also festhalten: Das Erreichen persönlicher Ziele hat zunächst einmal einen unbestrittenen positiven Effekt, der in dem erreichten Erfolg und der mit ihm verbundenen Zufriedenheit besteht. Erst wenn das Verfolgen von Zielen zu einseitig mit der bewussten Form der Handlungskontrolle realisiert wird, kann es zu negativen Auswirkungen auf das Wohlbefinden oder gar auf die Gesundheit kommen. Das liegt daran, dass das System (die linke Hemisphäre des Gehirns), das die bewusste Zielverfolgung unterstützt, weniger dicht mit dem autonomen Nervensystem vernetzt ist als das System, das die weitgehend unbewussten Netzwerke umfassender Selbstrepräsentationen unterstützt. Allerdings fördern auch Ziele, die direkt das Selbst und seine (liebevollen) Beziehungen zu anderen Menschen berühren, nur solange das Wohlbefinden und die Gesundheit, wie sie ihre natürliche Verbindung mit der unbewussten, emotions- und körpernahen Selbstwahrnehmung behalten. Wenn es gelingt, Ziele wie Geld und Ansehen, die normalerweise nicht mit dem gesamten Selbst abgeglichen werden, sondern auf konkrete Ergebnisse ausgerichtet sind, aus dieser Einengung zu befreien und sie mit allen wichtigen Bedürfnissen und Werten der Person und ihrer sozialen Beziehungen zu verbinden, dann können auch solche »extrinsisch« erscheinenden Bestrebungen zu intrinsischen Zielen werden, die Wohlbefinden und Gesundheit fördern.

Literatur

Ach, N. (1910). *Über den Willensakt und das Temperament.* Leipzig: Quelle & Meyer.

Austin, J. T. & Vancouver, J. B. (1996). Goal constructs in psychology: Structure, process, and content. *Psychological Bulletin, 120*, 338–375.

Barkley, R. A. (1997). Behavioral inhibition, sustained attention, and executive functions: Constructing a unifying theory of ADHD. *Psychological Bulletin, 121*, 65–94.

Baumann, N., Kaschel, R. & Kuhl, J. (2005). Affect regulation and motive-incongruent achievement orientation: Antecedents of subjective well-being and symptom formation. *Journal of Personality and Social Psychology*, in press.

Beckmann, J. & Kuhl, J. (1984). Altering information to gain action control: Functional aspects of human information processing in decision-making. *Journal of Research in Personality, 18*, 223–279.

Brunstein, J. C. (1993). Personal goals and subjective well-being: A longitudinal study. *Journal of Personality and Social Psychology, 65*, 1061–1070.

Brunstein, J. C. (2001). Persönliche Ziele und Handlungs- versus Lageorientierung: Wer bindet sich an realistische und bedürfniskongruente Ziele? *Zeitschrift für Differentielle und Diagnostische Psychologie, 22*, 1–12.

Brunstein, J. C. & Maier, G. W. (1996). Persönliche Ziele: Ein Überblick zum Stand der Forschung. *Psychologische Rundschau, 47*, 1–15.

Cacioppo, J. T. & Gardner, W. L. (1999). Emotions. *Annual Review of Psychology, 50*, 191–214.

Church, M. A., Elliot, A. J. & Gable, S. L. (2001). Perceptions of classroom environment, achievement goals, and achievement outcomes. *Journal of Educational Psychology, 93*, 43–54.

Craik, F. I. M., Moroz, T. M., Moscovitch, M., Stuss, D. T., Winocur, G., Tulving, E. & Kapur, S. (1999). In search of the self: A positron emission tomography study. *Psychological Science, 10*, 26–34.

Csikszentmihalyi, M. (1975). *Beyond boredom and anxiety.* San Francisco: Jossey-Bass.

Dawson, M. E. & Schell, A. M. (1982). Electrodermal responses to attended and nonattended significant stimuli during dichotic listening. *Journal of Experimental Psychology*, 8, 315–324.

Deci, E. L. & Ryan, R. M. (1991). A motivational approach to self: Integration in personality. In E. Dienstbier (Hrsg.), *Nebraska Symposium on Motivation* 1990 (S. 237–288). Lincoln/USA: University of Nebraska Press.

Diener, E. (1998). Subjective well-being and personality. In D. F. Barone & M. Hersen (Hrsg.), *Advanced personality* (S. 311–334). New York: Plenum Press.

Elliot, A. J., Sheldon, K. M. & Church, M. A. (1997). Avoidance personal goals and subjective well-being. *Personality and Social Psychology Bulletin*, 23, 915–927.

Emmons, R. A. (1992). Abstract versus concrete goals: Personal striving level, physical illness and psychological well-being. *Journal of Personality and Social Psychology*, 62, 292–300.

Freud, S. (1915/1975). Triebe und Triebschicksale. In S. Freud, *Studienausgabe* (Bd. 3, S. 81–102). Frankfurt/Main: S. Fischer.

Gray, J. A. (1987). *The psychology of fear and stress*. (2. Aufl.). Cambridge: University Press.

Heckhausen, H. (1989). *Motivation und Handeln*. Heidelberg: Springer-Verlag.

Kasser, T. & Ryan, R. M. (1993). A dark side of the American dream: Correlates of financial success as a central life aspiration. *Journal of Personality and Social Psychology*, 65, 410–422.

Keenan, J. P., Nelson, A., O'Connor, M. & Pascual-Leone, A. (2001). Self-recognition and the right hemisphere. *Nature*, 409, 305.

Klein, S. B. & Loftus, J. (1993). The mental representation of trait and autobiographical knowledge about the self. In R. S. Wyer & T. K. Srull (Hrsg.), *Advances in social cognition* (Bd. 5, S. 1–49). Hillsdale, NJ: Erlbaum.

Koole, S. L. & Jostmann, N. (2004). Getting a grip on your feelings: Effects of action orientation and social demand on intuitive affect regulation. *Journal of Personality and Social Psychology* 87, 974–990.

Koole, S. L. & Pelham, B. W. (2003). On the nature of implicit self-esteem. The case of the name letter effect. In S. J. Spencer, S. Fein et al. (Hrsg.), *Motivated social perception. The Ontario symposium, vol. 9 Ontario symposium on personality and social psychology* (S. 93–116). Mahwah/NJ, USA: Lawrence Erlbaum Associates.

Kuhl, J. (1994). Motivation and volition. In G. d'Ydevalle, P. Bertelson & P. Eelen (Hrsg.), *Current advances in psychological science: An international perspective* (S. 311–340). Hillsdale, NJ: Erlbaum.

Kuhl, J. (1996). Who controls whom when »I control myself«? *Psychological Inquiry*, 7, 61–68.

Kuhl, J. (2001). *Motivation und Persönlichkeit: Interaktionen psychischer Systeme*. Göttingen: Hogrefe.

Kuhl, J. (2005). Psychologie des Selbstseins. In G. Jüttemann & Ch. Hubig (Hrsg.), *Philosophie und Psychologie im Dialog*. Göttingen: Vandenhoeck und Ruprecht.

Kuhl, J. & Beckmann, J. (1994). *Volition and personality: Action versus state orientation*. Göttingen/Seattle: Hogrefe.

Kuhl, J. & Koole, S. L. (2004). Workings of the will: A functional approach. In J. Greenberg, S. L. Koole & T. Pyszczynski (Hrsg.), *Handbook of experimental existential psychology* (S. 411–430). New York: Guilford.

LeDoux, J. E. (1995). Emotion: Clues from the brain. *Annual Review of Psychology*, 46, 209–235.

Levesque, J., Fanny, E., Joanett, Y., Paquette, V., Mensour, B., Beaudouin, G., Leroux, J.-M., Borugouin, P. & Beauregard, M. (2003). Neural circuitry underlying voluntary suppression of sadness. *Biological Psychiatry*, 53, 502–510.

Lewin, K. (1935). *A dynamic theory of personality: Selected papers.* New York: McGraw-Hill.

Locke, E. A. & Latham, G. P. (1990). *A theory of goal setting and task performance.* Englewood Cliffs, NJ: Prentice-Hall.

Marcus, G. F. (2001). *The algebraic mind: Integrating connectionism and cognitive science.* New York: Bradford Books.

McClelland, D. C., Koestner, R. & Weinberger, J. (1989). How do self-attributed and implicit motives differ? *Psychological Review, 96,* 690–702.

Nowak, A., Vallacher, R. R., Tesser, A. & Borkowski, W. (2000). Society of self: The emergence of collective properties in self-structure. *Psychological Review, 107,* 39–61.

Posner, M. I. & Rothbart, M. K. (1992). Attentional mechanisms and conscious experience. In A. D. Milner & M. D. Rugg (Hrsg.), *The neuropsychology of consciousness* (S. 91–111). New York: Academic Press.

Pospeschill, M. (2004). *Konnektionismus und Kognition.* Stuttgart: Kohlhammer.

Rheinberg, F. (2004). *Motivation* (5. Auflage). Stuttgart: Kohlhammer.

Rheinberg, F. & Vollmeyer, R. (2003). Flow-Erleben in einem Computerspiel unter experimentell variierten Bedingungen. *Zeitschrift für Psychologie, 211,* 161–170.

Rogers, C. (1961). *On becoming a person. A therapist's view of psychotherapy.* Boston: Houghton Mifflin Company.

Roth, G. (2002). *Fühlen, Denken, Handeln.* Frankfurt: Suhrkamp.

Ryan, R. M. (1995). Psychological needs and the facilitation of integrative processes. *Journal of Personality, 63,* 397–427.

Ryan, R. M., Kuhl, J. & Deci, E. L. (1997). Nature and autonomy: An organizational view of social and neurobiological aspects of self-regulation in behavior and development. *Development and Psychopathology, 9,* 701–708.

Sapolsky, R. M. (1992). *Stress, the aging brain, and the mechanism of neuron death.* Cambridge, MA: MIT Press.

Schultz, W. (1998). Predictive reward signal of dopamine neurons. *Journal of Neurophysiology, 80,* 1–27.

Schwarzer, R. & Renner, B. (2000). Social-cognitive predictors of health behavior: Action self-efficacy and coping self-efficacy. *Health Psychology, 19,* 487–495.

Sheldon, K. M. & Kasser, T. (1998). Pursuing personal goals: Skills enable progress, but not all progress is beneficial. *Personality and Social Psychology Bulletin, 24,* 1319–1331.

Skinner, B. F. (1971). *Beyond freedom and dignity.* New York: Knopf.

Watson, D. & Tellegen, A. (1985). Toward a consensual structure of mood. *Psychological Bulletin, 98,* 219–235.

Wittling, W. (1990). Psychophysiological correlates of human brain asymmetry: Blood pressure changes during lateralized presentation of an emotionally laden film. *Neuropsychologia, 28,* 457–470.

Teil B: Motivation im Arbeitskontext

8 Das Kompensationsmodell der Motivation und Volition als Basis für die Führung von Mitarbeitern

Hugo M. Kehr

Eine zentrale Führungsaufgabe von Vorgesetzten besteht darin, die intrinsische Motivation und die Selbstwirksamkeit ihrer Mitarbeiter zu steigern (Yukl, 2002). Um Motivation beeinflussen zu können, muss man sie verstehen. Mitarbeiterführung sollte deshalb auf einem erklärungsstarken Motivationsmodell basieren. Ein solches Modell sollte zugleich wissenschaftlich fundiert wie anwendungsnah und praktisch, zugleich umfassend wie transparent und leicht vermittelbar sein. Dann kann es das Erkennen von Motivationsdefiziten und die Auswahl geeigneter Interventionsmechanismen erleichtern und die benötigte Anwenderakzeptanz finden.

1 Das Kompensationsmodell der Motivation und Volition[1]

Kaum ein Lehrbuch der Arbeits- und Organisationspsychologie oder des verhaltenswissenschaftlich orientierten Stranges der Managementlehre kommt ohne ein Kapitel zur Arbeitsmotivation aus. Die typische Quellenangabe in diesen Kapiteln

---

1   Die Beschreibung des Kompensationsmodells folgt Kehr (2004b).

verweist dabei auf Arbeiten, die bereits drei oder vier Jahrzehnte zurückliegen und deren empirischer Gehalt nicht selten schwach oder zweifelhaft erscheint. Dieser Missstand ist umso bemerkenswerter, als ganz offensichtlich die Praxis einen enormen Bedarf an motivationsbezogenen Themen hat und überdies die motivationspsychologische Grundlagenforschung gerade in jüngerer Zeit erheblichen Erkenntnisgewinn verzeichnen konnte.

Das Kompensationsmodell der Motivation und Volition (Kehr, 2004b, c) wurde mit dem Ziel entwickelt, bedeutsame Forschungszweige der motivationspsychologischen Grundlagenforschung miteinander zu verbinden und für den Anwendungskontext aufzubereiten. Berücksichtigt wurden solche Ansätze, welche die Unterscheidung impliziter und expliziter Motivsysteme nahelegen und auf die Möglichkeit resultierender Handlungskonflikte hinweisen (Brunstein, Schultheiss & Grässmann, 1998; McClelland, Koestner & Weinberger, 1989; Sheldon & Kasser, 1995); die Funktionsanalyse volitionaler Mechanismen, die der Überwindung derartiger Handlungskonflikte dienen (Kehr, 2004c; Kuhl, 2000; Sokolowski, 1993; s. Kuhl & Koole in diesem Band); Ansätze zur intrinsischen Motivation (Deci & Ryan, 2000; s. Schiefele & Streblow in diesem Band) und zum Flusserleben (Csikszentmihalyi, 1975; s. Engeser & Vollmeyer in diesem Band); sowie Arbeiten zur Selbstwirksamkeit (Ajzen, 1991; Bandura, 1977) und zum problemlösenden Handeln (Dörner & Wearing, 1995).

Da es den Rahmen sprengen würde, diese Forschungsrichtungen und ihre Bezüge untereinander im Einzelnen darzulegen, muss auf die frühere Literatur des Autors verwiesen werden (Kehr, 1999, 2004b, c). Das Ergebnis der dort skizzierten theoretischen und empirischen Arbeiten ist das Kompensationsmodell der Motivation und Volition, ein funktionsanalytisches Modell, das die ihm zugrunde liegenden Ansätze integriert. Knapp gesagt werden in diesem Modell zwei Funktionen unterschieden, Volition und Problemlösung, welche unzureichende oder fehlende Motivation (Volition) oder mangelnde Fähigkeiten (Problemlösung) kompensieren. Dabei sind Motivations- wie Fähigkeitsdefizite in inadäquaten Konstellationen der strukturellen Motivationskomponenten (implizite Motive, explizite Motive und subjektive Fähigkeiten) begründet. Mit dem Kompensationsmodell können Fragen beantwortet werden, die in den herkömmlichen Ansätzen der Arbeitsmotivation nicht gestellt worden sind. Weshalb erreichen manche Menschen ihre Ziele leicht und mühelos, während sich andere abmühen? Weshalb setzen sich Menschen Ziele, die ihnen unangenehm sind? Welche Mechanismen gestatten es ihnen, solche an sich aversiven Ziele zu verfolgen? Wie später noch ausgeführt wird, stößt die Antwort nicht bloß auf theoretisches Interesse, sondern gewinnt auch praktische Relevanz, wenn es um das Verständnis der Führungssituation und die Auswahl geeigneter Führungsmaßnahmen geht.

1.1 Strukturelle Motivationskomponenten: Implizite Motive, explizite Motive und subjektive Fähigkeiten

Das Kompensationsmodell unterscheidet drei strukturelle Motivationskomponenten: implizite Motive, explizite Motive sowie subjektive Fähigkeiten. Die Differenzierung impliziter und expliziter Motivsysteme basiert insbesondere auf den Arbeiten McClellands und seiner Kollegen (McClelland, 1985; McClelland et al., 1989;

vgl. Brunstein et al., 1998). Implizite Motive werden durch bestimmte (motivthematische) Reize unwillkürlich aktiviert und sorgen für affektive Präferenzen und spontane Verhaltensimpulse (»Das würde ich gerne machen«), ohne dass diese Prozesse dem Akteur bewusst zu werden brauchen. Insofern eignen sich Fragebögen, die auf Selbsteinschätzungen beruhen, nicht für die Messung impliziter Motive. Vielmehr sollten hier (teil-)projektive Instrumente mit Bildvorgaben verwendet werden, wie etwa der Thematische Apperzeptionstest (TAT; Murray, 1943) oder das Multi-Motiv-Gitter (MMG; Schmalt, Sokolowski & Langens, 2000). Implizite Motive lassen sich in Motivklassen einteilen, etwa in McClellands »drei große« Motive: Anschluss-, Macht- und Leistungsmotiv (McClelland, 1995; vgl. Heckhausen, 1989; s. Langens, Schmalt & Sokolowski in diesem Band). Das Anschlussmotiv wird in Situationen angeregt, in denen man neue Menschen kennen lernen und Freunde gewinnen kann. Demgegenüber kommt das Machtmotiv zur Geltung, wenn es darum geht, andere zu beeinflussen oder zu kontrollieren. Das Leistungsmotiv spielt schließlich in Situationen eine Rolle, in denen man seine Tüchtigkeit unter Beweis stellen kann.

Explizite Motive entsprechen hingegen den selbst eingeschätzten Gründen einer Person für ihre Handlungen. Ihre Anregung führt zu kognitiven Präferenzen und entsprechenden expliziten Handlungstendenzen (»Das halte ich für wichtig, das will ich wirklich machen«). Wie implizite Motive, so lassen sich auch explizite Motive in Motivklassen einteilen und können dann mit Fragebögen gemessen werden, die Selbsteinschätzungen verwenden, wie z. B. die Personality Research Form (PRF; Stumpf, Angleitner, Wieck, Jackson & Beloch-Till, 1985). Eine Meta-Analyse von Spangler (1992) hat gezeigt, dass solche selbst eingeschätzten Motive und die thematisch korrespondierenden impliziten Motive praktisch unkorreliert sind. Spangler schließt aus seinen Befunden, dass beide Motivkategorien verschiedene Aspekte der Persönlichkeit berühren.

Subjektive Fähigkeiten oder Selbstwirksamkeitsüberzeugungen (»Das kann ich gut«) bilden die dritte strukturelle Motivationskomponente des Kompensationsmodells, in Entsprechung der Ansätze, welche die motivationale Bedeutung dieses Faktors herausgestellt haben (z. B. Ajzen, 1991; Bandura, 1977). Subjektive Fähigkeiten werden hier weit gefasst und schließen neben Fähigkeiten auch Fertigkeiten und aufgabenbezogenes Wissen ein.

Dem Kompensationsmodell unterliegt die Annahme, dass diese drei strukturellen Variablen *konzeptionell* eigenständig sind (vgl. McClelland, 1985). So ist also etwa ein hohes implizites Leistungsmotiv unabhängig von der selbst eingeschätzten Fähigkeit, leistungsthematische Situationen zu meistern. Dennoch mag empirisch eine positive Beziehung zwischen diesen Variablen bestehen, etwa weil ein hohes explizites Leistungsmotiv mit dem häufigen Aufsuchen leistungsthematischer Situationen (z. B. dem Lösen von Denksportaufgaben) verbunden ist und der damit einhergehende Erfahrungsgewinn zu einem Anstieg der subjektiven Fähigkeit für die dort bearbeiteten Aufgaben führen kann (aber eben nicht muss).

1.2 Funktionale Mechanismen: Volition und Problemlösung

Das Kompensationsmodell unterscheidet zwei funktionale Mechanismen: Volition und Problemlösung. Diese Mechanismen werden bei fehlender Unterstützung durch die strukturellen Motivationskomponenten benötigt, die in der Regel durch Diskrepanzen dieser Motivationskomponenten bedingt sind. Die Funktion von Volition und Problemlösung ist es, etwaige Diskrepanzen zu kompensieren. Dies sei im Folgenden näher erläutert.

Ansätze zur Volition beschäftigen sich mit intrapsychischen Handlungskonflikten und untersuchen Mechanismen, mit denen diese überwunden werden (Kuhl, 1985, 2000; Kuhl & Goschke, 1994; Mischel, Cantor & Feldman, 1996; Muraven & Baumeister, 2000; Sokolowski, 1993). Volition kompensiert unzureichende (oder fehlende) Motivation, die in Diskrepanzen zwischen impliziten und expliziten Motiven begründet ist (Kehr, 2004b, c). Beispielsweise mag ein Arbeitnehmer Wert auf Überstunden legen (vielleicht aufgrund seines hohen expliziten Leistungsmotivs), auch wenn ihm das keinen Spaß macht (etwa wegen seines niedrigen impliziten Leistungsmotivs). Hier besteht ein Motivationsdefizit, zu dessen Überwindung es volitionaler Unterstützung bedarf. Sokolowski (1993) nennt dies eine »volitionale Steuerungslage«, die er von einer »motivationalen Steuerungslage« (s. u.) kontrastiert. Volitionale Steuerungslagen erfüllen dabei zwei (nicht immer scharf zu trennende) Funktionen: Zielunterstützung, d. h. die Stärkung der kognitiv präferierten, expliziten Handlungstendenzen sowie Impulsunterdrückung, d. h. die Unterdrückung unerwünschter Gedanken (z. B. Vermeidensängste) oder störender impliziter Verhaltensimpulse (Kehr, 2004c).

Einem Motivationsdefizit lässt sich mit unterschiedlichen volitionalen Mechanismen begegnen. Im o. g. Beispiel könnte der Arbeitnehmer sich etwa ausmalen, welche wichtigen Aufgaben er in den Überstunden erledigen kann. Kuhl und Fuhrmann (1998) zufolge fiele eine solche volitionale Strategie in den Bereich der Motivationskontrolle (Stärkung zielförderlicher Motive durch entsprechende Phantasietätigkeit). Weitere volitionale Mechanismen umfassen Emotionskontrolle (Heraufregulierung förderlicher und Herabregulierung hinderlicher Emotionen), Aufmerksamkeitskontrolle (Fokussierung der Aufmerksamkeit auf tätigkeitsrelevante Aspekte; Ausblendung hinderlicher Aspekte) sowie Entscheidungskontrolle (Abbruch von Abwägungen und Herbeiführen einer schnellen Entscheidung) (vgl. Kehr, 2004c; Kuhl & Fuhrmann, 1998). Grundsätzlich kann Volition bewusst und willkürlich eingesetzt werden – man spricht dann von volitionalen Strategien –, aber auch unbewusst und unwillkürlich – dann spricht man von volitionalen Mechanismen (Kehr, 2004c). In einer dynamischen Analyse des Handlungsverlaufs lassen sich ferner prä- und postdezisionale Volitionsprozesse unterscheiden (Kehr, 1999). Erstere dienen der Entscheidungsbildung, während Letztere die Entscheidungsdurchsetzung unterstützen.

Wie andere psychische Prozesse auch, kann volitionale Handlungssteuerung defizitär sein (Baumeister & Heatherton, 1996; Kehr, 2004b, c). So kann volitionale Handlungssteuerung ineffektiv sein (etwa wenn es nicht gelingt, das Rauchen aufzugeben; vgl. Polivy, 1998); sie kann kognitive Kapazitäten blockieren, die dann anderen aufgabenbezogenen Aktivitäten fehlen (vgl. Kanfer & Ackerman, 1989); und sie kann mit rigider Selbstkontrolle assoziiert sein (»Überkontrolle«; vgl.

Asendorpf & van Aken, 1999; Kehr, Bles & von Rosenstiel, 1999; Kuhl & Fuhrmann, 1998) oder negative Nebenwirkungen erzeugen wie Distress, negative Stimmung oder Verhaltensexzesse nach Rückfällen (Polivy, 1998). Außerdem haben Baumeister und Kollegen gezeigt, dass volitionale Akte (z. B. gesunde Radieschen statt verlockender Schokolade zu essen) die Fähigkeit zu weiteren, anscheinend unzusammenhängenden, volitionalen Akten (z. B. emotionale Reaktionen zu einem Film unterdrücken) einschränken (vgl. Muraven & Baumeister, 2000). Muraven und Baumeister schlagen deshalb ein auf Ressourcen basiertes Konzept volitionaler Stärke vor, demzufolge volitionale Akte volitionale Ressourcen verbrauchen und diese auch erschöpfen können.

Eine unlängst durchgeführte Feldstudie (Kehr, 2004a) mit mittleren Führungskräften sollte eine Verbindung zwischen der Forschung zu begrenzten volitionalen Ressourcen und Ansätzen zur Erforschung dualer Motivationssysteme herstellen. Letztere haben wiederholt die negativen Auswirkungen von Motivdiskrepanzen dokumentiert (Brunstein et al., 1998; Deci & Ryan, 2000). McClelland et al. (1989) fassen prägnant zusammen: »Whatever the reasons for discordance between implicit and explicit motives, it can certainly lead to trouble« (S. 700). Wenn also Motivdiskrepanzen zu Handlungskonflikten führen, dann liegt es nahe, dass sie eine volitionale Handlungssteuerung erfordern, die volitionale Ressourcen verbraucht und das Wohlbefinden beeinträchtigt. Kehrs (2004a) Längsschnittstudie bestätigte diese Vermutung. Anhand einer Pfadanalyse zeigte die Untersuchung, dass Motivdiskrepanzen zunächst zu einer Verringerung der (selbst eingeschätzten) volitionalen Stärke führen, und dass diese Verringerung dann im Sinne eines Mediators für die nachfolgende Verschlechterung des Wohlbefindens verantwortlich ist.

Angelehnt an Sokolowski (1996), zieht das Kompensationsmodell eine Trennlinie zwischen Volition und Problemlösung. Volition kompensiert mangelnde Motivation, dient also der Überwindung *internaler* Barrieren. Demgegenüber ist es die Funktion von Problemlösung, fehlende Fähigkeiten zu kompensieren und dabei zu helfen, *externale* Schwierigkeiten zu überwinden. Die konzeptuelle Beziehung von subjektiven Fähigkeiten und Problemlösung legt Kehr (2004b) näher dar. Demnach reflektieren die selbst eingeschätzten Fähigkeiten das skriptgestützte Verhaltensrepertoire (vgl. Lord & Kernan, 1987) einer Person. »Skriptgestützt« bedeutet in diesem Zusammenhang, dass die Verhaltensabläufe bereits hinreichend häufig geübt wurden, sodass Verhaltensroutinen existieren, die quasi automatisch (also: wie durch ein Skript gestützt) ablaufen und im Normalfall (d. h. solange keine Störungen auftreten, die nicht im Skript vorgesehen sind) keine bewussten Eingriffe oder Korrekturen erfordern. Bei neuartigen Situationen oder bei umweltbedingten (externalen) Schwierigkeiten, für die keine automatisierten Verhaltensroutinen existieren, werden kontrollierte Problemlösungsaktivitäten erforderlich (Dörner & Wearing, 1995; Leventhal & Scherer, 1987; March & Simon, 1958; Posner & Snyder, 1975). Solche Situationen, für die kein adäquates Verhaltensrepertoire bereitsteht und die deshalb Problemlösungsaktivitäten erfordern, sind regelmäßig mit niedrigen subjektiven Fähigkeiten assoziiert (dem steht nicht entgegen, dass sich manche Menschen hier auch überschätzen mögen). Insofern gehen niedrige subjektive Fähigkeiten mit einem hohen Bedarf an Problemlöseaktivitäten einher – mithin kompensiert Problemlösung unzureichende Fähigkeiten (Kehr, 2004b).

1.3   Intrinsische Motivation und Flow

Die bisherige Forschung legt nahe, dass die Kongruenz von impliziten und expliziten Motiven mit intrinsischer Motivation und hohem Handlungserfolg assoziiert ist (Deci & Ryan, 2000; Rheinberg, 2002; Schultheiss & Brunstein, 1999; Sheldon & Elliot, 1999). Sokolowski (1993) bezeichnet eine solche Situation, bei der keine intrapsychischen Konflikte zu lösen sind und die deshalb keine volitionale Steuerung verlangt, als »motivationale Steuerungslage«. Da sie keine volitionale Steuerung verlangen, sollten motivationale Steuerungslagen auch keine volitionalen Ressourcen verbrauchen. Das illustrieren auch Kehrs (2004a) Befunde, welche zeigen, dass bei einer Kongruenz von impliziten und expliziten Motiven die volitionale Stärke einer Person nicht beeinträchtigt wird.

In Anlehnung an autotelische Konzepte intrinsischer Motivation (Csikszentmihalyi, 1975; Deci & Ryan, 2000; Rheinberg, 1996) liegt auch dem Kompensationsmodell die Annahme zugrunde, dass die Unterstützung durch kognitive Präferenzen *keine* notwendige Voraussetzung für intrinsische Motivation ist. Notwendige Bedingung für intrinsische Motivation ist demgegenüber zunächst die thematische Kongruenz des Verhaltens mit den aktuell bestehenden affektiven Präferenzen (aus angeregten impliziten Motiven). Allerdings reicht das nicht aus. Vielmehr ist eine zusätzliche Bedingung für das Entstehen intrinsischer Motivation darin zu sehen, dass *keine konkurrierenden kognitiven Präferenzen* bestehen (Kehr, 2004b, c). So würde die intrinsische Motivation, ein anregendes Pausengespräch zu vertiefen (etwa aufgrund eines angeregten Anschlussmotivs) dadurch unterminiert, dass man sich an die zuvor getroffene Absicht erinnert, pünktlich zur Arbeit erscheinen zu wollen.

Kognitive Handlungsabsichten (und extrinsische Handlungsanreize) unterminieren nicht per se intrinsische Motivation, sondern nur insofern, als sie nicht mit den bestehenden affektiven Präferenzen kompatibel sind (Kehr, 2004c).[2] Deshalb soll die Feststellung, ein bestimmtes Verhalten sei mit den bestehenden kognitiven Präferenzen kompatibel, hier so verstanden werden, dass keine konkurrierenden kognitiven Präferenzen bestehen, und nicht etwa in dem Sinne, dass das Verhalten zudem aktiv durch entsprechende kognitive Präferenzen unterstützt würde.

Wie zuvor dargelegt, basieren hohe subjektive Fähigkeiten im Regelfall auf einem gut organisierten, skriptbasierten Handlungsrepertoire und gehen daher mit einem eher niedrigen Bedarf an zusätzlichen Problemlöseaktivitäten einher. Wenn sich also hohe subjektive Fähigkeiten mit einer Kongruenz impliziter und expliziter Motive verbinden, sind weder externale noch internale Schwierigkeiten zu erwarten, und das Verhalten kommt sowohl ohne zusätzliche Problemlöseaktivitäten als auch ohne volitionale Unterstützung aus. Solche Situationen sind durch Freude an der Tätigkeit und einem niedrigen Maß an erlebter Anstrengung gekennzeichnet und lassen eine erfolgreiche Ausführung des Verhaltens erwarten.

Auf den ersten Blick scheint diese Phänomenologie Csikszentmihalyis (1975) Flusserleben (engl.: Flow) zu entsprechen, das durch ungeteilte Aufmerksamkeit,

---

2   An anderer Stelle (Kehr, 2004b) wurde dargelegt, dass diese Überlegung auch helfen könnte, offene Fragen zur inkonsistenten Befundlage bezüglich der Korrumpierung intrinsischer Motivation durch extrinsische Anreize (vgl. Deci, Koestner & Ryan, 1999) zu klären.

verändertes Zeitempfinden und die Abwesenheit von erlebtem Handlungskonflikt und selbstbezogenen oder anderen störenden Gedanken charakterisiert ist. Indes unterscheidet sich das Kompensationsmodell in einem bedeutsamen Aspekt von Csikszentmihalyis Ansatz. Bei ihm bedingt ein optimales Passungsverhältnis von Aufgabenschwierigkeit und Fähigkeit das Flow-Erleben. Demgegenüber unterliegt dem Kompensationsmodell die Annahme, dass bei einer Passung von Aufgabenschwierigkeit und Fähigkeit allein noch keineswegs Flow entsteht, sondern nur wenn das in Frage stehende Verhalten außerdem erstens von den affektiven Präferenzen einer Person gestützt und zweitens nicht von konkurrierenden kognitiven Präferenzen unterminiert wird. Zusätzlich zu hinreichenden Fähigkeiten ist also die Motivkongruenz des Verhaltens kritisch für das Erleben von Flow.

Laut Csikszentmihalyi (1975) wird Flow weder bei Überforderung (hohe Aufgabenschwierigkeit bei geringen Fähigkeiten) noch bei Unterforderung (niedrige Aufgabenschwierigkeit bei hohen Fähigkeiten) erlebt. Die Überforderung betreffend folgt dem das Kompensationsmodell: Geringe Fähigkeiten bedeuten einen hohen Bedarf an kontrollierten Problemlösungsaktivitäten (Posner & Snyder, 1975), bei denen automatisierte, skriptbasierte Verhaltensabläufe unterbrochen werden (Lord & Kernan, 1987). Das unterminiert Flow-Erleben. Unterforderung dagegen steht aus Sicht des Kompensationsmodells keineswegs dem Flow-Erleben entgegen und führt auch nicht zu Langeweile, wie Csikszentmihalyi (1975) vermutet. Ein einfaches, aber spannend geschriebenes Buch wird das Flusserleben des Lesers nicht unbedingt beeinträchtigen. Unterforderung unterminiert Flow nur dann, wenn sie zugleich zu einer Umkonfigurierung der aktuell angeregten Motivstruktur führt. So mag eine als leicht empfundene Lektüre vielleicht das implizite Leistungsmotiv nicht anregen (verbunden mit einer Abnahme der affektiven Präferenzen), oder der Leser mag ein einfaches Buch vielleicht für weniger wichtig halten (verbunden mit einer Umgewichtung seiner kognitiven Präferenzen). Beides würde dem Flow-Erleben abträglich sein. Demgegenüber beeinträchtigt eine Unterforderung, wenn sie nicht zugleich die Motivstruktur verändert, das Flow-Erleben nicht.

1.4 Zusammenfassung und schematischer Überblick des Kompensationsmodells

Einen schematischen Überblick des Kompensationsmodells bietet Abbildung 8.1[3]. Die drei Kreise repräsentieren die drei strukturellen Motivationskomponenten des Modells: implizite Motive, explizite Motive sowie subjektive Fähigkeiten. Die partielle Überlappung der drei Kreise entspricht den empirischen Beziehungen dieser Motivationskomponenten. Die schraffierten Flächen geben an, inwiefern aufgrund der besonderen Konstellation der strukturellen Variablen (»Defizit«) eine funktionale Unterstützung (»Kompensation«) erforderlich ist. Angeregte implizite Motive führen zu affektiven Präferenzen und lösen implizite Verhaltensimpulse aus. Aktivierte explizite Motive wiederum sind mit kognitiven Präferenzen verbunden, die sich zu expliziten Handlungstendenzen verfestigen. Diskrepanzen zwischen impliziten und expliziten Motiven bedeuten einen latenten Handlungskonflikt: Sie kön-

---

3 Der Abdruck von Abbildung 8.1 erfolgt mit Genehmigung des Verlegers, der Academy of Management. Die Erläuterungen im Text sind angelehnt an Kehr (2004b).

nen zu inkompatiblen affektiven und kognitiven Präferenzen führen und so einen manifesten intrapsychischen Handlungskonflikt verursachen. Um das hier bestehende Motivationsdefizit zu kompensieren und den Konflikt zugunsten der bestehenden kognitiven Präferenzen zu überwinden, wird volitionale Unterstützung benötigt. Abbildung 8.1 illustriert auch die doppelte Aufgabe volitionaler Handlungssteuerung. Zum einen ist das die Unterstützung von Handlungstendenzen, die nicht in den impliziten Motivstrukturen verankert sind – in Abbildung 8.1 entspricht dies dem Ausschnitt des Kreises der expliziten Motive (rechts), der nicht von dem Kreis der impliziten Motive (links) überdeckt wird. Zum anderen dient Volition der Unterdrückung impliziter Verhaltensimpulse, die nicht mit den kognitiven Handlungstendenzen kompatibel sind und deshalb als störend empfunden werden – dies entspricht dem Ausschnitt des Kreises der impliziten Motive (links), der nicht von dem Kreis der expliziten Motive (rechts) überlappt wird. Problemlösung schließlich ist für die Kompensation niedriger subjektiver Fähigkeiten (auf distaler Ebene) bzw. unzureichender, skriptbasierter Verhaltensroutinen (auf proximaler Ebene) notwendig.

Sind implizite und explizite Motive kongruent (repräsentiert durch den Überlappungsbereich der beiden Motivkreise in Abb. 8.1), so führt das zu affektiven und kognitiven Präferenzen, die miteinander kompatibel sind. Hier liegt intrinsische Motivation vor, und es wird keine volitionale Unterstützung benötigt. Im Unterschied zu Banduras (1977) oder Ajzens (1991) Auffassung sind also subjektive Fähigkeiten nicht kritisch für motiviertes Handeln: Trotz geringer subjektiver Fähigkeiten kann eine Tätigkeit intrinsisch motiviert sein.[4] Das Zentrum von Abbildung 8.1 repräsentiert die Kongruenz der strukturellen Motivationskomponenten, also impliziter Motive, expliziter Motive und subjektiver Fähigkeiten. Hier sind die Bedingungen für das Flusserleben als einem Spezialfall intrinsischer Motivation erfüllt.

Die drei »autonomen« Kreisausschnitte, die außerhalb der Überlappungsbereiche liegen, repräsentieren Situationen, in denen jeweils zwei der drei Motivationskomponenten fehlen. Explizite Handlungstendenzen, die in den autonomen Kreisausschnitt der expliziten Motive fallen, werden weder durch affektive Präferenzen noch durch subjektive Fähigkeiten unterstützt. Um diese zu realisieren, sind deshalb sowohl Volition als auch Problemlösung erforderlich, die jeweils kontrollierte Handlungsregulation erfordern. Da die Kapazitäten kontrollierter Handlungsregulation beschränkt sind (Posner & Snyder, 1975), gehen solche Situationen mit erhöhter Anfälligkeit für Handlungsfehler einher, wodurch sich die Chancen einer erfolgreichen Handlungsausführung verringern.

Implizite Verhaltensimpulse, die in den autonomen Kreisausschnitt der impliziten Motive fallen, erfüllen aufgrund ihrer affektiven Unterstützung zwar eine wesentliche Voraussetzung für intrinsische Motivation, werden stattdessen jedoch volitional unterdrückt, weil sie nicht mit den aktuell bestehenden, kognitiven Präferenzen vereinbar sind. Zudem werden die Chancen für eine erfolgreiche Rea-

---

4 Dem steht nicht entgegen, dass die selbst eingeschätzten Fähigkeiten bei der Bildung kognitiver Präferenzen berücksichtigt werden *können*. Wenn man sich beispielsweise nicht dazu in der Lage sieht, eine bestimmte Handlungsoption ausführen zu können, so mag dieser Option der Status einer Handlungsintention verwehrt werden, sodass diese keine Handlungsrelevanz erlangt. Das muss aber nicht unbedingt so sein: Manche Menschen engagieren sich für bestimmte Ziele, obschon sie diese für unerreichbar halten.

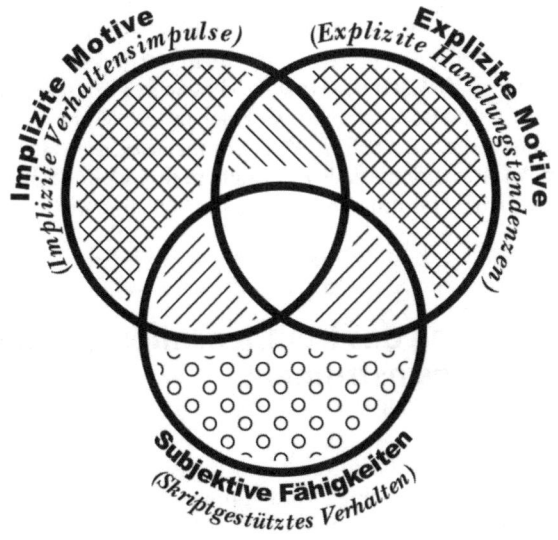

Abb. 8.1   Schematischer Überblick den Kompensationsmodells.

lisierung dieser Verhaltensimpulse dadurch geschmälert, dass aufgrund fehlender Fähigkeiten Problemlöseaktivitäten erforderlich sind.

Die durch den autonomen Kreisausschnitt repräsentierten subjektiven Fähigkeiten sind weder durch kognitive noch durch affektive Präferenzen unterfüttert. Sie entfalten deshalb keine Motivationswirkung und haben keine Verhaltensrelevanz. Beispielsweise mag man zwar durchaus die Fähigkeit besitzen, das Geschirr abzuspülen, findet das momentan aber vielleicht nicht wichtig und hat auch keine Lust darauf. In diesem Punkt unterscheidet sich das Kompensationsmodell ein weiteres Mal von Bandura (1977).

Zum Verständnis des Kompensationsmodells ist wichtig, dass es die bestehenden Ansätze der Arbeitsmotivation keineswegs verdrängt, sondern vielmehr integriert. Es bietet einen allgemeinen Rahmen, in den sich die dem Modell zugrunde liegenden, spezifischeren Ansätze lokalisieren lassen. Um eine genauere Analyse vorzunehmen, lässt sich bei Bedarf auf die Erklärungsebene dieser spezifischeren

Ansätze zurückgreifen. So lässt sich etwa erklären, wie genau subjektive Fähigkeiten und Selbstwirksamkeitsüberzeugungen entstehen (Ajzen, 1991; Bandura, 1977), wie kognitive Präferenzen etwa durch Erwartungs-mal-Wert-Kalküle (Vroom, 1964) oder durch Zielsetzungsprozesse (Locke & Latham, 1990) gebildet werden, oder wie bestimmte implizite Motive Erleben und Verhalten differenziell beeinflussen (McClelland et al., 1989). Das Kompensationsmodell ermöglicht, diese verschiedenen Ansätze aufeinander zu beziehen, ihre Geltungsbereiche näher zu bestimmen und die dabei erkannten Erklärungslücken zu schließen.

2 Verwendung des Kompensationsmodells als Führungsinstrument

In der gegenwärtigen Führungsforschung besteht Konsens, dass Führung in ihrem jeweiligen situativen Kontext betrachtet werden muss (vgl. Gebert, 2004; Osborn, Hunt & Jauch, 2002; von Rosenstiel, 2003; Yukl, 2002). Dieser Gedanke geht auf die inzwischen klassischen Ansätze situativer Führung zurück, wie z. B. die Kontingenztheorie von Fiedler (1967), die Pfad-Ziel-Theorie von House (1971) oder das situative Führungsmodell von Hersey und Blanchard (1969). Da die Motivation der Geführten ein bestimmendes Element der Führungssituation darstellt, basieren die meisten Ansätze situativer Führung auf einem mehr oder weniger elaborierten Modell der Arbeitsmotivation. Daran lassen sich die Variablen spezifizieren, welche die Motivation und letztlich den Handlungserfolg ausmachen. Im zweiten Schritt können entsprechende Führungsaktivitäten eingeleitet werden, welche diese Variablen zielführend beeinflussen. Beispielsweise basiert die Pfad-Ziel-Theorie von House auf Vrooms (1964) Erwartungs-mal-Wert-Theorie. Konsequent differenziert House verschiedene Führungsaktivitäten, welche die drei in Vrooms Theorie unterschiedenen Motivationskomponenten – Valenz, Instrumentalität und Erwartung – beeinflussen sollen.

Nun sind Vrooms (1964) Erwartungs-mal-Wert-Theorie wie auch andere prominente Modelle der Arbeitsmotivation, etwa Locke und Lathams (1990) Zielsetzungstheorie, kognitionslastig und rationalistisch in dem Sinne, dass sie affektive Prozesse im Allgemeinen und die sich im Unbewussten abspielenden Prozesse impliziter Motivanregung im Besonderen weitgehend ausblenden. Beispielhaft sind hier auch Maslows Arbeiten anzuführen, der ursprünglich »a more central place for unconscious than for conscious motivations« (Maslow, 1943, S. 370) postuliert hatte. Allerdings basierte die durch seine Arbeiten angeregte Forschung zur Motivhierarchie (z. B. Wahba & Bridwell, 1976) vorwiegend auf Selbsteinschätzungen und konzentrierte sich insofern auf explizite, nicht aber auf implizite Motive. Die Autoren der Zielsetzungstheorie etwa haben den beschriebenen Mangel inzwischen erkannt und geraten, ihn zu beheben (Locke & Latham, 2004).

Hier setzt nun das Kompensationsmodell der Motivation und Volition an. Um die Verwendung dieses Modells als Führungsinstrument zu illustrieren, stelle man sich eine Situation vor, in welcher die Führungskraft eines Teams eine bestimmte Aufgabe oder ein Projekt an eines der Teammitglieder zu vergeben hat, oder auch eine Situation, in der eine Zielvereinbarung oder eine qualitative Mitarbeiterbeurteilung getroffen werden soll. In solchen Situationen, das legt das Modell nahe, sollte die Führungskraft die impliziten Motive, die expliziten Motive, die subjektiven Fähigkeiten, die volitionale Kompetenz sowie die Problemlöseeffizienz des Mitarbeiters einschätzen und, falls Defizite auszumachen sind, ihn entsprechend unterstützen.

Nun fehlen Führungskräften in der organisationalen Realität oftmals Zeit, diagnostisches Fachwissen wie das erforderliche Instrumentarium, um die o. g. motivationsrelevanten Variablen valide messen und situationsgerecht handeln zu können. Dennoch kann man sich im Arbeitsalltag mit der Diagnostik leicht zu erhebender Proxi-Variablen behelfen. Um den Grad der Kongruenz einer bestimmten Aufgabe mit den kognitiven Präferenzen des Mitarbeiters (kurz: die Zielkongruenz) zu bestimmen, kann der Vorgesetzte fragen, ob sein Mitarbeiter die Aufgabe für wichtig hält und sie auch wirklich ausführen will (vgl. Hollenbeck & Klein, 1987). Der Grad der Übereinstimmung einer Aufgabe mit den impliziten Motiven des Mitarbeiters lässt sich durch Fragen danach bestimmen, ob diese Aufgabe dem Mitarbeiter wirklich Spaß macht (Puca & Schmalt, 1999; Sokolowski, 1993), oder ob er aversive Gefühle gegenüber der Aufgabe hegt. Subjektive aufgabenbezogene Fähigkeiten schließlich lassen sich durch Fragen danach einschätzen, ob der Mitarbeiter meint, dieser Aufgabe wirklich gewachsen zu sein (vgl. Ajzen, 1991). In schwierigen Situationen, in denen es an gegenseitigem Vertrauen und an offener Kommunikation mangelt, werden sich Vorgesetzte auf ihr eigenes Urteil oder die Auskünfte von Kollegen verlassen müssen, um diese Beurteilungen vorzunehmen.

Nehmen wir an, dass ein bestimmtes Projekt im Ausland durchgeführt werden soll und dass der Vorgesetzte anhand des Kompensationsmodells überprüfen möchte, inwieweit sich ein bestimmter Mitarbeiter für diese Aufgabe eignen würde und durch welche Maßnahmen man ihn ggf. unterstützen könnte. Anhand der Abbildung 8.2 lässt sich das Ergebnis der zuvor beschriebenen Situationsdiagnose visualisieren, um dann zu bestimmen, welche spezifischen Führungsmaßnahmen einzuleiten sind.

2.1 Führung bei je einer fehlenden Motivationskomponente

Aufgaben, die in Sektor *c* der Abbildung 8.2 fallen, korrespondieren mit den impliziten Motiven und den Fähigkeiten des Mitarbeiters, stimmen aber nicht mit seinen Zielen überein. Im Beispiel wäre an einen reiseerfahrenen Mitarbeiter mit hoher interkultureller Kompetenz zu denken, der sich zwar grundsätzlich zu einem Auslandseinsatz befähigt fühlt und auch Lust darauf hat, der eine Auslandsentsendung aber zugleich als Karriererisiko sieht und deshalb nicht dazu bereit ist. In derartigen Situationen wäre der Vorgesetzte gut beraten, Maßnahmen zur Zielsetzung (Locke & Latham, 1990; s. Bipp & Kleinbeck in diesem Band) und zur Förderung der Zielbindung (Hollenbeck & Klein, 1987) einzuleiten, welche auf die Valenzen des Mitarbeiters etwa dessen Einschätzung der Instrumentalität der Auslandsentsendung für die Karriere einwirken (vgl. House, 1971). Hier können Führungskräfte soziale Unterstützung geben (oder auch sozialen Druck ausüben), die für die Annahme und Integration external gesetzter Ziele erforderlich ist (vgl. Ryan & Deci, 2000). Im Beispiel könnte der Vorgesetzte den Stellenwert des Projektes hervorheben, die Unabkömmlichkeit des betreffenden Mitarbeiters darlegen, ihm im

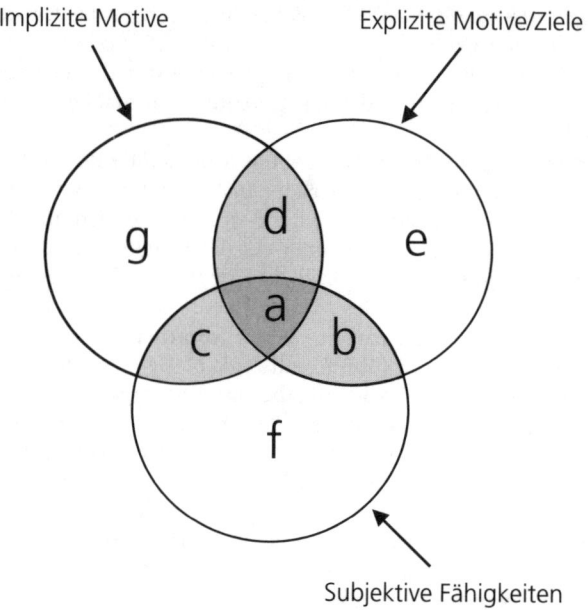

Implizite Motive   Explizite Motive/Ziele

Subjektive Fähigkeiten

Abb. 8.2   Das Kompensationsmodell als Grundlage für die Mitarbeiterführung.

Sinne des Modelllernens alternative Karrierepfade aufzeigen, die über das Ausland verlaufen sind, oder Unterstützung dadurch anbieten, dass er den Mitarbeiter im Ausland mit wichtigen Informationen aus der Zentrale versorgt. Ferner wäre darauf zu achten, dass die Auslandsentsendung mit den übrigen Zielen des Mitarbeiters kompatibel ist. Insofern sollte dieser bei der Identifizierung und Lösung etwaiger Zielkonflikte unterstützt werden, indem konfliktbehaftete Ziele hinsichtlich ihrer Priorität neu bewertet werden (vgl. Kehr, 2002, 2003).

Aufgaben, die in Sektor *d* der Abbildung 8.2 fallen, werden sowohl von den expliziten als auch von den impliziten Motiven der Person unterstützt, wodurch die Bedingungen für intrinsische Motivation erfüllt sind. Es fehlen aber die erforderlichen Fähigkeiten. Um beim Beispiel der Auslandsentsendung zu bleiben, wäre daran zu denken, dass der betreffende Mitarbeiter vielleicht die Sprache des Gastlandes nicht beherrscht, mangelhafte interkulturelle Kompetenzen hat oder im Ausland nicht über die erforderlichen Netzwerke verfügt, welche für die Erledigung des Projektes nötig sind. Zunächst ist hier zu bestimmen, ob es sich um ein objektives oder um ein subjektives Fähigkeitsdefizit handelt. Probate Maßnahmen bei einem Defizit an subjektiven Fähigkeiten sind die Förderung der Selbstwirksamkeit (Conger & Kanungo, 1988; Schwarzer, 1992) oder die enge Kontrolle der Aufgabenerfüllung des Mitarbeiters durch regelmäßiges, aufgabenspezifisches Feedback (Harackiewicz, 1979). Derartige Maßnahmen sind indes ungeeignet, wenn es an objektiven Fähigkeiten hapert. Hier bieten sich vielmehr Mentoring (Kram & Bragar, 1992), fachliches Coaching und aufgabenspezifisches Training von Fähigkeiten, Fertigkeiten und aufgabenrelevantem Wissen on- und off-the-job, an. Außerdem könnte der Vorgesetzte immer dann die Problemlösungsbemühungen des Mitarbeiters unterstützen, wenn Probleme auftreten, für die dieser keine Lösungsroutinen besitzt. Bass (1999) bezeichnet das als »Management by Exception« und unterscheidet eine passive und eine aktive Form. Bei der passiven Form wartet der Vorgesetzte auf die Meldung eines Problems seitens des Mitarbeiters, während er bei der aktiven Form proaktiv nach möglichen Fehlerquellen sucht und Fehler analysiert, um Regeln zu ihrer Vermeidung aufzustellen und zu implementieren. Falls es dem Mitarbeiter schließlich an sozialer Unterstützung für die Erfüllung seiner Aufgaben fehlt, empfehlen sich Führungsmaßnahmen zum Auf- und Ausbau seiner sozialen Netzwerke (Day, 2000; Osborn et al., 2002).

Der (motivations-)psychologisch ergiebigste, aber auch komplizierteste Fall liegt in Situationen vor, die zu Sektor *b* in Abbildung 8.2 gehören. Hier teilt der Mitarbeiter zwar das Ziel und hat die Fähigkeiten für die zur Disposition stehende Aufgabe, allerdings kann er sich nicht mit ihr anfreunden, weil sie seinen impliziten Motiven und affektiven Präferenzen widerspricht. Beim Beispiel der Auslandsentsendung wäre daran zu denken, dass dem Mitarbeiter die Vorstellung, im Ausland zu arbeiten, keinen Spaß macht oder auch mit negativen Gefühlen verbunden ist, vielleicht mit einem diffusen »mulmigen« Gefühl, einer latenten Aversion oder auch mit manifester (gleichwohl nicht immer begründbarer) Furcht.

Auch wenn es in solchen Situationen verlockend erscheinen mag, sich auf die bestehende Zielbindung des Mitarbeiters zu verlassen, wäre Inaktivität des Vorgesetzten hier riskant. Wegen fehlender affektiver Unterstützung bedarf sein Mitarbeiter volitionaler Handlungssteuerung, welche volitionale Ressourcen verbraucht und die Gefahr unerwünschter Nebeneffekte, etwa dysfunktionaler Überkontrolle, birgt (s. o.). Die in einer solchen Situation geeigneten Führungsaktivitäten lassen sich in metavolitionale und metamotivationale Maßnahmen unterteilen (vgl. Kehr, 1999; Kehr & von Rosenstiel, in press).

Metavolitionale Strategien intendieren eine *Verbesserung* volitionaler Handlungssteuerung und eine Verringerung der unerwünschten Nebeneffekte. Muraven und Baumeister (2000) vergleichen Volition metaphorisch mit einem Muskel, um neben der Erschöpfung volitionaler Ressourcen auch auf die Möglichkeit des »Muskelaufbaus« durch Übung hinzuweisen. Allerdings hat sich gezeigt, dass ausgeprägte Motivdiskrepanzen, die häufige volitionale Handlungssteuerung erfordern und damit reichlich Gelegenheit zur Praxis bieten sollten, über die Zeit hinweg nicht etwa mit einer Verbesserung, sondern mit einer Verschlechterung volitionaler Ressourcen einhergehen (Kehr, 2004a). Insofern sollten sich Führungskräfte keineswegs darauf verlassen, dass ihre Mitarbeiter bei der Verfolgung bedürfnisdiskrepanter Ziele im Sinne eines Learning-by-Doing quasi automatisch volitionale Ressourcen aufbauen werden; das Gegenteil mag vielmehr der Fall sein. Deshalb wäre hier stattdessen ein gezielter und systematischer Aufbau volitionaler Ressourcen vorzuziehen, unterstützt durch Selbsthilfeliteratur (etwa Kehr, 2002) und Trainingsprogramme off-the-job (z. B. Kehr & von Rosenstiel, in press; s. Krug & Kuhl in diesem Band). Beispielsweise empfehlen Kehr und von Rosenstiel (in press) zur Förderung von Emotionskontrolle das Führen eines Emotionstagebuchs oder zur Verbesserung von Entscheidungskontrolle die Verwendung einer Entscheidungshilfe, welche das Sammeln und das Bewerten entscheidungsrelevanter Informationen in zwei Phasen unterteilt.

Metamotivationale Strategien sollen intrinsische Motivation fördern, indem sie Diskrepanzen zwischen impliziten und expliziten Motiven verringern, also die »organismische Kongruenz« (Sheldon & Kasser, 1995) bzw. die »motivationale Kompetenz« (Rheinberg, 2002) einer Person verbessern. Verglichen mit Metavolition ist Metamotivation letztlich die nachhaltigere Strategie, weil Metamotivation volitionale Handlungssteuerung überflüssig macht (vgl. Kehr, 1999, 2004c; Rheinberg, 2002).

In diesem Sinne können die neueren Ansätze visionärer Führung (Nanus, 1992; Kotter, 1996) als metamotivationale Maßnahmen verstanden werden. Im Unterschied zu weit gespannten, kognitiven Zielen ist es das Kennzeichen einer Vision (z. B.: »Wir wollen eine lebenswerte Zukunft schaffen«), dass sie zur Imagination affektiv besetzter Phantasien und Wunschträume anregt. Eine Vision ist »effektiv«, sofern sie imstande ist, eine Resonanz der impliziten Motive der angesprochenen Menschen zu erzeugen.

Visionen lassen sich dahingehend einteilen, ob sie vorwiegend ein ganz bestimmtes Motiv oder mehrere Motive zugleich ansprechen. Im erstgenannten Fall spricht man von monothematischen Visionen, im letztgenannten Fall von multithematischen Visionen. Ein Beispiel für eine monothematische Vision, die vorwiegend das Machtmotiv ansprechen dürfte, ist: »Wir wollen größer werden als die Konkurrenz«. Es ist nicht zu erwarten, dass eine solche Vision von vorwiegend anschluss- oder leistungsmotivierten Mitarbeitern als besonders motivierend empfunden würde. Insofern besteht hier die praktische Schwierigkeit, eine Vision so zu entwickeln, dass sie verschiedene Menschen mit ganz unterschiedlichen Motivstrukturen anspricht. Eine Möglichkeit, dies zu erreichen, ohne an Authentizität zu verlieren oder die Vision zu verwässern, liegt darin, eine bestimmte (vielleicht monothematische) Vision in einer Weise zu kommunizieren, dass die verschiedenen Motive angeregt werden, etwa durch eine ergänzende Kommentierung.

Nun hat Oettingen (1996) gezeigt, dass Visionen und Wunschträume auch im Sinne einer antizipatorischen, fragmentarischen Zielreaktion wirken können: Man schwelgt in der Vision und schmälert durch diese vorweggenommene, phantasierte Konsumation die Motivation zur Handlung selbst. Wie Carver (1996) erläutert, hängt der positive oder negative Motivationseffekt einer Phantasietätigkeit davon ab, ob sich die Phantasien allein auf die erwünschten Endresultate beziehen (schlecht), oder ob auch die Wege, die zu dem gewünschten Ergebnis führen sollen, in die Imagination einbezogen werden (gut).

Zur Imagination der zielführenden Wege kann auf eine von Schultheiss und Brunstein (1999) entwickelte Technik zurückgegriffen werden. Führungskräfte können diese Technik benutzen, um gemeinsam mit ihrem Mitarbeiter nach Wegen zu suchen, die eine möglichst starke Unterstützung der Aufgabenerfüllung durch dessen implizite Motive versprechen. Die Handlung wird in einzelne Abschnitte zerlegt, deren Ausführung imaginiert wird, wobei die dabei entstehenden Emotionen als Indikatoren für die zu erwartende Motivationslage verwendet werden (vgl. Schwarz & Bohner, 1996, 1990; s. a. Kehr, 2004c, Kapitel 4.4.5). Ausgewählt werden dann jene Wege, welche die positivsten Erwartungsemotionen ausgelöst haben, weil diese die stärkste Unterstützung durch implizite Motive erwarten lassen. Umgekehrt werden Handlungspassagen, welche in der Imagination negative Erwartungsemotionen auslösen, durch positiv besetzte Alternativen ersetzt. Das kann dazu führen, dass der Vorgesetzte bestimmte Teile des Projektes an andere Teammitglieder delegiert oder selbst übernimmt. Selbstredend wird es nicht immer gelingen, motivational gestützte Wege zu finden. Gerade dann aber wäre der Vorgesetzte gut beraten, zusätzliche bedürfnisdiskrepante Aufgaben aufzuschieben oder an andere Teammitglieder zu delegieren, um zu verhindern, dass sich die volitionalen Ressourcen des Mitarbeiters erschöpfen oder Überkontrolle auftritt.

Durch eine Aufschlüsselung der impliziten Motive, etwa in Anschluss-, Macht- und Leistungsmotiv (McClelland, 1995), lassen sich weitere Führungsmaßnahmen benennen, welche die Motive differenziell ansprechen. Dies sei exemplarisch dargelegt, wobei hier aus Platzgründen nur auf die Hoffnungskomponenten dieser Motive, nicht aber auf ihre Furchtkomponenten (vgl. Atkinson, 1964; Kanfer & Heggestad, 1997; s. Langens et al. in diesem Band) eingegangen wird. Mitarbeiter mit ausgeprägtem Leistungsmotiv sind durch schwierige Aufgaben und Projekte zu motivieren, bei denen sie die eigene Tüchtigkeit unter Beweis stellen können. Sie sind bereit, persönliche Verantwortung zu übernehmen, und sie sind sowohl bei Erfolg wie auch bei Misserfolg an sachlichem, individuellem Feedback interessiert. Kollektive Verantwortung und Teamarbeit werden von leistungsmotivierten Mitarbeitern als weniger motivierend empfunden, da jene oft mit Verantwortungsdiffusion und Trittbrettfahren einhergehen und sich der Ergebnisanteil des einzelnen Teammitglieds oft nicht näher bestimmen lässt. Führungskräfte sollten bei leistungsmotivierten Mitarbeitern darauf achten, dass sich diese nicht verzetteln und an intrinsisch motivierenden Projekten arbeiten, die nicht zur Erfüllung der Team- oder Organisationsziele beitragen.

Anschlussmotivierte Mitarbeiter lassen sich durch Teamarbeit motivieren und sind bereit, Verantwortung kollektiv zu übernehmen. Die Atmosphäre von Großraumbüros, Aufenthaltsräume und ausreichende Pausenzeiten oder soziale Aktivitäten mit Kollegen werden als motivierend empfunden, weniger dagegen Projekte, die weitgehend isoliert durchgeführt werden müssen. Typische Aufgaben, die anschlussmotivierte Mitarbeiter als motivierend empfinden, sind etwa neue Teammitglieder einzuarbeiten, Betriebsfeste zu organisieren oder an einer Mitarbeiterzeitschrift mitzuwirken. Aus der Perspektive einer Führungskraft mag es nahe liegen, anschlussmotivierte Mitarbeiter für Führungsaufgaben, wie die eines Teamsprechers gewinnen zu wollen. Allerdings wird hier regelmäßig einiges an Überzeugungsarbeit zu leisten sein, weil gerade Anschlussmotivierte nicht danach streben, aus der Gruppe ihrer Peers in eine herausgehobene Funktion gestellt zu werden.

Machtmotivierte Mitarbeiter dagegen empfinden die Delegation von Führungsfunktionen als motivierend, weil diese mit Status und Prestige sowie mit der Möglichkeit, Einfluss auf andere auszuüben, verbunden sind (vgl. McClelland & Burnham, 2003). Auch motiviert sie die Aussicht, an Projekten mit hohem Prestige und Aufmerksamkeitswert mitzuwirken, für die sie gerne persönliche Verantwortung übernehmen. Ferner empfinden Machtmotivierte solche Aufgaben als intrinsisch motivierend, die sie in die Nähe einflussreicher Personen rücken (z. B. als Assistent der Geschäftsleitung) oder ihre sozialen Netze erweitern. Sie sind mehr als andere mit ihrer Selbstdarstellung nach außen beschäftigt. Daher nehmen sie Lob und positives Feedback gerne im Kollegenkreis entgegen. Kritik und negatives Feedback sollten demgegenüber eher unter vier Augen gegeben werden, um das Impression Management nicht zu unterminieren. Machtmotivierte sind verhältnismäßig leicht zu führen, weil sie sich gerne an das Urteil des Vorgesetzten und an dessen Zielvorgaben halten. Allerdings mag es ratsam sein, die eigene Position durch mikropolitische Aktivitäten (Buchanan & Badham, 1999; Neuberger, 1995) abzusichern.

Eine Feldstudie von Weibler und Kehr (2003) illustriert, dass Führungserfolg auch dadurch bedingt ist, inwieweit es Führungskräften gelingt, den eigenen Führungsstil an die Motive ihrer Mitarbeiter anzupassen. Den Führungsstil betreffend liegt der Studie die Einteilung von Bass zugrunde, der die drei Führungsstile »inspirierender Einfluss«, »intellektuelle Stimulierung« und »interpersonelle Wertschätzung« unterscheidet. Bass bezeichnet diese Führungsstile als »transformational«, weil sie im Verbund eine echte Veränderung (Transformation) bewirken sollen, im Unterschied zu den sog. »transaktionalen« Führungsstilen, die auf instrumentellen Austauschbeziehungen (Transaktionen) basieren (im Sinne von: »gibst du mir, so gebe ich dir«) und die bestenfalls Willfährigkeit und Gehorsam, nicht aber wirkliche Bereitschaft zur Veränderung erreichen.

Weibler und Kehr (2003) vermuten nun einen thematischen Zusammenhang zwischen drei transformationalen Führungsstilen (vgl. Bass, 1999) und den drei »großen« Motiven (McClelland, 1995). Im Einzelnen postulieren sie Zusammenhänge zwischen inspirierendem Einfluss und dem Machtmotiv, zwischen intellektueller Stimulierung und dem Leistungsmotiv sowie zwischen interpersoneller Wertschätzung und dem Anschlussmotiv. Die Ergebnisse der Studie belegen, dass das Ausmaß, in dem Führungskräfte in diesem Sinne motivkongruent führen, positiv dazu beiträgt, dass sie im Urteil ihrer Mitarbeiter als charismatisch eingeschätzt werden.

2.2 Führung bei zwei oder mehr fehlenden Motivationskomponenten

Bei manchen Aufgaben mögen auch zwei (dies entspricht den Sektoren *e*, *f* oder *g* der Abb. 8.2) oder alle drei Motivationskomponenten fehlen. Wenn dieser Mangel eher kurzfristiger Natur ist und sich nur auf einzelne Aufgaben bezieht, lassen sich die im voranstehenden Kapitel beschriebenen Führungsmaßnahmen entsprechend kombinieren. Sollte dieses Defizit jedoch dauerhafter Natur sein oder solche Aufgaben betreffen, die zentral für die Tätigkeit des Mitarbeiters sind, sollten sie nach Möglichkeit an geeignetere Teammitglieder delegiert werden. Langfristig sind hier allerdings wohl fundamentale Maßnahmen der Arbeitsgestaltung gefragt, die auf eine substanzielle Umstrukturierung des Motivationspotenzials der Tätigkeit zielen (vgl. Hackman & Oldham, 1980). Das voranstehende Kapitel liefert gewiss diverse Anregungen für derartige Maßnahmen, aber eine systematische Aufschlüsselung potenzieller Arbeitsgestaltungsmaßnahmen, welche die vermuteten Haupt-, Neben- und Interaktionseffekte auf die drei Komponenten des Kompensationsmodells beschreibt, bleibt weiterführenden Arbeiten vorbehalten.

2.3 Führung des ideal motivierten Mitarbeiters

Sektor *a* in Abbildung 8.2 repräsentiert die ideale Arbeitsmotivation: Die Aufgabe oder das Projekt wird von allen drei Motivationskomponenten gleichermaßen unterstützt. In dieser Situation ist eine vollständige Delegation der Aufgabe (Yukl & Fu, 1999) an den Mitarbeiter möglich, auf dessen Selbstmanagement (Kehr & von Rosenstiel, in press; vgl. Neck & Manz, 1996) man sich verlassen kann. Selbst bei idealer Mitarbeitermotivation würde allerdings eine Führung im Sinne des Laisserfaire die Gefahr provozieren, dass der Mitarbeiter durch diese Untätigkeit frustriert und demotiviert wird und er sich längerfristig nach anderen Beschäftigungsmöglichkeiten umsieht. Auch den optimal motivierten Mitarbeiter gilt es proaktiv zu fördern (Day, 2000) und mit neuen, anspruchsvollen Aufgaben zu bedenken.

Literatur

Ajzen, I. (1991). The theory of planned behavior. *Organizational Behavior and Human Decision Processes, 50*, 179–211.

Asendorpf, J. B. & Van Aken, M. A. G. (1999). Resilient, overcontrolled, and undercontrolled personality prototypes in childhood: Replicability, predictive power, and the trait-type issue. *Journal of Personality and Social Psychology, 77*, 815–832.

Atkinson, J. W. (1964). *An introduction to motivation.* Princeton, NJ: Van Nostrand.

Bandura, A. (1977). Self-efficacy: Toward a unifying theory of behavioral change. *Psychological Review, 84*, 191–215.

Bass, B. M. (1999). Two decades of research and development in transactional leadership. *European Journal of Work and Organizational Psychology, 8*, 9–32.

Baumeister, R. F. & Heatherton, T. F. (1996). Self-regulation failure: An overview. *Psychological Inquiry, 7*, 1–15.

Brunstein, J. C., Schultheiss, O. C. & Grässmann, R. (1998). Personal goals and emotional well-being: The moderating role of motive dispositions. *Journal of Personality and Social Psychology, 75*, 494–508.

Buchanan, D. & Badham, R. (1999). *Power, politics, and organizational change: Winning the turf game.* London: Sage.

Carver, C. S. (1996). Some ways in which goals differ and some implications of those differences. In P. M. Gollwitzer & J. A. Bargh (Hrsg.), *The psychology of action: Linking cognition and motivation to behavior* (S. 645–672). New York: Guilford.

Conger, J. A. & Kanungo, R. N. (1988). The empowerment process: Integrating theory and practice. *Academy of Management Review, 13*, 471–482.

Csikszentmihalyi, M. (1975). *Beyond boredom and anxiety.* San Francisco: Jossey-Bass.

Day, D. V. (2000). Leadership development: A review in context. *Leadership Quarterly, 11*, 581–613.

Deci, E. L. & Ryan, R. M. (2000). The »what« and »why« of goal pursuits: Human needs and the self-determination of behavior. *Psychological Inquiry, 11*, 227–268.

Deci, E. L., Koestner, R. & Ryan, R. M. (1999). A meta-analytic review of experiments examining the effects of extrinsic rewards on intrinsic motivation. *Psychological Bulletin, 125*, 627–668.

Dörner, D. & Wearing, A. J. (1995). Complex problem solving: Toward a (computersimulated) theory. In P. A. Frensch & J. Funke (Hrsg.), *Complex problem solving: The European perspective* (S. 65–99). Hillsdale, NJ: Erlbaum.

Fiedler, F. E. (1967). *A theory of leadership effectiveness.* New York: McGraw-Hill.

Gebert, D. (2004). Führungsstil und Führungserfolg. In E. Gaugler, W. A. Oechsler & W. Weber (Hrsg.), *Handwörterbuch des Personalwesens* (3. Aufl.) (S. 816–824). Stuttgart: Schäffer-Poeschel.

Hackman, J. R. & Oldham, G. R. (1980). *Work redesign.* Reading, MA: Addison-Wesley.

Harackiewicz, J. M. (1979). The effects of reward contingency and performance feedback on intrinsic motivation. *Journal of Personality and Social Psychology, 37*, 1352–1363.

Heckhausen, H. (1989). *Motivation und Handeln* (2. Aufl.) Berlin: Springer.

Hersey, P. & Blanchard, K. H. (1969). *Management of organizational behavior: Utilizing human resources.* Englewood Cliffs, NJ: Prentice Hall.

Hollenbeck, J. R. & Klein, H. J. (1987). Goal commitment and the goal-setting process: Problems, prospects, and proposals for future research. *Journal of Applied Psychology, 72*, 212–220.

House, R. J. (1971). A path-goal theory of leader effectiveness. *Administrative Science Quarterly, 16*, 321–339.

Kanfer, R. & Ackerman, P. L. (1989). Motivation and cognitive abilities: An integrative/aptitude-treatment interaction approach to skill acquisition. *Journal of Applied Psychology, 74*, 657–690.

Kanfer, R. & Heggestad, E. D. (1997). Motivational traits and skills: A person-centered approach to work motivation. *Research in Organizational Behavior, 19*, 1–56.

Kehr, H. M. (1999). Entwurf eines konfliktorientierten Prozeßmodells von Motivation und Volition. *Psychologische Beiträge, 41*, 20–43.

Kehr, H. M. (2002). Souveränes Selbstmanagement – Ein wirksames Konzept zur Stärkung von Motivation und Wille. In F. Nerdinger, E. Regnet & L. v. Rosenstiel (Hrsg. der Reihe), *Management und Karriere.* Weinheim: Beltz.

Kehr, H. M. (2003). Goal conflicts, attainment of new goals, and well-being among managers. *Journal of Occupational Health Psychology, 8*, 195–208.

Kehr, H. M. (2004a). Implicit/explicit motive discrepancies and volitional depletion among managers. *Personality and Social Psychology Bulletin, 30*, 315–327.

Kehr, H. M. (2004b). Integrating implicit motives, explicit motives, and perceived abilities: The compensatory model of work motivation and volition. *Academy of Management Review, 29*, 479–499.

Kehr, H. M. (2004c). Motivation und Volition: Funktionsanalysen, Feldstudien mit Führungskräften und Entwicklung eines Selbstmanagement-Trainings (SMT). In J. Kuhl & F. Halisch (Hrsg. der Reihe), *Motivationsforschung.* Göttingen: Hogrefe.

Kehr, H. M., Bles, P. & Rosenstiel, L. v. (1999). Self-regulation, self-control, and management training transfer [Special issue: M. Boekaerts (Hrsg.), Self-regulated learning]. *International Journal of Educational Research, 31*, 487–498.

Kehr, H. M. & Rosenstiel, L. v. (in Druck). Self-Management Training (SMT): Theoretical and empirical foundations for the development of a metamotivational and metavolitional intervention program. In D. Frey, H. Mandl & L. v. Rosenstiel (Hrsg.), *Knowledge and action.* Seattle: Huber & Hogrefe.

Kotter, J. P. (1996). *Leading change.* Boston: Harvard Business School Press.

Kram, K. E. & Bragar, M. C. (1992). Development through mentoring: A strategic approach. In D. H. Montross & C. J. Shinkman (Hrsg.), *Career development: Theory and practice* (S. 221–254). Springfield, IL: Thomas.

Kuhl, J. (1985). Volitional mediators of cognition-behavior consistency: Self-regulatory processes and action versus state orientation. In J. Kuhl & J. Beckmann (Hrsg.), *Action control: From cognition to behavior* (S. 101–128). Berlin: Springer.

Kuhl, J. (2000). A functional-design approach to motivation and self-regulation: The dynamics of personality systems and interactions. In M. Boekarts, P. R. Pintrich & M. Zeidner (Hrsg.). *Handbook of self-regulation* (S. 111–169). San Diego: Academic Press.

Kuhl, J. & Fuhrmann, A. (1998). Decomposing self-regulation and self-control: The volitional components inventory. In J. Heckhausen & C. S. Dweck (Hrsg.), *Motivation and self-regulation across the life span* (S. 15–49). Cambridge, UK: Cambridge University Press.

Kuhl, J. & Goschke, T. (1994). A theory of action control: Mental subsystems, modes of control, and volitional conflict-resolution strategies. In J. Kuhl & J. Beckmann (Hrsg.), *Volition and personality: Action versus state orientation* (S. 93–124). Seattle: Hogrefe & Huber.

Leventhal, H. & Scherer, K. (1987). The relationship of emotion to cognition: A functional approach to a semantic controversy. *Cognition and Emotion, 1*, 3–28.

Locke, E. A. & Latham, G. P. (1990). *A theory of goal setting and task performance.* Englewood Cliffs, NJ: Prentice Hall.

Locke, E. A. & Latham, G. P. (2004). What should we do about motivation theory? Six recommendations for the twenty-first century. *Academy of Management Review, 29*, 388–403.

Lord, R. G. & Kernan, M. C. (1987). Scripts as determinants of purposeful behavior in organizations. *Academy of Management Review, 12*, 265–277.

March, J. G. & Simon, H. A. (1958). *Organizations*. New York: Wiley.

Maslow, A. H. (1943). A theory of human motivation. *Psychological Review, 50*, 370–396.

McClelland, D. C. (1985). How motives, skills, and values determine what people do. *American Psychologist, 40*, 812–825.

McClelland, D. C. (1995). *Scientific psychology as a social enterprise.* Unpublished manuscript, University of Boston.

McClelland, D. C. & Burnham, D. H. (2003, January). Power is the great motivator. *Harvard Business Review*, 117–126.

McClelland, D. C., Koestner, R. & Weinberger, J. (1989). How do self-attributed and implicit motives differ? *Psychological Review, 96*, 690–702.

Mischel, W., Cantor, N. & Feldman, S. (1996). Principles of self-regulation: The nature of willpower and self-control. In E. T. Higgins & A. Kruglanski (Hrsg.), *Social psychology: Handbook of basic principles* (S. 329–360). New York: Guilford.

Muraven, M. & Baumeister, R. F. (2000). Self-regulation and depletion of limited resources: Does self-control resemble a muscle? *Psychological Bulletin, 126*, 247–259.

Murray, H. A. (1943). *Thematic Apperceptive Test Manual.* Cambridge: Harvard University Press.

Nanus, B. (1992). *Visionary leadership: Creating a compelling sense of direction for your organization.* San Fracisco: Jossey-Bass.

Neck, C. P. & Manz, C. C. (1996). Thought self-leadership: The impact of mental strategies training on employee cognition, behavior, and affect. *Journal of Organizational Behavior, 17*, 445–467.

Neuberger, O. (1995). *Mikropolitik.* Stuttgart: Enke.

Osborn, R. N., Hunt, J. G. & Jauch, L. R. (2002). Toward a contextual theory of leadership. *Leadership Quarterly, 13*, 797–837.

Oettingen, G. (1996). Positive fantasy and motivation. In P. M. Gollwitzer & J. A. Bargh (Hrsg.), *The psychology of action: Linking cognition and motivation to behavior* (S. 236–259). New York: Guilford.

Polivy, J. (1998). The effects of behavioral inhibition: Integrating internal cues, cognition, behavior, and affect. *Psychological Inquiry, 9*, 181–204.

Posner, M. I. & Snyder, C. R. R. (1975). Attention and cognitive control. In R. L. Solos (Hrsg.), *Information processing and cognition: The Loyola Symposium* (S. 55–85). Hillsdale, NJ: Erlbaum.

Puca, R. M. & Schmalt, H.-D. (1999). Task Enjoyment: A mediator between achievement motives and performance. *Motivation and Emotion, 23*, 15–29.

Rheinberg, F. (1996). Flow-Erleben, Freude an riskantem Sport und andere »unvernünftige« Motivationen. In J. Kuhl & H. Heckhausen (Hrsg.), *Enzyklopädie der Psychologie: Serie IV. Motivation, Volition und Handlung* (Bd. 4, S. 101–118). Göttingen: Hogrefe.

Rheinberg, F. (2002). Freude am Kompetenzerwerb, Flow-Erleben und Motiv-passende Ziele. In M. von Salisch (Hrsg.), *Emotionale Kompetenz entwickeln* (S. 179–206). Stuttgart: Kohlhammer.

Rosenstiel, L. v. (2003). *Grundlagen der Organisationspsychologie* (5. Auflage). Stuttgart: Schäffer-Poeschel.

Ryan, R. M. & Deci, E. L. (2000). Self-determination theory and the facilitation of intrinsic motivation, social development, and well-being. *American Psychologist, 55*, 68–78.

Schmalt, H.-D., Sokolowski, K. & Langens, T. (2000). *Das Multi-Motiv-Gitter für Anschluß, Leistung und Macht (MMG): Manual.* Frankfurt am Main: Swets & Zeitlinger.

Schultheiss, O. C. & Brunstein, J. C. (1999). Goal imagery: Bridging the gap between implicit motives and explicit goals. *Journal of Personality, 67*, 1–38.

Schwarz, N. & Bohner, G. (1996). Feelings and their motivational implications: Moods and the action sequence. In P. M. Gollwitzer & J. A. Bargh (Hrsg.), *The psychology of action: Linking cognition and motivation to behavior* (S. 119–145). New York: Guilford.

149

Schwarzer, R. (1992). *Self-efficacy: Thought control of action.* Washington, DC: Hemisphere.

Sheldon, K. M. & Elliot, A. J. (1999). Goal striving, need-satisfaction, and longitudinal well-being: The self-concordance model. *Journal of Personality and Social Psychology, 76,* 482–497.

Sheldon, K. M. & Kasser, T. (1995). Coherence and congruence: Two aspects of personality integration. *Journal of Personality and Social Psychology, 68,* 531–543.

Sokolowski, K. (1993). *Emotion und Volition.* Göttingen: Hogrefe.

Sokolowski, K. (1996). Wille und Bewußtheit. In J. Kuhl & H. Heckhausen (Hrsg.), *Enzyklopädie der Psychologie: Serie IV. Motivation, Volition und Handlung* (Bd. 4, S. 485–530). Göttingen: Hogrefe.

Spangler, W. D. (1992). Validity of questionnaire and TAT measures of need for achievement: Two meta-analyses. *Psychological Bulletin, 112,* 140–154.

Stumpf, H., Angleitner, A., Wieck, T., Jackson, D. N. & Beloch-Till, H. (1985). *Deutsche Personality Research Form (PRF).* Göttingen: Hogrefe.

Vroom, V. H. (1964). *Work and motivation.* New York: Wiley.

Wahba, M. A. & Bridwell L. G. (1976). Maslow reconsidered: A review of research on the need hierarchy theory. *Organizational Behavior and Human Performance, 15,* 212–240.

Weibler, J. & Kehr, H. M. (2003). Transformationale Führung und Motivdispositionen: Exploring the links. In W. Bungard, B. Koop & C. Liebig (Hrsg.), *Abstraktband der 3. Tagung der Fachgruppe Arbeits- und Organisationspsychologie in Mannheim* (S. 245).

Yukl, G. (2002). *Leadership in organizations* (5. Aufl.). Upper Saddle River, NJ: Prentice Hall.

Yukl, G. & Fu, P. P. (1999). Determinants of delegation and consultation by managers. *Journal of Organizational Behavior, 20,* 219–232.

9   Wirkungen von Zielen

Tanja Bipp und Uwe Kleinbeck

1   Ziele bestimmen die Richtung des Handelns und beeinflussen die Leistung

Die in diesem Beitrag vorgestellten Konzepte und die mit ihrer Hilfe gewonnenen Ergebnisse basieren auf der Annahme, dass menschliches Handeln zielgerichtet abläuft. Belege für die Gültigkeit dieser Annahme finden sich in einer großen Zahl von Studien, die in verschiedenen Bereichen der Psychologie durchgeführt wurden. Motivations-, kognitions-, sozial-, entwicklungs- und persönlichkeitspsychologische Forschung hat dazu beigetragen, das Wissen um die Entstehung und Wirkung von Zielen zu erweitern (z. B. Austin & Vancouver, 1996; Brunstein, Schultheiss & Maier, 1999; Carver & Scheier, 1998; Elliot & Dweck, 1988; Gollwitzer & Moskowitz, 1996; Kleinbeck, 2004; Locke & Latham, 1990a; Mischel, Cantor & Feldman, 1996). Besonderes Augenmerk gilt dabei der Wirkung, die Ziele auf die Leistung ausüben, wie Ziele dabei mit anderen Merkmalen der Handlungsregulation zusammenspielen (z. B. Rückmeldungen) und durch welche kognitiven, motivationalen und emotionalen Prozesse die Leistungseffekte von Zielen vermittelt werden.

Die meisten Belege, die für eine leistungsförderliche Wirkung von Zielen sprechen, stammen aus Feld- und Laboruntersuchungen, in denen den Untersuchungsteilnehmern Leistungsziele unterschiedlicher Art vorgegeben wurden. Die grundsätzliche Erkenntnis aus diesen Studien ist, dass höhere Zielsetzungen zu höheren Leistungen führen, sofern die Schwierigkeit des Ziels nicht die individuell verfügbare Leistungskapazität sprengt (Locke & Latham, 1990a, 1990b; Mento, Steele & Karren, 1987; Tubbs, 1986; Wood, Mento & Locke, 1987). Inzwischen hat dieser Befund Eingang in unterschiedlichste Anwendungsbereiche zur Förderung von Leistungen gefunden. Zielsetzung und Zielvereinbarungen werden in Unternehmen als Techniken eingesetzt, um die Qualität, Effizienz und Produktivität des Arbeitsverhaltens zu steigern (Bungard & Kohnke, 2000; Kleinbeck, 2001; Schmidt & Kleinbeck, 2004; Schmidt & Kleinbeck, in Vorb.). Darüber hinaus werden die Ergebnisse der Zielsetzungsforschung zur Förderung von Lernprozessen in Bildungseinrichtungen genutzt (Elliot & McGregor, 2001; Spinath & Stiensmeier-Pelster, 2003).

2 Leistungsrelevante Merkmale von Zielen

Nach der Zielsetzungstheorie hängt die Wirkung von Zielen auf die Leistung von zwei Faktoren ab: der *Höhe* und der *Spezifität* eines Ziels. Ein hohes Ziel liegt vor, wenn sich jemand vornimmt, eine große Leistungsmenge zu bearbeiten, etwas besonders gut zu machen oder eine besonders schwierige Aufgabe zu meistern. Ein spezifisches Ziel zeichnet sich dadurch aus, dass gewissermaßen auf einer Messlatte angegeben wird, welches Ergebnis erreicht werden soll. Man denke hier z. B. an das Ziel, beim Weitsprung 8,20 m zu erreichen. Vage wäre hingegen das Ziel, so weit wie möglich zu springen, da kein Erfolgskriterium spezifiziert wird. Der leistungsförderliche Effekt von hohen und spezifischen vs. niedrigen und vagen Zielen konnte in Meta-Analysen (Mento et al., 1987; Tubbs, 1986) empirisch nachgewiesen werden. Die Effekte liegen im mittleren bis starken Bereich ($d = .58 - .82$) und bestätigen, dass zwischen der Höhe und Spezifität von Zielen einerseits und der erreichten Leistung andererseits ein enger Zusammenhang besteht.

Eine Erhöhung des Zielniveaus führt in der Regel auch zu Leistungssteigerungen (Locke & Latham, 1990a). Ab einem gewissen Punkt bricht dieser lineare Zusammenhang jedoch ab. Weitere Steigerungen der Zielhöhe bleiben ohne Effekt auf die Leistung, weil eine persönliche Leistungsgrenze erreicht bzw. überschritten worden ist (Locke, 1982). Die Leistungsfähigkeit einer Person stößt an ihre Kapazitätsgrenzen; der Versuch, weitere Ressourcen freizusetzen, scheitert (s. a. Norman & Bobrow, 1975). Die kognitiven und motivationalen Fähigkeiten von Menschen definieren somit den Spielraum, innerhalb dessen Veränderungen im Zielniveau mit Leistungsveränderungen einhergehen.

3 Moderatoren der Wirksamkeit von Zielsetzungen

Das Erreichen *fähigkeitsbedingter Leistungsgrenzen* verdeutlicht, dass es keinen uneingeschränkten direkten Einfluss von Zielen auf die Leistung gibt. Die Beobachtung eines Menge-Güte-Austausches (z. B.: je schneller gearbeitet wird, desto mehr häufen sich die Fehler), der gleichfalls mit der begrenzten Leistungskapazität menschlicher Informationsverarbeitung begründet wird, weist ebenso darauf hin, dass die Art der Wirkung, die Ziele auf die Leistung ausüben, von weiteren Variablen abhängig ist (Kleinbeck, 1985; Schmidt, 1987). Solche Variablen, die die Wirkbeziehung zwischen zwei anderen Variablen beeinflussen, werden in der Literatur als Moderatoren bezeichnet.

Gut belegt ist der moderierende Einfluss von *Rückmeldungen* (Locke & Latham, 1990a). Durch Rückmeldungen wird die Wirkung von Zielsetzungen verstärkt, weil es durch sie möglich wird, die handlungsrelevanten Leistungsvoraussetzungen gezielt auf die angestrebten Handlungsergebnisse hin auszurichten. Schmidt (1987) weist darüber hinaus auf unterschiedliche Wirkungsgrade verschiedener Arten von Rückmeldungen hin, die sich in Wechselwirkung mit Aufgabentypen entfalten können. So bleibt eine externe (z. B. vom Untersuchungsleiter gegebene) Rückmeldung ziemlich wirkungslos, wenn die Aufgabe aus sich heraus (intrinsisch) bereits ausreichend Rückmeldungen anbietet (wie bspw. bei einer visuell-manuellen Regelaufgabe, wie sie z. B. beim Autofahren vorliegt). Sind solche direkten Rückmeldungen durch die Aufgabe nicht gegeben, so ist für die Leistungsoptimierung eine externe Rückmeldung unbedingt erforderlich.

Als eine weitere Moderatorvariable hat sich die *Aufgabenkomplexität* erwiesen. Wood (1986) unterscheidet diese anhand von drei Dimensionen:

a) Die strukturelle Komplexität bezieht sich auf die Anzahl der Aufgabenelemente. Eine Aufgabe ist umso komplexer, je mehr Teilaufgaben sie enthält. Wenn eine Führungskraft zu entscheiden hat, welche Produktvarianten von welchen Mitgliedern der ihr zugeordneten Arbeitsgruppe zu welcher Zeit bearbeitet werden sollen, dann kann man von einer komplexen Aufgabe sprechen.

b) Die koordinative Komplexität umfasst die Anzahl und die Art der Beziehungen, die zwischen den Aufgabenelementen bestehen. Hohe Komplexität bedeutet, dass die Teilaufgaben nicht unabhängig voneinander bearbeitet werden können (z. B. beim Hausbau).

c) Die dynamische Komplexität berücksichtigt zeitliche Veränderungen in der Art und Anzahl der Aufgabenelemente sowie ihrer Beziehung zueinander. Sie fällt hoch aus, wenn sich sowohl die Anzahl der Komponenten als auch die Art ihrer Beziehungen mit der Zeit verändern, so wie dies z. B. bei der Planung und Ausführung von Großprojekten im Anlagenbau der Fall ist.

In einer Meta-Analyse benutzen Wood et al. (1987) diese drei Dimensionen, um die Aufgaben aus 125 Zielsetzungsstudien hinsichtlich ihrer Komplexität zu ordnen. Der leistungsförderliche Effekt der Zielsetzung fiel am stärksten aus, wenn einfache, im Unterschied zu komplexen Aufgaben zu bearbeiten waren. Bei Aufgaben mit hoher Komplexität stehen zumeist mehrere Strategien für die Aufgabenbewältigung zur Verfügung. Vor allem wenn die Aufgabe selbst noch unvertraut ist, fällt es oft schwer, die effektivste Strategie herauszufinden. Dies mindert den Effekt der Zielsetzung. Dieser Unterschied zwischen komplexen und einfachen Aufgaben sollte aber verschwinden, wenn Personen ausreichend Gelegenheit haben, sich mit einer komplexen Aufgabe vertraut zu machen, sodass sie effektive Handlungsstrategien identifizieren können.

Neben der Rückmeldung und Aufgabenkomplexität, bildet die *Zielbindung* eine weitere Variable, die den Zusammenhang zwischen Zielen und Leistung beeinflusst. Die Zielbindung beschreibt das Ausmaß, in dem sich eine Person einem Ziel verpflichtet fühlt, das sie mit eigener Anstrengung erreichen will und das sie selbst angesichts von Rückschlägen und Widerständen nicht aufgeben möchte. In einer Vielzahl von Studien hat sich gezeigt, dass unterschiedliche Grade der Zielbindung unterschiedliche Leistungen nach sich ziehen und Veränderungen der Zielbindung im Verlaufe des Handlungsprozesses ebenfalls Leistungsveränderungen bewirken. Klein, Wesson, Hollenbeck und Alge (1999) kommen auf der Grundlage einer Meta-Analyse mit 83 Untersuchungsstichproben zu dem Ergebnis, dass nur dann eine lineare Beziehung zwischen Zielhöhe und Leistung besteht, wenn die Zielbindung stark ausgeprägt ist. So führen hohe Ziele nicht zu einer hohen Leistung, wenn die Zielbindung gering ist, oder eine starke Zielbindung kann ihre förderliche Wirkung auf die Leistung nicht entfalten, wenn niedrige Ziele gesetzt werden.

Dies wirft wiederum die Frage auf, wovon die Stärke der Zielbindung abhängig ist. Folgende Merkmale üben einen Einfluss auf die Entwicklung der Zielbindung aus:

a) *Motivationsveränderungen*, die im Laufe des zielorientierten Handelns auftreten.

b) Die *Instrumentalität*, also die beobachtbaren Beziehungen zwischen den angestrebten Handlungsergebnissen und den Ergebnisfolgen (Ergebnis-Folge-Erwartung, s. Vollmeyer in diesem Band), bildet ein weiteres zentrales Bestimmungsstück. Eine hohe Instrumentalität trägt zu einer Stärkung der Zielbindung bei.

c) Das *Vertrauen in die eigene Tüchtigkeit* hat einen Einfluss auf die Stärke der Zielbindung. Bandura (1997) bezeichnet dieses Vertrauen als Selbstwirksamkeitsüberzeugung und meint damit ein Urteil darüber, wie gut man Handlungsverläufe ausführen kann, die in zukünftigen Aufgabensituationen von Belang sind. Locke, Frederick, Lee und Bobko (1984) fanden, dass die Zielbindung umso stärker ausfällt, je höher das Vertrauen in die eigene Tüchtigkeit ist. Dieser Zusammenhang stellte sich allerdings nur bei selbst gesetzten Zielen ein. Bandura und Cervone (1983) konnten für Personen mit einem hohen Vertrauen in die eigene Tüchtigkeit eine Steigerung der Anstrengung in einer Leistungssituation belegen, wenn die Probanden zuvor eine Rückmeldung über ein mögliches Verfehlen des Ziels erhielten.

d) Wagner (1994) und Klein et al. (1999) fanden, dass Mitsprache bei der Festlegung eines Ziels ebenfalls zu einer höheren Zielbindung führt. Dieser Zusammenhang gilt vor allem für Formen der *Partizipation*, die eine Beteiligung an den für die Arbeitstätigkeit bedeutsamen Entscheidungen formell oder informell gewährleisten, wohingegen beratende, repräsentative oder gelegentliche Partizipationsformen ohne Wirkung bleiben.

4 Der Einfluss von Persönlichkeitsmerkmalen auf das zielorientierte Handeln

In aktuellen Theorien der Motivationspsychologie resultiert Verhalten stets aus der kombinierten Wirkung von Situations- und Personenmerkmalen (vgl. Rheinberg, 2004). Während für den moderierenden Einfluss der Aufgabenkomplexität oder den Fähigkeiten einer Person klare empirische Belege vorliegen, ergab die Untersuchung von Persönlichkeitsvariablen im Rahmen des zielorientierten Handelns nicht immer eindeutige Ergebnisse (vgl. Campbell, 1982; Locke & Latham, 1990a; Locke, Shaw, Saari & Latham, 1981). Klären lassen sich die z. T. widersprüchlichen Befunde, wenn man den Einfluss von Personenmerkmalen in unterschiedlichen Phasen des Handlungsprozesses (vgl. Rubikon-Modell der Handlungsphasen; Heckhausen, 2003) getrennt beleuchtet. Eine Reihe von Studien belegt inzwischen die Annahme, dass sich Persönlichkeitsfaktoren auf die Leistung – zumindest teilweise –, vermittelt durch zentrale Variablen der Zielsetzungstheorie, auswirken (vgl. Locke, 2001; Locke & Latham, 2002). Im Folgenden werden exemplarisch die Einflüsse zweier Personenmerkmale erörtert: Leistungsmotiv und Zielorientierung. Abschließend werden die Auswirkungen zusammenfassend auf der Ebene der fünf großen Persönlichkeitsfaktoren (Big Five: Neurotizismus, Extraversion, Offenheit für Erfahrung, Verträglichkeit, Gewissenhaftigkeit) beleuchtet.

Detailliert wurde der Einfluss der *Leistungsmotivation* auf die Arbeitsleistung und Zielsetzungswirkung untersucht. Steers (1975) zeigte, dass nur bei einer hohen Motivausprägung ein Zusammenhang zwischen der Leistung und Feedback bzw. Zielklarheit besteht. Neben dem positiven Einfluss des Leistungsmotivs auf die Leistung, belegen weitere Studien, dass eine hohe Motivausprägung zu effektiverem Handeln in Leistungssituationen führt. Personen mit hohem Leistungsmotiv legen z. B. mehr Wert auf das Einholen von exaktem Feedback und bevorzugen Rückmeldungen von Experten (Austin & Vancouver, 1996). Zusätzlich beeinflusst das Motiv die wahrgenommene Wahrscheinlichkeit und Wichtigkeit bei der Zielerreichung (Hollenbeck & Brief, 1987) und führt bei einer hohen Ausprägung zum Setzen von herausfordernden bzw. schwierigen Zielen (Matsui, Okada & Kakuyama, 1982; Yukl & Latham, 1978). Darüber hinaus wirkt sich das Leistungsmotiv nach der Aufnahme einer Handlung aus. Zahlreiche Studien belegen den positiven Zusammenhang zwischen der Motivausprägung und der Zielbindung (Hollenbeck, Williams & Klein, 1989; Johnson & Perlow, 1992; Kalnbach & Hinsz, 1999; Klein et al., 1999). Kleinbeck, Schmidt und Carlsen (1985) zeigten, dass sich bei misserfolgsängstlichen Personen die Zielbindung und damit die Leistung verringerte, je mehr Erfahrung die Probanden mit einer Aufgabe hatten.

In der Forschung tritt zudem verstärkt die *Zielorientierung* als nützliches Konstrukt für das Verständnis von Lern-, Trainings- und Leistungsergebnissen in den Vordergrund. Die Zielorientierung beeinflusst dabei, wie Personen eine Aufgabensituation wahrnehmen und wirkt sich auf die Aufgabenwahl, Anstrengung und Leistungserwartung aus (Dweck, 1986; Nicholls, 1984). Personen mit einer Lernzielorientierung streben danach, sich Wissen und Fähigkeiten anzueignen, während es Personen mit einer Leistungszielorientierung darum geht, hohe Fertigkeiten zu demonstrieren oder Unzulänglichkeiten zu verbergen. Lernzielorientierte Personen suchen Herausforderungen, akzeptieren schwierige Ziele und Aufgaben und zeigen in Leistungssituationen eine größere Ausdauer, wenn sie auf Schwierigkeiten stoßen. Aufbauend auf den leistungswirksamen Befunden in Lernumgebungen bei Kindern und Jugendlichen, wurde das Merkmal der zeitlich überdauernden motivationalen Orientierung erfolgreich auf den Arbeitskontext übertragen (z. B. VandeWalle, 1997).

Eine Reihe von Studien belegt den Einfluss der unterschiedlichen Zielorientierungen auf Aspekte der Leistung, den Zielsetzungsprozess, das Vertrauen in die eigene Tüchtigkeit oder die Anstrengung (z. B. Chen, Gully, Whiteman & Kilcullen, 2000; Phillips & Gully, 1997; VandeWalle, Cron & Slocum, 2001). Insbesondere die Lernzielorientierung wirkt sich positiv auf verschiedenste Leistungsindikatoren aus. Wolters (2004) belegt darüber hinaus spezifische Zusammenhänge der Lernzielorientierung zu verschiedenen motivationalen und kognitiven Faktoren sowie der Leistung, in Abhängigkeit der im Klassenraum subjektiv wahrgenommenen Zielstruktur (bspw. durch die vorherrschenden Vermittlungstechniken und Lernpraktiken). Weitere Studien belegen, dass die Zielorientierung direkte und indirekte (mediierte) Effekte auf das Einholen von Feedback ausübt, und damit einen weiteren zentralen Moderator aus der Zielsetzungstheorie beeinflusst. Personen mit einer hohen Lernzielorientierung gaben bei Tuckey, Brewer und Williamson (2002) einen höheren Bedarf nach Feedback an, aber nur wenn zuvor die eigene Leistung als unterdurchschnittlich eingestuft wurde.

Neben der Untersuchung der Auswirkungen weiterer einzelner Persönlichkeitsmerkmale (bspw. Kontrollüberzeugung, Typ-A-Verhalten, Selbstbewusstsein; vgl. Locke & Latham, 1990a), bietet das Modell der fünf großen Faktoren der Persönlichkeit auf einem höheren Abstraktionsniveau einen Rahmen, um die Auswirkungen auf das zielorientierte Verhalten gebündelt zu betrachten. Grundlage bilden verschiedene Meta-Analysen, die für die *Big Five* essenzielle Zusammenhänge zu unterschiedlichen Leistungsindikatoren aufzeigen (z. B. Salgado, 2003). Betrachtet man die möglichen Vermittlungsmechanismen dieser Effekte genauer, so findet man in der Literatur drei zentrale theoretische Ansätze und Erklärungsmöglichkeiten für die Motivation in Leistungssituationen: Zielsetzung, Erwartungen und Selbstwirksamkeit. Über diese Ansätze hinweg, erreichten in einer Meta-Analyse von Judge und Ilies (2002) der Neurotizismus (gemittelte Validität: -.31) und die Gewissenhaftigkeit (gemittelte Validität: .24) die stärksten und konsistentesten Zusammenhänge zur aktuellen Motivation. Gesamt betrachtet, erklären die fünf Persönlichkeitsfaktoren knapp 50 % der Varianz der motivationalen Kriterien, was für deren Berücksichtigung in einem umfassenden Modell der Arbeitsmotivation spricht.

Insbesondere beeinflusst die *Gewissenhaftigkeit* das zielorientierte Handeln. Gellatly (1996) konnte in einer Leistungssituation zeigen, dass gewissenhafte Personen eine höhere Erwartung an ihre eigene Leistung zeigen und sich diese über die Zielwahl förderlich auf die Leistung auswirkt. Barrick, Mount und Strauss (1993) fanden, dass Verkäufer mit hohen Werten auf der Dimension Gewissenhaftigkeit sich selbstständiger Ziele in ihrem Arbeitsalltag setzen und eine höhere Zielbindung zeigen, was sich leistungsförderlich (z. B. auf Verkaufszahlen, Vorgesetztenratings) auswirkt. Auch in eigenen Untersuchungen mit studentischen Probanden (vgl. Wegge, Bipp & Kleinbeck, in Vorb.) und Mitarbeitern in der chemischen Industrie (vgl. Klempt, 2004) konnten Interkorrelationen der Gewissenhaftigkeit mit der Zielbindung an vereinbarte bzw. vorgegebene Ziele in einem mittleren bis hohen Bereich (.24 < r <.54) identifiziert werden.

Insgesamt unterstützen diese Befunde die Auffassung, dass die Effekte von Persönlichkeitsmerkmalen auf die Aufgabenleistung zumindest z. T. durch Merkmale der Zielsetzung beeinflusst werden, wie beispielsweise der Zielbindung oder dem Vertrauen in die eigene Tüchtigkeit. Abbildung 9.1 fasst die Einflüsse der Personenfaktoren auf die Moderatoren im Zielwirkungsprozess zusammen. Neben zentralen Effekten auf die Zielbindung und dem Vertrauen in die eigene Tüchtigkeit, wirken die Persönlichkeitsvariablen z. B. über die Aufgabenwahl auf die Schwierigkeit ein oder beeinflussen das Handeln durch das Einholen von Feedback.

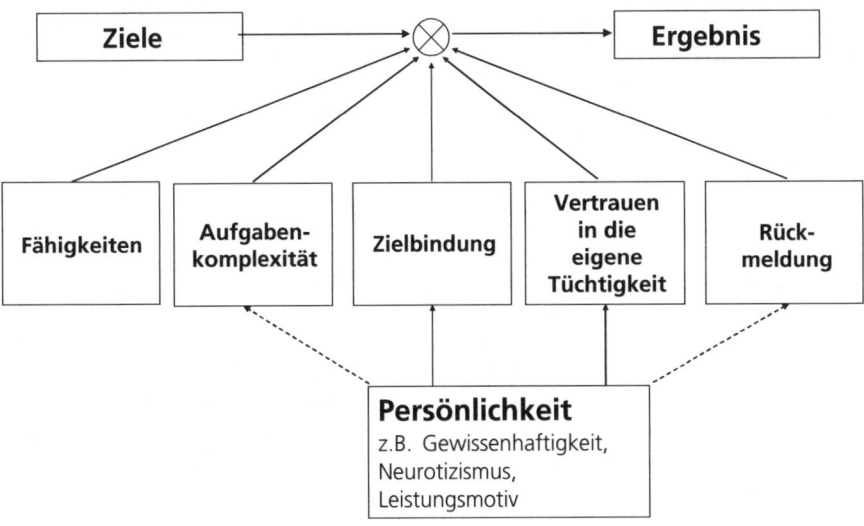

Abb. 9.1 Der Einfluss von Persönlichkeitsmerkmalen auf Moderatoren des Zielwirkungsprozesses.

5   Wirkmechanismen von Zielen

Locke und Latham (1990a) beschreiben vier Mechanismen, durch die Ziele in Leistung umgesetzt werden: die Aufmerksamkeits- oder Handlungssteuerung, die Anstrengung, die Ausdauer und aufgabenspezifische Strategien.

Ein Ziel weist das bevorstehende Handeln in eine bestimmte *Richtung*, andere Richtungen werden ausgeschlossen oder für weitere Handlungen blockiert. Als Beispiel mag das Berufsziel eines Jugendlichen gelten, der nach dem Prozess des Abwägens seiner eigenen Fähigkeiten, seiner Werthaltungen und Motive und seiner Erwartungen in Bezug auf beruflichen Erfolg zu dem Entschluss gekommen ist, einen bestimmten Beruf aus einer Reihe interessanter Alternativen zu wählen. Weitere Handlungen beziehen sich dann nur noch auf das Erlernen dieses Berufs, Alternativen bleiben für sein weiteres Handeln bedeutungslos. Ein anderes Beispiel liefert das Risikowahl-Modell der Leistungsmotivation (Atkinson, 1957), auf dessen empirisch weitgehend bestätigten Annahmen man z. B. erwarten darf, dass sich erfolgszuversichtliche Personen Ziele mit mittlerer Erfolgswahrscheinlichkeit setzen. Mit dieser Zielsetzung werden Handlungsmöglichkeiten auf einen spezifischen Bereich ausgerichtet und so eingeschränkt, dass Handlungsalternativen entfallen.

Ausgewählte Ziele beeinflussen die Handlungen über Prozesse der Aufmerksamkeitszuwendung. Dabei richten sie die Aufmerksamkeit auf Aspekte der Informationsverarbeitung zur Planung und Ausführung von Handlungen, die als zielführend erkannt sind. Gleichzeitig stützen sie das Ausblenden zielwidriger Motivationstendenzen, die sich z. B. auf andere Ziele richten, die mit der aktuellen Handlung nichts zu tun haben (Ach, 1935; Kuhl, 1987).

Höhere Zielsetzungen fördern die Anstrengungsbereitschaft von Personen mehr als niedrige. Physiologische und psychologische Leistungsressourcen werden stärker mobilisiert und ziehen demzufolge eine größere Beanspruchung nach sich. Verstärkte *Anstrengung* indiziert damit gleichermaßen auch eine stärkere Beanspruchung von Leistungsvoraussetzungen, die bei der Aufgabenbewältigung in Kauf genommen wird.

Darüber hinaus bestimmen Ziele auch die *Ausdauer*, mit der Handlungen – möglicherweise auch gegen Widerstände – über die Zeit hinweg durchgeführt werden. Hohe und fest umrissene Handlungsziele tragen bei vorhandenem Handlungsspielraum dazu bei, dass man länger zielorientierte Handlungen ausführt als bei niedrigen und vagen Zielen.

Hohe Ziele können die Ergebnisse des Leistungshandelns auch indirekt dadurch beeinflussen, dass sie zur Entwicklung von *aufgabenspezifischen Strategien oder Handlungsplänen* beitragen. Wood, Locke und Smith (1986) unterscheiden gespeicherte und neue aufgabenspezifische Strategien. Ziele beeinflussen die Suche nach neuen Strategien und erleichtern es den Handelnden, sie für die Handlungssteuerung zu nutzen.

Damit diese vier Wirkmechanismen (Handlungsausrichtung, Anstrengung, Ausdauer und Handlungsstrategien) ihre Funktion erfüllen können, müssen einige Voraussetzungen gegeben sein, die notwendig für die Wirkung von Zielen auf die Leistung sind. So müssen Ziele zunächst einmal *gespeichert* werden, damit sie das Handeln steuern können. Da die Zielwirkung oft von günstigen Gelegenheiten abhängt, muss die Möglichkeit bestehen, die *Zielverfolgung zu hemmen*, solange die Gelegenheit zur Zielerreichung ungünstig ist. Nach Ansicht von Kuhl (1998) fördert auch die Möglichkeit, auf der Grundlage von *selbstbestimmten oder mitbestimmten* Zielen zu handeln, die Wirksamkeit der handlungssteuernden Mechanismen wie z. B. Konzentration und Ausdauer. Es ist anzunehmen, dass bei selbstbestimmten Zielen die Motive der handelnden Personen berücksichtigt werden und damit »intrinsische« Motivation entsteht. Die leistungsfördernden Mechanismen der Umset-

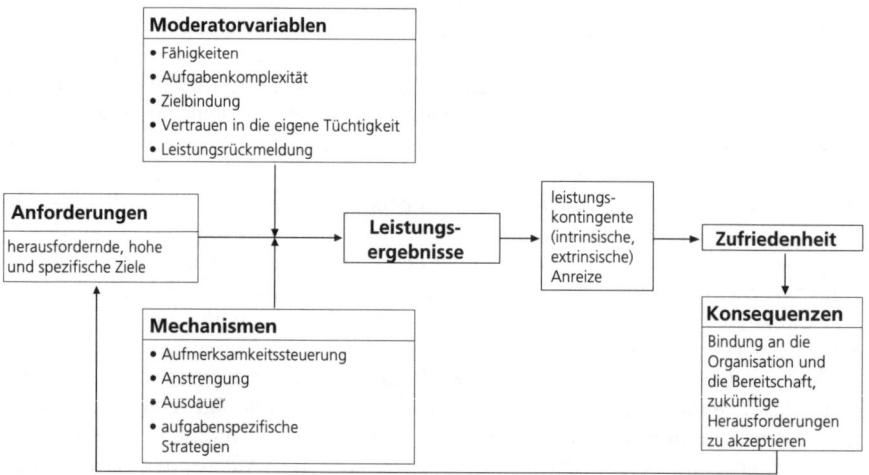

Abb. 9.2   Integriertes Zielmodell (nach Schmidt & Kleinbeck, 2004; S. 906).

zung von Zielen können ihre Wirkung vor allem dann besonders effektiv entfalten, wenn es gelingt, konkurrierende Ziele eine Zeit lang auszublenden.

Die Mechanismen der Wirkung von Zielen auf das Handlungsergebnis sowie die Moderatoren der Umsetzung von Zielen in Leistung, bilden ein Geflecht leistungswirksamer Determinanten. Diese lassen sich in ein Gesamtmodell der Zielsetzung zusammenfassen (vgl. Locke & Latham, 1990b), welches aus Abbildung 9.2 ersichtlich ist.

Neben den Moderatoren und Mechanismen integriert das Modell den Zusammenhang zwischen den Ergebnissen eines Leistungsprozesses und der Zufriedenheit des Handelnden. Die spezifischen Folgen eines Handlungsprozesses, wie z. B. Prämien (extrinsisch) oder das Erleben der eigenen Kompetenz (intrinsisch), wirken sich dabei positiv auf die Zufriedenheit aus, was rückwirkend Konsequenzen für den durch Ziele bestimmten Leistungsprozess hat. So werden bei einer hohen Zufriedenheit auch bei zukünftigen Handlungsprozessen eher herausforderndere Ziele akzeptiert und verfolgt.

6 Anwendungsfelder zielsetzungsorientierter Interventionen

Wirtschaftsunternehmen und Bildungseinrichtungen übernehmen gesellschaftliche Aufgaben, die auf das Erreichen von Zielen Einzelner und Gruppen hin ausgerichtet sind. Daher ist das Wissen um die Wirkungen von Handlungszielen in den Lebensbereichen der Arbeit oder der Bildung besonders bedeutsam. Arbeits- und Lernprozesse können wirkungsvoller gestaltet werden, wenn Mitarbeiter in Unternehmen und Lernende in Bildungseinrichtungen ihre Ziele leistungs- und lernwirksam setzen oder akzeptieren. Sie können darüber hinaus höhere Leistungen erbringen, wenn sie Kompetenzen bei der Planung und Umsetzung zielorientierter Handlungen entwickeln, bei der Beurteilung ihrer Handlungsergebnisse geschickt vorgehen und Erfolge oder Misserfolge für weitere Handlungen nutzbar machen. Aufbauend auf den Befunden zur Wirkung von Handlungszielen, werden im Folgenden Grundprinzipien für die Gestaltung von Techniken zur Verbesserung von Lern- und Handlungsergebnissen beschrieben und konkrete Beispiele zur Produktivitätssteigerung in Wirtschaftsunternehmen und zur Förderung der Lerneffektivität vorgestellt.

Ausgangspunkt für die Förderung zielorientierten Handelns ist die Überlegung, dass man nur dann Entscheidungen über Ziele treffen kann, wenn man die Handlungsergebnisse so exakt wie möglich misst. Ergebnismessungen sind die notwendige Voraussetzung für Rückmeldungen, die wiederum unabdingbar für die Beurteilung und Bewertung der erreichten Ergebnisse sind. Durch Rückmeldungen können sich zum einen Handelnde in Unternehmen oder Lernende in Schulen neue realistische Ziele setzen. Zum anderen können sie auf dieser Basis entscheiden, ob Ziele Erfolg versprechend sind und sie daher die vorgegebenen Ziele akzeptieren. Ebenso erhalten sie Informationen darüber, ob und wie sie Ziele in Interaktion mit ihren Vorgesetzten oder Lehrern vereinbaren können.

In einer Meta-Analyse identifizierten Guzzo, Jette und Katzell (1985) Zielsetzungen als bedeutende Bestandteile von erfolgreichen Interventionsprogrammen

zur Verbesserung der Unternehmensproduktivität. In Kombination mit Leistungsrückmeldungen konnten dabei die Produktivitätssteigerungen durch Zielsetzungstechniken noch übertroffen werden.

6.1 Zielorientierte Förderprogramme in Wirtschaftsunternehmen

Um Mitarbeiter in Unternehmen in die Lage zu versetzen, produktiv zu handeln,
wurden Management-by-Objectives(MBO)-Systeme entwickelt. Diese sind in der
Lage, im Rahmen eines umfassenden Organisationsansatzes Prozesse gruppenori-
entierter Leistungsbeurteilung zu fördern (Carroll & Tosi, 1973; Frese, 1971). Bei
erfolgreicher Anwendung der MBO-Technik kommt es zu konsensfähigen Grup-
penzielen, die in einer spezifischen und überprüfbaren Form festgelegt werden
(Rodgers & Hunter, 1991). Vorgesetzte und Mitarbeiter einigen sich auf hand-
lungsbezogene Beurteilungsregeln, sodass Missverständnisse zwischen Führung
und Mitarbeitern reduziert werden und die Wahrscheinlichkeit kooperativen Leistungshandelns im Sinne der gemeinsamen Zielsetzungen zunimmt.

Das Partizipative Produktivitätsmanagement (PPM) ist ein weiteres Managementsystem zur Produktivitätssteigerung (Pritchard, Jones, Roth, Stuebing & Ekeberg, 1988), das über Rückmeldungen und Zielsetzungen die Leistung von Mitarbeitern in Unternehmen positiv beeinflusst (Sodenkamp, Schmidt & Kleinbeck,
2002). Es gründet auf motivationspsychologischen Konzepten und hat eine Reihe
empirischer Studien angeregt, die seine Wirksamkeit belegen konnten (Kleinbeck,
Schmidt & Werner, 2001; Pritchard, Holling, Lammers & Clark, 2002). Mit seiner
Hilfe kann man zum einen die Leistung von Arbeitsgruppen messen und zurück-
melden. Zum anderen lässt es sich dazu nutzen, gemeinsam konkrete Ziele für das
Arbeitshandeln zu setzen, deren Erreichen durch finanzielle Anreize (leistungsbezogene Entgeltanteile) noch attraktiver gemacht werden kann (Pritchard, Kleinbeck & Schmidt, 1993).

PPM ist darüber hinaus eine Methode zur partizipativen Entwicklung und Anwendung von Leistungsmess- und Rückmeldesystemen. Es unterstützt die Grup-
penmitglieder dabei, ihre (begrenzten) Ressourcen in möglichst produktiver Weise
auf die einzelnen Bereiche ihrer Arbeitsaufgabe zu verteilen. Durch die Gliederung
der Arbeitsaufgabe in einzelne Aufgabenbereiche mit besonderen Verantwortlich-
keiten und Pflichten, wird die Komplexität von Arbeitsaufgaben für die Gruppen-
mitglieder überschaubar gemacht, sodass im Anschluss für die Bereiche unterschiedliche, spezifische Ziele festgelegt werden können. Die positive Wirkung von
Zielen auf die Leistung stellt sich dabei durch diese Förderung der Erfahrung im
Umgang mit der Arbeitsaufgabe schneller ein (Wood & Locke, 1990). Zur Beurteilung der Gruppenleistung entsteht mit PPM ein Mess- und Rückmeldesystem, das
– unter Beteiligung aller Mitarbeiter entwickelt – als Feedbackquelle hohe Glaub-
würdigkeit besitzt und den Ausgangspunkt für neuerliche Zielvereinbarungen zwischen Mitarbeitern und Management bildet.

Die Besonderheiten des Partizipativen Produktivitätsmanagements (PPM):
1. PPM bietet eine Methode zur Entwicklung eines Leistungsmess- und -bewertungssystems unter Mitwirkung aller Beteiligten (Mitarbeiter, direkter Vorgesetzter, Personalvertretung, höheres Management).
2. Die Messwerte beziehen sich nur auf solche Leistungen, die von den Mitarbeitern direkt beeinflusst werden können.
3. PPM entwickelt ein Messsystem mit Bewertungskurven, anhand derer erbrachte Leistungen danach beurteilt werden, in welchem Ausmaß sie zur Unternehmensproduktivität beitragen.
4. Mit diesem System der Leistungsbeurteilung entstehen Feedbackinformationen, die nicht durch Bewertungen von Vorgesetzten, sondern durch eine allseits akzeptierte Leistungsmessung zustande gekommen sind. Die Akzeptanz solcher Leistungsrückmeldungen ist groß und bewirkt deswegen eine starke Verhaltenssteuerung.
5. Das Leistungsfeedback beinhaltet die Analyse der aktuellen Zielerreichung und bildet die Basis für realistische, an den Unternehmenszielen orientierte neue Zielvereinbarungen.
6. Die Entwicklung des Messsystems im Zusammenhang mit der Einführung von PPM schafft bei den Mitarbeitern größere Klarheit über die einzelnen Aufgabenbereiche ihrer komplexen Gruppenaufgabe und ermöglicht ihnen dadurch die schnellere Auswahl geeigneter Handlungsstrategien. Einsicht in Leistungszusammenhänge fördert motiviertes und engagiertes Verhalten der Mitarbeiter im Arbeitsprozess.

Dass sich ein solches Bündel produktivitätsorientierter Interventionstechniken positiv auf die Gruppenleistung auswirkt, ist inzwischen meta-analytisch nachgewiesen (Pritchard et al., 2002). So konnten stabile Verbesserungen der Gesamtproduktivität in verschiedensten Organisationen beobachtet werden, während sich bei Kontrollgruppen nur unwesentliche Veränderungen ergaben (Kleinbeck, 2001; Kleinbeck, Schmidt & Werner 2001; Schmidt, 2004).

Angemessen hohe und fest umrissene Zielsetzungen fördern nicht nur die Gruppen- und Unternehmensproduktivität sowie die Arbeitszufriedenheit der Mitarbeiter, sondern tragen auch dazu bei, die Selbststeuerung des Leistungsverhaltens zu verbessern, Über- oder Unterbeanspruchung zu vermeiden und Fehlzeiten zu reduzieren. Mit Hilfe einer in der Zielsetzungstheorie begründeten Interventionstechnik gelang es Latham und Frayne (1990), die Anwesenheitsquote von Mitarbeitern zu erhöhen. Im Rahmen eines Trainings zur Selbststeuerung ihres Arbeitsverhaltens umfasste ihr Programm die Vermittlung der Kompetenz, sich selbst Ziele zu setzen. Darüber hinaus wurde die Zielerreichung durch eine auf die Anwesenheit bezogene Prämie gewürdigt. Weitere Untersuchungen im Zusammenhang mit motivationspsychologisch begründeten Zielsetzungstechniken belegen ihre Wirkung (Kleinbeck, Schmidt, Donis & Ballé, 1983; Kleinbeck, Wegge & Schmidt, 2001; Quast, Kleinbeck & Stachelhaus, 1990).

6.2 Zielorientierte Förderprogramme in Bildungseinrichtungen

Wenn man unter Produktivität das Ausmaß versteht, in dem Personen oder Gruppen ihre Leistungsvoraussetzungen nutzen, um ihre Ziele zu erreichen, dann liegt es nahe, zur Förderung von Lernprozessen ebenfalls ein Managementsystem zur

Verbesserung der Produktivität einzusetzen. Solche Förderprogramme können in Bildungseinrichtungen auf zwei Ebenen ansetzen: Zum einen können sie beim Lehrerkollegium einer Schule oder bei den Mitgliedern einer universitären Fakultät eingesetzt werden, um eine Verbesserung der Lehrleistung zu erreichen. Zum anderen können sie die Kompetenz der Lernenden bei der Setzung und Verfolgung von Lernzielen steigern (Heuer, Fuhrmann & Schmidt, 1998; Watson et al., 1995).

Bei dem Versuch, die Arbeit von Lehrern mit PPM fördernd zu unterstützen (Schmidt, 1994), benannten die Mitglieder des Kollegiums einer Hauptschule insgesamt 8 Aufgabenbereiche, um die Produktivität ihrer Lehrtätigkeiten zu erfassen:

1. Umfassende Eltern- und Schülerberatung,
2. Erziehung,
3. qualifizierte Vor- und Nachbereitung des Unterrichts,
4. schülergerechte Wissensvermittlung,
5. gerechte Beurteilung,
6. effektive, kontinuierliche Aufsicht,
7. ordnungs- und systemerhaltende Verwaltung,
8. berufsbezogene Fortbildung.

Für alle Aufgabenbereiche wurden Indikatoren zur Produktivitätserfassung gebildet; für den Aufgabenbereich »Umfassende Eltern- und Schülerberatung« benannten die Lehrer z. B. fünf Indikatoren:

1. Prozentuale Teilnahme der Eltern an den Elternsprechtagen
2. Informiertheit der Eltern über den Stand der Qualifikation und Integration ihrer Kinder
3. Informiertheit der Schüler über ihre schulischen und beruflichen Möglichkeiten
4. Kenntnisse der Schüler über Bewerbungsstrategien
5. Prozentsatz vermittelter Schüler (Ausbildungsplatz oder weiterführende Schule).

Der Einsatz von PPM zur Förderung von Lehr- und Lernprozessen ist noch wenig verbreitet, sodass man noch keine allgemein gültigen Bewertungen über den Grad seiner Wirksamkeit vornehmen kann. Die durchgängig positiven Befunde aus dem Wirtschaftsbereich geben jedoch Anlass zur Hoffnung, dass nach weiteren Studien auch dort eine positive Bilanz gezogen werden kann.

Darüber hinaus können die zentralen Prinzipien des zielorientierten Handelns auch gewinnbringend in die Lehrer-Schüler-Interaktion, bspw. zur Steigerung der Lernleistung im Unterricht (z. B. Weinberg, Butt & Knight, 2001) oder zur Selbstregulation des Lernens eingebracht werden (Cleary & Zimmerman, 2004). Zur Förderung der Produktivität von Lernenden (z. B. Schülern der Grundschule), könnte man auf der Grundlage der vorliegenden Befunde zu Handlungszielen bspw. ein »Lerntagebuch« einführen, das sie unterstützt, sich bei der Auswahl von Lernzielen im Rahmen des vorgegebenen Lehrprogramms zu beteiligen und mit dem Lehrer Ziele zu vereinbaren (vgl. Spinath, 2002, s. auch Spinath in diesem Band). Darüber hinaus dient es dazu, den Prozess der Zielverfolgung zu steuern, bei Schwierigkeiten auf Kurs zu halten und bietet eine gute Möglichkeit zu erkennen, ob man mit den erreichten Leistungsergebnissen dem ursprünglichen Ziel näher gekommen ist.

Literatur

Ach, N. (1935). Analyse des Willens. In E. Abderhalden (Hrsg.), *Handbuch der biologischen Arbeitsmethoden, Abt. VI.: Methoden der experimentellen Psychologie, Teil E*. Berlin: Urban & Schwarzenberg.

Austin, J. T. & Vancouver, J. B. (1996). Goal constructs in psychology: Structure, process, and content. *Psychological Bulletin, 120*, 338–375.

Atkinson, J. W. (1957). Motivational determinants of risk-taking behavior. *Psychological Review, 64*, 359–372.

Bandura, A. (1997). *Self Efficacy – the exercise of control*. New York: Freeman.

Bandura, A. & Cervone, D. (1983). Self-evaluative and self-efficacy mechanisms governing the motivational effects of goal systems. *Journal of Personality and Social Psychology, 45*, 1017–1028.

Barrick, M. R., Mount, M. K. & Strauss, J. P. (1993). Conscientiousness and performance of sales representatives: Test of the mediating effects of goal setting. *Journal of Applied Psychology, 78*, 715–722.

Brunstein, J. C., Schultheiss, O. C. & Maier, G. W. (1999). The pursuit of personal goals: A motivational approach to well-being and life adjustment. In J. Brandtstädter & R. M. Lerner (Hrsg.), *Action and self-development: Theory and research through the life span* (S. 169–196). New York: Sage.

Bungard, W. & Kohnke, O. (2000). *Zielvereinbarungen erfolgreich umsetzen*. Wiesbaden: Gabler.

Campbell, D. J. (1982). Determinants of choice of goal difficulty level: A review of situational and personality influences. *Journal of Occupational Psychology, 55*, 79–95.

Carroll, S. J., Jr. & Tosi, H. L., Jr. (1973). *Management by Objectives: Applications and Research*. New York: Macmillan.

Carver, C. S. & Scheier, M. F. (1998). *On the self-regulation of behavior*. Cambridge: Cambridge University Press.

Chen, G., Gully, S. M., Whiteman, J.-A. & Kilcullen, R. N. (2000). Examination of relationships among trait-like individual differences, state-like individual differences, and learning performance. *Journal of Applied Psychology, 85*, 835–847.

Cleary, T. J. & Zimmerman, B. J. (2004). Self-regulation empowerment program: A school-based program to enhance self-regulated and self-motivated cycles of student learning. *Psychology in the Schools, 4*, 537–550.

Dweck, C. (1986). Motivational processes affecting learning. *American Psychologist, 41*, 1040–1048.

Elliot, A. J. & McGregor, H. A. (2001). A 2 x 2 achievement goal framework. *Journal of Personality and Social Psychology, 80*, 501–519.

Elliot, E. S. & Dweck, C. (1988). Goals: An approach to motivation and achievement. *Journal of Personality and Social Psychology, 54*, 5–12.

Frese, E. (1971). Ziele als Führungsinstrumente. *Zeitschrift für Organisation, 40*, 227–238.

Gellatly, I. R. (1996). Conscientiousness and task performance: Test of a cognitive process model. *Journal of Applied Psychology, 81*, 474–482.

Gollwitzer, P. M. & Moskowitz, G. B. (1996). Goal effects on action and cognition. In E. T. Higgins & A. W. Kruglanski (Hrsg.), *Social psychology: Handbook of basic principles* (S. 361–399). New York: Guilford Press.

Guzzo, R. A., Jette, R. D. & Katzell, R. A. (1985). The effects of psychologically based intervention programs on workers' productivity: A meta-analysis. *Personnel Psychology, 38*, 275–291.

Heckhausen, H. (2003). *Motivation und Handeln*. Berlin: Springer-Verlag.

Heuer, H., Fuhrmann, H. & Schmidt, K.-H. (1998). *Die Beurteilung von Forschungsleistungen: Das Beispiel des Instituts für Arbeitsphysiologie an der Universität Dortmund*. Bern: P. Lang.

Hollenbeck, J. R. & Brief, A. P. (1987). The effects of individual differences and goal origin on goal setting and performance. *Organizational Behavior and Human Decision Processes, 40,* 392–414.

Hollenbeck, J. R., Williams, C. R. & Klein, H. J. (1989). An empirical examination of the antecedents of commitment to difficult goals. *Journal of Applied Psychology, 74,* 18–23.

Johnson, D. S. & Perlow, R. (1992). The impact of need for achievement components on goal commitment and performance. *Journal of Applied Social Psychology, 22,* 1711–1720.

Judge, T. A. & Ilies, R. (2002). Relationship of personality to performance motivation: A meta-analytic review. *Journal of Applied Psychology, 87,* 797–807.

Kalnbach, L. R. & Hinsz, V. B. (1999). A conceptualisation and test of the influences of individual differences in goal-setting situations. *Journal of Applied Social Psychology, 29,* 1854–1878.

Klein, H. J., Wesson, M. J., Hollenbeck, J. R. & Alge, B. J. (1999). Goal commitment and the goal setting process: Conceptual clarification and empirical synthesis. *Journal of Applied Psychology, 84,* 885–896.

Kleinbeck, U. (1985). *Arbeitspsychologische Beiträge zur motivationalen Beeinflussung von Bewegungsleistungen.* Düsseldorf: VDI-Verlag.

Kleinbeck, U. (2001). Das Management von Arbeitsgruppen. In H. Schuler (Hrsg.), *Lehrbuch der Personalpsychologie* (S. 509–531). Göttingen: Hogrefe.

Kleinbeck, U. (2004). Die Wirkung von Zielsetzungen auf die Leistung. In H. Schuler (Hrsg.), *Beurteilung und Förderung beruflicher Leistung* (S. 215–237). Göttingen: Hogrefe.

Kleinbeck, U., Schmidt, K.-H. & Carlsen, H. (1985). Veränderungen von Zielsetzungswirkungen auf die Leistung durch leistungsthematische Einflussfaktoren. *Zeitschrift für Experimentelle und Angewandte Psychologie, 32,* 263–280.

Kleinbeck, U., Schmidt, K.-H., Donis, R. & Ballé, W. (1983). Untersuchungen über den Zusammenhang zwischen leistungsthematischer Motivation und betrieblichen Fehlzeiten. *Zeitschrift für Experimentelle und Angewandte Psychologie, 30,* 425–441.

Kleinbeck, U., Schmidt, K.-H. & Werner, W. (Hrsg.) (2001). *Produktivitätsverbesserung durch zielorientierte Gruppenarbeit.* Göttingen: Hogrefe.

Kleinbeck, U., Wegge, J. & Schmidt, K.-H. (2001). Work motivation and performance in groups. In M. Erez, U. Kleinbeck & H. Thierry (Hrsg.), *Work motivation in the context of a globalizing economy* (S. 181–191). Mahwah, NJ: Lawrence Erlbaum Ass.

Klempt, A. (2004). *Einfluss des Zielvereinbarungsprozesses auf die Arbeitszufriedenheit.* Universität Dortmund: Unveröffentlichte Abschlussarbeit.

Kuhl, J. (1987). Motivation und Handlungskontrolle: Ohne guten Willen geht es nicht. In H. Heckhausen, P. M. Gollwitzer & F. E. Weinert (Hrsg.), *Jenseits des Rubikon. Der Wille in den Humanwissenschaften* (S. 101–120). Berlin: Springer-Verlag.

Kuhl, J. (1998). Wille und Persönlichkeit: Funktionsanalyse der Selbststeuerung. *Psychologische Rundschau, 49,* 61–77.

Latham, G. P. & Frayne, C. A. (1990). Increasing job attendance through training in self-management: A review of two studies. In U. Kleinbeck, H.-H. Quast, H. Thierry & H. Häcker (Hrsg.), *Work motivation* (S. 169–187). Hillsdale, N.J.: Lawrence Erlbaum Ass.

Locke, E. A. (1982). Relation of goal level to performance with a short work period and multiple goal levels. *Journal of Applied Psychology, 67,* 512–514.

Locke, E. A. (2001). Self-set goals and self-efficacy as mediators of incentives and personality. In M. Erez, U. Kleinbeck & H. Thierry (Hrsg.), *Work motivation in the context of a globalizing economy* (S. 13–26). Mahwah, NJ: Lawrence Erlbaum Ass.

Locke, E. A., Frederick, E., Lee, C. & Bobko, P. (1984). Effect of self-efficacy, goals and task strategies on task performance. *Journal of Applied Psychology, 69,* 241–251.

Locke, E. A. & Latham, G. P. (1990a). *A theory of goal setting and task performance.* Englewood Cliffs, NJ: Prentice-Hall, Inc.

Locke, E. A. & Latham, G. P. (1990b). Work motivation: The high performance cycle. In U. Kleinbeck, H.-H. Quast, H. Thierry & H. Häcker (Hrsg.), *Work motivation* (S. 3–25). Hillsdale, NJ: Lawrence Erlbaum Ass.

Locke, E. A. & Latham, G. P. (2002). Building a practically useful theory of goal setting and task motivation – A 35-year odyssey. *American Psychologist, 57,* 705–717.

Locke, E. A., Shaw, K. N., Saari, L. & Latham, G. P. (1981). Goal setting and task performance: 1969–1980. *Psychological Bulletin, 90,* 125–152.

Matsui, T., Okada, A. & Kakuyama, T. (1982). Influence of achievement need on goal setting, performance, and feedback effectiveness. *Journal of Applied Psychology, 97,* 645–648.

Mento, A. J., Steele, R. P. & Karren, R. J. (1987). A meta-analytic study of the effects of goal setting on task performance: 1966–1984. *Organizational Behavior and Human Decision Processes, 39,* 52–83.

Mischel, W., Cantor, N. & Feldman, S. (1996). Principles of self-regulation: The nature of willpower and self-control. In E. T. Higgins & A. W. Kruglanski (Hrsg.), *Social Psychology: Handbook of basic principles* (S. 329–360). New York: Guildford.

Nicholls, J. G. (1984). Achievement motivation: Conceptions of ability, subjective experience, task choice, and performance. *Psychological Review, 91,* 328–346.

Norman, D. & Bobrow, D. (1975). On data-limited and resource-limited processing. *Journal of Cognitive Psychology, 7,* 44–60.

Phillips, J. M. & Gully, S. M. (1997). Role of goal orientation, ability, need for achievement, and locus of control in the self-efficacy and goal-setting process. *Journal of Applied Psychology, 82,* 792–802.

Pritchard, R. D., Holling, H., Lammers, F. & Clark, B. D. (2002). *Improving organizational performance with the Productivity Measurement and Enhancement System: An international collaboration.* Huntington, NY: Nova Science.

Pritchard, R. D., Jones, S. D., Roth, P. L., Stuebing, K. K. & Ekeberg, S. E. (1988). Effects of group feedback, goal setting, and incentives on organizational productivity. *Journal of Applied Psychology, 73,* 337–358.

Pritchard, R. D., Kleinbeck, U. & Schmidt, K.-H. (Hrsg.) (1993). *Das Managementsystem PPM – Durch Mitarbeiterbeteiligung zu höherer Produktivität.* München: C. H. Beck.

Quast, H.-H., Kleinbeck, U. & Stachelhaus, S. (1990). Motivational determinants of absence behavior. In U. Kleinbeck, H.-H. Quast, H. Thierry & H. Häcker (Hrsg.), *Work motivation* (S. 157–167). Hillsdale, N.J.: Lawrence Erlbaum Ass.

Rheinberg, F. (2004). *Motivation (5. Aufl.).* Stuttgart: Kohlhammer.

Rodgers, R. & Hunter, J. E. (1991). Impact of Management by Objectives on organizational productivity. *Journal of Applied Psychology, 79,* 322–336.

Salgado, J. F. (2003). Predicting job performance using FFM and non-FFM measures. *Journal of Occupational and Organizational Psychology, 76,* 323–346.

Schmidt, K.-H. (1987). *Motivation, Handlungskontrolle und Leistung in einer Doppelaufgabensituation.* Düsseldorf: VDI-Verlag, Reihe 17, Biotechnik.

Schmidt, K.-H. (1994). Leistungen und Belastungen im Lehrerberuf – wie messbar ist der Schulalltag? In VBE (Hrsg.), *Zwischen Deformation und Reform – Gegenwart und Zukunft des Lehrerberufs* (S. 31–40). Würzburg: VBE-Referat Information.

Schmidt, K.-H. (2004). Förderung von Gruppenleistungen durch PPM. In H. Schuler (Hrsg.), *Beurteilung und Förderung beruflicher Leistung* (S. 239–254). Göttingen: Hogrefe.

Schmidt, K.-H. & Kleinbeck, U. (2004). Leistung und Leistungsförderung. In H. Schuler (Hrsg.), *Enzyklopädie der Psychologie: Themenbereich D Praxisgebiete, Serie III Wirtschafts-, Organisations- und Arbeitspsychologie, Band 3 Organisationspsychologie – Grundlagen und Personalpsychologie* (S. 891–945). Göttingen: Hogrefe.

Schmidt, K.-H. & Kleinbeck, U. (in Vorbereitung). *Führen mit Zielvereinbarung.* Göttingen: Hogrefe.

Sodenkamp, D., Schmidt, K.-H. & Kleinbeck, U. (2002). Balanced Scorecard, Erfolgsfaktoren-basierte Balance Scorecard und Partizipatives Produktivitätsmanagement (PPM) – Ein Vergleich. *Zeitschrift für Personalpsychologie, 4,* 172–185.

Spinath, B. (2002). Entwicklung motivationaler Kompetenzen von Schülerinnen und Schülern als gemeinsame Aufgabe von Schule und Universität. In B. Spinath & E. Heise (Hrsg.), *Pädagogische Psychologie unter gewandelten gesellschaftlichen Bedingungen* (S. 69–83). Hamburg: Kovac.

Spinath, B. & Stiensmeier-Pelster, J. (2003). Goal orientation and achievement: The role of ability self-concept and failure perception. *Learning and Instruction, 13,* 403–422.

Steers, R. M. (1975). Task-goal attributes, n achievement, and supervisory feedback. *Organizational Behavior and Human Performance, 13,* 392–403.

Tubbs, M. E. (1986). Goal setting: A meta-analytic examination of the empirical evidence. *Journal of Applied Psychology, 71,* 474–483.

Tuckey, M., Brewer, N. & Williamson, P. (2002). The influence of motives and goal orientation on feedback seeking. *Journal of Occupational and Organizational Psychology, 75,* 195–216.

VandeWalle, D. (1997). Development and validation of a work domain goal orientation instrument. *Educational and Psychological Measurement, 57,* 995–1015.

VandeWalle, D., Cron, W. L. & Slocum, J. W. (2001). The role of goal orientation following performance feedback. *Journal of Applied Psychology, 86,* 629–640.

Wagner, J. A. III (1994). Participation's effects on performance and satisfaction: A reconsideration of research evidence. *Academy of Management Review, 19,* 312–330.

Watson, M. D., Hedley, A., Clark, K., Paquin, A., Gottesfeld, N. & Pritchard, R. D. (1995). Using ProMES to evaluate university teaching effectiveness. In D. Pritchard (Hrsg.), *Productivity measurement and improvement: organizational case studies* (S. 190–208). Westport, CT: Praeger Publishers/Greenwood Publishing Group.

Wegge, J., Bipp, T. & Kleinbeck, U. (in Vorbereitung). *Goal setting via videoconference.* Manuscript submitted for publication.

Weinberg, R., Butt, J. & Knight, B. (2001). High school coaches perceptions of the process of goal setting. *The Sport Psychologist, 15,* 20–47.

Wolters, C. A. (2004). Advancing achievement goal theory: Using goal structures and goal orientations to predict students' motivation, cognition, and achievement. *Journal of Educational Psychology, 96,* 236–250.

Wood, R. E. (1986). Task complexity: Definition of the construct. *Organizational Behavior and Human Decision Processes, 37,* 60–62.

Wood, R. E. & Locke, E. A. (1990). Goal setting and strategy effects on complex tasks. In B. Staw & L. Cummings (Hrsg.), *Research in organizational behavior, Vol. 12* (S. 73–110). Greenwich CT: JAI Press.

Wood, R. E., Locke, E. A. & Smith, K. G. (1986). *Goal setting and strategy effects on complex tasks. A theoretical analysis.* Sydney, Australian Graduate School of Management: Unpublished manuscript.

Wood, R. E., Mento, A. J. & Locke, E. A. (1987). Task complexity as a moderator of goal effects: A meta-analysis. *Journal of Applied Psychology, 72,* 416–425.

Yukl, G. A. & Latham, G. P. (1978). Interrelationships among employee participation, individual differences, goal difficulty, goal acceptance, goal instrumentality, and performance. *Personnel Psychology, 31,* 305–323.

10   Die Entwicklung von Motivförderungsprogrammen

Siegbert Krug und Ulrich Kuhl

Motive sind das Persönlichkeitskonstrukt mit dem wahrscheinlich breitesten Erklärungshorizont. Mit ihrer Hilfe lässt sich erklären, was Verhalten in Gang setzt, was ihm Richtung und Stabilität verleiht und was ihm die hierfür notwendige Energie liefert. Im Mittelpunkt des Forschungs- und Erkenntnisinteresses auf diesem Gebiet stand nicht nur die Analyse relativ einfacher, isolierter Verhaltensweisen (z. B. Anspruchsniveausetzung bei diversen Rechenaufgaben). Untersucht wurden ebenso komplexe Aktivitäten wie die Wahl von Berufen, der Zusammenhang zwischen Motivausprägungen und Berufserfolg, die Bevorzugung und Realisierung persönlicher Lebensziele bis hin zur motivbedingten Abhängigkeit des wirtschaftlichen Auf- und Abstiegs ganzer Nationen (s. Heckhausen, 1980; Rheinberg, 2004).

Die Forschung zeigte, dass Motive nicht nur das Verhalten in Laborsituationen bedingen, sondern auch Einfluss auf den Erfolg und die Zufriedenheit im beruflichen wie im privaten Bereich nehmen (McClelland, 1961, 1975). Ein bestimmtes Motiv allein lässt sich hierfür allerdings nicht verantwortlich machen. Es gibt nicht das Motiv, mit dem sich Berufserfolg durchgängig erklären ließe. Erfolg und Zufriedenheit im Beruf resultieren daraus, dass die beruflichen Anforderungen und die persönliche Motivstruktur (das Zusammenspiel von Leistungs-, Gesellungs-[1] und Machtmotiv) optimal aufeinander abgestimmt sind. So ist z. B. die Tendenz, seine Umwelt bevorzugt unter leistungsorientierter Perspektive wahrzunehmen, für den Erfolg in einigen Berufen sicherlich von großem Vorteil (handwerklich-

---

1   Der englische Begriff »affiliation motive« wird in der deutschen Fachliteratur mit Gesellungs- oder Anschlussmotiv übersetzt. Da wir auch in Österreich arbeiten, erschien uns der Begriff »Anschlussmotiv« weniger geeignet.

technische Bereiche, Ingenieurbereiche etc.), sie kann jedoch in anderen Berufen (z. B. pflegerische Berufe) zu einem schwerwiegenden Hemmnis werden.

Da sich über die gesamte Lebensspanne hinweg private und berufliche Anforderungen ständig verändern, dürfte man auf Dauer beruflich nur dann erfolgreich sein, wenn es einem gelingt, die eigene Motivstruktur den sich ständig verändernden Situationsumständen und -anforderungen anzupassen. Das hieße, dass man neben »Bodybuilding« zum Erhalt der körperlichen Fitness »Personality Building« zum Aufbau einer karriereförderlichen Persönlichkeitsstruktur betreiben müsste. Dass dies notwendig sein kann, zeigen zahlreiche Karrieren aus dem mittleren und oberen Management. Führungskräfte scheitern in der Regel nicht aufgrund fachlicher Mängel, sondern aufgrund von Defiziten in ihrer Persönlichkeit.

Ob Individuen allerdings der Persönlichkeitswandel von einem dominanten Motiv zu einem anderen glückt, ist im Grunde genommen bis heute nicht eindeutig geklärt. Motive waren als stabile Persönlichkeitsmerkmale konzipiert worden (McClelland, 1958), die nach ihrer endgültigen Ausbildung im Jugendalter über das weitere Leben hinweg relativ löschungsresistent und damit stabil bleiben sollten. Entwicklungspsychologische Studien schienen dies auch zu bestätigen (z. B. Skolnick, 1966). An entsprechende Veränderungen von Motivstrukturen war aufgrund dieser theoretischen Konzeption nicht zu denken.

Überraschender Weise war es dann gerade McClelland (1965), der als Erster Trainingsprogramme zur Erhöhung des Leistungsmotivs konzipierte, und damit den Anstoß und die Vorlage zur Erforschung dieses Themenbereichs gab. Der Forschungsboom, der daraufhin einsetzte, lässt sich in vier verschiedene Phasen teilen (s. Krug & Heckhausen, 1982; Rheinberg & Krug, 2005).

1   Erste Phase: Erfolgssichernder Eklektizismus

Bei der Durchführung der ersten Motivtrainingsprogramme von McClelland (McClelland & Winter, 1969) ging es nicht nur um die rein akademische Frage, ob und wie Motive zu verändern sind, sondern auch darum, herauszufinden, welchen Beitrag die Psychologie zur wirtschaftlichen Entwicklung in den Ländern der Dritten Welt leisten kann. Aufgrund seiner breit angelegten Studien über den Zusammenhang zwischen Motivausprägungen und Wirtschaftswachstum (McClelland, 1961) war McClelland zu der Einsicht gelangt, dass wirtschaftliche Entwicklung nicht nur eine Frage vorhandener Ressourcen ist, sondern auch eine Frage der Fähigkeit, mit den gegebenen Ressourcen angemessen umzugehen. Hier schien das Leistungsmotiv – wie McClelland (1961) bereits an den Beispielen des alten Griechenlands und Englands nachgewiesen hatte – der Schlüssel zum wirtschaftlichen Erfolg ganzer Nationen zu sein. Dies galt es zu festigen und zu erhöhen. Zielgruppen seiner ersten Trainingsbemühungen waren indische Kaufleute, die McClelland leistungsmotivierter und damit wirtschaftlich erfolgreicher machen wollte. Das größte Hindernis auf dem Weg zu diesem Ziel war jedoch die bisherige Konzeption der Motive.

Nach McClelland sind Motive affektiv getönte assoziative Netzwerke, die sich in frühem Alter durch die Koppelung thematisch ähnlicher Reize (z. B. Erfolge und Misserfolge in Leistungssituationen) mit positiven und negativen Affekten herausbilden. Je jünger die Kinder sind, umso häufiger werden Reize von intensiven affektiven Reaktionen begleitet. Wegen des niedrigen kognitiven Reifestandes können diese jedoch nur schwer kontrolliert und die auslösenden Situationsfaktoren kaum differenziert werden. Affekte, die in einer ganz bestimmten Situation auftreten, werden deshalb nicht nur mit dem ursprünglich affektauslösenden Reiz gekoppelt, sondern mit einer Vielzahl ähnlicher Stimuli, die alle den Affekt erneut hervorrufen können. Auf diese Weise entstehen zahlreiche diffus-primitive Assoziationsgeflechte (McClelland, 1958, S. 442) von so hoher Auftretenswahrscheinlichkeit, Affekt-Intensität und Reiz-Extensität, dass in beinahe jeder Situation Teile dieses affektiven Netzwerkes reaktiviert und damit erneut verstärkt werden. Je breiter und größer ein derartiges diffus-primitives Assoziationsgeflecht angelegt ist, umso stärker sollte das Motiv sein, und umso höher in der Hierarchie der Motive stehen. Und je früher es in der Kindheit angelegt wurde, umso diffuser und damit löschungsresistenter sollte es sein.

Wollte man ein bestimmtes Motiv stärken, d. h. in seinem Einfluss auf Wahrnehmung, Denken, Fühlen und Verhalten erhöhen, musste man es innerhalb der Hierarchie der Motive nach oben bringen. Für eine derartige Hierarchieverschiebung gab es nach dieser Theorie zwei Strategien: 1. Verringerung der Größe konkurrierender Netzwerke durch Löschung einzelner Teile des affektauslösenden Assoziationsgeflechts. Auf diese Weise bleibt das Zielmotiv gleich, die übrigen Motive rutschen jedoch in der Hierarchie der Motive nach unten. Oder 2. Vergrößerung des Netzwerkes des Zielmotivs durch Anfügen neuer affektauslösender Assoziationsketten an das bestehende Netzwerk.

Beide Strategien erschienen chancenlos. Eine Löschung von Teilen des Netzwerkes war wegen des diffusen Charakters der Reiz-Reaktions-Verbindungen nicht möglich. Und zur Stärkung des Zielmotivs hätten in mühseliger Kleinarbeit zusätzliche Verbindungen an das bestehende Netzwerk geknüpft werden müssen. Durchschlagende Effekte versprach man sich von dieser Art der Motivveränderung nicht. Auf diese Weise würden im Erwachsenenalter bestenfalls vereinzelte »motivationale habits« entstehen, die jedoch wegen ihrer schwachen Affekt-Intensität nur wenig verhaltensdeterminierend sein sollten (McClelland, 1958).

Um von den eigenen theoretischen Konzepten in seinem Forschungsdrang nicht blockiert zu werden, bediente sich McClelland eines Tricks, den schon Freud angewandt hatte, um im Angesicht widersprechender empirischer Befunde die eigene Theorie zu retten. Situationen und Erlebnisse, die die Persönlichkeit von Individuen prägten, müssen nicht in der Realität vorhanden gewesen sein. Es genügt, wenn sie in der Vorstellung präsent gewesen waren. Sollte dies zutreffend sein, müssten vorstellungsmäßige Koppelungen von Situationen und Affekten hinreichend sein, um ein affektives Netzwerk zu vergrößern.

Um das Leistungsmotiv der indischen Kleinunternehmer zu erhöhen, sollte deshalb in einem intensiven mentalen Training das entsprechende leistungsbezogene Netzwerk thematisiert, konkretisiert, in unterschiedlichen Kontexten hervorgerufen und mit bestehenden Netzwerken verknüpft werden. Sicherheitshalber wurde noch ein behaviorales Training hinzugefügt. In diesem Trainingsteil sollten motivtypische Verhaltensweisen von Hochleistungsmotivierten wie realistische Zielsetzung, Übernahme persönlicher Verantwortung, Einholung von Rückmeldungen etc. eingeübt und verstärkt werden.

Konkret basierte das Training auf folgenden Elementen (s. Krug, 1976; Rheinberg & Krug, 2005):

1. *Der Aktivierung von Hawthorne- und Placeboeffekten*, indem die Einzigartig-
keit des Trainings, seine Wichtigkeit, sein Prestige (Harvard University) und die
ungeheure wissenschaftliche Fundierung hervorgehoben wurden.
2. *Der kognitiven/mentalen Verankerung des Konzepts* durch das Vertrautmachen
mit der Theorie der Leistungsmotivation und den Gedankenvorstellungen von
Hochleistungsmotivierten (Lernen der Auswertungskategorien des TAT's und
Schreiben hoch leistungsthematischer Geschichten).
3. *Der Einübung der typischen Verhaltensweisen Hochleistungsmotivierter* (realistische Zielsetzung, Einholung von Rückmeldung etc.).
4. *Dem Studium der eigenen Person und des sozialen Umfeldes*, um mögliche Widerstände gegen die Erhöhung des Leistungsmotivs aufzudecken. (Übungen:
»Wer bin ich, wer will ich sein?« Motivthematische Analysen von Sagen und
Märchen etc.).
5. *Der Erarbeitung von Maßnahmen zur Überwindung von Ist-Soll-Diskrepanz*
zwischen bisherigem Tun und jetzigen leistungsorientierten Wunschvorstellun-
gen (Aufstellung von Leistungszielen und Berufsplänen).
6. *Der Vermittlung wirtschaftlicher Grundkenntnisse und Fähigkeiten* (Harvard
business games).
7. *Der sozialen Formung der Persönlichkeit* durch Einbettung in die Gruppe (eigene Sprache, Wir-Gefühl, gegenseitige Beratung und Unterstützung in wirtschaftlicher Hinsicht, etc.).

Unter wirtschaftlichen Gesichtspunkten zeigte das Training den erhofften Erfolg.
Im Vergleich zu einer Kontrollgruppe wurden die Teilnehmer nach dem Kurs im
Allgemeinen wirtschaftlich aktiver und erfolgreicher: Sie gründeten mehr neue Ge-
schäfte, scheiterten dabei zwar öfter, aber arbeiteten mehr, investierten mehr und
beschäftigten mehr Mitarbeiter. Ob dies allerdings dadurch hervorgerufen wurde,
dass sie leistungsmotivierter geworden waren, ließ sich nicht klären. Das Diagno-
seinstrument, der TAT, war zu Trainingszwecken verwendet worden und deshalb
zur Veränderungsmessung nicht mehr geeignet.
  Eine Nachanalyse der TAT-Protokolle von Heckhausen (1971) mit einem den
Teilnehmern unbekannten Analyseinstrument erbrachte jedoch aufschlussreiche
Ergebnisse: Entgegen der Trainingsabsicht war das Leistungsmotiv zwar nicht erhöht worden, die Ausprägung des Leistungsmotivs hatte sich jedoch in positiver
Richtung verändert. Es hatte sich von einer misserfolgsängstlichen Ausprägung
(Furcht vor Misserfolg) in eine eher erfolgszuversichtliche Tendenz (Hoffnung auf
Erfolg) gewandelt. Dies hatte zur Folge, dass in wirtschaftlicher Hinsicht die Teilnehmer am meisten von dem Training profitierten, die bereits mit einem hohen,
aber stark misserfolgsängstlich ausgeprägten Leistungsmotiv in den Trainingskurs
gekommen waren. Bei ihnen zeigte sich zwei bis drei Jahre später neben dem wirtschaftlichen Erfolg auch ein erheblicher Wandel hin zu einem dominanten Erfolgs-
motiv. Varga (1977) konnte diesen Trainingseffekt in zahlreichen Kursen in Indo-
nesien, Pakistan, Persien und Polen bestätigen.
  McClelland und Mitarbeiter übertrugen dieses Trainingskonzept in den darauf
folgenden Jahren auf den schulischen Bereich. Die Trainings unterschieden sich im
Grundkonzept kaum von dem Training für indische Kaufleute. Sie umfassten weiterhin die Trainingsteile »*Leistungssyndrom*«, »*Selbsterfahrung*«, »*Zielsetzung*«
und »*soziale Unterstützung*«. Zielgruppe waren Underachiever, die Trainings von
wenigen Tagen bis zu mehreren Wochen außerhalb des Schulunterrichts erhielten

(Alschuler, 1973; Alschuler, Tabor & McIntyre, 1970; Kolb 1965; McClelland, 1972; McClelland & Alschuler, 1971).

Alle diese Programme erbrachten nicht gerade überzeugende Ergebnisse. Mal verbesserten sich die Schulleistungen, mal nicht, mal zeigten sich keine Veränderungen im akademischen Bereich, dafür aber bei sportlichen Aktivitäten etc. (s. Krug & Heckhausen, 1982). Mit Smith und Troth (1975), die die Arbeiten dieser Arbeitsgruppe einer kritischen Analyse unterzogen, lässt sich über die erste Phase von Motivänderungsprogrammen folgendes Fazit ziehen: Am ehesten scheinen die Programme positive Effekte hervorzurufen, die sich über einen längeren Zeitraum erstrecken, gut strukturiert sind, in denen ein günstiges therapeutisches Klima herrscht, die nicht nur kognitive, sondern auch affektive Bereiche ansprechen und die den Bedürfnissen der Teilnehmer gerecht werden (was immer das heißen mag). Ob es dabei allerdings tatsächlich zu dem angezielten Motivwandel kam, blieb offen.

2 Zweite Phase: Theoriegeleiteter Reduktionismus

Neue Ansatzpunkte für die Erstellung und Durchführung von Motivtrainingsprogrammen ergaben sich Anfang der 1970er-Jahre durch die Neukonzeption des Leistungsmotivs. Das Leistungsmotiv wurde als Selbstbewertungs- oder Selbstbekräftigungssystem aufgefasst, in das die Bestimmungsstücke individuelle Anspruchsniveausetzung, Attribuierungsvoreingenommenheiten und Selbstbewertungstendenzen eingingen.

Vorläuferuntersuchungen, in denen einzelne Bestimmungsstücke dieses Konstrukts auf ihre Einflussmächtigkeit hin geprüft worden waren, hatten bereits erste Erfolge gezeigt. So gelang es Stamps (1973), durch Förderung von Selbstbewertungsprozessen und individueller Anspruchsniveau-Setzung die Misserfolgsängstlichkeit von Schülern des 4. bis 6. Schuljahres deutlich zu reduzieren. Zu einer Erhöhung des Leistungsmotivs kam es dabei nicht. Andrews und Debus (1978) trainierten Schüler dahingehend, Misserfolge nicht über fehlende Fähigkeiten oder Pech zu erklären, sondern über mangelnde Anstrengung. Dies gelang und führte dazu, dass diese Schüler nach Misserfolgen größere Ausdauer zeigten als zuvor. Ähnliche Effekte veränderter Attribuierungsstrategien konnten Dweck (1975) sowie Valins und Nisbett (1971) nachweisen.

Den theoretisch stringentesten Versuch, Motive zu verändern, führten Krug und Hanel (1976) durch. Zahlreiche Studien hatten gezeigt, dass Misserfolgsängstliche sich von Erfolgszuversichtlichen durch unrealistische Zielsetzungen, selbstwertabträgliche Attributionen und negative Selbstbewertungen unterscheiden (Heckhausen, 1975). Auf dieser Grundlage wurde ein Motivtrainingsprogramm erstellt und mit misserfolgsmotivierten, leistungsschwachen Schülern der 4. Klasse durchgeführt. Es umfasste 16 Trainingssitzungen von ein bis zwei Schulstunden, die außerhalb des normalen Unterrichts stattfanden. Im Mittelpunkt des Trainings stand die Vermittlung realistischer Zielsetzungen, angemessener Ursachenzuschreibungen und positiver Selbstbekräftigungen. Eingeübt wurden diese Fertigkeiten zuerst anhand spielerischer Tätigkeiten, später dann am Beispiel unterrichtsbezogener Aufgaben. In diesen Trainingssitzungen ließen sich sowohl die angestrebten Veränderungen hinsichtlich der einzelnen kognitiven Variablen erzielen als auch hinsichtlich der Stärke und Ausprägung des Leistungsmotivs. Schulleistungsverbesserungen stellten sich allerdings nicht ein. Dies wurde darauf zurückgeführt, dass ohne gezielte schulische Förderung (Nachhilfe) größere Lerndefizite nicht in wenigen Wochen zu beseitigen sind.

Dass positive Lerneffekte doch möglich sind, machte eine Übertragung des Programms in Sonderschulen für lernbehinderte Schüler des 5. und 6. Schuljahres deutlich (Krug, Peters & Quinkert, 1977). Hier – bei stark individualisiertem Unterricht – ließen sich noch ein halbes Jahr nach dem Training eine Verbesserung der Motivausprägung, des Selbstkonzepts der Begabung, der Prüfungsangst, der manifesten Angst, der Schulunlust und der Schulleistung nachweisen.

3   Dritte Phase: Unterrichtszentrierter Idealismus

Da bei Krug und Hanel (1976) keine Veränderungen im Bereich schulischer Leistungen erzielt worden waren, bestand die Gefahr, dass – unter den weiter bestehenden, Misserfolg produzierenden schulischen Lernbedingungen – bei den leistungsschwachen Schülern die durch das Training erzielten Motivoptimierungen nach kurzer Zeit wieder verschwinden. Um langfristige Effekte zu sichern, boten sich zwei Möglichkeiten an. Zum einen könnte man als flankierende Maßnahme ein schulisches Nachhilfeprogramm implantieren, um die Trainingsschüler leistungsmäßig auf das Durchschnittsniveau der Klasse zu heben. Zum anderen könnte man aber auch versuchen, die Unterrichtssituation so zu gestalten, dass sie für die leistungsschwächeren, misserfolgsängstlichen Schüler motivanregender und damit leistungsförderlicher würde. Konkret hieße das, die Lehrer zu Motivationstrainern zu machen, die zwei Ziele zu verfolgen hätten: 1. müssten sie die alltägliche Schulsituation motivanregender gestalten und 2. den Schülern die entsprechenden kognitiven Strukturen vermitteln, mit deren Hilfe sie die Leistungsaspekte der neu gestalteten Unterrichtssituation angemessener wahrnehmen und effektiver beantworten können.

Erste Versuche, motivationspsychologische Elemente in den Unterricht zu übernehmen, hatte Mehta bereits 1968 unternommen. Inhaltlich war sein Programm identisch mit denen der Harvard-Gruppe um McClelland. Der Hauptunterschied bestand darin, dass die Trainingsinhalte Teil des normalen Unterrichts waren und die Lehrer zur Vorbereitung auf das Trainingsprogramm an einem Training zur Erhöhung des Leistungsmotivs und/oder des eigenen Anspruchsniveaus teilnahmen. Die Ergebnisse dieses ersten Versuchs sind nicht überzeugend. Motivveränderungen ließen sich aus methodischen Gründen (TAT) nicht absichern; die anfangs eingetretenen Schulleistungsverbesserungen ließen sich längerfristig nicht halten. Zudem blieb unklar, ob die erzielten schulischen Verbesserungen auf dem Einfluss des Trainings oder auf curricularen Besonderheiten beruhten.

Deutlichere Wirkung zeigte hier das Programm von DeCharms (1973). Obwohl als Training zum Erleben eigener Verursachung (Origin-Verhalten) konzipiert, unterscheidet es sich nur wenig von den bisherigen Programmen zur Erhöhung des Leistungsmotivs. Um Origin-Verhalten hervorzurufen, sollten die Schüler lernen, sich realistische Ziele zu setzen, ihre eigenen Stärken und Schwächen zu erkennen, Pläne zur Zielerreichung zu erstellen und konkrete Leistungsrückmeldungen einzuholen (DeCharms, 1973). Die Lehrer nahmen ebenfalls an einem Motivtraining teil, das dem von McClelland und Winter (1969) ähnelte. Neu war, dass sich die Lehrer während des Trainings regelmäßig mit dem Projektleiter trafen, um die Programmteile zu entwickeln, die während des kommenden Schuljahres durchgeführt werden sollten. Die verschiedenen Programmteile erstreckten sich über 8 bis 10 Wochen, wobei einzelne Klassen bis zu zwei Jahren trainiert wurden. Positive Veränderungen zeigten sich im Origin-Verhalten (Fragebogenerhebung), im Zielsetzungsverhalten und selbst in standardisierten Schulleistungstests. Die Verbesserungen waren umso größer, je länger die Schüler in das Training eingebunden waren und je mehr die Lehrer ihre Schüler zur Übernahme des Origin-Verhaltens angeregt hatten.

Der entscheidende Anstoß zur Neukonzeption unterrichtsintegrierter Motivförderungsprogramme kam dann in den 1980er-Jahren von Rheinberg (1980), der in einer Vielzahl von Untersuchungen zeigen konnte, dass Lehrer Leistungen unter zwei Perspektiven beurteilen. Zum einen gibt es Lehrer, die die Resultate ihrer Schüler bevorzugt vor dem Hintergrund ihrer individuellen Leistungsentwicklung wahrnehmen (*individuelle Bezugsnorm-Orientierung*), und zum anderen Lehrer, die die Leistungen eines Schülers bevorzugt vor dem Hintergrund der Leistungsverteilung in der Klasse sehen und bewerten (*soziale Bezugsnorm-Orientierung*, s. Köller in diesem Band).

In mehreren Untersuchungen ließ sich nachweisen (zusammenfassend Rheinberg, 1980), dass Schüler, die von einem Lehrer mit individueller Bezugsnorm-Orientierung unterrichtet werden, geringere Misserfolgsfurcht besitzen, weniger Prüfungsangst und manifeste Angst zeigen, Misserfolge seltener auf mangelnde Begabung und Aufgabenschwierigkeit zurückführen, und eher der Meinung sind, im letzten Jahr Leistungsfortschritte gemacht zu haben. Alle diese Unterschiede ergeben sich in Bezug auf den Klassendurchschnitt, besonders deutlich aber für die Gruppe der leistungsschwachen Schüler.

Wenn ein Unterricht unter individueller Bezugsnorm so günstige Wirkungen auf die Motivation und die Schulleistungen von Schülern hat, stellt sich die Frage, ob man Lehrer nicht dazu bewegen kann, eine individuelle Bezugsnorm-Orientierung im Unterricht zu übernehmen. Um auf diese Weise positive Effekte auf Schülerseite zu erzielen, müsste allerdings sichergestellt sein, dass eine übernommene Bezugsnorm-Orientierung die gleichen günstigen Effekte auf die Schüler hat wie eine quasi »naturwüchsige«.

In den ersten Studien dieser Forschungsphase wurden Lehrer gebeten – und entsprechend trainiert –, in verschiedenen Klassen unterschiedliche Unterrichtsstile zu praktizieren. So unterrichtete ein und derselbe Lehrer in der einen Klasse entsprechend den Merkmalen der individuellen Bezugsnorm, in einer anderen Klasse nach sozialer Bezugsnorm (Krug & Lecybyl, 2005 a, b; Krug, Mrazek & Schmidt, 1980; Rheinberg, Kühmel & Duscha, 1979). In allen Studien zeigte sich zunächst einmal, dass unter individueller Bezugsnorm die besonders guten und die besonders schlechten Schüler durch das neue Lehrerverhalten verwirrt wurden. Die guten Schüler waren z. T. verärgert, wenn unter ihren guten Arbeiten stand: »Leider hast du dich verschlechtert«, und die schwachen Schüler fühlten sich auf den Arm genommen, wenn bei ihren »schlechten« Arbeiten Leistungsfortschritte gelobt wurden. Trotz dieser Verunsicherungen zeigten sich unter individueller Bezugsnormorientierung die erwarteten positiven Effekte. Die Schüler waren weniger miss-erfolgsängstlich, beteiligten sich aktiver am Unterricht und schnitten in Leistungs-kontrolltests besser ab. Das Ausmaß der erzielten Effekte hing aber auch vom Un-terrichtsthema ab. Je interessanter das Thema war, umso geringer fielen die Unterschiede zwischen den Unterrichtsformen aus (Krug & Lecybyl, 2005a, b).

In all diesen Arbeiten wurde aber auch deutlich, dass der Erfolg eines derartigen Interventionsprogramms sehr stark vom Interesse und Engagement der Lehrer ab-hing. Je größer das Engagement der Lehrer, umso positivere Effekte wurden erzielt. Rheinberg und Krug (2005) gingen deshalb der Frage nach, welche konkreten Möglichkeiten es gibt, Unterricht und Unterrichtsmaterialien nach den Grundsät-zen der individuellen Bezugsnormorientierung zu gestalten und wie ein entspre-chendes Lehrertraining konzipiert sein müsste, um nachhaltige Effekte hervorzuru-fen (vgl. Rheinberg & Krug, 2005).

So entwickelten Rheinberg und Günther (2005) Unterrichtsmaterialien für die Fächer Deutsch und Mathematik in der 5. Klasse. Krug und Kuhlmann (2005) planten eine Unterrichtsreihe zur Förderung des Leistungsmotivs und des leistungs-orientierten Verhaltens im Sportunterricht. Krug, Herberts und Strauch (2005) un-tersuchten die Wirkung unterschiedlicher Trainingsmethoden. Geprüft wurden die Effekte eines verhaltensbezogenen Trainings, eines kognitiven Trainings und eines Trainings, bei dem die Lehrer im Sinne von DeCharms in die Planung der Sitzun-gen mit einbezogen wurden (Origin-Gruppe). Auch in dieser Studie zeigten sich die erwarteten Effekte. In der Origin-Gruppe veränderten die Lehrer am stärksten ihr Verhalten in trainingsgewünschter Weise, und bei ihren Schülern verringerten sich am stärksten Schulunlust und Prüfungsangst. Problematisch war allerdings, dass selbst in der Kontrollgruppe, in der die Lehrer nur beobachtet wurden, sich das Lehrerverhalten deutlich in bezugsnormgünstiger Weise veränderte.

4 Vierte Phase: Praxisgeleiteter Realismus

Lässt man die ersten 30 Jahre Forschung auf dem Gebiet der Beeinflussung von Motiven Revue passieren, ist folgendes Fazit zu ziehen:

Dem ursprünglichen Ziel, Motive zu verändern, ist man nicht sehr viel näher ge-kommen. Wie zuvor bereits angedeutet, stand dies in der letzten Forschungsphase auch gar nicht mehr im Mittelpunkt des Interesses. In allen Studien, in denen das Training direkt in den Unterricht integriert war und von den Lehrern durchgeführt wurde, ging es im Grunde genommen nicht um die Veränderung von Motiven, son-dern um die Förderung von Motivation. Im Unterricht wurden motivierungsgüns-tige Rahmenbedingungen und damit günstigere Voraussetzungen für leistungsori-entiertes Verhalten (z. B. Mitarbeit) geschaffen. Persönlichkeitsvariablen wurden insofern tangiert, als Prüfungsangst und manifeste Angst abnahmen und innerhalb des Leistungsmotivs die Misserfolgsfurcht zurückging. Ob sich allerdings das Leis-tungsmotiv innerhalb der Hierarchie der Motive erhöht hatte, wurde nie geprüft. Zudem war die Forschung ausschließlich auf das Leistungsmotiv fixiert oder präzi-ser auf dessen Manifestation, die Leistungsmotivation.

In den 1990er-Jahren ergab sich für uns aus mehreren Gründen die Notwendig-keit, die Konzeption und Durchführung von Motivfördermaßnahmen auf eine neue Basis zu stellen. Der erste Grund bestand darin, dass die bisherigen Motivförderungsprogramme auf der Basis der Heckhausenschen Motivationstheorie und der Rheinberg'schen Bezugsnormorientierung an ihre Optimierungsgrenzen gestoßen waren. Durch immer subtilere theoretische Konzepte und die Hinzunahme noch differenzierterer theoretischer Konstrukte ließen sich auf Schülerseite keine weiteren Effekte mehr erzielen. Auch die Funktionsoptimierung der Lernsituation unter motivationstheoretischen Gesichtspunkten schien keine zusätzlichen motivations- oder leistungssteigernden Effekte zu erbringen. Darüber hinaus wurde immer deutlicher, dass der Erfolg der schulbezogenen Motivförderungsprogramme nicht nur von der Güte der eingesetzten Trainingselemente, sondern in hohem Maße vom Engagement der beteiligten Lehrer abhängt. So zeigte sich z. B. in der Studie von Krug und Bowi (2005), dass die Lehrerin mit den ungünstigeren Trainingsbedingungen, aber mit dem größeren Engagement, weit positivere Effekte erzielte als ihre optimal betreute, aber wenig interessierte Kollegin. Diese Ergebnisse nährten den Verdacht, dass Merkmale der Lehrerpersönlichkeit die Erfolge eines unterrichtsintegrierten Motivförderungsprogramms stärker beeinflussen als unterschiedliche Trainingsbedingungen. Wenn die Lehrer nicht wollen, bringen die differenziertesten Trainingsmaßnahmen nichts. Die Frage ist nur, wovon hängt es ab, ob Lehrer wollen oder nicht? Rheinberg regte deshalb bereits 1993 an, den Fokus von der Suche nach optimalen Bedingungen der Lernmotivation von Schülern auf die Suche nach den Faktoren optimaler Lehrmotivation von Lehrern zu lenken.

Der zweite Grund für eine Neuorientierung in der Konzeption und Durchführung von Motivförderprogrammen ergab sich aus der Veränderung unseres Tätigkeitsfeldes. Der Schwerpunkt unserer Aktivitäten lag nicht mehr in der Schule, sondern in Wirtschaftsunternehmen und hier nicht bei den Mitarbeitern (früher Schüler), sondern bei den Führungskräften (früher Lehrer). Die Fragestellung, vor der wir standen, lautete hier nicht, wie machen wir Mitarbeiter leistungsmotivierter, sondern wie bringen wir Führungskräfte dazu, sich intensiver um die Leistungsmotivation ihrer Mitarbeiter zu bemühen und sich intensiv auf ihre Führungsaufgabe zu konzentrieren?

In diesem neuen Tätigkeitsfeld wurden uns sehr schnell drei Dinge klar:

1. Das Leistungsmotiv ist nicht das einzige Motiv, das Individuen zu Höchstleistungen treibt. Dem Leistungsmotiv kommt im Bereich der Führung keine allein ausschlaggebende Rolle zu. Um den komplexen beruflichen Anforderungen einer Führungskraft zu genügen (ebenso wie die eines Lehrers), ist ein Motiv allein nicht ausreichend.
2. Ob einem Motiv ausschlaggebende Bedeutung zukommt, hängt von der motivationalen Anforderung der Situationen bzw. der zugehörigen Aufgabe und Tätigkeit ab.
3. Motive steuern das Verhalten, ohne dass sich die handelnde Person der wahren Beweggründe ihres Handelns bewusst ist.

Nicht nur Leistungsmotivierte sind bestrebt, herausragende Leistungen zu erzielen. Auch Gesellungs- oder Machtmotivierte können hervorragende Leistungen erbringen. Sie tun es in der Regel nur aus anderen Gründen.

Für Leistungsmotivierte gibt es für das Erbringen von Spitzenleistungen eigentlich nur einen Beweggrund: die optimale Auseinandersetzung mit einem Gütemaßstab. Leistungsmotivierte werden von dem Wunsch getrieben, Dinge perfekt bzw. besser zu machen. Um dieses Bestreben in Handlungen umsetzen zu können, brauchen sie herausfordernde, aber machbare Ziele, ein hohes Maß an Eigenverantwortung und unmittelbare konkrete Rückmeldungen über Erfolg und Misserfolg. Sind diese Rahmenbedingungen nicht gegeben, kann es sein, dass Hochleistungsmotivierte zu den unmotiviertesten Mitarbeitern zählen. Sie strengen sich nicht an, weil sie sich mit dem Unternehmen identifizieren oder weil sie von ihrem Chef gemocht werden wollen, sondern weil sie sich durch eine Aufgabe herausgefordert fühlen.

Dies ist wiederum kein Grund für Gesellungsmotivierte, hervorragende Leistungen zu erbringen. Sie wollen von ihrem Chef gemocht werden, sie wollen anderen helfen, sie wollen das Team vor Misserfolgen bewahren, Spannungen in der Gruppe vermeiden etc. Wenn diese Ziele über entsprechende Leistungen (z. B. Teamwork) erreicht werden können, entwickelt sich auch bei ihnen eine entsprechende Motivation zur Leistung.

Für Machtmotivierte gibt es mit Sicherheit die weitaus meisten Gründe, sich im Leistungsbereich besonders anzustrengen. Für sie sind Leistungen nicht Selbstzweck, sondern Mittel zum Zweck. Ihr Bestreben ist es, im Mittelpunkt zu stehen, andere zu beeindrucken, bewundert zu werden, unangreifbar zu sein, anderen eine Niederlage beizubringen, Karriere zu machen, Veränderungen durchzusetzen oder der Gemeinschaft zu dienen. Um dies zu erreichen, müssen sie erfolgreich sein.

Das Leistungsmotiv zu fördern würde bei Führungskräften nur dann Sinn machen, wenn es zu deren Effektivität und Erfolg beitragen würde. In der Führungsaufgabe kommt es jedoch nicht so sehr darauf an, eigene Leistungen zu erbringen, als vielmehr andere dazu zu bewegen, dies zu tun. In diesem Sinne resultiert der Erfolg einer Führungskraft letztlich aus den Erfolgen ihrer Mitarbeiter.

Auf den Umstand, dass dem Leistungsmotiv bei der Bewältigung von Führungsaufgaben keine ausschlaggebende Rolle zukommt, hatten bereits McClelland und Burnham (1976) hingewiesen. Sie identifizierten erfolgreiche Führungskräfte im Top-Management, bei denen die Stärke des Leistungsmotivs mittels TAT unter der Nachweisgrenze lag. Dass für den Erfolg von Führungskräften ganz andere Motive entscheidend sind, wurde zum ersten Mal in einer Untersuchung in Finnland deutlich (Kock, 1974). Hier wurde bei 15 neu gegründeten Unternehmen der Zusammenhang zwischen der Höhe der Motive des jeweiligen Geschäftsführers (Leistung, Gesellung, Macht) und dem wirtschaftlichen Erfolg seines Unternehmens ermittelt. In den ersten 7 Jahren nach Gründung waren die Firmen umso erfolgreicher, je höher das Leistungsmotiv ihres Geschäftsführers war. Das Machtmotiv der Geschäftsführer war in dieser Phase mit dem wirtschaftlichen Erfolg nicht korreliert. Diese Zusammenhänge kehrten sich in der folgenden 10-jährigen Phase um. Zwischen der Höhe des Leistungsmotivs und dem wirtschaftlichen Erfolg gab es in dieser Zeitspanne keinerlei Zusammenhang. Jetzt waren die Firmen umso erfolgreicher, je stärker das Machtmotiv ihres Geschäftsführers ausgeprägt war. Die Stärke des Gesellungsmotivs war in beiden Unternehmensphasen negativ mit dem wirtschaftlichen Erfolg korreliert. Das Leistungsmotiv schien somit nicht das Motiv zu sein, das Führungskräfte langfristig zu besonderen Führungsleistungen befähigt.

Unsere eigenen Beobachtungen im unternehmerischen Bereich bestätigen diesen Befund. Führungskräfte der mittleren und oberen Führungsebene zeichnen sich im Allgemeinen nicht durch ein besonders hohes Leistungsmotiv (gemessen mittels TAT), sondern durch ein mittleres Leistungsmotiv, ein ausgeprägtes Machtmotiv und ein niedriges Gesellungsmotiv aus.

Alle Ergebnisse, von denen hier berichtet wird, beziehen sich auf Daten aus unseren Seminaren zu »Führung und Motivation«, auf die wir später ausführlicher eingehen werden. An diesen Seminaren nehmen Führungskräfte der unteren bis oberen Führungsebene teil. Vor dem Seminarbeginn werden folgende Daten erhoben: Das Motivprofil der Teilnehmer (Leistung, Gesellung, Macht) mittels TAT; das motivationale Anforderungsprofil ihres Arbeitsplatzes (mittels Fragebogen); ihr Führungsverhalten aus der Sicht der Mitarbeiter (mittels Fragebogen) und das Klima in ihrem Arbeitsbereich aus der Sicht der Mitarbeiter (ebenfalls mittels Fragebogen).

Je höher die Führungsebene, umso stärker ist nach unseren Analysen das Machtmotiv im Vergleich zum Leistungs- und Gesellungsmotiv ausgeprägt. Dies deckt sich in etwa mit Befunden von McClelland und Boyatzis (1982), nach denen sich erfolgreiche Führungskräfte durch das sog. »leadership motive pattern« auszeichnen: einem hohen Leistungs- und Machtmotiv bei gleichzeitig geringem Gesellungsmotiv und hoher Selbstkontrolle.

Dies muss nicht unbedingt heißen, dass Machtmotivierte deshalb in die oberen Führungsetagen gelangt sind, weil sie ihre bisherigen Verantwortungsbereiche wirtschaftlich erfolgreich oder kompetent geführt hätten. Es könnte auch sein, dass sie sich nur erfolgreicher als andere nach oben gekämpft haben. Analysen im Rahmen unserer Motivationsseminare zeigen jedoch, dass Mitarbeiter mit dem Führungsverhalten ihrer Vorgesetzten und der Leistung ihres Teams umso zufriedener sind, je höher das Machtmotiv ihres Vorgesetzten ist (Zufriedenheit mit dem Führungsverhalten: $r = .65$; Zufriedenheit mit der Leistungsfähigkeit des Teams: $r = .49$; Zufriedenheit, im Team des Vorgesetzten zu arbeiten: $r = .58$). Die Ergebnisse beziehen sich auf 23 Vorgesetzte mit insgesamt 122 Mitarbeitern. Zur Höhe des Leistungsmotivs ergaben sich leicht negative, statistisch jedoch unbedeutende Korrelationen.

Bei dieser Berufsgruppe das Leistungsmotiv zu erhöhen, hätte nach diesen Befunden zu deutlich negativen Effekten führen müssen, was sowohl den Erfolg und die Zufriedenheit des eigenen Teams betrifft als auch den Ausbau der eigenen Karrieremöglichkeiten. Auf der anderen Seite hatte die Studie in Finnland aber auch deutlich gemacht, dass in bestimmten Unternehmensphasen ein hohes Leistungsmotiv dem Machtmotiv deutlich überlegen sein kann.

Damit stellt sich die Frage, über welche Motivstruktur man am besten verfügen sollte, um beruflich und karrieremäßig erfolgreich zu sein? Die Antwort fällt umso schwerer, je mehr man den individuellen Karriereweg einer zukünftigen Führungskraft in Betracht zieht:

Wenn Mitarbeiter von der Schule oder Hochschule kommen und in ein Unternehmen eintreten, haben sie in den meisten Fällen nur dann eine Chance aufzusteigen, wenn sie in ihrem Fachgebiet exzellente Leistungen erbringen. Dies gelingt ihnen – entsprechende intellektuelle Kompetenzen vorausgesetzt – umso leichter, je höher ihr Leistungsmotiv ausgeprägt ist. Auf der nächsten Hierarchiestufe (z. B. als Gruppen- oder Teamleiter) kommt es nun darauf an, in und gegenüber kleinen Gruppen angemessenes Führungsverhalten zu realisieren. Hier wird derjenige die positivsten Beurteilungen erhalten, der es versteht, »sozial-integrativ« und kooperativ ein Team zu führen und in diesem Team ein positives Arbeitsklima zu schaffen. Jetzt wäre ein hohes Gesellungsmotiv von großem Nutzen für die weitere Karriere, wenn auch ein hohes Leistungsmotiv noch immer zur Erbringung der erwarteten Sachleistungen notwendig ist. Doch sowohl ein hohes Leistungsmotiv als auch ein hohes Gesellungsmotiv werden zum Problem, wenn es auf der nächsten Hierarchiestufe gilt, eine gesamte Abteilung oder einen gesamten Geschäftsbereich zu führen. Gefragt ist in dieser Position nicht mehr die Fähigkeit, sich leidenschaftlich mit hoch diffizilen Sachproblemen auseinander setzen zu können, sondern die Fähigkeit, andere dazu zu bringen, diffizile Sachprobleme anzugehen und zu lösen. Auch mit einem hohen Gesellungsmotiv wird die Führungskraft nicht mehr sehr weit kommen. Kühle strategieorientierte Unternehmensentscheidungen rangieren vor dem Erhalt freundschaftlicher Bindungen (s. Krug & Kuhl, in Vorb.).

Beim Aufbau welcher Motivstruktur sollten Motivförderungsprogramme demzufolge ansetzen? Ließe es sich verantworten, irgendjemandem ein hohes Leistungsmotiv anzutrainieren, nur weil er dies am Anfang seiner beruflichen Karriere für opportun hält? Und sollte man es ihm, wenn er die ersten Karriereschritte gemacht hat, wieder abtrainieren, um es jetzt durch das möglicherweise karriereförderlichere Machtmotiv zu ersetzen? Welche Auswirkungen hätten derartige Motivwechsel auf andere Lebensbereiche und ließen sich eventuelle Folgen z. B. auch für den privaten Bereich abschätzen und verantworten?

Es kommt aber noch ein weiterer Faktor hinzu, den es bei der Konzeption von Motivförderprogrammen für Führungskräfte zu berücksichtigen gilt. Die Aufgabe einer Führungskraft ist unter motivationalen Gesichtspunkten in hohem Maße komplex. Führungskräfte müssen ja nicht nur führen und dabei Macht und Einfluss ausüben. Sie müssen auch Sachprobleme lösen und Strategien entwickeln (Leistungsmotiv), und sie müssen Beziehungen pflegen und Spaß an sozialen Kontakten haben (Gesellungsmotiv). Das heißt, Führungskräfte müssten (wie alle anderen Individuen wahrscheinlich auch) in der Lage sein, in unterschiedlichen Situationen das jeweils erforderliche Motiv zu erkennen und zu aktivieren, sowie situationsunangemessene Motive zu kontrollieren. Dies ist jedoch dann schwierig, wenn der handelnden Personen ihre Motive, die ihre Wahrnehmung, ihr Denken und ihr Verhalten beeinflussen, nicht bewusst sind.

Um sich situationsangemessen verhalten zu können oder in sozialen Situationen nicht anzuecken, müssten Personen über folgende Kompetenzen verfügen:

1. Sie müssen in der Lage sein, die motivationale Anforderung einer Situation zu erfassen. Handelt es sich um eine leistungs-, gesellungs- oder machtthematische Situation?
2. Sie müssen die Motive bzw. die aktuelle Motivlage der handelnden Personen korrekt einschätzen können. Was wollen sie? Worum geht es ihnen? Geht es um Leistung, um Gesellung oder um Macht?
3. Sie müssen sich selbst kennen, um die eigene motivationale Befindlichkeit zutreffend zu erfassen. Was bewegt mich? Was will ich eigentlich?
4. Sie müssen die Fähigkeit besitzen, diese drei Elemente unter den gegebenen Umständen in Passung zueinander zu bringen.

Um diesen verschiedenen Anforderungen gerecht zu werden, wechselten wir in unserer Trainingskonzeption von einem modifikatorischen zu einem aufklärerischen Ansatz. Ziel war es nicht mehr, Motive zu verändern, sondern die Teilnehmer in die Lage zu versetzen, für vorhandene Motive bei sich und anderen optimale Realisierungsmöglichkeiten zu schaffen. Ziel blieb es weiterhin, Leistung zu optimieren. Erreicht werden sollte dies jedoch nicht mehr über eine Erhöhung des Leistungsmotivs oder irgendeines anderen Motivs, sondern über den angemessenen Umgang mit der gegebenen Motivstruktur (Leistung, Gesellung, Macht) bei sich selbst und bei anderen. Konkret hieß das: Wie kann ich das vorhandene Potenzial der Motive bei mir und anderen nutzen, um Leistungsverhalten, Effizienz und Arbeitszufriedenheit zu optimieren? Wie kann ich die Rahmenbedingungen schaffen, unter denen sich die vorhandenen Motive voll entfalten können und so das Fähigkeitspotenzial zum Tragen bringen?

Um diese Kompetenzen zu erwerben, sollten die Trainingsteilnehmer folgende Dinge lernen:

1. Sie sollten erfahren, was Motive sind und wie Motive Verhalten bestimmen.
2. Sie sollten ihr eigenes Motivprofil und damit das, was sie »wirklich« antreibt, angemessen einschätzen können.
3. Sie sollten das Motivprofil anderer Personen zuverlässig beurteilen können.
4. Sie sollten Leistungssituationen dahingehend einschätzen können, welches Motivprofil sie am ehesten ansprechen, d. h. welche motivationalen Anforderungen sie an einen möglichen Stelleninhaber stellen.
5. Sie sollten für ihre Mitarbeiter die Rahmenbedingungen schaffen können, die zielorientiertes Leistungsverhalten am besten fördern.
6. Sie sollten für sich persönliche Ziele und mittelfristige Lebenspläne aufstellen können, die mit ihren eigenen motivationalen Bedürfnissen kongruent sind.

4.1   Das Trainingsprogramm

Das Trainingsprogramm erstreckte sich über zwei Tage und einem Nachfolgetag und bestand aus fünf Teilen:

1. Motivationstheorie
2. Selbst- und Fremdanalyse
3. Anwendung: »Mitarbeitermotivation«
4. Anwendung: »Selbstmotivation«
5. Transfer

Der *motivationstheoretische Teil* umfasste die Themen: Motive, Motivation, Einstellungen und Verhaltensweisen von Leistungs-, Gesellungs- und Machtmotivierten, sowie das motivationale Anforderungsprofil von Arbeitsplätzen. Vermittelt wird, was Motive sind, wie Motive wirken, in welcher Weise sie sich unterscheiden und in welchen Situationen sie sich als förderliches oder hinderliches Merkmal erweisen. Reduziert werden sollte das Vorurteil, dass es sich bei dem Leistungsmotiv in jedem Fall um eine positive, beim Gesellungsmotiv um eine eher leistungshinderliche und beim Machtmotiv um eine negative Persönlichkeitseigenschaft handelt. Motive sind *a priori* weder gut noch schlecht, positiv oder negativ bzw. leistungsförderlich oder leistungshinderlich. Die Wertigkeit von Motiven ergibt sich allein aus dem Kontext, in dem sie zum Tragen kommen. Um bestimmen zu können, ob ein Motiv in einer bestimmten Situation eher förderlich oder hinderlich ist, ist es notwendig, den motivationalen Anforderungsgehalt von Aufgaben, Tätigkeiten oder Berufen zu bestimmen. Optimale Motivation und hohe Arbeitszufriedenheit sind dann zu erwarten, wenn das persönliche Motivprofil des Stelleninhabers und das motivationale Anforderungsprofil des Arbeitsplatzes weitgehend deckungsgleich sind, d. h. wenn in motivspezifischer Hinsicht Passung gegeben ist.

In Bezug auf das Machtmotiv muss erwähnt werden, dass wir hier die Differenzierung des Machtmotivs in die verschiedenen »Reifestadien« nach McClelland (1975) vornahmen (s. Tab. 10.1). Diese Einteilung half den Teilnehmern, die Komplexität des Machtmotivs zu verstehen, Vorurteile in Bezug auf Macht abzubauen

Tab. 10.1   Die verschiedenen Reifestadien/Facetten der Macht.

		Quelle der Macht	
		andere	selbst
Ziel der Macht	**selbst**	**M1** anlehnendes Machtstreben	**M2** selbst-bezogenes Machtstreben
	andere	**M4** gemeinschaftsdienliches Machtstreben	**M3** egoistisches Machtstreben

und die Stärke und Ausprägung des eigenen Machtmotivs angemessener einzuschätzen.

Der *Selbst- und Fremdanalyse-Teil* hatte zwei Ziele: 1. bei sich und anderen die Stärke des Leistungs-, Gesellungs- und Machtmotivs in Relation zueinander zu erfassen (stärkstes, zweitstärkstes, drittstärkstes Motiv); 2. die motivationalen Anforderungen von Aufgaben und Berufen zu bestimmen. Der Bereich Selbst- und Fremdanalyse beinhaltete Introspektionsübungen (»Wer bin ich, wer will ich sein?«), Spiele (z. B. Ringwurf), motivationsbezogene Interviews und mehrere Einschätzungen des eigenen Motivprofils. Übungen zur Analyse der motivationalen Anforderungen von Arbeitsplätzen wurden anhand konkreter Beispiele vorgenommen.

Wie bereits zuvor angedeutet, war die erste Einschätzung des eigenen Motivprofils bei den meisten Teilnehmern eine krasse Fehleinschätzung. Die Teilnehmer hielten sich im Mittel für sehr hoch leistungsmotiviert, hoch gesellungsmotiviert und nur in geringem Maße für machtmotiviert. Dass die eigene Person so wahrgenommen wird, liegt zum großen Teil an der unzureichenden Differenzierung zwischen Motiven und Werten. In die Beurteilung des eigenen Motivprofils geht nicht so sehr ein, was einen wirklich bewegt. Eingeschätzt wird vielmehr, was einem wichtig und wertvoll ist, bzw. wie man aufgrund allgemein gängiger Klischeevorstellungen als Führungskraft zu sein hat: leistungsbereit, engagiert und erfolgreich und dabei freundlich, partnerschaftlich und kollegial, aber auf keinen Fall kompetitiv und machtbesessen.

Dass es sich bei der Ersteinschätzung des eigenen Motivprofils um eine wertegesteuerte Beurteilung handelt, macht auch folgender Befund deutlich: Im Anfangsstadium eines Seminars lassen wir die Teilnehmer einschätzen, ob es sich bei den Motiven Leistung, Gesellung und Macht jeweils um ein für Führungskräfte eher positives (sollte er haben), zwiespältiges (besitzt sowohl positive als auch negative Aspekte) oder um ein eher negatives Persönlichkeitsmerkmal (sollte er nicht haben) handelt. Das Leistungsmotiv wird von allen Führungskräften als positives Persönlichkeitsmerkmal angesehen (100 %). Bei dem Gesellungsmotiv sind pro Seminar im Schnitt 60 % für eine positive Bewertung, 30 % für sowohl als auch und 10 % halten es für negativ. Die Einschätzung des Machtmotivs fällt genau umgekehrt aus. Hier sind 75 % der Meinung, dass es sich um ein negatives Merkmal handelt, 20 % sehen es als zwiespältig an und nur 5 % halten es für positiv.

Die Seminarteilnehmer nehmen während des Kurses immer wieder Einschätzungen zu ihrem eigenen Motivprofil vor. In einer Gruppe von 63 Teilnehmern wurde bestimmt, wie gut es diesen gelang, das eigene dominante Motiv vorherzusagen, das zu Seminarbeginn mit Hilfe des TAT erfasst worden war. Die Übereinstimmung betrug 80 % und fiel damit deutlich höher aus, als dies bei den anfänglichen Einschätzungen der Fall war.

Um Motive bei anderen Personen erfassen zu können, werden die Teilnehmer geschult, aufgrund von Beobachtungen Motive bei anderen zu erkennen, sowie im Gespräch anhand eines Interview-Leitfadens Motivdominanzen zu bestimmen. In diesen Seminarteil fällt auch die Beurteilung der motivationalen Anforderungen des eigenen Arbeitsplatzes. Zu diesem Zweck haben wir einen Fragebogen entwickelt, bei dem der eigene Arbeitsplatz dahingehend beurteilt wird, inwieweit er Möglichkeiten bietet, Tätigkeiten auszuüben, die das Leistungs-, Gesellungs- oder Machtmotiv befriedigen können.

Einzuschätzen sind Ist- und Soll-Werte, d. h. wie die Hauptcharakteristika des Arbeitsplatzes momentan ausgeprägt sind und welche Ausprägung man sich wünscht. Die Ergebnisse zeigen zum einen, dass der Fragebogen bei den Ist-Werten sehr gut zwischen verschiedenen Berufen zu trennen vermag. Zum anderen treten beim Vergleich der Ist- und Soll-Werte charakteristische Unterschiede in Abhängigkeit vom persönlichen Motivprofil auf. Je höher ein bestimmtes Motiv ausgeprägt ist, umso stärker bestimmt es die Höhe und Ausprägung des Soll-Profils in diesem Bereich (s. Abb. 10.1).

Im *Anwendungsteil »Mitarbeitermotivation«* werden die Teilnehmer mit einem allgemeinen Modell leistungsorientierten Verhaltens vertraut gemacht (s. Abb. 10.2). Vermittelt werden soll, dass Leistung sowohl vom »Können« und »Wollen« einer Person als auch von den Umfeldfaktoren »Dürfen« und »Bekommen« abhängig ist. Damit es zum Wollen kommt, müssen mindestens drei Voraussetzungen gegeben sein: 1. Motive, Bedürfnisse, Ziele auf Seiten der Person *(Wün-*

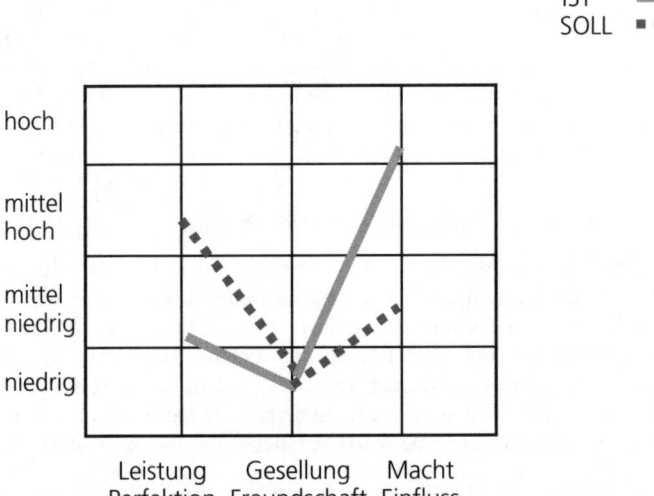

Abb. 10.1   Arbeitsplatz-Wunsch-Profil (punktiert) einer leistungsmotivierten Führungskraft auf einem managementbezogenen Arbeitsplatz (durchgezogene Linie).

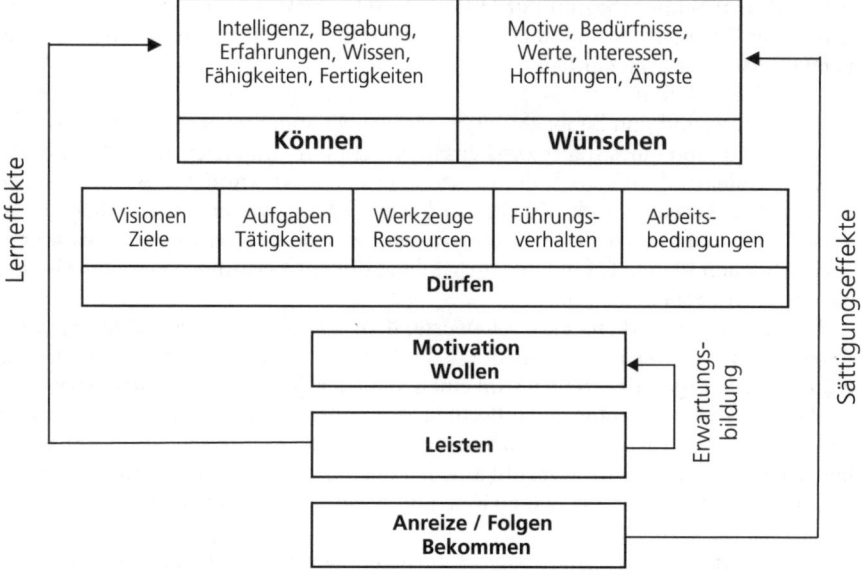

Abb. 10.2   Modell leistungsbeeinflussender Faktoren.

sche); 2. Realisierungsmöglichkeiten auf Seiten der Umwelt *(Dürfen)*; 3. attraktive Konsequenzen entsprechend der Güte der gezeigten Leistung *(Bekommen)*.

Optimale Motivation ist nach diesem Modell dann gegeben, wenn eine Person a) von der zu erledigenden Aufgabe begeistert ist, da sie sowohl ihrem Können als auch ihren Wünschen (Zielen, Interessen und Neigungen) entspricht; wenn ihr b) zur Erledigung der betreffenden Aufgabe die notwendigen Mittel und Möglichkeiten zur Verfügung stehen; und wenn c) Führung und Klima die eigenen Aktivitäten eher fördern als behindern. Motivationsförderlich ist zudem, wenn d) Erfolge und Misserfolge über die reine Selbstbekräftigung hinaus mit kontingenten materiellen, sozialen oder symbolischen Verstärkern verbunden sind.

4.1.1   Der Anwendungsteil »Selbstmotivation«

Im Trainingsteil Selbst- und Fremdanalyse hatten die Teilnehmer ihre eigene Motivstruktur und die motivationalen Anregungsbedingungen ihrer beruflichen Tätigkeit hinsichtlich ihrer Passung zu analysieren und zu bewerten. Taten sich Diskrepanzen auf, stellten sich drei Fragen: 1. Welche Möglichkeiten gibt es, die aufgezeigten Diskrepanzen zu verringern? 2. Wie kann man mit den Diskrepanzen leben? 3. Wie kann man ihnen ggf. entgehen? Bei der Auswahl und Bewertung der zu erarbeitenden Maßnahmen standen drei Überlegungen im Vordergrund:

1. Persönlichkeitsmerkmale wie Motive lassen sich nur schwer verändern.
2. Selbst wenn sich die Persönlichkeit hinsichtlich ihrer Motivstruktur verändern ließe, würden wir es nicht tun, da die Folgen derartiger Maßnahmen für die verschiedenen Lebensbereiche nicht zu übersehen sind.

3. Es ist besser, die Situation zu verändern, als zu versuchen die Persönlichkeitsstruktur von Individuen ständig den sich ändernden Situationsgegebenheiten
anzupassen.

Akzeptiert man diese Prämissen, so ergeben sich prinzipiell vier Möglichkeiten,
wie Diskrepanzen zwischen Personeigenschaften und Situationsanforderungen bewältigt werden können:

1. Die Person akzeptiert die Diskrepanz und lernt mit dem Gefühl fehlender beruflicher Befriedigung zu leben. Dies funktioniert dann auf Dauer, wenn der Beruf
bei geringem Tätigkeitsanreiz mit hohen positiven Konsequenzen verknüpft ist
(der Job macht zwar keinen Spaß, wird aber hervorragend bezahlt) und wenn
befriedigende außerberufliche Aktivitäten (Hobbys, Vereinstätigkeiten, Politik
etc.) gegeben sind.
2. Die Person wird sich ihrer motivationalen Stärken und Schwächen bewusst. Sie
lernt die motivationalen Anforderungen von Situationen genauer einzuschätzen, erwirbt Strategien, sich in diesen Situationen angemessen zu steuern, ist erfolgreich und zieht Befriedigung aus ihren neu erworbenen Kompetenzen.
3. Die Person verändert nicht sich, sondern die Situation entsprechend ihrer Motive. (Einen Vorstand – zuständig für Forschung – befriedigt seine Vorstandstätig-
keit nicht hinreichend. Er legt sich deshalb zur Befriedigung seines Leistungsmotivs ein eigenes Forschungslabor zu.)
4. Die Person verlässt die unbefriedigende Situation und sucht sich neue, motiv-
adäquatere Herausforderungen.

Um herauszufinden, welche Maßnahme bzw. welche Strategie für die eigene Motivstruktur am passendsten ist, bedienen wir uns zweier Verfahren. Zum einen einer Projektionsübung, in der es darum geht, die Vision des zukünftigen Lebens ab-
zugreifen (Wie sieht mein Leben in 10 Jahren aus? Was will ich bis dahin erlebt,
geleistet und erreicht haben?). Auf diese Weise soll ermittelt werden, ob es so etwas
wie einen Lebensplan gibt, wie er aussieht und welche Hoffnungen, Wünsche,
Sehnsüchte und Motive dahinter stehen, die den notwendigen Antrieb zu seiner
Realisierung liefern könnten. Ist die grobe Richtung persönlicher Wunschvorstel-
lungen geklärt, erfolgt die konkrete Zielplanung. Hier geht es zum einen darum,
Ziele zu benennen und zu konkretisieren, die in den nächsten drei bis fünf Jahren
erreicht werden sollen. Zum Zweiten geht es darum, die Bedingungen zu spezifizieren, die auf Seiten der eigenen Person und der Situation gegeben sein müssen, damit die Zielerreichung gelingen kann. Dies kann auch beinhalten, an den eigenen
Stärken und Schwächen zu arbeiten.

4.1.2 Der Transfer-Teil

Am Ende des Seminars erhalten die Teilnehmer drei Aufgaben: Sie sollen a) in den
nächsten drei Monaten die im Anwendungsteil erarbeiteten mitarbeiterbezogenen
Maßnahmen in Angriff nehmen; b) die ersten Schritte zur Realisierung ihrer persönlichen Ziele ausführen; c) am Ende dieses Vierteljahres bei ihren Mitarbeitern
mittels Fragebogen ermitteln, wie sich ihr Führungsverhalten und das Klima in dieser Zeit verändert haben.

Bei den Variablen »Führung« und »Klima« ließen sich nach dem Seminar signifikante Veränderungen ermitteln. Diese traten – entsprechend unserer Erwartungen – am stärksten bei den machtmotivierten und am wenigsten bei den leistungs-

motivierten Führungskräften auf. Qualitative Nachanalysen machten die Ursache deutlich. Machtmotivierte hatten im Seminar erlebt, dass es Spaß machen kann, andere zu beeinflussen, zu motivieren und zu führen, und dass Einfluss auszuüben etwas Positives sein kann, wenn man es in angemessener, gemeinschaftsdienlicher Weise tut. Nach dem Seminar lebten sie (intrinsisch motiviert) ihr Machtmotiv aus, und die Mitarbeiter waren angetan, positive Führung zu erleben. Die Leistungsmotivierten hatten ebenfalls gelernt, Führung als wichtige Aufgabe zu betrachten. Auch sie hatten sich (extrinsisch motiviert) vorgenommen, sich mehr um ihre Mitarbeiter zu kümmern und mehr Führungsaufgaben wahrzunehmen. Doch der Alltag hatte sie in den meisten Fällen überrollt. Sie berichteten, dass sie sich ja gern mehr um ihre Mitarbeiter gekümmert hätten, hierfür aber leider keine Zeit erübrigen konnten: der Fuhrpark musste erneuert werden, die EDV-Anlage war überholungsbedürftig, wegen der langen Krankheit eines Mitarbeiters mussten sie auch dessen Job mit übernehmen. Im vergangenen Jahr ging es aufgrund der ungünstigen Situationsumstände nicht.

Vergleiche der verschiedenen Motivgruppen zeigen dann auch, dass Führungskräfte mit hohem Machtmotiv in den Beurteilungen ihrer Mitarbeiter (Führung und Klima) weitaus besser abschnitten als Führungskräfte mit hohem Leistungsmotiv. Der Einfluss des Gesellungsmotivs ließ sich leider nicht prüfen, da Personen mit hohem Gesellungsmotiv in mittleren und hohen Führungspositionen (fast) nicht vorkommen.

Literatur

Alschuler, A. S. (1973). *Developing achievement motivation in adolescents*. Englewood Cliffs: Educational Technology Publications.

Alschuler, A. S., Tabor, D. & McIntyre, J. (1970). *Teaching achievement motivation*. Middletown, Conn.: Educational Ventures.

Andrews, G. R. & Debus, R. L. (1978). Persistence and the causal perception of failure: Modifying cognitive attributions. *Journal of Educational Psychology, 70*, 155–166.

DeCharms, R. (1973). Ein schulisches Trainingsprogramm zum Erleben eigener Verursachung. In W. Edelstein & D. Hopf (Hrsg.), *Bedingungen des Bildungsprozesses* (S. 60–78). Stuttgart: Klett.

Dweck, C. S. (1975). The role of expectations and attributions in the alleviation of learned helplessness. *Journal of Personality and Social Psychology, 31*, 674–685.

Heckhausen, H. (1971). Trainingskurse zur Erhöhung der Leistungsmotivation und der unternehmerischen Aktivität in einem Entwicklungsland: Eine nachträgliche Analyse des erzielten Motivwandels. *Zeitschrift für Entwicklungspsychologie und Pädagogische Psychologie, 3*, 253–268.

Heckhausen, H. (1975). Fear of failure as a self-reinforcing motive system. In J. G. Sarason & C. Spielberger (Hrsg.), *Stress and anxiety* (Vol. II, S. 117–128). Washington D. C.: Hemisphere.

Heckhausen, H. (1980). *Motivation und Handeln*. Berlin/Heidelberg/New York: Springer.

Kock, S. E. (1974). Företagsledning och motivation. *Nordisk Psykologi, 26*, 211–219.

Kolb, D. A. (1965). Achievement motivation training for underachieving high school boys. *Journal of Personality and Social Psychology, 2*, 783–792.

Krug, S. (1976). Förderung und Änderung des Leistungsmotivs: Theoretische Grundlagen und deren Anwendung. In H.-D. Schmalt & W.-U. Meyer (Hrsg.), *Leistungsmotivation und Verhalten* (S. 221–242). Stuttgart: Klett.

Krug, S. & Bowi, U. (2005). Die Wirksamkeit eines Motivtrainings für Lehrer in Abhängigkeit von Effektrückmeldung im Trainingsverlauf. In F. Rheinberg & S. Krug (Hrsg.), *Motivationsförderung im Schulalltag* (3. Aufl.) (S. 129–146). Göttingen: Hogrefe.

Krug, S. & Hanel, J. (1976). Motivänderung: Erprobung eines theoriegeleiteten Trainings-programms. *Zeitschrift für Entwicklungspsychologie und Pädagogische Psychologie, 8,* 274–287.

Krug, S. & Heckhausen, H. (1982). Motivförderung in der Schule. In F. Rheinberg (Hrsg.), *Jahrbuch für empirische Erziehungswissenschaft 1982* (S. 65–114). Düsseldorf: Schwann.

Krug, S., Herberts, K. & Strauch, Th. (2005). Drei Trainingsmethoden zur motivationalen Optimierung von Schulunterricht. In F. Rheinberg & S. Krug (Hrsg.), *Motivationsför-derung im Schulalltag* (3. Aufl.) (S. 147–177). Göttingen: Hogrefe.

Krug, S. & Kuhl, U. (in Vorbereitung). *Was uns bewegt. Das Bedürfnis nach Leistung, Freundschaft und Macht.*

Krug, S. & Kuhlmann, K. (2005). Motiveffekte individueller Bezugsnormen im Sportunter-richt. In F. Rheinberg & S. Krug (Hrsg.), *Motivationsförderung im Schulalltag* (3. Aufl.) (S. 115–125). Göttingen: Hogrefe.

Krug, S. & Lecybyl, R. (2005 a). Die Wirkung experimentell variierten Lehrerverhaltens auf Unterrichtswahrnehmung, Lernbereitschaft und Leistung von Schülern. In F. Rheinberg & S. Krug (Hrsg.), *Motivationsförderung im Schulalltag* (3. Aufl.) (S. 81–94). Göttingen: Hogrefe.

Krug, S. & Lecybyl, R. (2005 b). Die Veränderung von Einstellung, Mitarbeit und Lernleis-tung im Verlauf einer bezugsnormspezifischen Motivationsintervention. In F. Rheinberg & S. Krug (Hrsg.), *Motivationsförderung im Schulalltag* (3. Aufl.) (S. 95–114). Göttin-gen: Hogrefe.

Krug, S., Mrazek, J. & Schmidt, Ch. (1980). Motivationsförderung im Sportunterricht durch Leistungsbewertung unter individueller Bezugsnorm. *Psychologie in Erziehung und Unterricht, 27,* 278–284.

Krug, S., Peters, J. & Quinkert, H. (1977). Motivförderungsprogramm für lernbehinderte Sonderschüler. *Zeitschrift für Heilpädagogik, 28,* 667–674.

McClelland, D. C. (1958). The importance of early learning in the formation of motives. In J. W. Atkinson (Hrsg.), *Motives in fantasy, action, and society* (S. 437–452). Princeton, N. J.: Van Nostrand.

McClelland, D. C. (1961). *The achieving society.* Princeton, N. J.: Van Nostrand.

McClelland, D. C. (1965). Toward a theory of motive acquisition. *American Psychologist, 20,* 321–333.

McClelland, D. C. (1972). What is the effect of achievement motivation training in the schools? *Teachers College Record, 74,* 129–145.

McClelland, D. C. (1975). *Power: The inner experience.* New York: Irvington.

McClelland, D. C. & Alschuler, A. S. (1971). *Achievement motivation development project,* Unveröffentlichtes Manuskript. Cambridge, Mass.: Harvard University.

McClelland, D. C. & Boyatzis, R. E. (1982). Leadership motive pattern and long-term suc-cess in management. *Journal of Applied Psychology, 67,* 737–746.

McClelland, D. C. & Burnham, D. H. (1976). Power is the great motivator. *Harvard Busi-ness Review, 54,* 100–110.

McClelland, D. C. & Winter, D. G. (1969). *Motivating economic achievement.* New York: Free Press.

Mehta, P. (1986). Achievement motivation training for educational development. *Indian Educational, 3,* 1–29.

Rheinberg, F. (1980). *Leistungsbewertung und Lernmotivation.* Göttingen: Hogrefe.

Rheinberg, F. (2004). *Motivation* (5. Auflage). Stuttgart: Kohlhammer.

Rheinberg, F. & Günther, A. (2005). Ein Unterrichtsbeispiel zum lehrplanabgestimmten Ein-satz individueller Bezugsnorm. In F. Rheinberg & S. Krug (Hrsg.), *Motivationsförderung im Schulalltag* (3. Aufl.) (S. 55–68). Göttingen: Hogrefe.

Rheinberg, F. & Krug, S. (2005). *Motivationsförderung im Schulalltag* (3. Auflage). Göttin-gen: Hogrefe.

Rheinberg, F., Kühmel, B. & Duscha, R. (1979). Experimentell variierte Schulleistungsbewertung und ihre motivationalen Folgen. *Zeitschrift für empirische Pädagogik, 3,* 1–12.

Skolnick, A. (1966). Stability and interrelations of thematic test imagery over 20 years. *Child Development, 37,* 389–396.

Schwarzer, R., Lange, B. & Jerusalem, M. (1982). Die Bezugsnorm des Lehrers aus Sicht des Schülers. In F. Rheinberg (Hrsg.), *Bezugsnormen zur Schulleistungsbewertung* (S. 161–172). Düsseldorf: Schwann.

Smith, R. L. & Troth, W. A. (1975). Achievement motivation: A rational approach to psychological education. *Journal of Counceling Psychology, 22,* 500–504.

Stamps, L. (1973). The effects of intervention techniques on children's fear of failure behaviour. *Journal of Genetic Psychology, 123,* 85–95.

Valins, S. & Nisbett, R. E. (1971). *Some implications of attribution processes for the development and treatment of emotional disorders.* New York: General Learning Press.

Varga, K. (1977). Who gains from achievement motivation training? *Vikalpa* (The Journal for Decision Makers), 2, 187–200.

Teil C: Motivation im Schulkontext

11 Bezugsnormorientierung von Lehrkräften: Konzeptuelle Grundlagen, empirische Befunde und Ratschläge für praktisches Handeln

Olaf Köller

1 Einleitung und Überblick

Es dürfte kaum ein zweites Unterrichtsmerkmal geben, das so konsequent aus der Leistungsmotivationstheorie abgeleitet wurde und so eng mit Rheinberg verbunden ist, wie die Bezugsnormorientierung (BNO) von Lehrkräften. Die im Nachkriegsdeutschland stark kognitiv orientierte Leistungsmotivationsforschung unter der Ägide von Heckhausen, die sich eng an die amerikanischen Arbeiten Murrays (1938), Atkinsons (1957) und McClellands (z. B. McClelland, Atkinson, Clark & Lowell, 1953) anlehnte, verstand unter Leistungsmotivation die Auseinandersetzung mit einem Tüchtigkeitsmaßstab, der ein individueller (etwas besser machen als bisher) oder ein sozialer (etwas besser machen als die anderen) sein konnte. Leistungsthematisches Handeln wurde in diesem Sinne durch das Streben nach Verbesserung eigener Leistungen bzw. den Wunsch, anderen überlegen zu sein, initiiert und aufrechterhalten. Auch die Bewertung eigener Handlungsergebnisse orientierte sich an diesen beiden Maßstäben. Heckhausen (1974) sprach in diesem Zusammenhang explizit von der Bezugsnorm und unterschied zwischen der individuellen, sozialen und (in Ergänzung zu den amerikanischen Arbeiten) sachlichen Bezugsnorm: »Man kann ein Leistungsergebnis auf vorausgehende Ergebnisse beziehen und feststellen, ob es gleich geblieben ist oder sich verschlechtert oder verbessert hat. Das ist eine »individuelle« Bezugsnorm. Die Vergleichsperspektive ist der zeitliche Längsschnitt einer individuellen Entwicklung. Man kann das Leistungsergebnis einer Person mit entsprechenden Leistungsergebnissen anderer Personen vergleichen und den Rangplatz bestimmen. Das ist eine normative oder »so-

189

ziale« Bezugsnorm (vgl. Festinger, 1954). Die Vergleichsperspektive ist die Leistungsverteilung innerhalb einer sozialen Bezugsgruppe, und zwar häufig im zeitlichen Querschnitt. Man kann ein Leistungsergebnis auch an Kriterien messen, die in der Natur der Aufgabe liegen. Eine Lösung kann richtig oder falsch sein. Ein angezielter Effekt kann mehr oder weniger eintreten. Hier wäre von einer »sachlichen Bezugsnorm« zu sprechen (Heckhausen, 1989, S. 271/272).

Rheinberg (u. a. 1980, 1998) ist es zu verdanken, dass das Konzept der BNO Eingang in die Unterrichtsforschung und Instruktionspsychologie gefunden hat. Ihm und seinen Mitarbeitern gelang es systematisch zu erforschen, welche Rolle der Bewertungsmaßstab von Lehrkräften (individuell vs. sozial vs. sachlich) für die kognitive und motivationale Entwicklung von Schülern spielt. Die Vielzahl empirischer Arbeiten zu diesem Thema (im Überblick Rheinberg & Krug, 2005) hat deutlich machen können, dass die Lern- und Leistungsmotivation mit relativ einfachen Mitteln (Fokussierung von Rückmeldungen auf intraindividuelle Vergleiche) zu fördern ist.

2 Bezugsnormorientierung von Lehrkräften in der Unterrichtsforschung

Rheinberg (1980; vgl. auch Heckhausen, 1974; 1989; Rheinberg & Krug, 2005) hat das Konzept der BNO in der deutschen Unterrichtsforschung und Instruktionspsychologie etabliert. Auf den Unterricht bezogen formulierte er im Sinne Heckhausens: »Unter Bezugsnorm ... versteht man einen Standard, mit dem ein Resultat verglichen wird, wenn man es als Leistung wahrnehmen und bewerten will« (Rheinberg, 1998, S. 39). Unter seiner Ägide wurde systematisch untersucht, welchen Vergleichsstandard Lehrkräfte bei der Bewertung von Schülerleistungen präferieren. Eine an den Leistungen der Mitschüler orientierte Rückmeldepraxis der Lehrkraft wurde als soziale Bezugsnormorientierung (BNO) bezeichnet. Um solche sozialen Vergleiche zuverlässig durchführen zu können, so Rheinberg, geben die Lehrkräfte ihren Schülern bevorzugt gleiche bzw. gleich schwere Aufgaben. Gleich schwer ist hier aus einer normativen Perspektive gemeint und impliziert natürlich, dass die entsprechenden Aufgaben für schwache Schüler sehr schwer, für ihre leistungsstarken Klassenkameraden aber sehr einfach sind. Die Wahl gleicher Aufgaben für alle erlaubt dann eine sichere Attribution von Leistungsunterschieden auf unterschiedliche Fähigkeiten, und zwar nicht nur in den Augen der Lehrkraft« sondern auch auf Seiten der Schüler. Mit einer sozialen BNO der Lehrkraft geht auch der Glaube an die Stabilität von Fähigkeitsunterschieden einher. Fähigkeitsunterschiede zwischen Schülern sind in dieser Sicht mehr oder weniger angeboren und pädagogisches Handeln in der Schule kann daran auch nichts ändern. Entsprechend sind die Erwartungen an die zukünftige Leistung der Schüler: Schwache Schüler werden in den Augen einer Lehrkraft mit sozialer BNO auch zukünftig schwache Leistungen erbringen, starke Schüler entsprechend hohe Leistungen.

Lehrer mit einer individuellen BNO bevorzugen dagegen eine andere Vergleichsperspektive, indem sie Schüler an ihren bisherigen Resultaten oder Leistungen messen. Eine deutliche Steigerung einer Leistung im intraindividuellen Längsschnitt wird positiv bewertet, Stagnation oder Rückschritte negativ. Die individuelle BNO lässt sich dabei insbesondere im täglichen Unterrichtsgeschehen anwenden, wenn Schüler Arbeitsaufträge erledigen. In der Tabelle 11.1 sind die Unterschiede zwischen Lehrkräften mit individueller und sozialer BNO überblicksartig dargestellt. Lehrkräfte, die eine soziale BNO bevorzugen, stellen primär Leistungsvergleiche zwischen unterschiedlichen Schülern an, Leistungen werden in erster Linie auf stabile Ursachen wie Fähigkeit zurückgeführt, ihre Erwartungen hinsichtlich der Leistungsentwicklungen der Schüler sind längerfristig ausgerichtet mit dem Glauben, dass die zurzeit starken Schüler viel und die schwachen wenig lernen werden. Rückmeldungen (Lob und Tadel) von Lehrkräften mit sozialer BNO basieren auf dem sozialen Vergleich, d. h. die leistungsstarken Kinder/Jugendlichen können eher mit Lob, die leistungsschwachen mit Tadel rechnen. Schließlich geben Lehrkräfte mit bevorzugter sozialer BNO allen Schülern die gleichen Aufgaben vor.

Deutlich hiervon abgrenzen lässt sich in Tabelle 11.1 das Verhalten der Lehrkraft mit bevorzugter individueller BNO: Die zeitliche Leistungsentwicklung eines Schülers steht im Vordergrund, Ursachenzuschreibungen für Erfolge/Misserfolge werden entweder offen gelassen oder variabel (fehlende Anstrengung) vorgenommen, Leistungserwartungen werden eher kurzfristig formuliert (was soll der Schüler beispielsweise in den nächsten vier Wochen lernen?), Lob und Tadel orientieren sich an der individuellen Leistungsentwicklung, und je nach Leistungsstand eines Schülers werden unterschiedliche Aufgaben zur Bearbeitung vorgegeben.

Unterschiedliche BNO der Lehrkräfte sollten differenzielle Effekte auf affektive, kognitive und motivationale Schülervariablen haben. Eine Lehrkraft, welche die individuelle BNO bevorzugt, schreibt Schülerleistungen stärker variable Ursachen zu und sie macht jeden noch so kleinen individuellen Lernfortschritt sichtbar. Schüler

Tab. 11.1 Unterschiede zwischen Lehrkräften mit individueller (IBNO) und sozialer Bezugsnormorientierung (SBNO) (aus Rheinberg, 1980, S. 123; und Rheinberg, 2005, S. 44; leicht modifiziert).

Variable	SBNO	IBNO
Leistungsvergleiche	zwischen Schülern im zeitlichen Querschnitt	innerhalb eines Schülers im zeitlichen Längsschnitt
Kausalattribution	mehr und phänomenal validierte Zuschreibungen, besonders im Fall zeitkonstanter Faktoren bei der Erklärung interindividueller Leistungsunterschiede	Zuschreibungen werden eher in der Schwebe gehalten; relative Bevorzugung von zeitvariablen Faktoren und Unterrichtsmerkmalen
Erwartungen	längerfristig und an generellen Leistungsniveaus orientiert	kurzfristiger und am jeweils aktuellen Kenntnisstand orientiert
Sanktionierungsstrategie	orientiert an Leistungsunterschieden zwischen Schülern	orientiert an individueller Leistungsentwicklung
Individualisierung	Angebotsgleichheit (gleiche Aufgabenschwierigkeit für alle)	Prinzip der Passung (Aufgaben adaptiert an den individuellen Leistungsstand)

können auf diese Weise erfahren, dass erhöhte Anstrengungen zu besseren Leistungen führen. Sie »sehen« quasi, wie ihre Kompetenzen (Fähigkeiten) ansteigen. Mischo und Rheinberg (1995, S. 140) folgern dementsprechend: »Die Mitberücksichtigung individueller Bezugsnormen förderte [auf Seiten der Schüler; Anm. d. A.] die Erfolgszuversicht, günstige Kausalattributionen und realistische Zielsetzungen, steigerte Kontrollüberzeugung und Verbesserungsmotivation, senkte dagegen Misserfolgsfurcht und Prüfungsängstlichkeit« (S. 140).

2.1 Erfassung der Bezugsnormorientierung

Viele Studien aus dem Umfeld Rheinbergs waren experimenteller bzw. quasi-experimenteller Natur. Üblicherweise wurden dabei zwei Schulklassen ausgewählt. In der einen Klasse bevorzugte die Lehrkraft eine individuelle BNO, wohingegen sie in der anderen Klasse die soziale BNO präferierte. Als abhängige Variablen dienten dann verschiedene motivationale (z. B. Hoffnung auf Erfolg), emotionale (z. B. Leistungsangst) und kognitive Maße (z. B. Schulleistungen).

Um auch in Feldstudien die BNO von Lehrkräften erfassen zu können, hat Rheinberg (1980) die »kleine Beurteilungsaufgabe« entworfen (s. Kasten), die üblicherweise von Lehrkräften selbst bearbeitet wird. Alternativ wurden auch Fragebogenmaße entwickelt, die Einschätzungen des Lehrerhandelns durch die Schüler thematisieren. Von Jerusalem (1984; vgl. auch Köller, 2004 oder Schwarzer, Lange & Jerusalem, 1982) stammt beispielsweise eine Skala zur individuellen BNO (s. Kasten Itemformulierungen). Köller (2004) verwendete für diese Items ein vierstufiges Antwortformat mit den Kategorien 1 (*trifft überhaupt nicht zu*), 2 (*trifft eher nicht zu*), 3 (*trifft eher zu*) und 4 (*trifft voll und ganz zu*) und konnte zeigen, dass die Skala auf der Schülerebene wie der Klassenebene hoch reliabel ist (Cronbachs alpha >.80).

Um zu einem reliablen und validen Maß der individuellen BNO der Lehrkraft zu gelangen, werden die Schülerdaten einer Klasse aggregiert, d. h. es wird für jede Klasse ein Mittelwert gebildet. Dieser Klassenmittelwert als geteilte Einschätzung der Schüler wird dann zur Vorhersage von individuellen Merkmalen wie dem schulischen Selbstkonzept oder dem Fachinteresse verwendet.

Kleine Beurteilungsaufgabe zur Erfassung der BNO von Lehrkräften (vgl. Rheinberg, 1980)

Eine durchschnittliche Schulklasse macht in monatlichen Abständen Schulleistungstests, in denen jeweils der Unterrichtsstoff des letzten Monats abgefragt wird. In jedem Test kann man maximal 100 Punkte erreichen. Die Tests sind so aufgebaut, dass der Klassendurchschnitt bei ca. 50 Punkten liegt. Neun Schüler erreichten bei den letzten drei Tests die unten aufgeführten Punkte.

Ihre Aufgabe besteht darin, bei jedem der neun Schüler das letzte Testergebnis zu beurteilen. Wenn Sie das Ergebnis eines Schülers für eine gute Leistung halten, so können Sie einen bis fünf Pluspunkte (++ ...) geben. Halten Sie dieses Ergebnis für eine schlechte Leistung, so können Sie einen bis fünf Minuspunkte (–– ...) geben. Bitte geben Sie pro Ergebnis entweder nur Plus- oder nur Minuspunkte, also nicht beides gleichzeitig! Wenn Sie in eine Zeile weder Plus- noch Minuszeichen schreiben, so bedeutet dies, dass Sie das Ergebnis weder für eine gute noch für eine schlechte Leistung halten. Beziehen Sie sich bei Ihrer Beurteilung bitte auf eines Ihrer Unterrichtsfächer.

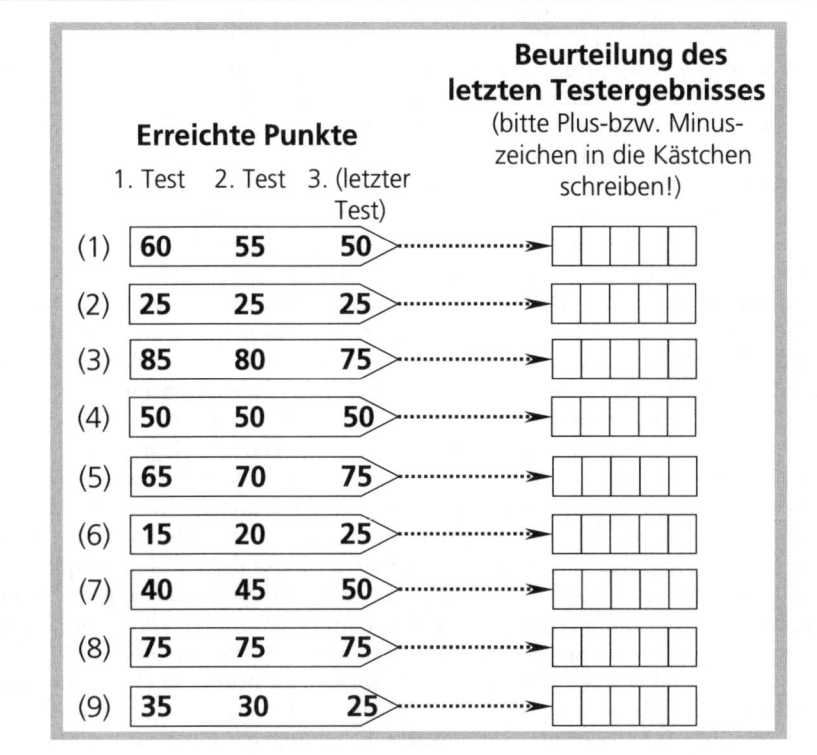

Itemformulierungen der Skala zur individuellen BNO der Lehrkraft in Mathematik (aus Köller, 2004; nach Jerusalem, 1984)

1. Wenn sich ein schwacher Schüler verbessert, ist das für unseren Lehrer eine gute Leistung, auch wenn der Schüler immer noch unter dem Klassendurchschnitt liegt.
2. Wenn ich mich besonders angestrengt habe, lobt mich der Lehrer meistens, auch wenn andere Schüler noch besser sind als ich.
3. Wenn ein Schüler seine Leistungen verbessert, wird er vom Lehrer gelobt, auch wenn er im Vergleich zur Klasse unter dem Durchschnitt liegt.
4. Unser Lehrer lobt auch die schlechten Schüler, wenn er merkt, dass sie sich verbessern.

2.2 Empirische Befunde zu Effekten unterschiedlicher Bezugsnormorientierungen

Bei Mischo und Rheinberg (1995) wie auch bei Rheinberg und Krug (2005) wird ein ausführlicher Überblick über empirische Arbeiten zu positiven Effekten der individuellen BNO auf Schülervariablen gegeben. Die Effekte beschränken sich dabei nicht nur auf motivationale und affektive Merkmale, sondern sind teilweise direkt im Leistungsbereich erkennbar (s. hierzu Krampen, 1985, 1987; Krug & Lecybyl, 2005). Beispielhaft für die vielen experimentellen bzw. quasi-experimentellen Untersuchungen zu Effekten der BNO soll im Folgenden die Arbeit von Krug und Lecybyl (2005) beschrieben werden. Die Autoren ließen über mehrere Wochen in einer Berufsschule je eine Klasse mit einer individuellen und einer sozialen BNO durch dieselbe Lehrkraft unterrichten. Gegenstand der Unterrichtsstunden waren Drogenmissbrauch, dessen gesundheitliche Folgen und die Therapie von Drogenabhängigen. Beide Klassen waren zuvor noch nie von der Lehrkraft unterrichtet worden. Abbildung 11.1 zeigt ausgewählte Befunde aus dieser Studie. Auf der x-Achse ist jeweils die Zeit abgetragen, V bezeichnet einen Erhebungszeitpunkt vor Beginn der Unterrichtssequenz mit unterschiedlicher BNO, N bezeichnet den Zeitpunkt einer Nachtestung nach Abschluss des Quasi-Experiments. Erkennbar ist (obere Grafik), dass sich direkt nach Beginn der Maßnahme das Lehrer-Schüler-Verhältnis bei individueller BNO der Lehrkraft verbesserte und dann kontinuierlich hoch blieb. Bei sozialer BNO war eine leichte aber permanente Verschlechterung des Verhältnisses zu beobachten. In der unteren Grafik ist sichtbar, dass bei individueller BNO die Lernergebnisse durchweg höher lagen als bei sozialer BNO.

Beispielhaft für Feldstudien zu Effekten der BNO sollen im Folgenden ausgewählte eigene Arbeiten präsentiert werden (zur ausführlichen Darstellung s. Köller, 2004; Lüdtke & Köller, 2002; Lüdtke, Köller, Marsh & Trautwein, in Druck). Lüdtke und Köller analysierten die Daten aus zwei großen längsschnittlichen Schulleistungsstudien. Eine der zentralen Fragestellungen lautete, ob das schulische Selbstkonzept im Fach Mathematik von der BNO der Lehrkraft beeinflusst wird.[1] Die Datengrundlage (N = 3992) der ersten Studie bildete die Kohorten-Längsschnittstudie *Bildungsprozesse und psychosoziale Entwicklung im Jugendalter und jungen Erwachsenenalter* (BIJU; vgl. Köller, 1998; Schnabel, 1998). Die untersuchten Schüler der 7. Jahrgangsstufe wurden zu Beginn (T1) und am Ende des Schuljahres (T2) untersucht. Die individuelle BNO der Lehrkraft in Mathematik wurde über Schülerurteile zum zweiten Erhebungszeitpunkt erfasst (Items s. Kasten Itemformulierungen), die dann auf Klassenebene aggregiert wurden. In die abschließenden Analysen ging sowohl die individuelle Wahrnehmung der BNO als auch die auf Klassenebene gemittelte Wahrnehmung der Lehrkraft ein. Längsschnittliche Mehrebenenanalysen ergaben, dass die aggregierte Wahrnehmung der individuellen BNO einen positiven Effekt auf die Entwicklung des mathematischen Selbstkonzepts hatte. In Klassen, in denen die Lehrkraft eine höhere individuelle BNO hatte, entwickelte sich das mathematische Selbstkonzept der Schüler günstiger als in Klassen, in denen die Lehrkraft eine geringe individuelle BNO aufwies.

In der zweiten Studie reanalysierten Lüdtke und Köller (2002) Daten aus der Dritten Internationalen Mathematik- und Naturwissenschaftsstudie (TIMSS; vgl. Baumert et al., 1997). Hier waren N = 2150 Schüler am Ende der 7. und 8. Jahrgangsstufe untersucht worden. Gegenstand der Analyse war erneut die Entwicklung des mathematischen Selbstkonzepts in Abhängigkeit der individuellen BNO. Die Befunde stimmten vollständig mit der ersten Studie überein.

Lüdtke et al. (in Druck) haben kürzlich die Analysen ergänzt, indem sie durch geschulte Beobachter Unterrichtsvideos aus der TIMS-Studie hinsichtlich der individuellen BNO der Lehrkraft im Fach Mathematik auswerten ließen. Die Beobachter sollten dazu – nachdem sie sich eine Unterrichtsstunde angeschaut hatten – auf einer Skala mit vier Items (ähnlich der im Kasten Itemformulierungen) die Stärke der individuellen BNO einschätzen. Verhaltensbeispiele, die den Beobachtern vor-

---

1 Schulische Selbstkonzepte stellen generalisierte Selbsteinschätzungen eigener Fähigkeiten dar, z. B. »Ich habe hohe mathematische Fähigkeiten« (vgl. Möller & Köller, 2004).

**Einschätzung der Atmosphäre: Lehrer-
Schüler-Verhältnis in beiden Klassen**

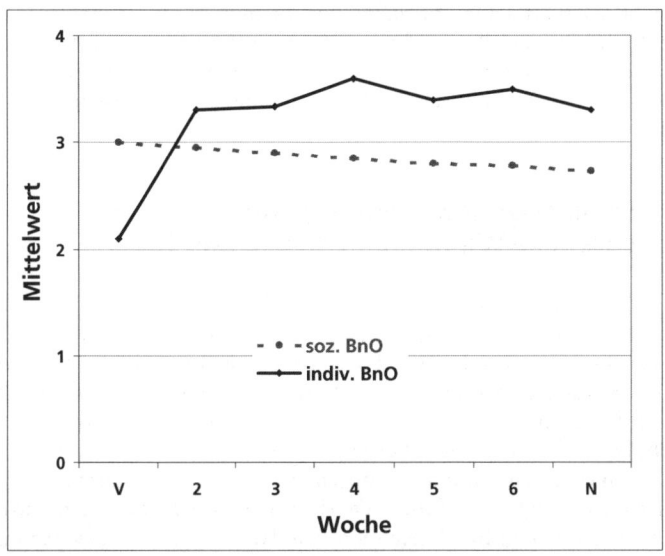

**Prozentanteil richtig gelöster Aufgaben in
den Lernergebnis-Kontrolltests**

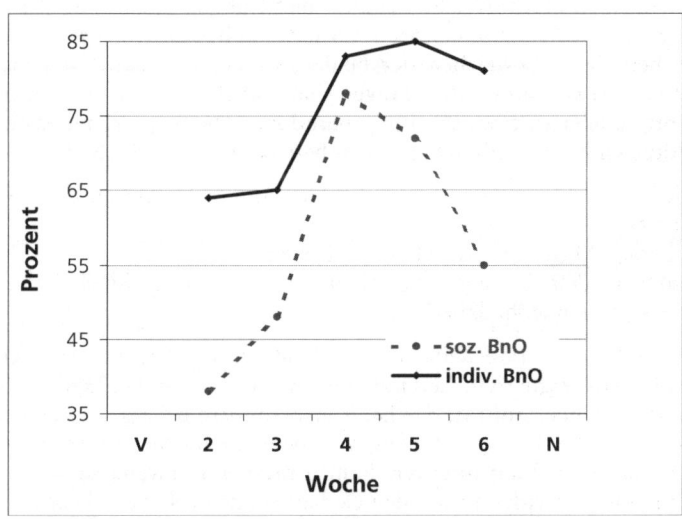

Abb. 11.1 Befunde zur Entwicklung des Lehrer-Schüler-Verhältnis und der Leistung in Abhängigkeit von der Bezugsnormorientierung der Lehrkraft (vgl. Krug & Lecybyl,
2005).

gegeben worden waren, finden sich in Tabelle 11.1. Erneut zeigte sich, dass sich das mathematische Fähigkeitsselbstkonzept günstiger entwickelte, wenn die jeweilige Lehrkraft eine individuelle BNO bevorzugte.

Zusammenfassend machen die vielen quasi-experimentellen Arbeiten und Feldstudien deutlich, dass eine individuelle BNO positive Effekte auf motivationale, emotionale und kognitive Variablen hat. Es existiert meines Wissens keine Studie, in der negative Effekte einer ausgeprägten individuellen BNO gezeigt werden konnten.

2.3 Bezugsnormorientierung und scheinbar paradoxe Wirkungen von Lob und Tadel

In seinen Arbeiten zu Effekten von Lob und Tadel hat Meyer (1978, 1984; vgl. auch Meyer & Plöger, 1979) gezeigt, dass Versuchspersonen, denen in einem Szenario eine Lehrkraft beschrieben wird, welche die identische Leistung in Mathematik bei einem Schüler lobt und bei einem anderen Schüler nicht weiter kommentiert, anschließend dem gelobten Schüler eine geringere Fähigkeit in Mathematik zuschreiben. Die Arbeit von Rheinberg und Weich (1988) zeigt, dass eine individuelle BNO im ökologisch validen schulischen Kontext offenbar nicht zu solchen *scheinbar paradoxen Effekten* führt, wie sie von Meyer beschrieben wurden. Lehrer mit einer individuellen BNO zeichnen sich dadurch aus, dass sie für das gleiche Leistungsresultat oftmals ganz unterschiedliche Rückmeldungen geben: Bei Konstanthaltung des Resultats fällt die Rückmeldung für schwache Schüler positiver aus als für starke. Um mögliche paradoxe Effekte der individuellen BNO genauer zu untersuchen, führten Rheinberg und Weich eine Studie durch, in der Schüler mit einer individuellen BNO ($N = 80$ Schüler) und einer sozialen BNO der Lehrkraft ($N = 67$) mit dem Meyer'schen Szenario untersucht wurden. Ergänzend zur Instruktion bei Meyer (»Welchen der beiden Schüler hält der Mathematiklehrer wohl für klüger?«) wurden drei Fragen vorgeschaltet, die in unterschiedlichem Ausmaß die Schüler zu einer scheinbar paradoxen Deutung der unterschiedlichen Rückmeldungen führen sollten (vgl. Rheinberg & Weich, 1988, S. 229):

1. Was denkt sich Martin [der gelobte Schüler, Anm. d. A.] daraufhin wohl? Was fühlt er?
2. Was überlegt Martin, was der Lehrer über ihn denkt?
3. Warum behandelt der Lehrer die beiden Schüler so unterschiedlich? Was denkt er sich wohl dabei?

Die erzielten Befunde von Rheinberg und Weich sind in zweierlei Hinsicht bemerkenswert. Erstens zeigte sich, dass mit zunehmender kognitiver Lenkung der paradoxe Effekt auch eher auftrat, das heißt insbesondere bei der Originalfrage nach Meyer (s. o.) und bei Frage 3. Bei Frage 1, die wohl am ehesten Kognitionen auslöst, wie sie im Schulalltag auftreten, kam es nur bei sehr wenigen Schülern zu paradoxen Effekten. Stattdessen standen Gedanken, wonach die Lehrkraft ungerecht gehandelt habe, im Vordergrund. Ebenfalls bemerkenswert war, dass der paradoxe Effekt generell, das heißt unter allen vier Fragebedingungen, seltener in Klassen mit individueller BNO als in Klassen mit sozialer BNO der Lehrkraft auftrat, was von Rheinberg und Weich dahingehend interpretiert wird, dass es bei einer individuellen BNO der Lehrkraft kaum zum Auftreten der scheinbar paradoxen Effekte nach Lob kommt.

Zusammenfassend ergibt sich ein eindeutiges Bild dahingehend, dass unter individueller BNO kaum mit paradoxen Wirkungen von Lob und Tadel zu rechnen ist. Die Betonung individueller Fortschritte – auch wenn die Leistungen im sozialen Vergleich eher schwach sind – führt auf Seiten der Schüler zu keinen negativen Gedanken über die eigenen Fähigkeiten. Dies untermauern auch die zuvor aufgeführten Studien zum Zusammenspiel von schulischen Selbstkonzepten und individueller BNO.

3 Bezugsnormen und motivationale Orientierungen

Im Rahmen der pädagogisch-psychologischen Forschung hat man im Wesentlichen zwei Formen von motivationalen Orientierungen gegenübergestellt, die leistungsthematisches Handeln und Erleben beeinflussen sollten. Im ersten Fall wird der Lernprozess durch das Streben nach Kompetenzzuwachs während der Aufgabenerfüllung in Gang gehalten, im anderen Fall regulieren Wettbewerbsgedanken das Lernen. In der Literatur wird diese Gegenüberstellung im Rahmen der motivationalen Zieltheorien mit unterschiedlichen Begriffen belegt, die jedoch auf vergleichbare Sachverhalte verweisen (vgl. im Überblick Köller & Schiefele, 2001; Schiefele, 1996; Stiensmeier-Pelster & Schlangen, 1996). So spricht Dweck (1986) von *Lern-* und *Leistungszielen* (*learning goals* vs. *performance goals*), Ames und Ames (1984) beschreiben *Bewältigungs-* und *Leistungsziele* (*mastery goals* vs. *performance goals*) und Nicholls (1984) verwendet das Begriffspaar der *Aufgaben-* und *Ichorientierung* (*task orientation* vs. *ego orientation*). In Tabelle 11.2 sind beide Formen der motivationalen Orientierung gegenübergestellt.[2]

Deutlich werden die engen Parallelen zur BNO (vgl. Tab. 11.1). Interessanterweise hat sich aber die überwiegend in Deutschland durchgeführte Forschung zur BNO kaum mit den Vergleichsstandards von Schülern beschäftigt (s. aber Jerusalem, 1984; Rheinberg, Kühmel & Duscha, 1979; Rheinberg, Lührmann & Wagner, 1977). Dies blieb den bereits erwähnten amerikanischen Arbeiten vorbehalten, die – wie es Rheinberg (1996) zurecht ausgedrückt hat – die Beziehungen zwischen Vergleichsmaßstäben und Attributionen, wie sie aus seinen Arbeiten längst bekannt waren, »nachentdeckten«.

Trägt man dem Tatbestand Rechnung, wonach motivationale Orientierungen in weiten Teilen konzeptuell das Gleiche darstellen wie Bezugsnormorientierungen, so verblüfft es, dass neuere deutschsprachige Arbeiten (vgl. Schöne, Dickhäuser, Spinath & Stiensmeier-Pelster, 2004) versucht haben, sich der Verwandtschaft

---

2 Neuere Arbeiten zu motivationalen Orientierungen von Elliot (z. B. Elliot & Thrash, 2001), in denen zusätzlich zwischen Annäherungs- und Vermeidungszielen differenziert wird, bleiben hier unerwähnt, da sie nichts zur Gegenüberstellung motivationaler Orientierungen und Bezugsnormen beitragen.

Tab. 11.2   Gegenüberstellung unterschiedlicher motivationaler Orientierungen.

Lernzielorientierung (Aufgabenorientierung)	Leistungszielorientierung (Ichorientierung)
Vornehmliche Beschäftigung mit dem Erwerb neuer Fähigkeiten und Fertigkeiten.	Vornehmliche Beschäftigung mit Leistungssituationen und sozialen Vergleichen.
Bemühen, ständig die Kompetenzen zu steigern.	Bemühen, ständig eigene Stärken zu zeigen bzw. eigene Schwächen zu verschleiern.
Leistungsverhalten ist üblicherweise intrinsisch motiviert.	Leistungsverhalten ist üblicherweise extrinsisch motiviert.
Vorherrschen einer individuellen Bezugsnorm bei der Bewertung von Leistungen.	Vorherrschen einer sozialen Bezugsnorm bei der Bewertung von Leistungen.

beider Konzepte empirisch zu nähern, ohne hinreichend zu reflektieren, dass man nur zwei unterschiedliche Bezeichnungen desselben Konstrukts vor sich hat.

Interessanter sind hier Studien, die sich dem Zusammenspiel von motivationalen Orientierungen und schulischen Lernerfolgen widmen (im Überblick Köller, 2000): In diesen Arbeiten wird beleuchtet, ob die Orientierung an unterschiedlichen Tüchtigkeitsmaßstäben differenzielle Lerneffekte hat. So konnte Köller (1998) für die Fächer Mathematik und Englisch zeigen, dass aufgabenorientierte Schüler im Verlauf der 7. Jahrgangsstufe signifikant höhere Wissenszuwächse hatten als ichorientierte Klassenkameraden. Dies harmoniert mit Befunden von Krampen (1985, 1987) zur Bezugsnormorientierung und leitet zum abschließenden Kapitel über, in dem Implikationen für die schulische Praxis ausgebreitet werden.

4   Implikationen für die pädagogische Praxis

Die vorangegangenen Abschnitte verdeutlichen, dass unterschiedliche Tüchtigkeitsmaßstäbe, an denen Schüler und Lehrkräfte Leistungen messen, auf verschiedene kognitive, motivationale und emotionale Variablen einwirken. Eine Präferenz für eine individuelle BNO hat im Vergleich zur sozialen BNO durchgängig günstige Folgen. Sie erlaubt Schülern ihre Lernfortschritte direkt rückgemeldet zu bekommen, was u. a. mit einem Anstieg schülerischen Selbstvertrauens einhergeht. Obwohl so deutliche Evidenz für die positiven Effekte einer individuellen BNO besteht, verwundert es, wie wenig die Schulpraxis bislang darauf reagiert hat. Am ehesten dürfte die Einführung von Berichtszeugnissen (vgl. z. B. Tarnai, 2001, Valtin, 2002; Wagner & Valtin, 2003) in den ersten Grundschuljahren dem Primat der individuellen BNO geschuldet sein. Berichtszeugnisse dienen der Beschreibung von Leistungs- und Verhaltensmerkmalen unter Verzicht auf Noten. Ziel (im Sinne reformpädagogischer Ansätze) ist es, die pädagogische Funktion der Grundschule vor allem im Hinblick auf eine stärkere Individualisierung des Unterrichts zu fördern und Schülern ihre Leistungsfortschritte deutlich zu machen. Trotz dieser ehernen Ziele ist die Befundlage zu Effekten von Berichtszeugnissen ernüchternd. Im NOVARA-Projekt von Valtin (2002; s. auch Wagner & Valtin, 2003) wurden bei

241 Grundschülern verschiedene motivationale Variablen im Längsschnitt untersucht. Ziel war es, differenzielle Effekte in Abhängigkeit von unterschiedlichen Rückmeldungen (Notenzeugnisse vs. Berichtszeugnisse) nachzuweisen. Ein Teil der Grundschüler erhielt Noten und Ziffernzeugnisse, ein anderer Teil allein Berichte und Berichtszeugnisse. Die Verläufe diverser Motivationsindikatoren waren allerdings in beiden Gruppen identisch, es waren keine Mittelwertsunterschiede feststellbar.

Ein Grund hierfür mag darin gelegen haben, dass die individuelle BNO der Lehrkräfte auf die Berichtszeugnisse beschränkt blieb, während im Unterrichtsalltag weiterhin die soziale BNO dominierte. Ein zweiter Grund könnte auch sein, dass die Berichtszeugnisse inhaltlich gar nicht eine individuelle BNO betonten. So zeigte eine Studie von Benner und Ramseger (1985), dass der Entwicklungsbericht, der eine intraindividuelle Perspektive bei der Beurteilung einnimmt, eher ein seltenes Ereignis ist. Diese Interpretationen der empirischen Befunde legen nahe, dass nicht die individuelle BNO ineffizient war, sondern die inkonsequente Anwendung derselben. Ein dritter Grund für die fehlenden Effekte von Berichtszeugnissen mag darin gelegen haben, dass eine individuelle BNO nur dann glaubwürdig ist, wenn Schüler auch selbst die Chance haben, Lernfortschritte zu erkennen. Dies gelingt umso leichter, wenn derselbe Unterrichtsstoff wiederholt durchgenommen wird – dies kann durchaus auf unterschiedlichen Vertiefungsniveaus geschehen – sodass Schüler auch jenseits der Rückmeldungen ihren Wissenszuwachs erkennen können. Solch ein Vorgehen im Unterricht erfordert allerdings Spiralcurricula mit wiederkehrenden Themen (Leitideen), die sich durch die verschiedenen Jahrgangsstufen hindurchziehen, immer wieder aufgenommen und vertieft werden. In vielen Schulfächern ist dies leider nicht gegeben. Die durch die Kultusministerkonferenz der Länder vor kurzem etablierten Nationalen Bildungsstandards (vgl. www.kmk.org) geben solche Leitideen beispielsweise für das Fach Mathematik explizit vor. Eine Leitidee vereinigt danach Inhalte verschiedener mathematischer Sachgebiete und durchzieht ein mathematisches Curriculum spiralförmig. Ein Beispiel für eine Leitidee sind mathematische Funktionen.

Ebenfalls auf das Unterrichtsgeschehen zielt ein möglicher vierter Grund für die enttäuschenden Befunde bei Valtin (2002) ab. Wie Tabelle 11.1 ausweist, ist individuelle BNO mehr als nur eine Strategie der Rückmeldung. Mit ihr einhergehen muss eine Veränderung des didaktischen Vorgehens, indem Maßnahmen der Binnendifferenzierung etabliert werden und Schüler je nach Leistungsstand unterschiedlich schwere Aufgaben zur Bearbeitung erhalten. Dies kann auch dadurch geschehen, dass zum selben Aufgabenstamm unterschiedliche Teilaufgaben gestellt werden mit der Erwartung, dass bestimmte Teilaufgaben von guten und schwachen, andere nur von den guten Schülern gelöst werden. Alternativ kann man auch an kooperative Lernformen denken, in denen starke und schwache Schüler in einer Gruppe gemischt werden und je nach individueller Leistungsfähigkeit unterschiedliche Teilaufgaben eines Gesamtprojektes bearbeiten sollen. Die Arbeiten von Brophy und Good (1986) weisen weiterhin auf die besondere Bedeutung des Lehrerverhaltens bei Fragen hin. Schüler, so die beiden Autoren, erleben dann Erfolge in der Schule, wenn:

- »Fragen in eine angemessene Schwierigkeitszone zwischen Unter- und Überforderung fallen,
- es eine ausgewogene Mischung von »low-level« und »high-level« Fragen gibt,

199

- sowohl eindeutige als auch mehrdeutige Fragen vorgesehen werden,
- alle Schüler gleichermaßen in Frage-Antwort-Sequenzen einbezogen werden,
- Schüler bei schwierigen Fragen ermuntert werden, Nachfragen zu stellen oder Hilfe zu erbitten« (aus Helmke, 2003, S. 64).

Abschließend muss darauf hingewiesen werden, dass bei Rückmeldungen eine individuelle BNO nicht alleiniger Tüchtigkeitsmaßstab sein sollte und Lehrkräfte gut beraten sind, beide BNO zu kombinieren. Man wird einem Schüler der Sekundarstufe I am Ende des Schuljahres seine schlechten Noten (die nicht nur Folge einer sachlichen, sondern auch einer sozialen Bezugsnorm sind) kaum erklären können, wenn ihm zuvor immer nur Lernfortschritte rückgemeldet und diese gelobt wurden. Die verantwortungsvolle, an die Ziffernbenotung gebundene Lehrkraft wird daher bei passenden Gelegenheiten auch auf soziale Bezugsnormen zurückgreifen. Im Übrigen wird so dem individuellen Bedürfnis nach sozialen Vergleichen (vgl. Festinger, 1954) auch Rechnung getragen. Schüler sind bestrebt, realistische Einschätzungen ihrer eigenen Fähigkeiten vorzunehmen. Hier können soziale Vergleiche eine zentrale Informationsquelle darstellen. Mit Bezug auf die BNO geht es also nicht generell um ein »entweder oder«, sondern ein »sowohl als auch«. Positive Effekte sozialer Vergleiche werden insbesondere dann auftreten, wenn der vorgenommene Vergleich (mit einem leistungsstärkeren Schüler) nicht eine Bedrohung des Selbstwerts bedeutet, sondern vielmehr Informationen gibt, welches Verhalten zu erfolgreichen Leistungsergebnissen führen kann (vgl. hierzu Köller, 2004).

Literatur

Ames, C. & Ames, R. (1984). Systems of student and teacher motivation: Toward a qualitative definition. *Journal of Educational Psychology, 76*, 535–556.

Atkinson, J. W. (1957). Motivational determinants of risk-taking behavior. *Psychological Review, 64*, 359–372.

Baumert, J., Lehman, R. H., Lehrke, M., Schmitz, B., Clausen, M., Hosenfeld, I., Köller, O. & Neubrand, J. (1997). *TIMSS: Mathematisch-Naturwissenschaftlicher Unterricht im internationalen Vergleich*. Leverkusen: Leske & Budrich.

Benner, D. & Ramseger, J. (1985). Zwischen Ziffernzensur und pädagogischem Entwicklungsbericht. Zeugnisse ohne Noten in der Grundschule. *Zeitschrift für Pädagogik, 31*, 151–174.

Brophy, J. E. & Good, T. L. (1986). Teacher behavior and student achievement. In M. C. Wittrock (Hrsg.), *Handbook of research on teaching* (3. Auflage) (S. 328–375). London: Macmillan.

Dweck, C. S. (1986). Motivational processes affecting learning. *American Psychologist, 41*, 1040–1048.

Elliot, A. J. & Thrash, T. M. (2001). Achievement goals and the hierarchical model of achievement motivation. *Educational Psychology Review, 12*, 139–156.

Festinger, L. (1954). A theory of social comparison processes. *Human Relations, 7*, 117–140.

Heckhausen, H. (1974). *Leistung und Chancengleichheit*. Göttingen: Hogrefe.

Heckhausen, H. (1989). *Motivation und Handeln* (2. Aufl.). Berlin: Springer.

Helmke, A. (2003). *Unterrichtsqualität – erfassen, bewerten, verbessern*. Seelze: Kallmeyer.

Jerusalem, M. (1984). *Selbstbezogene Kognitionen in schulischen Bezugsgruppen: Eine Längsschnittstudie*. Band I. Institut für Psychologie. Freie Universität Berlin.

Köller, O. (1998). *Zielorientierungen und schulisches Lernen*. Münster: Waxmann.

Köller, O. (2000). Goal orientations: Their impact on academic learning and their development during early adolescence. In J. Heckhausen (Hrsg.), *Motivational Psychology of human development: Developing motivation and motivating development (S. 129–142). Oxford, UK: Elsevier Science LTD.

Köller, O. (2004). Konsequenzen von Leistungsgruppierungen. Münster: Waxmann.

Köller, O. & Schiefele, U. (2001). Zielorientierungen. In D. H. Rost (Hrsg.), Handwörterbuch Pädagogische Psychologie (S. 811–815). Weinheim: Beltz/PVU.

Krampen, G. (1985). Differentielle Effekte von Lehrerkommentaren zu Noten bei Schülern. Zeitschrift für Entwicklungspsychologie und Pädagogische Psychologie, 17, 99–123.

Krampen, G. (1987). Differential effects of teacher comments. Journal of Educational Psychology, 79, 137–146.

Krug, S. & Lecybyl, R. (2005). Die Wirkung experimentell variierten Lehrerverhaltens auf Unterrichtswahrnehmung, Lernbereitschaft und Leistung von Schülern. In F. Rheinberg & S. Krug (Hrsg.), Motivationsförderung im Schulalltag (3. Auflage) (S. 81–94). Göttingen: Hogrefe.

Lüdtke, O. & Köller, O. (2002). Individuelle Bezugsnormorientierung und soziale Vergleiche im Mathematikunterricht: Der Einfluss unterschiedlicher Referenzrahmen auf das fachspezifische Selbstkonzept der Begabung. Zeitschrift für Entwicklungspsychologie und Pädagogische Psychologie, 34, 156–166.

Lüdtke, O., Köller, O., Marsh, H. W. & Trautwein, U. (in Druck). Teacher feedback and the Big-Fish-Little-Pond Effect. Contemporary Educational Psychology.

McClelland, D. C., Atkinson, J. W., Clark, R. A. & Lowell, E. L. (1953). The achievement motive. New York: Appleton-Century-Crofts.

Meyer, W.-U. (1978). Der Einfluss von Sanktionen auf die Begabungsperzeption. In D. Görlitz, W.-U. Meyer & B. Weiner (Hrsg.), Bielefelder Symposium über Attribution (S. 71–87). Stuttgart: Klett.

Meyer, W.-U. (1984). Das Konzept von der eigenen Begabung. Bern: Huber.

Meyer, W.-U. & Plöger, F. O. (1979). Scheinbar paradoxe Wirkungen von Lob und Tadel auf die wahrgenommene eigene Begabung. In S. H. Filipp (Hrsg.), Selbstkonzept-Forschung (S. 221–236). Stuttgart: Klett.

Mischo, C. & Rheinberg, F. (1995). Erziehungsziele von Lehrern und individuelle Bezugsnormen der Leistungsbewertung. Zeitschrift für Pädagogische Psychologie, 9, 139–151.

Möller, J. & Köller, O. (2004). Die Genese akademischer Selbstkonzepte: Effekte dimensionaler und sozialer Vergleiche. Psychologische Rundschau, 55, 19–27.

Murray, H. A. (1938). Explorations in personality. New York: Oxfort University Press.

Nicholls, J. G. (1984). Achievement Motivation: Conceptions of ability, subjective experience, task choice, and performance. Psychological Review, 91, 328–346.

Rheinberg, F. (1980). Leistungsbewertung und Lernmotivation. Göttingen: Hogrefe.

Rheinberg, F. (1996). Von der Lernmotivation zur Lernleistung: Was liegt dazwischen? In J. Möller & O. Köller (Hrsg.), Emotionen, Kognitionen und Schulleistung (S. 23–50). Weinheim: Beltz/PVU.

Rheinberg, F. (1998). Bezugsnormorientierung. In D. H. Rost (Hrsg.), Handwörterbuch Pädagogische Psychologie (S. 39–43). Weinheim: Beltz/PVU.

Rheinberg, F. (2005). Trainings auf der Basis eines kognitiven Motivationsmodells. In F. Rheinberg & S. Krug (Hrsg.), Motivationsförderung im Schulalltag (3. Aufl.) (S. 36–52). Göttingen: Hogrefe.

Rheinberg, F. & Krug, S. (Hrsg.) (2005). Motivationsförderung im Schulalltag (3. Aufl.). Göttingen: Hogrefe.

Rheinberg, F., Kühmel, B. & Duscha, R. (1979). Experimentell variierte Schulleistungsbewertung und ihre motivationalen Folgen. Zeitschrift für Empirische Pädagogik, 3, 1–12.

Rheinberg, F., Lührmann, J. v. & Wagner, H. (1977). Bezugsnormorientierung von Schülern der 5. bis 13. Klasse bei der Leistungsbeurteilung. Zeitschrift für Entwicklungspsychologie und Pädagogische Psychologie, 9, 90–93.

Rheinberg, F. & Weich, K.-W. (1988). Wie gefährlich ist Lob? Eine Untersuchung zum »paradoxen Effekt« von Lehrersanktionen. *Zeitschrift für Pädagogische Psychologie, 2*, 227–233.

Schiefele, U. (1996). *Motivation und Lernen mit Texten.* Göttingen: Hogrefe.

Schnabel, K. U. (1998). *Prüfungsangst und Lernen:* Münster: Waxmann.

Schöne, C., Dickhäuser, O., Spinath, B. & Stiensmeier-Pelster, J. (2004). Zielorientierung und Bezugsnormorientierung: Zum Zusammenhang zweier Konzepte. *Zeitschrift für Pädagogische Psychologie, 18,* 93–99.

Schwarzer, R., Lange, B. & Jerusalem, M. (1982). Die Bezugsnorm des Lehrers aus der Sicht des Schülers. In F. Rheinberg (Hrsg.), *Jahrbuch für empirische Erziehungswissenschaft 1982* (S. 161–172). Düsseldorf: Schwann.

Stiensmeier-Pelster, J. & Schlangen, B. (1996). Erlernte Hilflosigkeit und Leistung. In J. Möller & O. Köller (Hrsg.), *Emotionen, Kognitionen und Schulleistung* (S. 69–90). Weinheim: Beltz/PVU.

Tarnai, C. (2001). Verbale Schulleistungsbeurteilung. In D.H. Rost (Hrsg.), *Handwörterbuch Pädagogische Psychologie* (S. 756–760). Weinheim: Beltz/PVU.

Valtin, R. (2002). *Was ist ein gutes Zeugnis? Noten und verbale Beurteilungen auf dem Prüfstand.* Weinheim: Juventa.

Wagner, C. & Valtin, R. (2003). Noten oder Verbalbeurteilungen? Die Wirkung unterschiedlicher Bewertungsformen auf die schulische Entwicklung von Grundschulkindern. *Zeitschrift für Entwicklungspsychologie und Pädagogische Psychologie, 35,* 27–36.

12   Motivation als Kompetenz: Wie wird Motivation lehr- und lernbar?

Birgit Spinath

1   Motivation als Ziel schulischer Lehr- und Lernprozesse

Motivation spielt im Schulkontext in zweierlei Hinsicht eine bedeutsame Rolle: Motivation ist einerseits eine wichtige individuelle *Voraussetzung* für schulische Lern- und Leistungsprozesse. Die Förderung von Lern- und Leistungsmotivation ist aber andererseits mehr und mehr auch *Ziel* schulischer Lernprozesse, denn es gehört zum Bildungsauftrag der Schule, auf lebenslanges Lernen vorzubereiten. Wie wichtig es ist, dass sich schulisches Lernen auch mit der Stärkung der Motivation von Schülern befasst, zeigen nicht zuletzt Studien, die ein kontinuierliches Absinken der lern- und leistungsbezogenen Motivation sowohl in der individuellen Entwicklung, als auch über die Generationen hinweg belegen. Aus entwicklungspsychologisch ausgerichteten Studien ist bekannt, dass sich verschiedene motivationale Voraussetzungen für Lern- und Leistungsverhalten, wie etwa intrinsische Motivation (Gottfried, 1990; Gottfried, Fleming, & Gottfried, 2001), Lernfreude (Helmke, 1993) und weitere Aspekte der Lernmotivation (Rheinberg & Wendland, 2002; Spinath & Spinath, in press), im Laufe der Schulzeit in ungünstiger Weise verändern. Darüber hinaus berichten Lehrer in verschiedenen Ländern von einem Absinken der Motivation über die Schülergenerationen hinweg (Cocodia et al., 2003; Howard, 2001). Der Kontrast zwischen der wachsenden Bedeutung lebenslangen Lernens einerseits und dem Absinken der schulbezogenen Lernmotivation von Schülern andererseits konfrontiert Lehrer mit Herausforderungen, für deren Bewältigung fundierte wissenschaftliche Erkenntnisse nötig sind.

Unter der Perspektive, Motivation als Ziel schulischer Lehr- und Lernprozesse zu betrachten, stellt sich die Frage, wie es in der Schule gelingen kann, Schüler auf lebenslanges Lernen vorzubereiten. Zur Beantwortung dieser Frage greift der vorliegende Beitrag die Konzeption von Motivation als Kompetenz auf und verdeutlicht zunächst, inwiefern motivationsbezogene Prozesse als Kompetenzen gelten können. Dazu wird ein Modell eingeführt, in dem im weiteren Sinne motivationsbezogene Prozesse der Handlungssteuerung in ihre Teilkomponenten aufgeschlüsselt werden. Mit *motivationsbezogen* ist im Folgenden stets der *gesamte Kreislauf der Handlungssteuerung von der Motivationsbildung bis zur Selbstbewertung* gemeint, also die Motivation im weiteren Sinne, während mit dem Begriff *motivational* stets nur *die erste Phase der Handlungssteuerung* angesprochen ist. Anschließend werden Möglichkeiten aufgezeigt, wie die einzelnen Kompetenzen im Schulunterricht gefördert werden können. Das Kapitel schließt mit der exemplarischen Betrachtung der Methode der Lerntagebücher, deren Einsatz im Unterricht den Erwerb motivationsförderlicher Kompetenzen unterstützen kann.

2   Motivation als Kompetenz

Die Idee, motivationsbezogene Prozesse in unterschiedlichen Handlungsphasen als Kompetenzen zu begreifen und auch so zu benennen, wurde von Rheinberg (2002) in die wissenschaftliche Diskussion eingebracht. Rheinberg ging dabei insbesondere auf das Konzept der »motivationalen Kompetenz« ein, bei dem es, kurz gefasst, um die Fähigkeit geht, eigene Vorlieben mit situativen Anforderungen in Einklang zu bringen. Mit diesem Ansatz wird eine Unterscheidung eingeführt zwischen personenseitigen Dispositionen wie Motiven, Vorlieben, Zielen etc. auf der einen Seite und auf der anderen Seite Kognitionen und Verhaltensweisen, die dazu beitragen, Personenmerkmale und situative Anforderungen so aufeinander abzustimmen, dass zielführendes Verhalten erleichtert wird. Der Einsatz von Kognitionen, Emotionen und Verhaltensweisen, die im Verlauf der motivationalen Handlungssteuerung die Zielerreichung wahrscheinlicher machen, wird dabei als Ausdruck motivationsbezogener Kompetenzen angesehen.

Das Konzept der motivationsbezogenen Kompetenzen hat eine Entsprechung in der Persönlichkeitspsychologie in den sog. Persönlichkeitsfähigkeiten (vgl. Paulhus & Martin, 1987; Riemann, 1997). Während Persönlichkeitsmerkmale als zeitlich relativ stabile, für ein Individuum charakteristische Erlebens- und Verhaltenspräferenzen definiert werden können, stellt das Konzept der Persönlichkeitsfähigkeiten zusätzlich in Rechnung, dass Personen zwar dispositionell etwas bevorzugen mögen, sich aber situativ anders entscheiden können. Das Ausmaß, in dem es Personen leicht oder schwer fällt, sich ggf. auch gegen ihre Präferenzen auf situative Anforderungen einzustellen, wird dabei als Ausdruck von Persönlichkeitsfähigkeiten betrachtet. In analoger Weise kann von motivationsbezogenen Kompetenzen gesprochen werden, wenn zwar von charakteristischen, zeitlich stabilen interindividuellen Differenzen in Bezug auf motivationale Dispositionen ausgegangen wird, Personen jedoch in der Lage sind, sich in zielführender Weise auf situative Gegebenheiten einzustellen. Zielführend kann sowohl bedeuten, dass angestrebte Handlungsergebnisse realisiert werden, als auch, dass kurz- und langfristig positive Emotionen oder Kognitionen generiert werden, die der Person bei zukünftigen Aktivitäten als Ressourcen dienen. Letztlich kann auch eine langfristige Veränderung der dispositionellen motivationsrelevanten Personenmerkmale in günstiger Weise das Ergebnis der Anwendung motivationsbezogener Kompetenzen sein.

Motivationsbezogene Kompetenzen dienen demnach der Regulation von Motivation im weiteren Sinne und fallen unter den Oberbegriff der selbstregulatorischen Kompetenzen (vgl. Boekaerts, Pintrich & Zeidner, 2000; Schunk & Zimmerman, 1994). Unter dem Dach der Selbstregulation kann zwischen kognitiven, metakognitiven und motivationalen Strategien unterschieden werden (vgl. Wolters, 2003). Kognitive Selbstregulationsstrategien bilden dabei die Werkzeuge, mit deren Hilfe die kognitiven Anforderungen von Lern- und Problemlöseaufgaben zu bewältigen sind, während metakognitive Prozesse das Wissen um und die Regulation der Anwendung solcher kognitiven Strategien bezeichnen. Analog dazu dienen motivationale Strategien der Regulation von Motivation. Wie Wolters (2003) festgestellt hat, sind Strategien zur Regulation der Motivation bislang die am wenigsten untersuchte Komponente selbstregulatorischer Kompetenzen.

Für die Pädagogische Psychologie ist die Konzeption von Motivation als Kompetenz von besonderem Interesse. Die theoretische Trennung von überdauernden Personenmerkmalen und darauf bezogenen Fähigkeiten erlaubt einen realistischen und zugleich optimistischen Blick auf lern- und leistungsbezogene Motivation. Realistisch ist dieser Blick, da berücksichtigt wird, dass sich Personen im Hinblick auf ihre charakteristischen Vorlieben, Abneigungen etc. unterscheiden und dass diese Merkmale unter Umständen nur wenig bzw. nur unter erheblichem Aufwand dauerhaft veränderbar sind. Gleichzeitig wird jedoch ein optimistischer Zugang zur Veränderung motivationaler Merkmale eröffnet, indem der Umgang mit gegebenen Personenmerkmalen als Fähigkeit und damit als lehr- und lernbar beschrieben wird. Diese Kompetenz-Perspektive weist dem Individuum eine aktive, selbstbestimmte Rolle zu, indem sowohl die Entscheidung über den Erwerb als auch über die Anwendung motivationsbezogener Kompetenzen in die Verantwortung der handelnden Person gestellt werden. Die Person ist im Sinne des Konstrukts motivationsbezogener Kompetenzen ein aktiv handelndes Subjekt, das sich zu einem gewissen Grad von seinen Dispositionen lösen, sich darüber hinwegsetzen kann.

3 Ein Rahmenmodell motivationsbezogener Kompetenzen

Um bestimmen zu können, worin motivationsbezogene Kompetenzen im Einzelnen bestehen, wird im Folgenden das Modell der Handlungsphasen nach Heckhausen (1989) zugrunde gelegt. Demzufolge kann der Prozess der Handlungssteuerung aus motivationspsychologischer Sicht in motivationale, volitionale und selbstbewertende Teilprozesse untergliedert werden (vgl. Abb. 12.1). Im engeren Sinne spricht man von *motivationalen Prozessen*, wenn es um die Richtungsfindung oder auch Intensitätssteuerung für zukünftiges Verhalten geht. *Volitionale, also den Willen betreffende Prozesse* werden eingesetzt, um die ursprünglich ge-wählte Richtung des Verhaltens auch in Anbetracht von konkurrierenden Neigun-gen beizubehalten bzw. den Kurs zu korrigieren. Der Kreislauf der Handlungspha-sen schließt sich, indem *selbstbewertende Prozesse* erfolgen, die der handelnden Person Rückmeldung über die Wirksamkeit des Verhaltens geben und neue Rich-tungsfindungen beeinflussen.

---

1. Richtung finden (Motivation)
   ⇨ emotionale und kognitive Prozesse, die Erleben und
   Verhalten Richtung und Intensität geben

2. Kurs kontrollieren (Volition)
   ⇨ Kognitionen und Handlungen, die dazu beitragen,
   die eingeschlagene Richtung beizubehalten und zum
   Handlungsabschluss führen bzw. den Kurs zu korrigieren

3. Selbstbewertung
   ⇨ kognitive Prozesse, die in Abhängigkeit vom Handlungsergebnis und dessen Bedingungen zu Bewertungen
   der eigenen Person und deren Handlungen führen und
   zukünftiges Erleben und Verhalten beeinflussen

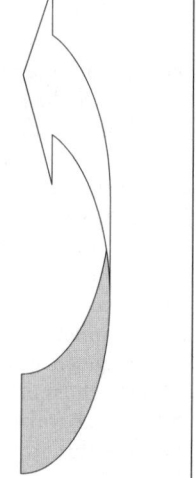

Abb. 12.1　Prozessmodell der Handlungssteuerung in Anlehnung an das Handlungspha-senmodell von Heckhausen (1989, S. 212).

In einem Kompetenzenmodell der Handlungssteuerung (vgl. Abb. 12.2) kann nun für die erfolgreiche Bewältigung jeder Handlungsphase eine darauf bezogene Kom-petenz angenommen werden, die entsprechend als motivationale, volitionale und Selbstbewertungskompetenzen bezeichnet werden (Spinath, 2002). Rheinberg (2002, S. 200) definiert *motivationale Kompetenz* als »Fähigkeit, aktuelle und künftige Situationen so mit den eigenen Tätigkeitsvorlieben in Einklang zu brin-gen, dass effizientes Handeln auch ohne ständige Willensanstrengung möglich wird«. Motivationale Kompetenz beinhaltet laut Rheinberg das Kennen eigener Tätigkeitsvorlieben sowie die Fähigkeit, Situationen richtig bezüglich ihres Anreiz-charakters für die eigenen Motive einschätzen, auswählen oder ggf. passend anrei-chern zu können. Eine Übereinstimmung zwischen personenseitigen Bedürfnissen und situativen Anforderungen gilt als erstrebenswert, weil unter dieser Vorausset-zung Tätigkeiten als mühelos empfunden werden, also ressourcenschonend von der Hand gehen, und gleichzeitig mit gutem Erfolg bewältigt werden. Im Idealfall tritt ein Zustand des Verschmelzens von Person und Tätigkeit ein, der Flow ge-nannt wird (Csikszentmihalyi, 1975; Rheinberg & Vollmeyer, 2004; vgl. Engeser & Vollmeyer in diesem Band).

1. Motivationale Kompetenzen
   ⇨ Kennen eigener Abneigungen und Präferenzen, Stärken und
      Schwächen
   ⇨ Anreizgehalt von Situationen und Tätigkeiten einschätzen können
   ⇨ Fähigkeit, Präferenzen und Aufgaben in Einklang bringen
2. Volitionale Kompetenzen
   ⇨ Kennen hilfreicher und hinderlicher Kognitionen und
      Handlungen zur Intentionsfassung, -abschirmung und -lösung
   ⇨ Anwenden hilfreicher und Vermeiden hinderlicher Strategien
      zur Intentionsfassung, -abschirmung und -lösung
3. Selbstbewertungskompetenzen
   ⇨ Kennen der emotionalen Konsequenzen von lern- und
      leistungsbezogenen Kognitionen
   ⇨ Anwenden günstiger und Vermeiden ungünstiger Kognitionen
      zur Selbstbewertung

Abb. 12.2   Kompetenzenmodell der Handlungssteuerung.

Da es auch unter Einsatz motivationaler Kompetenzen nicht immer gelingen wird, Präferenzen und zu erledigende Aufgaben in Einklang zu bringen, bedarf es zusätzlich *volitionaler Kompetenzen*, die es ermöglichen, auch bei fehlender Passung von Präferenzen und Aufgaben notwendige Aktivitäten effektiv zu erledigen bzw. sich von einem nicht realisierbaren Ziel zu lösen (zum kompensatorischen Verhältnis von Motivation und Volition vgl. Kehr in diesem Band). Willensbasierte Handlungssteuerungsprozesse können entweder dazu benutzt werden, vorhandene motivationale Tendenzen zu unterstützen oder ihnen entgegen zu wirken. Eine Taxonomie größtenteils volitionaler Kontrollprozesse hat Kuhl (1987) vorgelegt. Im Folgenden soll jedoch vor allem auf die zentrale Rolle von Zielen für die willensbasierte Handlungssteuerung eingegangen werden. Ohne klare Zielvorstellungen sowie zugehörige Planungs- und Kontrollstrategien sind volitionale Prozesse undenkbar. Die Mechanismen, die der Wirksamkeit von Zielsetzungen zugrunde liegen, sind im Rahmen von Zieltheorien beschrieben worden und beruhen unter anderem darauf, dass Zielsetzungen dazu beitragen, die vorhandenen Ressourcen zielbezogen zu bündeln und Strategien zur Zielerreichung zu entwickeln (Locke & Latham, 1990, 2002; vgl. auch Bipp & Kleinbeck in diesem Band). Unterstützt wird die Wirksamkeit von Zielsetzungen noch durch das Vorhandensein verschiedener adaptiver Überzeugungen, die die konsequente Zielverfolgung auch in Anbetracht von Schwierigkeiten unterstützen. Hierzu gehört es etwa, Schwierigkeiten als überwindbare Herausforderungen wahrzunehmen, und den Nutzen von Anstrengung zur Erweiterung eigener Kompetenzen zu kennen (z. B. Bandura, 1993; Dweck, 1999).

Nach Abschluss einer Handlungssequenz dient die Anwendung von *Selbstbewertungskompetenzen* dazu, positive und zukünftig zielführende kognitive und emotionale Handlungskonsequenzen zu maximieren und negative bzw. nichtzielführende zu minimieren. Solche positiven kognitiven und emotionalen Handlungskonsequenzen wären z. B. gesteigerte Selbstwirksamkeitswahrnehmungen und Stolzerleben. So wie für die Entwicklung volitionaler Kompetenzen die Arbeit mit

Zielen zentral ist, so beruht die Ausbildung von Selbstbewertungskompetenzen auf dem adäquaten Umgang mit unterschiedlichen Vergleichsnormen. Wie Rheinberg und andere in einer Reihe von Untersuchungen gezeigt haben, bringt die Betonung individueller Vergleiche, bei denen Lernende an ihren Möglichkeiten gemessen und Erfolge anhand individueller Lernfortschritte deutlich gemacht werden, verschiedene lern- und leistungsförderliche Emotionen und Kognitionen mit sich (zsf. Rheinberg, 2001b sowie Rheinberg & Krug, 2005; vgl. dazu auch Köller in diesem Band). Zu den positiven kognitiven Auswirkungen gehören dabei auch adaptive Ursachenzuschreibungen, wenn nämlich Erfolge der eigenen Tüchtigkeit und Misserfolge potenziell kontrollierbaren Faktoren zugeschrieben werden (z. B. Weiner, Russell & Lerman, 1978). Solche Attributionen führen im Falle von Erfolg zu Stolzempfinden und im Falle von Misserfolg nicht zu übermäßig negativen, z. B. hilflosen, emotionalen Reaktionen und sind daher zielführend.

Weitere positive Konsequenzen für das emotionale Erleben ergeben sich aus dem Umstand, dass Selbstbewertungen nach individueller Bezugsnorm häufige Erfolgserlebnisse ermöglichen, sowohl, weil die Erfolge für jeden einzelnen Lerner häufiger sind als bei sozialen Vergleichen als auch, weil die Fortschritte besser wahrnehmbar sind. Zusammengenommen können diese Auswirkungen von Selbstbewertungen nach individueller Bezugsnorm bei Schülern zu positiven Veränderungen der dispositionellen Eigenschaften führen, indem z. B. die Prüfungsängstlichkeit reduziert wird (z. B. Rheinberg & Günther, 2005; Rheinberg, Kühmel & Duscha, 1979) und die Hoffnung auf Erfolg zunimmt, während die Furcht vor Misserfolg abnimmt (z. B. Rheinberg & Günther, 2005). Dies kann als Beleg dafür angesehen werden, dass die Anwendung motivationsbezogener Kompetenzen auf lange Sicht auch zu einer Veränderung dispositioneller Merkmale führen kann.

4 Förderung motivationsbezogener Kompetenzen

Ausgehend von dem dargestellten Kompetenzenmodell lassen sich unter Berücksichtigung einschlägiger Ergebnisse der Motivationsforschung zahlreiche Möglichkeiten aufzeigen, wie motivationsbezogene Kompetenzen im Unterricht gefördert werden können (vgl. Abb. 12.3). Die hier zusammengetragenen Empfehlungen zeichnen sich dadurch aus, dass sie, anders als bei speziellen Trainings, von Lehrpersonen in alltäglichen Unterrichts- und sonstigen Interaktionsprozessen umgesetzt werden können.

---

1. Motivationale Kompetenzen
   ⇨ realistische Selbstwahrnehmungen bekräftigen,
     unrealistische Selbstwahrnehmungen nicht bekräftigen
   ⇨ Konsequenzen (un-)realistischer Selbsteinschätzungen
     erfahrbar machen
   ⇨ realistische Rückmeldungen über Stärken und Lernbedarf geben

---

⇨ zu angemessenen (individuell mittelschwierigen) Aufgabenwahlen anleiten
⇨ verschiedene Anreize von Tätigkeiten sichtbar machen
2. Volitionale Kompetenzen
　⇨ zu Zielsetzungen ermutigen
　⇨ zu richtigem Vorgehen beim Setzen von Zielen anleiten (Ziele SMARTER formulieren)
　⇨ zu Zielkontrollen auffordern
　⇨ bei Schwierigkeiten zu Persistenz ermuntern
　⇨ Nutzen von Anstrengung erfahrbar machen
3. Selbstbewertungskompetenzen
　⇨ Sichtbarmachen von Lernfortschritten
　⇨ Betonen individuell-temporaler Vergleiche
　⇨ Erreichen von Teilzielen wertschätzen
　⇨ Erfolge auf Tüchtigkeit zurückführen
　⇨ Misserfolge als Lernbedarf interpretieren
　⇨ sowohl anstrengungs- als auch ergebnisabhängig loben

Abb. 12.3　Wie können motivationsbezogene Kompetenzen gefördert werden?

4.1　Motivationale Kompetenzen

Geht man vom Flow als dem Zustand optimaler Motiviertheit aus und betrachtet die Bedingungen für das Erleben von Flow, so ist als wichtige Vorbedingung die Passung von Anforderungen und Fähigkeiten zu nennen (Csikszentmihalyi, 1975). Gleichzeitig dürfte die Passung von Bedürfnissen und situativen Anreizen die Wahrscheinlichkeit des Flow-Erlebens steigern, was jedoch bislang nach Wissen der Autorin nicht Gegenstand von Untersuchungen war. Lernende sollten demnach befähigt werden, eine Passung zwischen Fähigkeitsniveau bzw. Bedürfnissen und situativen Anforderungen herzustellen. Hierzu benötigen Lernende erstens ein realistisches Selbstbild, zweitens die Fähigkeit, Aufgaben bzw. Situationen korrekt einzuschätzen und drittens Fähigkeiten und Spielräume für Aktivitäten, die beides in Einklang bringen.

Betrachten wir zunächst die Empfehlung, dass Lehrer Schüler dabei unterstützen sollten, ein realistisches Selbstbild zu entwickeln. Diese Empfehlung ist insofern nicht selbstverständlich, als Lehrer hierin häufig einen Widerspruch zu einer anderen Empfehlung für pädagogisches Handeln wahrnehmen, nämlich der zur Ermutigung der Lernenden. Dieser vermeintliche Widerspruch zwischen ermutigenden und realistischen Rückmeldungen lässt sich jedoch auflösen. Zu bedenken gilt es zunächst, dass Lernende nur auf der Grundlage realistischer Selbsteinschätzungen in der Lage sind, Anforderungen korrekt einzuschätzen und sich adäquate Aufgaben zu wählen. Adäquat gewählte Aufgaben bieten eine mittlere Erfolgswahrscheinlichkeit und somit gute Voraussetzungen für Stolzerleben (z. B. Feather, 1967). Gleichzeitig bieten solche Aufgaben die Möglichkeit, die eigenen Fähigkeiten systematisch zu erweitern und geben somit Anlass zu gesteigerten Fähigkeitsselbstwahrnehmungen. Obwohl also realistische Rückmeldungen, die auch Lernbedarf sichtbar machen, zunächst für Lernende weniger angenehm sind als solche,

209

die Lernbedarf verschweigen, führen sie auf längere Sicht dazu, dass Lernende aufgabenimmanent Anlass für positive Selbstbewertungen haben. Dies wiederum sollte langfristig dazu führen, dass solchen Aufgaben ein positiver Wert zugeschrieben wird, sich also die Motivation diesen Aufgaben gegenüber verändert.

Lehrer können die Ausbildung eines realistischen Selbstbildes fördern, indem sie aufgabenbezogene, realistische Rückmeldungen geben. Mit aufgabenbezogen ist dabei gemeint, dass anhand der zu bewältigenden Anforderungen aufgezeigt wird, welche Aspekte gut bewältigt wurden, was verbesserungswürdig ist, und auf welche Weise Verbesserungen zu erzielen sind. Diese Aufgabenorientierung des Feedbacks trägt dazu bei, dass die damit verbundene Wertung im Positiven wie im Negativen nicht als Bewertung der Person, sondern deren Handlungen verstanden wird (z. B. Butler, 1987, 1988). Darüber hinaus sollten Lehrer darauf achten, unrealistische Selbsteinschätzungen bzw. nicht adäquate Aufgabenwahlen nicht zu verstärken. So z. B. sollten misserfolgsängstliche Schüler, die zur Wahl zu einfacher Aufgaben neigen (Atkinson & Litwin, 1960), nicht in unrealistischer Weise für deren Bewältigung gelobt werden. Neben der Tatsache, dass Lob für die Bewältigung von leichten Aufgaben von Schülern als Zeichen geringer Fähigkeitszuschreibungen interpretiert werden kann (Meyer, 1982), verhindert die Bearbeitung zu leichter Aufgaben die Kompetenzentwicklung. Ganz allgemein sollten Lehrer bemüht sein, die Konsequenzen realistischer wie unrealistischer Selbsteinschätzungen bzw. Aufgabenwahlen für Lernende erfahrbar zu machen.

Bislang ist lediglich über die Ausbildung eines realistischen Bildes eigener Fähigkeiten gesprochen worden, nicht jedoch über ein realistisches Bild eigener Vorlieben und Abneigungen. Dass Personen häufig ein unzutreffendes Bild von ihren eigentlichen motivationalen Dispositionen haben, zeigen Studien zur Übereinstimmung von expliziten, d. h. geäußerten, und impliziten, d. h. aus freiem Verhalten geschlossenen, Motiven (s. McClelland, Koestner & Weinberger, 1989). Es konnte gezeigt werden, dass nur das Erreichen solcher Ziele zur Steigerung des Wohlbefindens führt, die zu den eigenen impliziten Motiven passen, während das Erreichen von Zielen, die lediglich zu expliziten Motiven passend sind, keine solche Steigerung mit sich bringt (Brunstein, Schultheiss & Grässmann, 1998). Die lernförderliche Wirkung von Motiv- und Anreizpassung in Unterrichtskontexten konnte schon früh empirisch nachgewiesen werden (McKeachie, 1961). Da aber Verhalten, gerade in kontrollierten Kontexten wie der Schule, stark durch äußere Anforderungen bestimmt wird und Schüler solche Anforderungen in Form von expliziten Motiven in die eigene Motivationsstruktur integrieren, benötigen Schüler Unterstützung beim Erkennen impliziter Bedürfnisse. Zum Erkennen eigener impliziter Motive eignen sich beispielsweise Imaginationsübungen, bei denen sich Schüler das Erreichen verschiedener Ziele vorstellen, die emotionalen Folgen davon erspüren und so erkennen können, welche Tätigkeiten und Ziele für sie besonders befriedigend sind (Schultheiss & Brunstein, 1999). Darüber hinaus können Lehrer Schülern Beobachtungen aus freien Situationen rückmelden. An solchen Situationen lässt sich ablesen, ob Schüler eher leistungs-, anschluss- oder auch machtorientiert sind. Die Kenntnis dieser Motive kann Schülern helfen, zukünftig Aufgaben im Einklang mit diesen Motivausprägungen anzureichern.

Einige der bereits genannten Empfehlungen tragen gleichzeitig zum Erwerb der zweiten Teilkomponente motivationaler Kompetenzen bei, nämlich der Fähigkeit, den Anreizcharakter und die Schwierigkeit von Tätigkeiten korrekt einzuschätzen. Zusätzlich zu den individuellen Rückmeldungen können Lehrer den Erwerb dieser

Fähigkeit auch in Form von Übungen und Klassengesprächen unterstützen und dabei gleichzeitig auf Möglichkeiten eingehen, wie Personendispositionen und Anforderungen in Einklang gebracht werden können. Da es im schulischen Kontext in aller Regel nicht möglich ist, bestimmte Aufgabentypen komplett zu vermeiden, beschränkt sich die Möglichkeit für Letzteres auf Tätigkeitsanreicherungen bzw. die Anwendung volitionaler Kompetenzen (vgl. später). Typische Tätigkeitsanreicherungen bestehen z. B. darin, Aufgaben gemeinsam mit anderen zu erledigen, mit anderen in Wettbewerb zu treten oder den eigenen Lernzuwachs zu maximieren.

Schließlich können die genannten Empfehlungen nur dann dazu beitragen, motivationale Kompetenzen von Lernenden zu fördern, wenn im Unterricht die Möglichkeit zu Aufgabenwahlen bzw. -anreicherungen gegeben ist. Lehrer sollten daher im Zuge einer inneren Differenzierung verschiedene Angebote machen, aus denen die Schüler gemäß ihres Lernstandes und ihrer Präferenzen auswählen können. Aus dem zuvor Gesagten geht jedoch hervor, dass Schüler, zumindest zu Beginn, Anleitung bei der Wahl dieser Aufgaben benötigen, um zu vermeiden, dass sie sich fortlaufend ungeeignete Aufgaben auswählen oder ungeliebte Inhalte komplett vermeiden. Wahlmöglichkeiten können natürlich nur innerhalb bestimmter Grenzen bestehen, sodass einseitige Entwicklungen verhindert werden. Bis Schüler selbst die positiven Konsequenzen einer adäquaten Aufgabenwahl kennen gelernt haben, benötigen sie Unterstützung bei der Wahl der korrekten Aufgaben.

4.2 Volitionale Kompetenzen

Selbst wenn Schüler in hohem Maße motivational kompetent agieren, werden sie im Schulkontext immer wieder mit Anforderungen konfrontiert sein, die lediglich mit Hilfe volitionaler Kompetenzen zu bewältigen sind. Ansätze zur Förderung von volitionalen Kompetenzen im schulischen Kontext gibt es bislang nur vereinzelt (z. B. Corno, 1992, 1993). Im Hinblick auf die Arbeit mit Zielen sollten Lehrer zu bewussten Zielvornahmen auffordern und den Nutzen solcher Zielsetzungen erfahrbar machen (s. Locke & Latham, 1990). Zielvornahmen können dabei entweder mit der ganzen Klasse, in Kleingruppen oder individuell geübt werden (z. B. eignet sich das später beschriebene Lerntagebuch als Methode zur Unterstützung individueller Zielsetzungsprozesse). Inhaltlich können sich die gesetzten Ziele auf fachliche Lerninhalte genauso beziehen wie auf das Arbeits- und Sozialverhalten. Den Nutzen solcher Zielsetzungen können Schüler erfahren, wenn sie durch selbst durchgeführte Zielkontrollen die eigenen Lernfortschritte wahrnehmen. Sehr plastisch können solche Zielkontrollen mit Hilfe von Vorher-Nachher-Vergleichen (z. B. von Arbeitsproben) oder anderen visuell aufbereiteten Materialien durchgeführt werden.

Besonders wichtig ist das richtige Setzen von Zielen. Auf der Grundlage der Erkenntnisse von Zieltheorien ist das Prinzip SMARTER Ziele entwickelt worden. Obwohl der eigentliche Ursprung des Akronyms SMARTER im englischsprachigen Raum zu suchen sein dürfte (die genaue Herkunft ist schwer nachzuvollziehen), lässt sich den Buchstaben leicht eine deutschsprachige Bedeutung zuweisen. Demnach sollen Ziele spezifisch, messbar, anspruchsvoll, realistisch, termingebunden, eigeninitiativ erreichbar und rückmeldungsgebunden sein. Zielvornahmen, die diesen Kriterien entsprechen, werden mit höherer Wahrscheinlichkeit erreicht als unkonkrete, weniger durchdachte Ziele.

Im Schulkontext ist es von besonderer Bedeutung darauf hinzuweisen, dass Ziele nach Möglichkeit nicht an Noten festgemacht werden sollten. Da sich Noten in der Regel stark am sozialen Bezugsrahmen der Klasse orientieren (z. B. Köller, 2004 und in diesem Band), kommt es häufig vor, dass individuelle Verbesserungen nicht in den Noten sichtbar werden. Dies muss mit den Schülern thematisiert werden. Darüber hinaus können Lehrer alternative Bewertungsmaßstäbe aufzeigen, die sich aus der Aufgabe selbst ergeben (z. B. Verringerung der Fehlerhäufigkeit, Steigerung oder Verringerung der aufgewendeten Zeit für bestimmte Aktivitäten).

Im Verlauf der Zielsetzungs- und Kontrollprozesse werden die Schüler verschiedentlich mit Schwierigkeiten konfrontiert sein. Kämen sie nicht an diese schwierigen Punkte, hätten sich die Schüler vermutlich zu leichte Ziele gesetzt. Lehrer sollten ihre Schüler gezielt an solche individuell schwierigen Punkte heranführen und sie zur Persistenz ermuntern. Die Erfahrung, dass Schwierigkeiten durch eigene Anstrengung überwindbar sind, sollte langfristig den Glauben an den Nutzen von Anstrengung stärken. Hilfreich kann es in solchen Situationen sein, Lernende zur Antizipation angestrebter Zustände aufzufordern, um die hohe Wünschbarkeit dieser Zielzustände und die damit einhergehenden positiven Konsequenzen erfahrbar zu machen. Auch hier können Visualisierungen der erwünschten Zielzustände genutzt werden, um die Ausdauer in Anbetracht von Schwierigkeiten zu steigern. Sollten die Ziele jedoch tatsächlich zu schwer gewählt worden sein, können Lehrer dies dazu nutzen, die Selbst- bzw. Aufgabeneinschätzung durch die Schüler zu verbessern.

An dieser Stelle wird deutlich, dass eine strikte Trennung zwischen motivationalen und volitionalen Strategien nicht durchzuhalten sein wird. So trägt etwa die Antizipation zukünftiger Zustände sowohl zur Klärung und Anregung von Motiven bei (als Bestandteile motivationaler Kompetenzen), als auch zur Bündelung von Ressourcen zur Zielerreichung (als Bestandteile volitionaler Kompetenzen). In einem anderen Beispiel sieht Corno (1992) in dem Motto »find the fun in every job that must be done« (p. 73) eine volitionale Strategie, während dies mit gleichem Recht auch als eine motivationale Strategie im engeren Sinne gelten kann. Solche Überschneidungen sind zwar theoretisch wenig elegant, stehen aber dem praktischen Erfolg dieser Strategien nicht im Wege.

4.3   Selbstbewertungskompetenzen

Wie bereits zuvor ausgeführt, ist der adäquate Umgang mit verschiedenen Vergleichsmaßstäben der Schlüssel zur Selbstbewertungskompetenz. Lehrer sollten Schülern häufig Vergleichsprozesse aufgrund individueller und sachimmanenter Kriterien ermöglichen und somit die Nutzung dieser Perspektiven fördern. Noten eignen sich schlecht als Kriterium individuellen Fortschritts, da sie nicht ausschließlich, wahrscheinlich noch nicht einmal vorrangig, von den Bemühungen des Einzelnen abhängen und individuellen Lernfortschritt verschleiern (s. Rheinberg, 2001a). Stattdessen sollten die Lehrer gemeinsam mit ihren Schülern aufgabenbezogene Kriterien für individuelle Lernfortschritte finden (s. zuvor Zielformulierungsprozesse). Dabei können individuelle Vergleiche soziale nicht komplett ersetzen, sondern lediglich ein Gegengewicht zu diesen bilden.

So wie im Zusammenhang mit Zielsetzungsprozessen empfohlen wurde, die Zielerreichung zu veranschaulichen, so können auch daraus resultierende Selbstbewertungen visualisiert und dadurch verstärkt werden, um auf diese Weise resultierende positive Emotionen zu maximieren. Lehrer können beispielsweise Systeme einführen, in denen bestimmte Symbole für das Erreichen der individuellen Ziele stehen, und offen sichtbar gesammelt werden können. Wichtig ist es, die Eltern in diese Systeme einzuweisen, damit auch im häuslichen Umfeld der flexible Umgang mit verschiedenen Bewertungssystemen unterstützt werden kann.

Zur angemessenen Selbstbewertung gehört aber auch das Rückführen von Erfolgen auf die eigene Tüchtigkeit sowie das von Misserfolgen auf kontrollierbare Faktoren (s. Dresel, 2004). Lehrer können in diesem Zusammenhang modellhaft Ursachenzuschreibungen vornehmen und in Abhängigkeit davon zu Stolz über die eigenen Leistungen ermuntern. Neben dem modellhaften Umgang mit Ursachenzuschreibungen sollten Lehrer auch häufig anstrengungs- und ergebnisabhängig loben. Positive Rückmeldungen erhöhen im Gegensatz zu materiellen Belohnungen u. a. die Wahrscheinlichkeit von gesteigertem Interesse und der verstärkten Wahl entsprechender Aufgaben (Deci, Koestner & Ryan, 1999). Lob für ausgeübte Anstrengung sollte auch den Glauben an den Nutzen von Anstrengung fördern und dabei helfen, Schwierigkeiten bzw. Misserfolge als Lernbedarf, nicht jedoch als selbstwertgefährdende Ereignisse zu interpretieren.

5   Ein Lerntagebuch zur Förderung motivationsbezogener Kompetenzen

Eine Reihe von Empfehlungen zur Förderung motivationsbezogener Kompetenzen im Unterricht wurden nun schon benannt, die einzeln oder in Verbindung miteinander Anwendung finden können. Eine Methode, die besonders dazu geeignet erscheint, zahlreiche dieser Prinzipien gleichzeitig in den Unterricht einzubringen, ist der Einsatz von Lerntagebüchern. Im Folgenden wird dargestellt, wie ein Lerntagebuch aussehen kann, das geeignet ist, motivationsbezogene Kompetenzen zu fördern.

Lerntagebücher sind Verfahren, die Lernende zu selbstreguliertem Lernen anregen sollen, indem die Lerngeschichte kontinuierlich dokumentiert und reflektiert wird (z. B. Gallin & Ruf, 1990; Uerdingen, 2002). Mit speziellem Fokus auf die Entwicklung motivationsbezogener Kompetenzen ist dabei der Ansatz von Spinath und Wohland (2004; Wohland & Spinath, 2004) konzipiert worden. Zielgruppe dieses speziellen Lerntagebuchs waren Schüler im Alter von 10 bis 12 Jahren, die Schulen für Lern- und Körperbehinderte besuchten (das Lerntagebuch eignet sich jedoch auch für 3. bis 6. Klassen von Regelschulen). Das Lerntagebuch setzt sich aus einzelnen Formularen zusammen, die durch Fragen mit folgenden drei Zielrichtungen vorstrukturiert sind (für eine ausführlichere Beschreibung s. Wohland & Spinath, 2004):

1. Bestimmung des eigenen Lernstandes
2. Formulierung individueller Ziele und zielführenden Verhaltens
3. Analyse der Zielerreichung und Selbstbewertung.

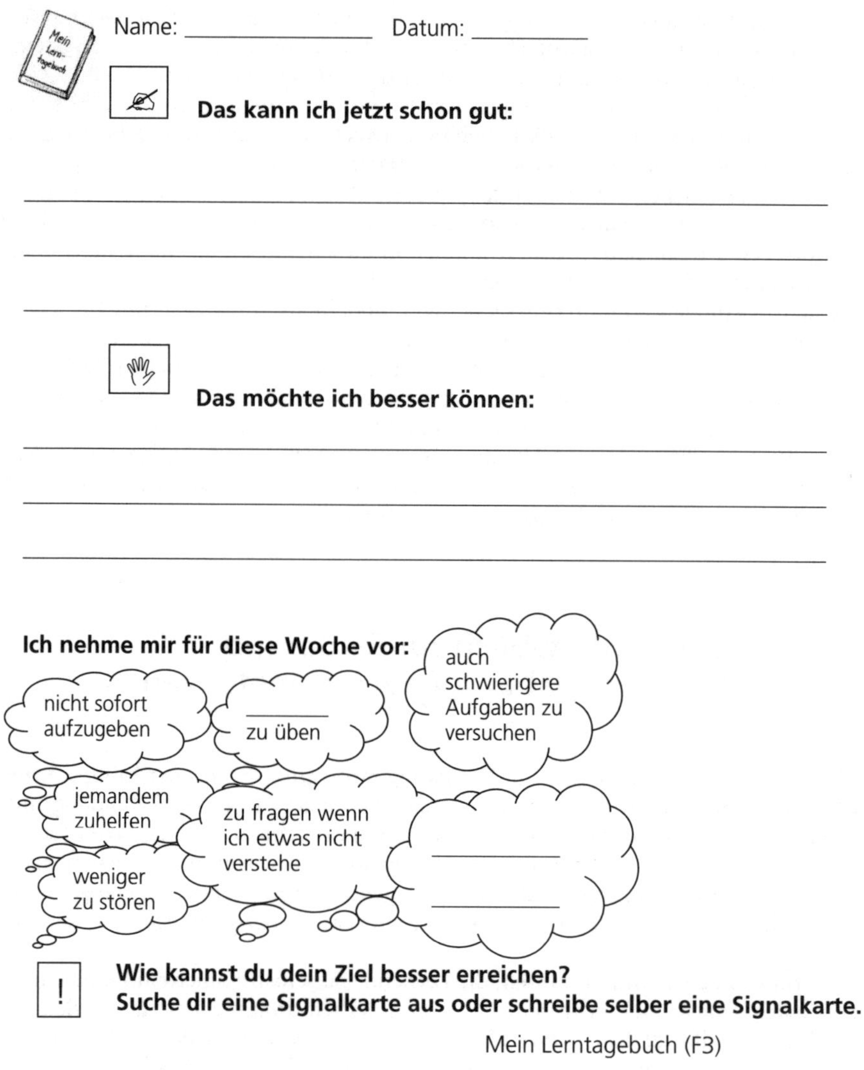

Name: _____ Datum: _____

✎ **Das kann ich jetzt schon gut:**

_____

_____

_____

✋ **Das möchte ich besser können:**

_____

_____

_____

Ich nehme mir für diese Woche vor:

nicht sofort aufzugeben

_____ zu üben

auch schwierigere Aufgaben zu versuchen

jemandem zuhelfen

zu fragen wenn ich etwas nicht verstehe

weniger zu stören

_____

_____

! **Wie kannst du dein Ziel besser erreichen?**
Suche dir eine Signalkarte aus oder schreibe selber eine Signalkarte.

Mein Lerntagebuch (F3)

Abb. 12.4   Beispielformular aus dem Lerntagebuch.

Zur Veranschaulichung ist ein Tagebuchformular in Abbildung 12.4 wiedergegeben. Zur *Bestimmung des eigenen Lernstandes* wird nach Dingen gefragt, die die Schüler jetzt schon gut beherrschen sowie nach solchen, die sie besser können möchten. Darauf folgt die Aufforderung, *zielführendes Verhalten zu benennen*, das die Erreichung der *individuellen Lernziele* erleichtern kann. An diese Vornahme, wie z. B. »Nicht sofort aufgeben!«, wird über die Woche hinweg durch eine sog. Signalkarte erinnert, die die Schüler gut sichtbar auf ihrem Tisch oder an einer anderen Stelle aufheben. Der dritte Schritt der Handlungssteuerung, die *Analyse der Zielerreichung und damit einhergehende Selbstbewertung*, erfolgt am Wochenabschluss mittels eines anderen Formulars. Hier wird beispielsweise danach gefragt, was bei der Zielerreichung hilfreich war und ob Stolz oder Zufriedenheit empfunden wird oder was ggf. den Erfolg verhindert hat.

Durch die Vorstrukturierung kann eine zielführende und zeitökonomische Arbeitsweise mit den Tagebüchern erreicht werden, die den Schülern vergleichsweise geringe Schreibleistungen abverlangt. Die durchschnittliche Bearbeitungsdauer für ein Formular wird von Lehrern mit 15 Minuten angegeben, wenn die Durchführung im Klassenverband erfolgt (vgl. Wohland & Spinath, 2004). Je zu Wochenbeginn und Wochenende bearbeiten die Schüler ein Formular, die dann in dem Lerntagebuch, einem Schnellhefter, in chronologischer Reihenfolge gesammelt werden. Unterstützend sollten die Lehrer zum Wochenabschluss Gesprächskreise der Schüler über Erfahrungen mit dem Lerntagebuch und den Lerninhalten anleiten. In diesen Runden kann z. B. über die Nützlichkeit guter Zielsetzungen gesprochen werden und darüber, wie solche Zielsetzungen aussehen könnten. Auch können die individuellen Erfolge der Schüler in solchen Gesprächen hervorgehoben oder Schüler zur Persistenz ermutigt werden.

Bei der Arbeit mit Lerntagebüchern sind motivationale Prozesse angesprochen, wenn über eigene Vorlieben bzw. Abneigungen sowie über den eigenen Lernstand und Lernbedarf in Bezug auf die im Unterricht behandelten Inhalte reflektiert wird. Lerntagebücher können dazu anregen, sich die eigenen Vorlieben bewusst zu machen und in verschiedenen Tätigkeiten Aspekte zu entdecken, die diesen Vorlieben entsprechen. Andererseits dient das Festhalten von Lernständen und Lernbedarf der Kontrolle von individuellen Lernfortschritten und bietet eine realistische Grundlage zur Formulierung von Zielen.

Das bewusste Formulieren von Zielen ist dabei bereits ein volitionaler Prozess, der durch Lerntagebücher angeregt und eingeübt wird. Durch die regelmäßige Arbeit mit Lerntagebüchern haben Schüler die Möglichkeit, die eigenen Lernfortschritte sichtbar zu machen und zu kontrollieren. Indem sich Schüler realistische Teilziele setzen, kann die Arbeit mit Lerntagebüchern den Nutzen von Anstrengung und Ausdauer auch in Anbetracht von schwierigen Aufgaben erfahrbar machen. Gleichzeitig sollten realistische Ziele häufig zu Erfolgserlebnissen führen und somit Anlass zu positiven Selbstbewertungsprozessen geben.

Selbstbewertungsprozesse sollten durch die Arbeit mit Lerntagebüchern auch dadurch positiv beeinflusst werden, dass der Blick auf den Zuwachs an eigenen Kompetenzen über die Zeit gerichtet wird. Diese temporal-individuelle Perspektive ermöglicht dabei sehr viel häufiger das Wahrnehmen von Lernfortschritten als eine sozial vergleichende Perspektive und führt häufiger zu Erfolgserlebnissen. Solche Erfolgserlebnisse sollten sich sowohl positiv auf die weitere Lernfreude auswirken als sich auch in gesteigerten Fähigkeitsselbstwahrnehmungen niederschlagen.

Dass Lerntagebücher nicht nur in der Theorie, sondern auch in der Praxis geeignet sind, lern- und leistungsbezogene Motivation zu fördern, konnte bereits in einer Untersuchung nachgewiesen werden (Spinath & Wohland, 2004). Hierbei wurde überprüft, inwiefern Schüler mit sonderpädagogischem Förderbedarf in motivationaler Hinsicht von der Arbeit mit einem Lerntagebuch profitieren können. Es wurde erwartet, dass sich durch die Arbeit mit einem Lerntagebuch im Vergleich zu einer Kontrollgruppe positive Effekte auf schulische Lernfreude, Fähigkeitsselbstwahrnehmungen, das Wahrnehmen eigener Lernfortschritte und des Nutzens von Anstrengung nachweisen lassen sollten sowie auf die Ausdauer in Anbetracht von Schwierigkeiten. Tatsächlich konnte gezeigt werden, dass Schüler mit sonderpädagogischem Förderbedarf in motivationaler Hinsicht von der Arbeit mit Lerntagebüchern profitieren können. Im Vergleich zu einer Kontrollgruppe berichteten Schüler, die über einen 12-wöchigen Zeitraum mit Lerntagebüchern gearbeitet hatten von a) positiveren Fähigkeitsselbstwahrnehmungen im Hinblick auf Mathematik und Sprache, b) gesteigerter Lernfreude in Bezug auf Mathematik, c) verstärkter Ausdauer bei der Bearbeitung schwieriger Aufgaben und beurteilten d) auch ihre Lernfortschritte positiver.

Neben der Wirksamkeit der Tagebücher auf die Motivation der Schüler wurden noch weitere Auswertungen zur Arbeit mit Lerntagebüchern vorgenommen, die etwa die Inhalte der Eintragungen sowie die Integrierbarkeit der Methode in den Unterricht betreffen (Wohland & Spinath, 2004). Zusammenfassend zeigen diese Analysen, dass sich Lerntagebücher mit relativ geringem zeitlichen und organisatorischen Aufwand in den Unterricht integrieren lassen. Dies stellt einen Vorteil der Lerntagebücher gegenüber solchen Methoden dar, die als separate Trainingseinheiten konzipiert und nicht Bestandteile des Unterrichts sind. Auch die Lerntagebücher sollen nicht dauerhaft Bestandteil des Unterrichts werden, sondern vielmehr helfen, die Prinzipien zur Steigerung motivationsbezogener Kompetenzen in diesen einfließen zu lassen. Auf diese Weise stellen Lerntagebücher lediglich temporäre Begleiter dar, die gezielt in wichtigen Phasen der allgemeinen Entwicklung bzw. je nach individuellem Bedarf der Schüler eingesetzt werden können.

6 Resümee

Zusammenfassend kann festgehalten werden, dass mit der Betrachtung von Motivation als Kompetenz nicht nur theoretisch eine neue, interessante Perspektive eröffnet wird, sondern sich auch für die praktische Arbeit zur Förderung von Motivation neue Zugänge eröffnen. Der Innovationswert liegt dabei nicht in neu entdeckten Prinzipien über motivationsfördernde oder -hemmende Prozesse, sondern in dem Ziel, Lernende dazu zu befähigen, den Prozess der motivationsbezogenen Handlungssteuerung aktiv zu beeinflussen und sich so zu einem Teil von vorhanden Dispositionen zu lösen. Während die meisten vorauslaufenden Ansätze zur Förderung von Motivation auf die langfristige Veränderung individueller Dispositionen bzw. habitueller Prozesse abzielten, sieht der hier vorgestellte Ansatz darin lediglich einen positiven Nebeneffekt. Das Ziel der Befähigung zur motivationalen, volitionalen und selbstbewertenden Selbstregulation gilt hingegen dann als erreicht, wenn Lernende in die Lage versetzt worden sind, Strategien zu nutzen, die eine in motivationaler Hinsicht ressourcenschonende Bewältigung von Anforderungen ermöglichen. Die Rolle des Lehrers ist es dabei, wie bei anderen schulischen Lernprozessen auch, durch das Bereitstellen einer entsprechenden Lernumwelt und gezielter individueller Feedbackprozesse, den Erwerb motivationsbezogener Kompetenzen zu ermöglichen.

Der Vermittlung motivationaler Kompetenzen sollte besondere Beachtung geschenkt werden. Obwohl volitionale Kompetenzen sehr erfolgreich eingesetzt werden können, so geht mit ihrem Einsatz doch stets ein gewisses Maß an Anstrengung einher. Die hierfür aufgewendete Energie steht in der Folge anderen Prozessen nicht zur Verfügung, weshalb in diesem Zusammenhang das Bild vom

Willen als einem Muskel geprägt wurde (Muraven & Baumeister, 2000), dessen Kraft sich erschöpft, der aber auch trainiert werden kann. Im Gegensatz dazu können motivationale Prozesse sogar, indem sie Flow wahrscheinlicher werden lassen, dazu beitragen, dass zusätzliche Ressourcen freigesetzt werden. Die Arbeit an der Verbesserung der Voraussetzungen für Flow-Erleben ist aus diesem Grund besonders gut investiert, denn sie macht den Einsatz weiterer motivationsbezogener Regulationsstrategien überflüssig.

Literatur

Atkinson, J. W. & Litwin, G. H. (1960). Achievement motive and test anxiety conceived as motive to approach success and motive to avoid failure. *Journal of Abnormal and Social Psychology, 60, 52–63.*

Bandura, A. (1993). Perceived self-efficacy in cognitive development and functioning. *Educational Psychologist, 28, 117–148.*

Boekaerts, M., Pintrich, P. & Zeidner, M. (Hrsg.) (2000). *Handbook of self-regulation.* San Diego, CA: Academic.

Brunstein, J. C., Schultheiss, O. C. & Grässmann, R. (1998). Personal goals and emotional well-being: The moderation role of motive dispositions. *Journal of Personality and Social Psychology, 75, 494–508.*

Butler, R. (1987). Task-involving and ego-involving properties of evaluation: Effects of different feedback conditions on motivational perceptions, interest, and performance. *Journal of Educational Psychology, 79, 474–482.*

Butler, R. (1988). Enhancing and undermining intrinsic motivation: The effects of task-involving and ego-involving evaluation on interest and performance. *British Journal of Educational Psychology, 58, 1–14.*

Cocodia, E. A., Kim, J.-S., Shin, H.-S., Kim, J.-W., Ee, J., Wee, M. S. W. & Howard, R. W. (2003). Evidence that rising population intelligence is impacting in formal education. *Personality and Individual Differences, 35, 797–810.*

Corno, L. (1992). Encouraging students to take responsibility for learning and performance. *Elementary School Journal, 93, 69–83.*

Corno, L. (1993). The best-laid plans: Modern conceptions of volition and educational research. *Educational Researcher, 22, 14–22.*

Csikszentmihalyi, M. (1975). *Beyond boredom and anxiety.* San Francisco: Jossey-Bass.

Deci, E. L., Koestner, R. & Ryan, R. M. (1999). A meta-analytic review of experiments examining the effects of extrinsic rewards on intrinsic motivation. *Psychological Bulletin, 125, 627–668.*

Dresel, M. (2004). *Motivationsförderung im schulischen Kontext.* Göttingen: Hogrefe.

Dweck, C. S. (1999). *Self-theories: Their role in motivation, personality, and development.* Philadelphia, PA: Psychology Press.

Feather, N. T. (1967). Valence of outcome and expectation of success in relation to task difficulty and perceived locus of control. *Journal of Personality and Social Psychology, 7, 372–386.*

Gallin, P. & Ruf, U. (1990). *Sprache und Mathematik in der Schule.* Zürich: Verlag Lehrerinnen und Lehrer Schweiz.

Gottfried, A. E. (1990). Academic intrinsic motivation in young elementary school children. *Journal of Educational Psychology, 82, 525–538.*

Gottfried, A. E., Fleming, J. S. & Gottfried, A. W. (2001). Continuity of academic intrinsic motivation from childhood through late adolescence: A longitudinal study. *Journal of Educational Psychology, 93, 3–13.*

Heckhausen, H. (1989). *Motivation und Handeln* (2. Aufl.). Berlin: Springer.

Helmke, A. (1993). Die Entwicklung der Lernfreude vom Kindergarten bis zur 5. Klasse. *Zeitschrift für Pädagogische Psychologie, 7, 77–86.*

Howard, R. W. (2001). Searching the real world for signs of rising population intelligence. *Personality and Individual Differences, 30*, 1039–1058.

Köller, O. (2004). *Konsequenzen von Leistungsgruppierungen.* Münster: Waxmann.

Kuhl, J. (1987). Action control: The maintenance of motivational states. In F. Halisch & J. Kuhl (Hrsg.), *Motivation, Intention and Volition* (S. 279–291). Berlin: Springer.

Locke, E. A. & Latham, G. P. (1990). *A theory of goal setting and task performance.* Englewood Cliffs, NJ: Prentice-Hall.

Locke, E. A. & Latham, G. P. (2002). Building a practically useful theory of goal setting and task motivation: A 35-year odyssey. *American Psychologist, 57*, 705–717.

McClelland, D. C., Koestner, R. & Weinberger, J. (1989). How do self-attributed and implicit motives differ? *Psychological Review, 96*, 690–702.

McKeachie, W. J. (1961). Motivation, teaching methods, and college learning. In M. R. Jones (Hrsg.), *Nebraska Symposium on Motivation* (S. 111–146). Oxford: Penguin.

Meyer, W.-U. (1982). Indirect communications about perceived ability estimates. *Journal of Educational Psychology, 74*, 888–897.

Muraven, M. & Baumeister, R. F. (2000). Self-regulation and depletion limited resources: Does self-control resemble a muscle? *Psychological Bulletin, 126*, 247–259.

Paulhus, D. L. & Martin, C. L. (1987). The structure of personality capabilities. *Journal of Personality and Social Psychology, 52*, 354–365.

Rheinberg, F. (2001a). Bezugsnormorientierung und schulische Leistungsbeurteilung. In F. E. Weinert (Hrsg.), *Leistungsmessung in Schulen* (S. 59–71). Weinheim: Beltz.

Rheinberg, F. (2001b). Bezugsnorm-Orientierung. In D. H. Rost (Hrsg.), *Handwörterbuch Pädagogische Psychologie* (2. Aufl.) (S. 55–62). Weinheim: Beltz, PVU.

Rheinberg, F. (2002). Freude am Kompetenzerwerb, Flow-Erleben und motiv-passende Ziele. In M. Salisch (Hrsg.), *Emotionale Kompetenz entwickeln* (S. 179–206). Stuttgart: Kohlhammer.

Rheinberg, F. & Günther, A. (2005). Ein Unterrichtsbeispiel zum lehrplanabgestimmten Einsatz individueller Bezugsnormen. In F. Rheinberg & S. Krug, *Motivationsförderung im Schulalltag* (3. Aufl.) (S. 55–68). Göttingen: Hogrefe.

Rheinberg, F. & Krug, S. (2005). *Motivationsförderung im Schulalltag* (3. Aufl.). Göttingen: Hogrefe.

Rheinberg, F. & Vollmeyer, R. (2004). Flow-Erleben bei der Arbeit und in der Freizeit. In J. Wegge & K.-H. Schmidt (Hrsg.), *Förderung von Arbeitsmotivation und Gesundheit in Organisationen* (S. 163–180). Göttingen: Hogrefe.

Rheinberg, F. & Wendland, M. (2002). Veränderung der Lernmotivation in Mathematik: Eine Komponentenanalyse auf der Sekundarstufe I. *Zeitschrift für Pädagogik, 45. Beiheft,* 308–319.

Rheinberg, F., Kühmel, B. & Duscha, R. (1979). Experimentell variierte Schulleistungsbewertung und ihre motivationalen Folgen. *Zeitschrift für empirische Pädagogik, 3,* 1–12.

Riemann, R. (1997). *Persönlichkeit: Fähigkeiten oder Eigenschaften?* Lengerich: Pabst.

Schultheiss, O. C. & Brunstein, J. C. (1999). Goal imagery: Bridging the gap between implicit motives and explicit goals. *Journal of Personality, 67*, 1–38.

Schunk, D. & Zimmerman, B. (Hrsg.) (1994). *Self-regulation of learning and performance: Issues and educational applications.* Hillsdale, NJ: Lawrence Erlbaum Associates.

Spinath, B. (2002). Entwicklung motivationaler Kompetenzen von Schülerinnen und Schülern als gemeinsame Aufgabe von Schule und Universität. In B. Spinath & E. Heise (Hrsg.), *Pädagogische Psychologie unter gewandelten gesellschaftlichen Bedingungen* (S. 69–83). Hamburg: Kovac.

Spinath, B. & Spinath, F. M. (in Druck). Longitudinal analysis of the link between learning motivation and competence beliefs among elementary school children. *Learning and Instruction.*

Spinath, B. & Wohland, I. (2004). Der Einsatz eines Lerntagebuchs zur Förderung motivationaler Voraussetzungen für Lern- und Leistungsverhalten bei Schülerinnen und Schülern mit sonderpädagogischem Förderbedarf. *Heilpädagogische Forschung, 15,* 20–28.

Uerdingen, M. (2002). Das Lerntagebuch. Ein Medium zur Begleitung und Unterstützung von Lernprozessen. *Grundschule, 35,* 43–44.

Weiner, B., Russell, D. & Lerman, D. (1978). Affective consequences of causal ascriptions. In J. H. Harvey, W. J. Ickes & R. F. Kidd (Hrsg.), *New directions in attribution research (Vol. 2)* (S. 59–90). Hillsdale, N. J.: Erlbaum Press.

Wohland, I. & Spinath, B. (2004). Ein Lerntagebuch für den Unterricht an Schulen für Lern- und Körperbehinderte. *Zeitschrift für Heilpädagogik, 55,* 50–56.

Wolters, C. A. (2003). Regulation of motivation: Evaluating an underemphasized aspect of self-regulated learning. *Educational Psychologist, 38,* 189–205.

Verzeichnis der Autorinnen und Autoren

Bipp, Tanja, Diplom-Psychologin, Wissenschaftliche Mitarbeiterin am Lehrstuhl für Angewandte Organisationspsychologie an der Universität Dortmund
Arbeitsschwerpunkte: Arbeitsmotivation, Persönlichkeit und Zielsetzung, Gruppenarbeit, Dienstleistungsmanagement.
Kontaktadresse: Fakultät 14, Emil-Figge-Str. 50, D-44227 Dortmund.
E-mail-Adresse:
tanja.bipp@uni-dortmund.de

Brunstein, Joachim C., Prof. Dr. phil., Diplom-Psychologe, Professor an der Justus-Liebig-Universität Gießen
Arbeitsschwerpunkte: Selbstreguliertes Lernen, Entwicklung durch Ziele, Leistungs- und Machtmotivation.
Kontaktadresse: Fachbereich Psychologie und Sportwissenschaften, Pädagogische Psychologie, Otto-Behaghel-Straße 10, Haus F1 + F2 (Philosophikum I), D-35394 Gießen.
E-mail-Adresse:
Joachim.C.Brunstein@psychol.uni-giessen.de

Engeser, Stefan, Dr. phil., Diplom-Psychologe, Wissenschaftlicher Mitarbeiter an der Universität Potsdam
Arbeitsschwerpunkte: Motivationspsychologie (implizite und explizite Motivsysteme; unbewusste Aktivierung von Leistungszielen) und Volitionspsychologie.
Kontaktadresse: Insitut für Psychologie, Postfach 60 15 53, D-14415 Potsdam.
E-mail-Adresse:
engeser@rz.uni-potsdam.de

Kehr, Hugo, Prof. Dr. phil., Diplom-Kaufmann, Universitätsprofessor an der Macquarie Graduate School of Management Sydney.
Arbeitsschwerpunkte: Motivation und Volition, Führung, Selbstmanagement.
Kontaktadresse: Organisational Studies, Macquarie University Sydney, Level 6, 51/57 Pitt Street, Sydney, NSW 2000, Australia.
E-mail-Adresse:
hugo.kehr@mgsm.edu.au

Kleinbeck, Uwe, Prof. Dr. phil., Diplom-Psychologe, Professor für Angewandte Organisationspsychologie an der Universität Dortmund
Arbeitsschwerpunkte: Arbeitsmotivation, Gruppenarbeit, Produktivitätsmanagement.
Kontaktadresse: Fakultät 14, Emil-Figge-Str. 50, D-44227 Dortmund.
E-mail-Adresse:
kleinbeck@fb14.uni-dortmund.de

Köller, Olaf, Prof. Dr. phil., Diplom-Psychologe, Stiftungsprofessor für empirische Bildungsforschung an der Humboldt-Universität zu Berlin
Arbeitsschwerpunkte: Lehr-/Lernforschung, Schulleistungsmessung.
Kontaktadresse: Institut zur Qualitätsentwicklung im Bildungswesen (IQB), Unter den Linden 6, D-10099 Berlin.
E-mail-Adresse:
iqboffice@iqb.hu-berlin.de

Koole, Sander L., Prof. Dr., Psychologe, Professor an der Vrije Universiteit Amsterdam
Arbeitsschwerpunkte: implicit self, affect regulation, experimental existential psychology.
Kontaktadresse: van der Boechorstraat 1, NL-1081 BT Amsterdam, Niederlande.
E-mail-Adresse:
SL.Koole@psy.vu.nl

Krapp, Andreas, Prof. Dr., Diplom-Psychologe, Professor für Erziehungswissenschaft und Pädagogische Psychologie an der Universität der Bundeswehr München
Arbeitsschwerpunkte: Lernmotivation und Interesse, Allgemeine Grundlagen und Geschichte der Pädagogischen Psychologie.
Kontaktadresse: Loeprechtingstraße 54, D-81739 München.
E-mai-Adresse:
andreas.krapp@unibw-muenchen.de

Krug, Siegbert, Dr. phil., Diplom-Psychologe, Selbständiger Unternehmensberater bei der Krug Kuhl & Partner Managementberatung
Arbeitsschwerpunkte: Führungskräfte- und Organisationsentwicklung.
Kontaktadresse: Laupendahler Landstraße 5, D-45239 Essen.
E-mail-Adresse:
k.k.p@t-online.de

Kuhl, Julius, Prof. Dr. phil., Diplom-Psychologe, Professor an der Universität Osnabrück
Arbeitsschwerpunkte: Selbstregulation, Motivation, Persönlichkeitsdiagnostik.
Kontaktadresse: Fachbereich 8, D-49069 Osnabrück.
E-mail-Adresse:
kuhl@uos.de

Kuhl, Ulrich, Dr. rer. nat., Diplom-Psychologe, Selbständiger Unternehmensberater bei der Krug Kuhl & Partner Managementberatung
Arbeitsschwerpunkte: Führungskräfte- und Organisationsentwicklung, Beratung von Spitzensportlern und Trainern.
Kontaktadresse: Laupendahler Landstraße 5, D-45239 Essen.
E-mail-Adresse:
k.k.p@t-online.de

Langens, Thomas A., PD Dr., Diplom-Psychologe, Privatdozent an der Bergischen Universität Wuppertal
Arbeitsschwerpunkte: Motivation, Motivdiagnostik, Emotions- und Selbstregulation.
Kontaktadresse: Allgemeine Psychologie II im FB G, Bergische Universität Wuppertal, Gaußstraße 20, D-42097 Wuppertal.
E-mail-Adresse:
langens@uni-wuppertal.de

Rollett, Brigitte, Dr. phil., Prof. em., Klinische Psychologin und Psychotherapeutin an der Universität Wien
Arbeitsschwerpunkte: Familienpsychologie, Entwicklung der Motivation, schulisches Lernen, Lerntherapie, kinder- und jugendpsychologische Diagnostik, Hochbegabung.
Kontaktadresse: Fakultät für Psychologie, Institut für Entwicklungspsychologie und Psychologische Diagnostik, Liebiggasse 5, A-1010 Wien, Österreich.
E-mail-Adresse:
Brigitte.Rollett@univie.ac.at

Schiefele, Ulrich, Prof. Dr., Diplom-Psychologe, Professor an der Universität Bielefeld
Arbeitsschwerpunkte: Interesse und Motivation, Bedingungen des Textverstehens, Lesekompetenz- und Lesemotivation, Selbstgesteuertes Lernen.
Kontaktadresse: AE Lernen und Kognition, Abteilung für Psychologie, Postfach 10 01 31, D-33501 Bielefeld.
E-mail-Adresse:
ulrich.schiefele@uni-bielefeld.de

Schmalt, Heinz-Dieter, Prof. Dr., Diplom-Psychologe, Professor an der Bergischen Universität Wuppertal
Arbeitsschwerpunkte: Motive und Ziele, Aufsuchen und Meiden, Motivdiagnostik, Handlungsregulation.
Kontaktadresse: Bergische Universität Wuppertal, Allgemeine Psychologie II im FB G, Gaußstraße 20, D-42097 Wuppertal.
E-mail-Adresse:
schmalt@uni-wuppertal.de

Sokolowski, Kurt, Prof. Dr., Diplom-Psychologe, Professor an der Universität Siegen
Arbeitsschwerpunkte: Motivdiagnostik, Wirkung impliziter und expliziter Motive.
Kontaktadresse: Psychologie im FB 02, Adolf-Reichwein-Straße 2, D-57068 Siegen.
E-mail-Adresse:
sokolowski@psychologie.uni-siegen.de

Spinath, Birgit, Prof. Dr. phil., Diplom-Psychologin, Professorin für Pädagogische Psychologie an der Universität Heidelberg
Arbeitsschwerpunkte: Lehr-/Lernforschung, motivationale Voraussetzungen für Lern- und Leistungsverhalten, Lehrerbildung.
Kontaktadresse: Institut für Psychologie, Hauptstraße 47–51, D-69117 Heidelberg.
E-mail-Adresse:
birgit.spinath@psychologie.uni-heidelberg.de

Streblow, Lilian, Dr. phil. Diplom-Psychologin, Wissenschaftliche Angestellte an der Universität Bielefeld
Arbeitsschwerpunkte: Akademisches Selbstkonzept, Motivation, Förderung von Lesekompetenz- und Lesemotivation, Epistemologische Überzeugungen.
Kontaktadresse: AE Lernen und Kognition, Abteilung für Psychologie, Postfach 10 01 31, D-33501 Bielefeld.
E-mail-Adresse:
lilian.streblow@uni-bielefeld.de

Vollmeyer, Regina, Prof. Dr. phil., Diplom-Psychologin, Professorin an der Johann Wolfgang Goethe-Universität Frankfurt am Main
Arbeitsschwerpunkte: Lernen, Motivation, Problemlösen.
Kontaktadresse: Institut für Pädagogische Psychologie, Senckenberganlage 15, D-60325 Frankfurt am Main.
E-mail-Adresse:
R.Vollmeyer@paed.psych.uni-frankfurt.de

Sachverzeichnis

Falko Rheinberg

Motivation

5., überarb. und erw. Auflage 2004
246 Seiten mit 16 Abb. und 12 Tab. Kart.
€ 16,–
ISBN 3-17-018464-4
Urban-Taschenbücher, Band 555
Grundriss der Psychologie, Band 6

Warum eine bestimmte Person in einer bestimmten Situation so und nicht anders handelt, was ihr Verhalten in Gang setzt und welche Ziele sie mit welcher Beharrlichkeit verfolgt – das sind Fragen der Motivationspsychologie. Ausgehend von Alltagsphänomenen und Selbsterfahrung führt dieses Buch in die Motivationsforschung ein.

„In diesem Buch zu lesen macht Spaß. Das sich rasch einstellende Flow-Erlebnis [...] trägt den Leser durch die verschiedenen theoretischen Konzeptionen der Motivationsforschung der letzten 50 Jahre. [...] Zusammengefasst kann ich jedem, der sich eine solide Wissensgrundlage über den aktuellen Stand der Motivationspsychologie aneignen möchte, die Lektüre dieses Lehrbuchs uneingeschränkt empfehlen."

Psychologie in Erziehung und Unterricht

W. Kohlhammer GmbH · 70549 Stuttgart
Tel. 0711/7863-7280 · Fax 0711/7863-8430

Klaus Schneider/Heinz-Dieter Schmalt

Motivation

3., überarb. und erw. Auflage 2000
344 Seiten mit 71 Abb. und 6 Tab. Kart.
€ 31,70
ISBN 3-17-016181-4
Kohlhammer Standards Psychologie

Die Motivationspsychologie hat sich in den letzten Jahren
rasant fortentwickelt. Dabei hat sie Forschungsansätze aus
der Kognitions-, Emotions- und Volitionspsychologie, aus den
Neurowissenschaften und der Soziobiologie integriert. Die
vorliegende 3. Auflage knüpft an die neuen Entwicklungen
der Allgemeinen Motivationstheorie und ihrer zugehörigen
Forschungsstränge an. Grundsätzlich wird dabei Motivation
aus einem Zusammenwirken äußerer und innerer Bedingungsfaktoren verstanden. Vor dem Hintergrund einer evolutions-
biologischen Betrachtungsweise werden hierbei verstärkt
Fragen nach den funktionalen Zusammenhängen im Motivations-
prozess behandelt. Orientiert am neuesten Forschungsstand
werden darüber hinaus spezifische Motivationsthematiken
wie Hunger, Sexualität, Neugier, Furcht, Macht, Aggression
und Leistung dargestellt.

W. Kohlhammer GmbH · 70549 Stuttgart
Tel. 0711/7863 - 7280 · Fax 0711/7863 - 8430